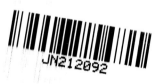

技能実習生と日本語のリアル

—これからの外国人労働者受け入れ制度と
日本語教育のために—

道上 史絵 著

大阪大学出版会

目次

はじめに

本書では，就労を目的として日本に滞在し，製造業，建設業，農業，漁業といった現場作業に従事する外国人労働者，主に技能実習制度と特定技能制度の枠組みで日本に滞在し，就労する人々を「技能労働者」と呼ぶ．その中でも特に技能実習生に焦点を当て，彼らを対象に調査を行い，その結果から今後の日本の技能労働者受け入れと日本語教育について論じる．

国際的な労働者の移動は経済的な要因により起こると言われる．経済力のある国における労働力不足がプル要因，相対的に経済力の弱い国の所得の低さや失業率の高さなどがプッシュ要因となり，人の流れを生み出すという考え方は古くからある．現実の移動にはそれ以外にも多様な背景があるのだが，経済活動を主な目的とする労働者は経済的，政治的な側面と結びついて捉えられやすい．経済や政治といったマクロな視点からは，労働者が日々働き，暮らしを送る一人の人間であるという当たり前のことが見落とされがちになる．日本のこれまでの技能労働者受け入れにおいては，特にこの傾向が顕著であった．そのため日本では海外からやってくる人々を人として受け入れ，共に社会を創っていくために避けて通ることができない彼らの「ことば」の側面について十分に配慮されてこなかった．日本語教育も言うまでもなく「ことば」の一分野であるが，技能労働者の受け入れにおいてはほとんど重視されることがなかった．

実際に多くの技能労働者の主たる渡日目的は日本語を学ぶことではなく，働いて経済資本を貯えることであり，彼らの日本語教育に時間，費用，労力を費やすのは，提供する側だけでなく学ぶ当事者にとっても負担が大きいということになる．このような事情も，日本語教育が限定的なものになっていることの背景にはある．おそらく彼らに対する日本語教育を考える際には日本語教育の側面だけを論じることはできないのだろう．技能労働者に対する日本語教育は，日本語教育だけに焦点を当てるのではなく，それを取り巻く日本社会と日本の受け入れ制度のあり方全体から考える必要がある．それが本書の基本的な姿勢である．

本書は 2022 年に大阪大学大学院言語文化研究科に提出した博士論文『日本における外国人労働者への日本語教育のあり方に関する研究―ベトナム人技能実習生に着目して―』にもとづき加筆修正を行ったものである．上記の博士論文は 2021 年 10 月に大阪大学出版会から刊行された真嶋潤子編著『技能実習生と日本語教育』において筆者が行ったベトナム出身の技能実習生に関する調査を発展させたものである（本書第 1 章参照）．よって本書は『技能実習生と日本語教育』の姉妹本という位置付けになる．『技能実習生と日本語教育』が日本の技能実習制度とそれに関わる諸外国の状況を広く論じたものであるのに対し，本書はベトナム出身者に焦点を当てている．さらに本書執筆時の 2024 年 4 月，議論が続けられている「育成就労」制度や特定技能制度についても触れ，これからの日本の技能労働者受け入れについて論じる．

本題に入る前に，昨今の社会の動きとそれに対する本書の立場について述べておきたい．技能実習制度の見直しと特定技能制度の適正化についての議論が，法務省の有識者会議において 2022 年末から約 1 年続けられた．そして 2023 年 11 月「最終報告書」が公開され，2024 年 2 月には外国人材の受け入れ・共生に関する関係閣僚会議において政府方針案「技能実習制度及び特定技能の在り方に関する有識者会議最終報告書を踏まえた政府の対応について」が決定された．技能実習制度は廃止されるが，非熟練労働者を受け入れる制度は「育成就労」制度と名前を変え，存続することとなった．国際貢献という建前は消えたものの相変わらず人材育成の制度であると謳われ，その育成とは特定技能人材の育成であるという．職場の変更を認めることになるのが大きな改善点の一つだと強調されている．しかしそれは労働者にとって当然の権利である．それすらも地方から都市部への移動を心配し，制限を設けるべきだという声がある．日本は日本の社会，産業，経済を共に支えてくれるパートナー，「人（ひと）」を招くのだという意識を，いつになったら持つことができるのだろうか．

上記の政府方針案は，日本語に関しても記述がある．「育成就労」制度で来日するためには日本語能力 A1 相当以上の試験（日本語能力試験 N5 等）に合格するか，それに相当する日本語講習を認定日本語教育機関等において受講すること，特定技能 1 号に移行するためには日本語能力 A2 相当以上の試験（日本語能力試験 N4 等）の合格，特定技能 2 号への移行では日本語能力 B1 相当以上の試験（日本語能力試験 N3 等）の合格を求めるという内容となっている[1]．以前はなかった日本語能力の基準が明確に示されたことを評価する声もある．しかし，就労を主な目的とする人々が必要とする言語能力を保証するために示された上記の基準は何をもって妥当であるとされるのか，代わりに受ける講習の内容は何か，教育の質をいかに確保するのかなど不明な点は多い．

本書は主に技能実習制度を扱っている．既述の通り技能実習制度は新制度に変わることになる．本書で行った調査は過去のものとなりつつある．しかし，この時期にあえて本書を執筆する意義を筆者は次のように考えている．まず技能実習制度において日本語教育がどのように位置付けられ，どのような問題を有していたのかを記録することである．そしてその反省を踏まえ，今後の日本の技能労働者受け入れについて日本語教育から声を上げることである．確かに日本語教育は政治や経済の問題を直接解決することはできない

1 ここで言う「日本語能力 A1」および「日本語能力 A2」は，「日本語教育の参照枠」（文化庁，2021）における A1～ C2 までの段階のうち A の段階（A1，2 は「基本段階の言語使用者」の段階であるとされる）のことである．「全体的な尺度」において A1 は「具体的な欲求を満足させるための，よく使われる日常的表現と基本的な言い回しは理解し，用いることもできる．自分や他人を紹介することができ，どこに住んでいるか，誰と知り合いか，持ち物などの個人的情報について，質問をしたり，答えたりできる．もし，相手がゆっくり，はっきりと話して，助け船を出してくれるなら簡単なやり取りをすることができる．」，A2 は「ごく基本的な個人情報や家族情報，買い物，近所，仕事など，直接的関係がある領域に関する，よく使われる文や表現が理解できる．簡単で日常的な範囲なら，身近で日常の事柄についての情報交換に応じることができる．自分の背景や身の回りの状況や，直接的な必要性のある領域の事柄を簡単な言葉で説明できる．」と記述されている．詳しくは『日本語教育の参照枠 報告』（文化庁，2021）https://www.bunka.go.jp/seisaku/bunkashingikai/kokugo/hokoku/pdf/93476801_01.pdf（2024 年 3 月 28 日最終閲覧）と第 1 章を参照のこと．

かもしれない．しかし日本語教育の視点からこそ見える課題もあるはずであり，日本語教育を通じて社会に働きかけることは不可能ではない．これが本書の立場である．

本書の構成は次の通りである．まず第 1 章では日本の技能労働者受け入れの変遷，技能実習制度，特定技能制度，そしてその中で日本語教育がどのように位置づけられてきたのかをまとめ，本研究の問題意識について述べる．第 2 章では本研究の概要を述べる．本研究の日本語教育的意義を述べた上で，研究目的と研究課題，研究対象，研究デザインについて述べる．第 3 章は先行研究について述べる．まず社会科学の分野で進められてきた研究の主張をまとめる．そして日本語教育に視線を移し，「日本語教育実践の場」「学習動機」「日本語習得・言語使用」の観点で先行研究を分け，そこから得られる示唆と問題点を指摘する．続いて第 4 章から第 7 章までは四つの調査について述べる．まず第 4 章，第 5 章，第 6 章では技能労働者その人に焦点を当てる．第 4 章では，ベトナム現地の送り出し機関に所属する来日前の実習生と日本で就労している実習生を対象に行ったアンケート調査の結果を統計的検定によって分析する．第 5 章では，日本で就労しているベトナム人技能実習生を対象に実施したインタビューのデータを分析し，量的な調査からは見えない彼らの日本語学習への取り組みのプロセスについて論じる．第 6 章では，技能実習以後の人生の展開に焦点を当て，技能実習を修了した／修了しようとしている人を対象に行ったインタビュー調査について述べる．対象者の中には第 5 章の対象者も一部含まれるが，特定技能 1 号に移行した人，移行しなかった人，帰国してベトナムで生活している人が含まれる．当事者の語りを通じて日本政府の技能労働者受け入れの制度を内側から検証し，そこに日本語がどのように関わるのかを論じる．これら三つの調査は移動する当事者に焦点を当て，来日前の段階，日本での就労の段階，技能実習を終えた後の段階という時間の流れに沿ったものである．一方，続く第 7 章では視点を変え，就労場面のやり取りに焦点を当てる．技能実習生が就労現場において日本人従業員と日本語でやり取りをしている音声データの分析を行い，彼らがどのようなやり取りを行っているのか，そのやり取りを可能にしているものは何かについて論じる．そして第８章は本書全体のまとめとして，第４章から第７章までの調査結果をふまえ，今後の日本の技能労働者受け入れと日本語教育施策について総合的に論じる．以下に本書の構成を図示する．

第１章　研究の社会的背景

第２章　研究概要

第３章　先行研究
・技能労働者に関する社会科学分野の研究
・技能労働者に関する日本語教育学分野の研究

第４章～第７章　調査１～４

第４章【調査１】技能実習生の来日背景を明らかにするための量的調査（来日前）

第５章【調査２】技能実習生の日本語学習実態を明らかにするための質的調査（実習中）

第６章【調査３】技能実習以後の人生の展開に焦点を当てた質的調査（実習以後）

第７章【調査４】就労場面のやり取りを分析する質的調査

第８章　総合考察　技能労働者受け入れと日本語教育の展望
・他国の事例と，そこから得られる示唆
・日本語教育施策の検討
・ウェルフェア・リングイスティクスとしての日本語教育

論を進めるにあたり，本書で使用する用語を次のように定義する．

①「技能労働者」

日本で働く外国人[2]のうち，「技能実習」，「特定技能」の在留資格を有し，

2 日本で働く外国人の在留資格は実に多様である．「永住」「定住」「日本人の配偶者」などの身分に基づく在留資格を有している人や，留学生などの就労以外の活動を目的とした在留資格を有している人々も，実際は働いている．しかし，彼ら全てを包括することは本研究の領域を超える．よって本書では「技能実習」「特定技能」の在留資格により日本で就労する人々を「技能労働者」として研究対象とする．

製造業，建設業などの現場作業に従事している人々を本書では「技能労働者」とする．「技能実習」については労働者かどうかについて議論が分かれるところであるが，彼らを労働者として正面から受け入れてこなかったことによって様々な労働法規違反，人権侵害が生じた経緯に鑑み，本書では技能実習生は労働者であるという立場をとる．

本書でいう技能労働者の特徴は，いずれ日本を離れる「還流型」人材（宮島・鈴木，2019）だということである．現行の技能実習制度においては，技能実習1号から3号までで5年間（新たに始まる「育成就労」制度では最大3年間），特定技能制度においても1号の資格で5年間という在留期限が定められている．そしてその間家族の帯同は認められていない．特定技能2号は在留期間更新の制限がなく，家族の帯同も認められるが，認定を受けるためには「上級技能者のための試験である技能検定1級の合格水準と同等の水準」の試験の合格が必要とされている[3]．出入国在留管理庁によると特定技能2号の在留資格取得者数は2023年末時点でわずか37人であり，狭き門となっている[4]．よって本書を執筆している現時点（2024年4月）では，技能労働者の多くが期限付きの労働者であると言える．

②「実習生」「研修生」「実習生候補生（候補生）」「特定技能人材」「技人国」

在留資格「技能実習」を有し日本で就労する人を，本書では技能実習生または「実習生」とする．また，2009年の入管法改正以前に「研修生」として就労していた人は「研修生」として技能実習生と区別する[5]．来日前に送り出し機関において講習を受講している人は「実習生候補生」または「候補生」

3 出入国在留管理庁「「特定技能」に係る試験の方針について（令和2年1月30日）」https://www.moj.go.jp/isa/content/930004747.pdf（2024年2月8日最終閲覧）

4 出入国在留管理庁「特定技能在留外国人数の公表等」https://www.moj.go.jp/isa/policies/ssw/nyuukokukanri07_00215.html（2024年4月9日最終閲覧）

5 旧来の制度では来日後1年目は「研修生」として報酬を得る活動を行うことが制限され，本邦で行う活動はあくまで「研修」であり，労働者としては認められず，2年目以降に「実習生」となってようやく労働者としての権利も認められることになっていた．しかし，2009年の入管法改正以後は「実習生」に一本化され，1年目から労働関連法令の適用を受けることとなった．

と呼ぶこととする．さらに，在留資格「特定技能」を有し日本で就労する人を「特定技能人材」，在留資格「技術・人文知識・国際業務」を略して「技人国」と表記する．また，ベトナムでは，在留資格「技人国」を一般的に visa kỹ sư（エンジニアビザ）と呼ぶことが多い．よって，在留資格「技人国」をもって働く人を本書では「エンジニア」と表記する場合がある．

③「移民」

国際連合広報センターは「移民（国際移民）」の正式な法的定義はないが，「多くの専門家は，移住の理由や法的地位に関係なく，定住国を変更した人々を国際移民とみなすことに同意しています．3カ月から12カ月間の移動を短期的または一時的移住，1年以上にわたる居住国の変更を長期的または恒久移住と呼んで区別するのが一般的です．」（国際連合広報センターウェブページより引用）[6] としている．この定義に従うと技能実習生や特定技能人材もまた，長期的または恒久的移住者ということになる．本書ではこの国際連合広報センターの見解に従って「移民」を定義する．一方で日本政府は，技能実習生や特定技能人材に「移民」という語を適用することを否定しており，日本政府は移民を認めないという姿勢を2024年現在[7] も崩していない．このように日本政府が移民を否定し続けることによって，実際には移民が存在しているにもかかわらず，彼らを受け入れ，共に生きるための政策が存在しない状況が続いている．本書はこの日本政府の対応を批判する立場をとる．

④「言語」「言葉」「ことば」

「言語」はしばしば「日本語」や「ベトナム語」のように名付けられ，数えられるものとして認識される（細川，2017，p. 193）．一方で「ことば」とは，「言語」より広く多様な人々のコミュニケーションを内包する．例えば，日

6 国際連合広報センター「移民と難民の定義」https://www.unic.or.jp/news_press/features_backgrounders/22174/（2022年5月3日最終閲覧）
7 これ以後，本書で「現在」と言う場合，特定の時期を明記しない限り本書を執筆している2024年4月を指す．

本語といったような「言語」が使えなくても私達は何らかの形で「ことば」を用いたコミュニケーションを行っている（佐藤，2017，p. 6）．

尾辻（2016a，2016b，2000，2021）は排他的になりがちな国家主義的「言語」に対し，言語資源を包括するレパートリーを「ことば」とし，メトロリンガリズムを提唱する．メトロリンガリズムでは，周囲の環境まで取り込みブリコラージュ[8]して行われる行為全体を「ことば」とする．「ことば」は所与の存在ではなく，相互言語活動の中で生まれるものであり，かつ「～語」と「～語」のミックスというような加算されたものでもなく，多様なリソースが複雑に絡み合う有機的な総体として捉えられる（尾辻，2016b，p. 211）．本書もこの考え方に従い，「日本語」や「ベトナム語」など言語学の分野で系統により分類されるものを指す場合に「言語」または「～語」という用語を用い，「言葉」はその「言語」または「～語」の体系の中に属するものとする．そして「ことば」は，他者とのやり取りにおいて用いられる多様なリソースを含めた全体を指す場合に用いる．

⑤「（日本語）学習」

私達が行う言語学習は，必ずしも意識的に行われるものに限らない．机に向かって学ばずとも，日々の活動を通じて言語が身についていく場合もあるだろう．それも学習の一つであると言うこともできるが，本書では意識的に行われた学習活動に注目する．日本語を学ぶことを本務としない技能労働者が，自分の意志によって，資本や時間を投じて日本語学習を行う理由を明らかにすることが本書の目的の一つだからである．

ここまで，本書がどのような立場から論じるものであるかを明らかにし，本書の構成および用語の定義について述べた．続く第 1 章では，研究の社会的背景である日本の技能労働者受け入れについて述べる．

---

8 ここでは，言語だけでなく自分が持てるあらゆるリソースを駆使して他者とのやり取りを成立させることを指す．

第 1 章

研究の社会的背景

1.1 日本の技能労働者受け入れ

1.1.1 受け入れの変遷―1990 年体制から 2019 年まで

日本が外国からの労働者受け入れを開始したのは最近のことではない．日本は第二次世界大戦以前より近隣地域から多くの人々を労働力として強制的に日本国内に移住させた歴史を持つ（李，2002，2010；田中，2013）．この強制的な移住は多くの人々に苦難を強いるものであったが，現代にいたっても，被害者に対する補償などの多くの問題を残している．1980 年代のバブル経済期には，多くの外国人労働者が日本経済を下支えしたが，その中に超過滞在者を含む非正規の外国人労働者もいたとされる（駒井，1999；永吉，2020）．そこには，当時来日にあたって査証が必要なかったイラン，パキスタン，バングラデシュなどの国々から来日した人々も含まれていた．この超過滞在者の増加をうけ，日本政府は 1989 年にパキスタンとバングラデシュに対して，1992 年にはイランに対して査証免除の停止を決定した．1990 年代前半には約 30 万人であった超過滞在者数はその後漸減していき，それに代わるように南米から日系の人々が多く来日するようになった．田中（2013）は，労働者の受け入れに関する日本政府の政策変更がその背景にあると指摘する（田中，2013，p. 222）．それが 1989 年に行われた出入国管理及び難民認定法（以下，「入管法」とする）の改正である．

日本における技能労働者の受け入れは，「1990年体制」（明石，2010，p. 97）と呼ばれるこの1989年の入管法の改正によって大きく進んだ．まず，工場などでの仕事が単純労働とされ，それらの仕事に従事する労働者をフロントドア[1]から受け入れることができなくなった（宮島・鈴木，2019）．その代わりに，日本人と血縁関係のある人や，日本で技術を学ぶことを名目に来日する途上国出身者をサイドドアから受け入れた．前者が主に南米からやって来た日系の人々であり，後者が研修生・技能実習生である．前者の多くは愛知県，静岡県，群馬県など自動車，電気機器などの製造業が盛んな地域に集住し，派遣労働者として働いた（井上，2019；吉富，2020）．明石（2010）は，派遣による間接雇用や業務請負業の発展により流動性が増した当時の日本の労働市場に出稼ぎ目的の人々が取り込まれる形となったと述べる（p. 33）．

南米から日本への人の移動について樋口（2002b）は，「移住システム論」（Massey et al., 1998; Arango, 2000）の視点から次のように分析する．「移住システム論」では移住過程における人的な社会ネットワークが重視され，それが移住の促進，移民の選別，移住の方向付け，そして移民の移動先社会への適応に影響を与えるとされるが，南米から日本への移動の場合この人的なネットワークが家族や友人によるものではなく斡旋組織によるものである場合が多いことが特徴であった．家族や友人のような親密圏コミュニティを基盤として移動が促進される「相互扶助型移住システム」と異なり，移住をビジネスとして捉える「市場型媒介移住システム」においては，労働者は孤立した純粋な労働移民（経済人）により近い存在になってしまい，リスクに対応する相互扶助からは排除されてしまう（p. 63）．2008年のリーマンショックによる経済危機の影響を受け，間接雇用で働く多くの南米出身者が職を失った．この大量解雇に対し日本政府は2009年から出身国への帰国を促すための帰国支援事業を開始している．同じ在留資格での日本への再入国を行わないという条件のもと，帰国者に対し帰国支援金を支給するという内容である．こ

1 海外からの労働者受け入れにおいて，国が労働者受け入れ制度を整え，正面から労働者を受け入れることを「フロントドア」，他の目的で作られた制度を窓口として受け入れることを「サイドドア」と言う（永吉，2020，p. 48）．

の事業は 2010 年 3 月末まで続き，この帰国支援事業によって約 2 万人の人々が日本を後にした[2].

一方，同じく「1990 年体制」により増加した研修生・技能実習生は，実際には「1990 年体制」以前より受け入れが始まっていた．1960 年代後半に日系企業の海外進出が進んだ際，現地法人や関連企業の外国人社員を日本へ受け入れて技術研修を行ったことがその始まりである．1989 年の入管法改正時に在留資格「研修」が創設され，「研修生」は技術や知識を学ぶ活動を行うことを目的に日本に滞在する人々であるとされた．そして改正入管法施行直後の 1990 年に，従来の「企業単独型」受け入れに加えて「団体監理型」受け入れが認められることとなった.

「企業単独型」とは海外に現地法人や合弁会社を持つ日系企業がそこで働く職員を来日させる場合を指す．一方で「団体監理型」は，商工会議所や協同組合などの非営利法人を通じて受け入れを行う場合を指す[3]．この「団体監理型」の創設によって海外企業との取引き等がない中小企業でも研修生を受け入れることが可能となった．今日ではほとんどが「団体監理型」による受け入れであり，外国人技能実習機構の 2022 年度統計によると 98.2% を「団体監理型」が占めている[4].

1993 年には 1 年間の研修修了後に在留資格「特定活動」に移行し同じ機関において継続して技能実習を行うことが認められた．当初は 1 年間の延長だったが 1997 年に 2 年間の延長が認められることとなり，研修と技能実習を合わせて 3 年間日本で就労することが可能となった．しかしこの制度では来日後 1 年目は「研修生」という身分であり，本邦で行う活動はあくまで研修であるとされ，報酬を得る活動を行うことが制限され，2 年目以降に「実習生」となってようやく労働者としての権利が認められることになる．そのた

2　厚生労働省「日系人帰国支援事業の実施結果」https://www.mhlw.go.jp/bunya/koyou/gaikokujin15/kikoku_shien.html（2022 年 9 月 24 日最終閲覧）
3　出入国在留管理庁・厚生労働省編「技能実習制度運用要領―関係者の皆さまへ―」https://www.otit.go.jp/jissyu_unyou/（2022 年 9 月 18 日最終閲覧）
4　外国人技能実習機構「令和 4 年度業務統計」https://www.otit.go.jp/gyoumutoukei_r4/（2024 年 1 月 4 日最終閲覧）

め様々な違法行為が常態化し，その実態が明らかになるにつれ，制度の見直しが議論されるようになった．そして2009年の入管法改正により研修生を1年目から「技能実習」という在留資格で受け入れることになり，それによって彼らは来日1年目から労働関連法令の適用を受けられることとなった．その後2014年には日本政府により外国人労働者の受け入れ環境を整備する方針が示され，2016年に「外国人の技能実習の適正な実施及び技能実習生の保護に関する法律」（以下，「技能実習法」とする）[5]が成立した．技能実習法の成立により技能実習制度を管轄する外国人技能実習機構が設立され，さらに技能実習制度の拡充が行われた．それまで「技能実習1号」，「技能実習2号」の2段階で最長3年間の受け入れを行っていたものに「技能実習3号」が加わり，最長5年の就労が可能となった[6]．

技能実習法は，技能実習制度の目的を「人材育成を通じた開発途上地域等への技能，技術又は知識の移転による国際協力を推進すること」であるとする（第一条）．そして基本理念として「技能実習は，技能等の適正な修得，習熟又は熟達のために整備され，かつ，技能実習生が技能実習に専念できるようにその保護を図る体制が確立された環境で行われなければならない」とし，「技能実習は，労働力の需給の調整の手段として行われてはならない」としている（第三条）．しかしこの建前が実態と大きく乖離していることは今日ではよく知られている（斉藤，2015；宮島・鈴木，2019；牟田，2021ほか）．現在まで続く技能実習制度は技術移転，人材育成，国際貢献という建前を掲げながら実際は人手不足に悩む中小企業への労働力提供手段となってきた．

技能実習生の受け入れには「企業単独型」と「団体監理型」があり，現在はそのほとんどが「団体監理型」であることは先述の通りだが，この二つの型の大きな違いは受け入れスキームにおける参与者の数である．「企業単独型」では技能実習生の募集と受け入れに第三者が介入せず，候補生と企業と

5「外国人の技能実習の適正な実施及び技能実習生の保護に関する法律」https://www.mhlw.go.jp/content/000661731.pdf（2022年12月5日最終閲覧）

6 ただし，一定の要件を満たす実習実施者（受け入れ企業）及び監理団体に限られる．

の間の直接契約によって受け入れがなされる．一方「団体監理型」では，送り出し国において送り出し機関が，日本において監理団体がそれぞれ関与している．送り出し機関とは労働者の出身国において労働者の海外派遣業務を担う機関のことであり，監理団体とは日本において技能実習生を受け入れ，就労先の企業に派遣する機関のことである．日本への出稼ぎを希望する人はまず，出身国において送り出し機関に登録をする．送り出し機関に登録した候補生は，送り出し機関の仲介によって監理団体と受け入れ企業の面接を受け，採用されると在留資格申請の準備が始まる．この期間に送り出し機関において日本語を含む来日前の講習が行われる．

技能実習生が来日すると，まず監理団体が受け入れ，その後企業に派遣する形となる．受け入れ企業での実習期間中も監理団体が受け入れ企業に対して指導と支援を行う．技能実習法では監理団体の責務を「技能実習の適正な実施及び技能実習生の保護について重要な役割を果たすものである」とし，監理団体は「実習監理の責任を適切に果たすとともに，国及び地方公共団体が講ずる施策に協力しなければならない」と定めている．よって監理団体は技能実習生を保護するために受け入れ企業との間の仲介をしたり，問題発生時には外国人技能実習機構に報告したりすることが求められる．しかしその立場にある監理団体が，実習生を守る側ではなく受け入れ企業側の都合を優先する事例もある（四方，2019；榑松，2019ほか）．

技能実習制度に関わる多くの労働法規違反や人権侵害の事例も報告されている．岩下（2021）は著者自身が執行委員を務める労働組合に寄せられた技能実習生の相談の実例として，受け入れ企業における賃金不払い，暴力，強制帰国など非人道的な事例を報告している．このような事例は岩下（2021）だけでなく様々な書籍やルポタージュを通じて報告され，今日世に広く知られるようになった（望月，2019；鳥井，2020；安田・安田，2022ほか）．日本弁護士連合会は2013年に「外国人技能実習制度の早急な廃止を求める意見書」を厚生労働大臣と法務大臣に，2020年に「技能実習制度の廃止と特定技能制度の改革に関する意見書」を内閣総理大臣，法務大臣をはじめ関係省庁の各大臣，長官等に提出し，技能実習生が最低賃金以下で労働を強要されている実態があること，安全を保障されない危険な作業に従事させられ，死亡に至った事件，セクハラ事件などが発生していることを報告し，同制度の廃止を求めた．さらにアメリカ国務省の人身取引に関する年次報告でも技能実習生に対する虐待や人権侵害の問題，劣悪な労働環境等の問題がここ数年連続で指摘されている[7]．

技能実習生が日本滞在中に死亡する事件も多発している．法務省の技能実習制度の運用に関するプロジェクトチームが公表した「調査・検討結果報告書」(2019 年 3 月 28 日)[8] によれば，2012 年から 2017 年までの間に死亡した技能実習生の数は 171 人である．さらに 2018 年には 38 人，2019 年には 60 人が死亡したとされる[9]．死因には病気，事故だけでなく自殺も含まれている．

技能実習生が不法残留となるケースも多い．法務省の統計[10] によると技能実習生の不法残留者数は 2023 年 1 月 1 日現在約 8000 人である．そのうちベトナム出身者が約 4800 人で最多となっている．技能実習生が受け入れ企業から「失踪」し，不法残留となる背景には様々な理由があると考えられるが，そのうちの一つが経済的な理由である．ベトナムのケースを後で詳しく述べるが，来日前に送り出し機関等に手数料を支払って来日する技能実習生は，多くがその費用を借金で賄っているため，彼らは来日後その返済に追われることになる．来日後実際に得られる収入が来日前に想定していた額を下回る場合，借金の返済が滞ってしまう．技能実習生の賃金は就労する地域の最低賃金に設定されていることが多く，ただでさえ収入は低い．残業をしないと

7 United States Department of State.（2022）. Trafficking in Persons Report: Japan. https://www.state.gov/wp-content/uploads/2022/08/22-00757-TIP-REPORT_072822inaccessible.pdf（2022 年 9 月 18 日最終閲覧）

8 法務省 技能実習制度の運用に関するプロジェクトチーム「調査・検討結果報告書」https://www.moj.go.jp/isa/content/930004167.pdf（2022 年 9 月 19 日最終閲覧）

9 日本共産党の藤野保史衆院議員の問い合わせによる法務省の回答．しんぶん赤旗「日本で働く外国人技能実習生 2 年間で 98 人が死亡 藤野氏問い合わせ 法務省が明らかに」（2020 年 12 月 31 日付）https://www.jcp.or.jp/akahata/aik20/2020-12-31/2020123101_04_1.html（2022 年 9 月 19 日最終閲覧）

10 出入国在留管理庁「本邦における不法残留者数について（令和 5 年 1 月 1 日現在）」https://www.moj.go.jp/isa/publications/press/13_00032.html（2024 年 1 月 26 日最終閲覧）

予定額は得られない[11]．しかし残業は必ずしもできるわけではなく，時間数も確約されるわけではない．中には来日の費用を工面するために家族が家や土地を担保に借金をしている場合もあり，仕送りができなくなると国の家族の生活まで危機に直面することになる．そうなると，十分な賃金を提示してくれる別の職場に移ろうとする（斉藤，2018a）．しかし技能実習生は職場を変えることが原則認められていないため，それが結果として「失踪」，「不法就労」，「不法滞在」を生んでしまう（斉藤，2015；加藤，2019；巣内，2019 ほか）．

このような経済的な事情以外にも「失踪」の理由はある．例えば受け入れ企業においてセクハラ，暴力などの被害にあっても，監理団体が技能実習生側ではなく受け入れ企業側に立ってしまえば技能実習生は頼るところがなくなってしまう．一般的な労働者なら悪質な職場から離れ，新たな就労先を探すこともできるだろう．さらにそのような職場を監督機関に告発することもできるかもしれない．しかし技能実習生の場合は原則として転籍が認められていない．さらに職場の問題を告発したくとも，どこに相談すればよいかわからない人や，日本語で自らの状況を伝えられない人もいる（斉藤，2018a, p. 17；四方，2019，p. 37）．そのため悪質な職場から逃れようと「失踪」し，その結果「不法就労」，「不法滞在」となるのである．

これらの現実からは，技能実習生が日本で安全に働き，安心して生活が送れるようにすることよりも，彼らにいかに効率よく日本経済に貢献する労働力となってもらうかを重視してきた日本政府の姿勢が透けて見えるようである．このように技能実習生の「失踪」，「不法就労」，「不法滞在」などの問題は，構造的に生み出されていると言えるだろう．

1.1.2　2019 年からの新展開

2019 年，日本の技能労働者受け入れは在留資格「特定技能」の創設により新たな展開を見せた．日本政府は「特定技能」創設により，労働力需要に応

11　ベトナムの送り出し機関の Web ページに掲載されている日本の外国人技能実習生の求人には，残業がある仕事かどうかが明記されていることが多い．残業があるかどうかが就労先を選択する要素の一つとなっていることが窺える．

えるためのフロントドアからの外国人労働者受け入れを初めて正式に表明したのである．

この新たな在留資格創設をめぐる入管法改正の議論は，2カ月弱という極めて短期間で行われた．日本の外国人労働者受け入れ方針の大きな転換であったにも関わらず，国会での十分な審議も行われないまま法改正が強行されるという異様さであった．国会審議においては前節で述べたような技能実習制度の問題に注目が集まった．失踪者の多さ，悪質なブローカーを排除できていない実態，技能実習生を安価な労働力として使い捨てにしている企業の存在などが次々と明らかにされた．さらにその中で，技能実習生の失踪の理由の多くが「より高い賃金を求めて」であったという法務省による虚偽の説明が大きな問題となった[12]．これらの問題を放置したまま技能実習制度に接続する新制度を導入することに対する反対意見は数多くあがったが，結果的に入管法は改正され，「特定技能」という新たな在留資格が創設されることとなった．樋口（2022）はこの制度成立の背景には官邸への権力集中があったと指摘する．さらに関係各省庁においては，業界と強いつながりをもち，受け入れに積極的な農林水産省や国土交通省が主導権を握り，反対に法務省や厚生労働省は消極的であったという（樋口，2022，p. 28）．このような状況の中で，特定技能制度は開始された．

「特定技能の在留資格に係る制度の運用に関する基本方針」（平成30年12月25日閣議決定）[13]（以下，「基本方針」とする）には，「特定技能」の制度意義が次のように書かれている（p. 1より抜粋，下線は筆者）．

> 特定技能の在留資格に係る制度の意義は，中小・小規模事業者をはじめとした深刻化する人手不足に対応するため，生産性向上や国内人材の確保のた

12 朝日新聞「失踪実習生調査に『誤り』政府，項目名も数値も修正　野党反発，入管法審議見送り」（2018年11月17日）https://xsearch.asahi.com/kiji/detail/?1711588050496（2024年3月28日最終閲覧）

13 内閣府「特定技能の在留資格に係る制度の運用に関する基本方針について」（平成30年12月25日閣議決定）
https://www.kantei.go.jp/jp/singi/gaikokujinzai/kaigi/dai3/siryou1-2.pdf（2024年1月17日最終閲覧）

めの取組を行ってもなお人材を確保することが困難な状況にある産業上の分野において，一定の専門性・技能を有し即戦力となる外国人を受け入れていく仕組みを構築することである．

このように特定技能制度はこれまでの「サイドドア」からの技能労働者受け入れとは異なり，国内の労働人口不足を補うために海外から労働者を受け入れることを明確に謳った制度である．ただし受け入れるのは国内の対策を行ってもなお人材確保が困難な分野に限るとされる．現在，特定技能 1 号は 12 分野 14 業種（介護，ビルクリーニング，素形材産業・産業機械製造業・電気電子情報関連産業，建設，造船・舶用工業，自動車整備，航空，宿泊，農業，漁業，飲食料品製造業，外食）での受け入れが可能となっている[14]．さらに 2024 年 3 月には自動車運送業，鉄道，林業，木材産業の 4 分野が新たに追加されることが閣議決定された[15]．特定技能 1 号での在留期間は最長 5 年とされている．特定技能 2 号は介護分野以外での受け入れが可能となっており，在留期間更新回数の上限はない．さらに 2 号では家族の帯同も要件を満たせば認められる．

特定技能 1 号人材は「特定産業分野に属する相当程度の知識又は経験を必要とする技能を要する業務」，2 号人材は「熟練した技能を要する業務」に従事することが想定されており[16]，それらの業務に必要な技能を有するかどうかは試験等で確認をすることとしている．在留資格「特定技能 1 号」を申請するためには，特定産業分野の技能試験と日本語能力試験 N4 もしくは JFT-Basic（独立行政法人国際交流基金）の合格が必要とされているが，同分野において技能実習 2 号を修了した人は上記試験が免除されることになっている．このように技能実習修了者に対して移行のハードルが低く設定されているため，現在は技能実習生から特定技能 1 号に移行する「技能実習ルート」

14 制度創設当初は 14 分野だったが，一部改正により 12 分野にまとめられた．
15 出入国在留管理庁「特定技能の受入れ見込数の再設定及び対象分野等の追加について」（令和 6 年 3 月 29 日閣議決定）https://www.moj.go.jp/isa/applications/ssw/2024.03.29.kakugikettei.html（2024 年 4 月 9 日最終閲覧）
16 出入国在留管理庁「特定技能外国人受入れに関する運用要領」 https://www.moj.go.jp/isa/content/930004944.pdf（2022 年 9 月 18 日最終閲覧）

が大部分を占める[17]．一方，特定技能 2 号では熟練した技能を有していることが試験などにより証明されなければならないとされ，同分野で 1 号から 2 号へ変更する場合であっても試験は免除されない．ただし，日本語能力を証明するための試験の合格は求められていない．

特定技能制度においては，監理団体（技能実習制度）は介在せず，受け入れ企業または登録支援機関が特定技能 1 号人材の支援にあたることとなる．支援内容は，特定技能人材が就労を開始する前に雇用契約の内容，活動内容の説明を行うことや，出入国の際に空港に送迎をすること，賃貸契約時の保証人となること，労働条件の説明や保証金徴収の有無の確認を行うこと，公的手続きへの同行などとされる．さらにそれに加えて日本語学習の機会の提供や，日本人との交流促進の支援も支援活動として挙げられている（特定技能雇用契約及び一号特定技能外国人材支援計画の基準等を定める省令，第三条）[18]．しかしこれらの支援は，特定技能 2 号になると適用されなくなる．特定技能 2 号人材は，いわゆる高度人材（技人国など）と同等に，自立し，自己責任において行動する労働者として社会に出ることが想定されている．

特定技能 1 号人材数は 2019 年末から始まった新型コロナウィルス感染症拡大の影響もあってなかなか増加せず，2020 年末時点では約 1 万 6000 人，2021 年末時点で 5 万人と伸び悩んだが，2023 年末現在では約 21 万まで増加している．この数は今後も増加が予想される．一方，特定技能 2 号は 2022 年 6 月末の統計公表の時点で初めて 1 人認定されており，2023 年末現在で 37 人となっている．

技能実習法施行から 5 年目の節目を迎えた 2022 年[19]，法務省で技能実習制度と特定技能制度を見直すための「技能実習制度及び特定技能制度の在り方

17 出入国在留管理庁「特定技能在留外国人数の公表等」https://www.moj.go.jp/isa/policies/ssw/nyuukokukanri07_00215.html（2024 年 4 月 9 日最終閲覧）

18 「特定技能雇用契約及び一号特定技能外国人材支援計画の基準等を定める省令」https://www.moj.go.jp/isa/content/930005307.pdf（2024 年 1 月 26 日最終閲覧）

19 技能実習法附則第二条に，法律の施行後 5 年を目途に法律の施行状況を勘案し，必要な場合は検討を加え，所要の措置を講ずることを定めている．2022 年 11 月は，法律施行から 5 年目にあたる．

に関する有識者会議」が組織された．同会議では技能実習制度の廃止を含めた議論が行われ，約 1 年後の 2023 年 11 月に「最終報告書」[20] が提出された．「最終報告書」には「見直しの四つの方向性」が下記のように記されている（p. 2 より抜粋，下線は筆者）．

① 技能実習制度を人材確保と人材育成を目的とする新たな制度とするなど，実態に即した見直しとすること
② 外国人材に我が国が選ばれるよう，技能・知識を段階的に向上させた上でその結果を客観的に確認できる仕組みを設けることによりキャリアパスを明確化し，新たな制度から特定技能制度へ円滑な移行を図ること
③ 外国人の人権保護の観点から，一定の要件の下で本人の意向による転籍を認めるとともに，監理団体・登録支援機関・受入れ機関の要件厳格化や関係機関の役割の明確化等の措置を講じること
④ 外国人材の日本語能力が段階的に向上する仕組みを設けることなどにより，外国人材の受入れ環境を整備する取組とあいまって，外国人との共生社会の実現を目指すこと

報告書では新制度を人手不足分野における人材確保とその人材を特定技能 1 号人材に育成するための新たな制度と位置づけており，特定技能制度への接続をより強化することが述べられている．また他の特徴的な変更点として，本人の意向による職場の転籍を認めること（ただし分野によって 1 年から 2 年の間で転籍制限の期間が設定できることになっている），さらに日本語能力についての言及が増えたことがある（それについては後述する）．この「最終報告書」の公表後，2024 年 2 月には技能実習制度に変わる新制度が「育成就労」制度となることが決定し，6 月に国会での審議を経て育成就労法が成立した．

20 技能実習制度及び特定技能制度の在り方に関する有識者会議「最終報告書」 https://www.moj.go.jp/isa/content/001407013.pdf（2024 年 1 月 8 日最終閲覧）

1.2 技能労働者と日本語教育

本節では技能実習制度，特定技能制度，そして「育成就労」制度において，日本語教育がどのように位置づけられているのか，それに対して日本語教育の分野ではどのような教育施策が講じられてきたのかを述べる．

1.2.1 受け入れ制度における位置づけ

(1) 技能実習制度

技能実習生となって入国した後は，監理団体において原則2カ月間の講習（座学）を受講することとなっている．講習で指導される科目は以下の四つとされている[21]．

（1）日本語
（2）本邦での生活一般に関する知識
（3）出入国又は労働に関する法令の規定に違反していることを知ったときの対応方法その他技能実習生の法的保護に必要な情報（専門的な知識を有する者（第一号団体監理型技能実習に係るものである場合にあっては，申請者又は監理団体に所属する者を除く．）が講義を行うものに限る．）
（4）（1）から（3）までに掲げるもののほか，本邦での円滑な技能等の修得等に資する知識

期間が原則2カ月とされているのは，講習の時間数が第1号技能実習の予定時間全体の6分の1以上と定められているためである．第1号技能実習は入国後の1年間であるのでその6分の1，つまり約2カ月ということになる．しかしこの期間は短縮することが可能である．入国前，送り出し国において6カ月以内に上記の科目（1），（2）または（4）について1カ月以上かつ160

21「外国人の技能実習の適正な実施及び技能実習生の保護に関する法律施行規則（平成28年法務省・厚生労働省令第3号）」https://www.mhlw.go.jp/content/000661755.pdf（2022年9月18日最終閲覧）

時間以上特定の機関で講習を受講した場合には，来日後の原則2カ月間の講習を第1号技能実習の予定時間の6分の1ではなく12分の1以上，つまり約1カ月に短縮できることになっている．「団体監理型」の技能実習生は来日前に送り出し機関において講習を受けるということは既に述べたが，その講習が時間短縮の根拠となり，来日後の監理団体における講習は一般的には約1カ月となっている．技能実習制度において技能実習生に対して定められた日本語講習はこれのみである．また行われる日本語教育の内容に関しても特に定めはない．介護職以外は就労までに習得が必要とされる日本語レベルも定められておらず，日本語能力を証明するための試験等の受験も必須ではない．

厚生労働省が作成した「技能実習制度運用要領—関係者の皆さまへ—」[22]には，入国後講習の日本語科目に関する留意点として次のように書かれている（p. 67）．

> 技能実習が行われる現場においては，日本語による指導やコミュニケーションが行われるのが通常であることから，技能実習を効果的かつ安全に行うための日本語教育を求めるものです．また，技能実習生は我が国で生活することとなるため，技能実習の基盤となる日常生活を円滑に送るためにも一定の日本語能力が必要となることから，技能実習生が技能実習の遂行や日常生活に不自由しないレベルに達することができるよう入国後講習を行うことが望まれます．

ここでは技能実習生が必要とする「一定の日本語能力」とはどの程度なのか明確には書かれていない．おそらく次の「技能実習生が技能実習の遂行や日常生活に不自由しない」程度を指すのだろうと思われる．技能実習生が日本語学習に費やす期間は，出国前に送り出し機関で行われる来日前講習を合わせれば実際には上記の規定以上確保されていると思われるが，ここで筆者

22 出入国在留管理庁・厚生労働省編「技能実習制度運用要領—関係者の皆さまへ—」https://www.otit.go.jp/jissyu_unyou/（2022年9月18日最終閲覧）

が問題だと考えるのは，制度上必要だとされる学習期間が何を根拠にして算出されたものなのか明確ではないことである．技能実習の遂行，つまり就労を可能にする日本語のレベル，さらに日常生活において行う行動を用いて不自由なく遂行できるレベルの日本語を習得するために約 2 カ月の講習期間は果たして妥当なのだろうか．

さらに「技能実習制度運用要領―関係者の皆さまへ―」には，使用する日本語教材に関して「原則として任意のものを使用することとして差し支えありません」と書かれている（p. 70）．国際研修協力機構（現在の国際人材協力機構）が作成した「講習の日本語指導ガイド」は技能実習生に対する日本語教育を担当する指導者向けに作成されたガイドラインであるが，そこには「技能実習生が必要な日本語とは何かを考え，それができるようになることを学習目標に設定します」とあり（p. 4），CEFR（Council of Europe，2001），CEFR-CV（Council of Europe，2018，2020）で提唱される行動中心アプローチに則った指導内容の考案を勧めていることが読み取れる．同ガイドには参考資料として「技能実習生が身につけたい日本語の力」が示されており，そこでは技能実習生が遭遇すると考えられる日本語使用場面が次のように設定されている．

①人と関係を結ぶ
②技能等を修得する
②病気・事故・災害などに対処する
④経済活動をする[23]
⑤目的の場所に行く
⑥情報を収集する
⑦地域社会の一員として行動する

以上の場面においてそれぞれ「技能実習生が身につけたい日本語の力」として想定される行動全 62 項目が細かくリスト化されている．例えば①「人

23「経済活動」とは，買い物をしたり外食をしたり，銀行や郵便局を利用したりすることを指す．

と関係を結ぶ」では「簡単なお礼を言う，お礼を言われた時に簡単に言葉を返す」，③「病気・事故・災害などに対処する」では「「食後」「1 日 1 回」など，薬の服用回数，量など最低限の必要な情報を理解する」など，具体的な行動が挙げられており，学習目標として設定がしやすい内容となっている．ただし同リストの 62 項目は技能実習が始まってからの日本語学習においても扱うことが可能と書かれている（p. 7）．つまり講習修了後の学習継続が想定されているのである．にもかかわらず，学習継続に関して誰が，どのように行うのか制度上は明確に定められていない．受け入れ企業での就労が開始された後の日本語学習の継続は技能実習生本人の意志に任されている．

なぜ技能実習制度における日本語教育がこのように短期間で，かつ内容も曖昧にしか定められていないのだろうか．牟田（2021）は技能実習の職種に介護が追加された際の関係機関，関係省庁における日本語要件に関する議論をまとめている．当初は来日時に日本語能力試験 N3 程度が必要だと主張されていたが，それが来日時に N4 程度，技能実習 2 号移行時に N3 程度を求めるというように引き下げられた．日本語能力試験のレベルが技能実習生にとって必要な日本語能力を証明するかどうかはここでは論じないが，対人サービスを行う介護職の技能実習生に必要な日本語要件でさえ引き下げられたということが，技能実習生の受け入れにおいて日本語がどれほど重要視されていないかを示しているように思われる．

(2) 特定技能制度

上述の通り特定技能制度においては特定技能 1 号の在留資格申請時に一定程度の日本語レベルの証明が必要とされる．特定技能 1 号人材に求められる日本語能力がどのようなものかについては，上掲の「基本方針」に下記のような記述がある．

> 1 号特定技能外国人に対しては，ある程度日常会話ができ，生活に支障がない程度の能力を有することを基本としつつ，特定産業分野ごとに業務上必要な日本語能力水準が求められる．当該日本語能力水準は，分野所管行政機

関が定める試験等により確認する.

上記の日本語能力を証明するために国際交流基金によって開発されたのが,日本語基礎テスト（JFT-Basic）である. JFT-Basic では, JF スタンダード（国際交流基金が CEFR の枠組みに沿って作成した日本語の熟達度を示す指標）においてA2 レベルがあるかどうかを判定する[24]. JFT-Basic 以外には, それに相当するレベルとして日本語能力試験の N4 が設定されている[25].

特定技能人材に求める日本語能力に関しては, 特定技能制度の創設時, 日本語能力試験の N3 を求めるのか, N4 を求めるのかといった議論が国会において交わされた. 国会における議論を批判的に分析した布尾（2020）は次のように指摘する. まず日本語の必要性についての発言は何度もなされるものの, 具体的な日本語能力水準についての議論は行われず, 日本語能力試験の N3 や N4 といった指標が「単なる数字として一人歩きして使われている」（p. 60）. さらに特定技能人材に対する日本語教育についても, これまでのボランティア依存を継続するという提案しかなされない. このことから布尾は,特定技能制度の成立において言語教育が重視されていたとは言えないと結論付ける（p. 61）.

既に述べた通り, 現行の特定技能制度においては技能実習 2 号を修了して特定技能に移行する場合に日本語の試験が免除される. 日本語の試験とともに課される技能試験は職業分野を変える際に受験が求められるが, 日本語の試験は職業分野を変える場合でも免除される（ただし介護は介護日本語評価試験を別途受験する必要がある）. なぜ現行の制度では日本語試験が免除されているのだろうか. 上掲の「基本方針」には, 技能実習 2 号を修了した人は「必要な技能水準及び日本語能力水準を満たしている」とするとある（p. 3）. しかし, 技能実習制度において日本語教育が重視されていないことは既に確認

24 国際交流基金「日本語基礎テスト」https://www.jpf.go.jp/jft-basic/（2024 年 1 月 26 日最終閲覧）

25 2024 年に新たに追加された自動車運送業のうちバス, タクシーの運転に関する業務と, 鉄道のうち運輸係員については, B1 が必要とされる.

した通りである．日本語を学ぶ機会も十分に保障されていない技能実習生が，技能実習 2 号を修了すれば上述の日本語力を身に付けているとすることがなぜできるのだろうか．王（2023）は，特定技能制度成立時の国会答弁では技能実習制度と特定技能制度は異なる制度だと説明されていたが，実態として両制度に一定の連続性が存在すると述べる．技能実習から特定技能へと地続きのルートを用意することで，一定期間労働力を確保することが優先事項とされ，そのために障害となる可能性があるもの（例えば日本語能力を測る試験）は取り除きたいというのが政策策定者の本音なのではないだろうか．技能労働者の日本語は，経済効率を妨げる可能性がある場合に軽視してもよいものと見られているということだろう．

田尻（2017a）は，欧州をはじめとする各国のように日本が受け入れ国の言語（日本の場合は日本語）学習を保障するシステムを作らないのは，「移民」という用語の使用を避けているためであるとする（p. 51）．日本では，彼らはいずれ出身国へ戻っていく「還流型」人材であり「移民」ではないとされている．詳しくは第 8 章に譲るが，移住先の地域の公用語を学習する権利[26]は「言語権」（Linguistic Rights）の一部である（言語権研究会，1999）．言語権には主に「自集団の言語と自己同一化し，これを学校において習得し，また公共機関で使用する権利」と「当該地域の公用語を学習する権利」の二つがあるとされるが，日本の技能労働者受け入れにおいては労働力を大量に受け入れ循環させることに重きが置かれ，彼らを人として受け入れるために必要な言語の権利については重視されてこなかったと言ってよいだろう．

(3) 育成就労制度

最後に，技能実習制度に代わる新制度である「育成就労」制度における日本語教育に関して，2023 年 11 月に提出された技能実習制度と特定技能制度

26 ただし，移住先の地域の公用語を学ぶことは「権利」であって「義務」ではない．杉本（2020）は，学習の義務付けが結果的に移民の社会統合を容易にし，移民の在留国での生活向上や自己実現に寄与することはあり得るが，移民の自己実現の権利（人権）を保障するために学習の義務付けをするのは「倒錯した」権利論だと述べる（p. 112）．詳しくは第 3 章と第 8 章で述べる．

の見直しに関する有識者会議の「最終報告書」と，2024 年 2 月 9 日に出された政府方針「技能実習制度及び特定技能制度の在り方に関する有識者会議 最終報告書を踏まえた政府の対応について」[27] に書かれた日本語に関する記述について触れる．既述のように，「最終報告書」には制度見直しの四つの方向性の一つとして，日本語能力向上の仕組みを設けることが示された．具体的には以下のように書かれている（p. 34）．（ただし 2024 年 2 月 9 日の政府方針では，特定技能 1 号移行時の認定日本語教育機関等における相当の日本語講習の受講という要件は削除されている．）

◯就労開始前（新たな制度）：日本語能力 A1[28] 相当以上の試験（日本語能力試験 N5 等）の合格又は入国直後の認定日本語教育機関等における相当の日本語講習の受講
◯特定技能 1 号移行時：日本語能力 A2 相当以上の試験（日本語能力試験 N4 等）の合格（ただし，当分の間は，当該試験合格に代えて，認定日本語教育機関等における相当の日本語講習の受講をした場合も，その要件を満たすものとする．）
◯特定技能 2 号移行時：日本語能力 B1 相当以上の試験（日本語能力試験 N3 等）の合格

この案に至った経緯を「最終報告書」では次のように説明している（p. 36）．まず就労開始前の日本語能力は，「技能修得及び自身の権利保護上の便宜や，入国後の地域社会との共生の観点から」日本語能力試験 N5 以上の合格を求める声があった．さらに就労開始後は，日本語能力の向上という観点から特定技能 1 号に移行する際に日本語能力試験 N4 以上の試験合格を必須にすべ

27「技能実習制度及び特定技能の在り方に関する有識者会議最終報告書を踏まえた政府の対応について」https://www.kantei.go.jp/jp/singi/gaikokujinzai/kaigi/pdf/taiosaku_r060209kaitei_honbun.pdf（2024 年 3 月 11 日最終閲覧）
28 田尻英三が「ひつじ書房ウェブマガジン 未草」（2023 年 11 月 30 日付）https://www.hituzi.co.jp/hituzigusa/2023/11/20/ukeire-46/（2024 年 1 月 20 日最終閲覧）で指摘するように，ここで言う A1 や A2 といったレベルは「日本語教育の参照枠」のものであり，日本語能力試験を対応させるのは適当とは言えない．

きだという意見が出された．しかし「入国前に高いハードルを設けた場合には，分野によっては就労先として選択されなくなってしまう」ことが懸念された．さらに受験機会，日本語教育人材，日本語教育環境が不十分であるという問題も指摘された．よって試験の合格を必須とせず，「当分の間」試験合格に代わり「相当レベル・時間の日本語教育の受講等」[29]を許容することにしたという．つまり，労働者にとって重要である「技能修得」や「権利保障」，「地域社会との共生」と「労働力の確保」が秤にかけられ，結局労働力の確保のためにハードル（試験）をできるだけ下げるという選択をしたと述べられている．

確かにこれまでになかった技能労働者の日本語能力の向上という目標を示した点を評価する声もある．しかし示された日本語能力の基準は就労，生活のために必要な日本語力を証明するものとなっているのか，さらにその代わりとされた「相当の日本語教育」とはいったいどのようなものなのか，疑問は残る．田尻英三は「ひつじ書房ウェブマガジン未草」（2023年5月9日付）[30]において，そもそも同有識者会議に日本語教育の専門家が一人も入っておらず，それが日本の外国人労働者受け入れにおいて彼らの日本語能力の担保が問題にされていないことを示していると批判している．制度改革において労働者の日本語能力の向上を一つの柱とするならば，日本語教育の知見を活かすことは当然検討されるべきであっただろう．ここでもやはり，技能労働者受け入れ制度において日本語がどれほど重要視されていないかが垣間見えるのである．

29「当分の間」とは「日本語教育の適正かつ確実な実施を図るための日本語教育機関の認定等に関する法律」による新制度の運用が浸透するまで（p. 36）とされる．同法により，現在日本語教育機関のうち就労のための課程または生活のための課程を置く日本語教育機関の認定が進められている．おそらく今後は，これらの日本語教育機関が技能労働者に対する日本語教育に関わることになると考えられる．

30 田尻英三「ひつじ書房ウェブマガジン未草 第40回　日本語教育を文化庁から文部科学省に移管することなどに係る法律の国会審議が始まる」https://www.hituzi.co.jp/hituzigusa/2023/05/09/ukeire-40/（2024年1月20日最終閲覧）

1.2.2 日本語教育分野における施策

本節では技能労働者に対する日本語教育施策を概観する．詳しくは第 8 章で改めて述べるので，ここでは概略のみに留める．日本語教育分野で技能労働者を包摂するカテゴリーには「就労者」と「生活者」がある．そのうち日本語教育施策として先行して進められたのは「生活者」であった．日本語教育において留学生とは異なる学習者として「生活者」というカテゴリーが注目されるようになったのは，前節で述べた「1990 年体制」をきっかけに南米出身の人々をはじめとする定住者が増加したためだと言われる（伊東，2019）．「『生活者としての外国人』に対する日本語教育の標準的なカリキュラム案について」（文化庁，2010 年）には「生活者」とはだれを指すのかの説明として，「わが国において日常的な生活を営むすべての外国人を指すものである」とある（p. 2）．このように「生活者」は日本で生活を営む広範囲の人々を含んでいる．

2007 年には文化庁で「生活者」としての外国人に対する取り組みが始められた．その成果物が「『生活者としての外国人』に対する日本語教育の標準的なカリキュラム案について」（2010 年）（以下，「標準的なカリキュラム案」とする），「『生活者としての外国人』に対する日本語教育の標準的なカリキュラム案について〈活用のためのガイドブック〉」（2011 年），「『生活者としての外国人』に対する日本語教育の標準的なカリキュラム案〈教材例集〉」，「『生活者としての外国人』に対する日本語教育における日本語能力評価について」（2012 年），「『生活者としての外国人』のための日本語教育ハンドブック」（2013 年）である[31]．「標準的なカリキュラム案」では「生活者としての外国人」の「生活上の行為」として「健康・安全に暮らす」（7 単位），「住居を確保・維持する」（2 単位），「消費活動を行う」（4.5 単位），「目的地に移動する」

31 文化庁「生活者としての外国人」に対する日本語教育の内容・方法の充実（カリキュラム案，ガイドブック，教材例集，日本語能力評価，指導評価，ハンドブック）https://www.bunka.go.jp/seisaku/kokugo_nihongo/kyoiku/nihongo_curriculum/（2022 年 5 月 22 日最終閲覧）

(3.5 単位)，「人とかかわる」(2.5 単位)，「社会の一員となる」(4.5 単位)，「自身を豊かにする」(2 単位)，「情報を収集する」(4 単位) の全 7 分野，30 単位が提示されており，学習時間は合計 60 時間が想定されている．

「標準的なカリキュラム案」については，個人主義的な能力としてではなく他者との関係の中で発揮される能力として日本語能力を捉えている (池上，2011) という評価がある一方で，専門性が高く一般のボランティア教師の使用には適さないという批判 (田尻，2010)，学習項目が膨大であるため実践の際には難易度や優先順位により選別する必要があるという指摘 (ヤン，2011) もあった．さらにこの「生活者」という広範なカテゴリーは当初から曖昧さが指摘されていた (春原，2009)．「生活」という言葉であまりに広範囲を包摂しようとしたため，個々の事情まで反映することができず，労働者にとって必須であるはずの「働く」という言語行動は上述の「生活上の行為」からは除外された．

「標準的なカリキュラム案」から約 10 年後の 2019 年，「日本語教育の推進に関する法律」(以下，「日本語教育推進法」とする)[32] が公布，施行され，文化庁を中心に日本語教育の枠組み作りがさらに進められることとなった．その一環として「『日本語教育の参照枠』報告」[33] (2021 年) (以下，「参照枠」とする)，「『日本語教育の参照枠』の活用のための手引き」[34] (2022 年) (以下，「手引き」とする) が策定された．この参照枠をもとに分野別の能力記述文の作成が進められることとなったが，ここでようやく「生活」[35] と「留学」に「就労」が加えられた．さらに「生活」に関しては，国際交流基金によって在留資格

32「日本語教育の推進に関する法律」
https://www.bunka.go.jp/seisaku/bunka_gyosei/shokan_horei/other/suishin_houritsu/pdf/r1418257_02.pdf (2022 年 9 月 19 日最終閲覧)

33 文化庁審議会国語分科会日本語教育小委員会「『日本語教育の参照枠』報告」
https://www.bunka.go.jp/seisaku/bunkashingikai/kokugo/hokoku/pdf/93476801_01.pdf (2024 年 3 月 28 日最終閲覧)

34 文化庁審議会国語分科会日本語教育小委員会「『日本語教育の参照枠』活用のための手引き」
https://www.bunka.go.jp/seisaku/bunkashingikai/kokugo/hokoku/pdf/93705001_01.pdf (2022 年 5 月 22 日最終閲覧)

「特定技能」等で来日する外国人向けの生活 Can-do も作られている．これは在留資格「特定技能」の創設に伴い，上掲の「基本方針」において「1 号特定技能外国人に対しては，ある程度日常会話ができ，生活に支障がない程度の能力を有することを基本」とされたことによって作成されたものである．国際交流基金のウェブページ[36]では下記のように説明されている．

> JF 生活日本語 Can-do は，日本で生活する外国人が，来日前にどのような日本語の能力を身につけておく必要があるのかを具体的に知る手がかりとなります．「特定技能」の資格等で来日を希望する人のための日本語教育においては，学習目標の設定や学習成果の評価に活用できます．また，国内では，日本語を母語としない外国人を受け入れる機関や地域の方々に，コミュニケーションの目安として活用されることも期待しています．

一方，「就労」分野においては厚生労働省が「就労場面で必要な日本語能力の目標設定ツール」と「就労場面で必要な日本語能力の目標設定ツール ―円滑なコミュニケーションのために― 使い方の手引き」を作成し，就労場面において「日本語を使ってできること」49 項目を提示している[37]．対象者は「企業と外国人従業員」「ハローワークと外国人求職者」「キャリアセンターと留学生」などとなっているので技能労働者もここに含まれる．

第 8 章で改めて述べるが，ここで同ツールについて筆者が問題だと感じる点を挙げておきたい．この「就労場面で必要な日本語能力の目標設定ツール」は職種を問わず全ての働く外国人を対象にしようとしているためか，就労場面の多様性を日本語能力の違いに書き換えてしまっているように思われ

35 ただし，「参照枠」に基づいて策定された「『地域における日本語教育の在り方について』報告」（2022 年）の中の「生活 Can do」には，「子育て」，「働く」が追加されている．詳しくは第 8 章で述べる．
https://www.bunka.go.jp/seisaku/bunkashingikai/kokugo/hokoku/pdf/93798801_01.pdf（2022 年 12 月 14 日最終閲覧）

36 独立行政法人国際交流基金「JF 生活日本語 Can-do」https://www.jpf.go.jp/j/urawa/j_rsorcs/seikatsu.html（2022 年 5 月 22 日最終閲覧）

37 厚生労働省「就労場面で必要な日本語能力の目標設定ツールを開発しました」https://www.mhlw.go.jp/stf/newpage_18220.html（2022 年 11 月 27 日最終閲覧）

る．例えば「オンライン」を例として考えると，A2.2 以上は「オンライン会議」でのやり取りについての記述であるのに対し，A1 から A2.1 レベルではチャットや SNS のメッセージの使用について書かれている．職場や職種によっては「オンライン会議」を行わない人もいる．職場や職種によって求められる行動（言語行動を含む）は異なるのに，「オンライン」としてこの二つの活動をレベルに分けて並べてしまってよいのだろうか．そもそも異なるものを単一の尺度で比較することによって，例えば仕事でチャットや SNS を主に使用するような職業に就く人は下で，オンライン会議を行うような職業に就く人は上といった階層や優劣性があたかも存在するような誤解を招いてしまうことはないだろうか．

このように文化庁，厚生労働省，外務省など多様な省庁で日本語教育施策が進められているが，重複する部分やそれぞれの関連性が不明確な部分もあり，統一されていないように見える．それは日本政府がいまだに移民政策を取らない姿勢を固持し続けているため，それに伴う日本語教育を含めた言語政策もまた不在のままであることが原因であろう．よって日本語教育施策は講じられるものの，場当たり的なものとなっている感は否めない．使い捨ての労働力としてではなく，彼らを「人」として受け入れるにあたり，欠くことのできない言語，その一つである日本語を保障する役割を担う日本語教育が，日本の技能労働者受け入れにおいてはあまり機能していないように見える．しかしながら，そこに大きくかかわるはずの日本語教育業界からは，移民の受け入れ政策自体に働きかけるような動きは起こらない．田尻英三は「ひつじ書房ウェブマガジン未草」（2022 年 2 月 3 日付）[38] で外国人労働者の受け入れにおいて日本語教育が重視されてこなかった事実に対し，日本語教育関係者が異を唱えてこなかったことを問題視している．田尻は同様の批判を 2017 年の論稿でも行っている（田尻，2017b，p. 19）．つまりその間状況は変わっていないということである．日本の技能労働者受け入れが就労現場に労働

38　田尻英三「ひつじ書房ウェブマガジン未草　第 28 回日本語教育の存在意義が問われている」https://www.hituzi.co.jp/hituzigusa/2022/02/03/ukeire-28/（2022 年 5 月 22 日最終閲覧）

力を供給するということを最優先事項として推し進められたことは既に述べた通りだが，日本語教育業界はその流れに抗うことはなく，それに追随する形で様々な施策を整えてきたと言ってよいだろう．

1.3 研究の起点

本節では現在の日本にとって労働者の最大の送り出し国の一つであるベトナムに視線を移し，当該国の事情について見ていく．

1.3.1 ベトナムの労働輸出政策

ベトナムでは1980年代から政府により海外出稼ぎが奨励されており，それは “Xuất khẩu lao động” と呼ばれる．ベトナム語でxuất khẩuとは「輸出」を，lao độngは「労働（または労働者）」を意味する．文字通り「労働輸出」政策である．この「労働輸出」政策は1980年代には当時のソビエト連邦，東欧諸国などの社会主義国が主な労働者派遣先であった（濱野，2015；石塚，2018）．当初の政策目的は，受け入れ側の社会主義国では労働力不足解消，送り出し側のベトナムでは国内の失業者対策であり，受け入れ側からの物資提供に対し，人材を輸出する形でバランスを取ったとも言われる（石塚，2012，2018；濱野，2015）．同政策は当初，政府が主導する二国間協定によって行われていた．しかし冷戦終結後ソビエト連邦の崩壊に伴い，ベトナムで政策転換がなされ，1990年代に送り出し事業は政府に認定された「送り出し機関」が行うライセンス制へと移行した．そして労働者の派遣先は台湾，日本，韓国や中東諸国に拡大された（濱野，2015）．2006年には「派遣契約によるベトナム人労働者海外派遣法（Luật Người lao động Việt Nam đi làm việc nước ngoài theo hợp đồng)」(72/2006/QH11）が成立し，関係法令が整備されていくことになる．ベトナムからの労働者はこの「労働輸出」によって日本へやってくる．現在でも「労働輸出」はベトナムにとって貧困撲滅，失業者対策，外貨獲得の有効な手段として国の重要政策に位置づけられている．さらに地方の生活水準の向上，教育への投資など多様な面で効果があったという報告もなされている

（新美，2015；濱野，2015 ほか）．

しかし一方で，労働者が出国するまでにベトナム国内で送り出し機関等に支払う様々な費用が大きな負担になっているという問題がある（Trần & Nguyễn，2011；斉藤，2015；加藤，2019 ほか）．海外出稼ぎを希望する労働者は送り出し機関に登録しなければならず，登録するには送り出し機関に費用を支払わなければならない．この金額は機関によって異なるが，中には法外な金額を要求されるケースもある．ベトナム政府が送り出し機関の管理を強化する一方で，送り出し機関が持つことができる支店の数，支店で行うことができる業務内容などが法によって定められているにも関わらず，正式には登録されていない多くの支店が存在し，仲介業者の関与も多いという．特に地方における労働者の募集がこのように複雑で多層的な仕組みになっていることにより，多額の費用の発生とそれを結果的に労働者本人が負担するという構造が生み出されてきた（Ishizuka，2013）．彼らはこうした高額な費用を負担して来日するので，経済的に行き詰まり借金が返せなくなると日本で不法滞在となったり，不法就労を行ってしまったりすることは上で述べた通りである．

巣内（2019，2021）は「移住インフラ論」（Xiang & Lindquist，2014）の観点からベトナムの労働輸出政策の分析を行っている．「移住インフラ論」は人的な社会ネットワークだけに焦点を当てるのではなく「規制的要素」（法制度や許認可などの国家機構のかかわり），「商業的要素」（仲介業者などの介入），「技術的要素」（移動や通信の技術），「人道的要素」（NGO をはじめとする支援組織の存在），「社会的要素」（人的ネットワーク）という五つのインフラから人の移動を分析しようとする理論である．巣内は，ベトナムから日本への労働者の移動には「規制的側面」と「商業的側面」が深く関係すると述べる．国策として進められる“Xuất khẩu lao động（労働輸出）”があり（規制的側面）国によって若者が海外出稼ぎに出る流れが作られている．さらにこの事業がライセンスを取得した民間企業によって担われている（商業的側面）ため多額の費用が発生する．巣内（2021）は，「労働輸出」の枠組みで来日するベトナム人労働者の背後にはこのように債務労働者を生み出す搾取の構造があるとする

(p. 59).

この搾取の問題を解決するため,「労働輸出」の所管省庁であるベトナム労働・傷病兵・社会問題省（Bộ Lao Động – Thương Binh và Xã Hội）は2015年11月28日「日本への技能実習生送り出し業務の運営是正について（V/v Chấn chỉnh hoạt động đưa thực tập sinh Việt Nam sang Nhật Bản）」(4732/LĐTBXH-QLL ĐNN) を公布し，その中で送り出し機関が技能実習生から徴収できる手数料の上限，日本語教育の費用などを明確に定めた．まず手数料は技能実習の期間1年に付き1200ドルと定められた．つまり技能実習2号まで3年間就労する場合は3600ドルということになる．しかし実際にはそれ以上の費用が徴収されていることもあるという（斉藤，2018a，p. 16）．

上記のような状況に対し，両国政府はさらに対応を進めている．2016年には日本の法務省，外務省及び厚生労働省とベトナム労働・傷病兵・社会問題省との間で技能実習制度に関する協力覚書（MOC）の合意がなされ，ベトナムにおける送り出し機関の認定結果，日本側の監理団体及び実習計画の許認可についての情報公開が定められた．それによりベトナム側と日本側双方が，法令違反などで認可が取り消された送り出し機関，監理団体などの情報を把握しやすくなった．そして2020年11月には「派遣契約によるベトナム人労働者海外派遣法（Luật Người lao động Việt Nam đi làm việc nước ngoài theo hợp đồng）」(69/2020/QH14）が改正され，2022年1月に施行された．それに付随して「派遣契約に基づくベトナム人労働者海外派遣法の細則及び施行措置を規定する政令（Nghị định Quy định chi tiết một số điều và biện pháp thi hành Luật Người lao động Việt Nam đi làm việc ở nước ngoài theo hợp đồng）」(112/2021/NĐ-CP)，ベトナム労働・傷病兵・社会問題省により「派遣契約に基づくベトナム人労働者海外派遣法の細則を規定する通達（Thông tư quy định chi tiết một số điều của Luật Người lao động Việt Nam đi làm việc ở nước ngoài theo hợp đồng）」(21/2021/TT-BLĐTBXH）が公布された．これらの新法及び関連法令では，仲介者に支払う手数料を労働者本人に負担させることが禁じられ，さらに送り出し機関に支払う手数料も上限が新たに定められた．

一方，日本で特定技能制度が創設された際には送り出し機関などの中間業者の介在は搾取の温床となるため原則認めないことになっていた．しかしベトナムからの受け入れにおいては送り出し機関（認定送り出し機関）の介在は必須となり，特定技能人材から送り出し機関が手数料を徴収することも認められることとなった．巣内（2023）はその理由を駐日ベトナム大使館に確認しているが，次のように説明されたという．まず労働者は海外の事情をよく知らない場合があるので，送り出し機関のサポートが必要である．さらに就労先で問題が生じた場合は送り出し機関が労働者を保護する．つまり，労働者の安全を保障するために送り出し機関の介在が必要なのだという．日本国内で頻発する人権侵害や労働法規違反の事例を考えれば，自国の労働者を保護する機関が必要だという大使館の考えも理解できる．しかしながら，これまで送り出し機関の徴収する手数料が高額であるケースが多く，問題となってきた以上，特定技能の送り出しではそれが生じないとは言い切れない．対策を講じなければ，借金を背負わされて来日する人がさらに増える恐れもある．

現在でも，ベトナムにとって「労働輸出」は重要な国策の一つであり，ベトナム労働・傷病兵・社会問題省では 2017 年から 2020 年にかけて年間 10 万から 12 万人という労働者送り出し目標を掲げ，毎年それを達成してきた[39]．2018 年以前の労働者の主な行先は台湾と中国であったが，2018 年以後は日本も主要な行き先国の一つとなっている[40]．新型コロナウィルス感染症拡大の影響で送り出し事業がほぼ停止した 2020 年においても約 7 万 9 千人が出国し，うちのほぼ半数である約 3 万 9000 人が日本へ，約 3 万 5000 人が台湾へ向かったとされる[41]．ただし台湾と日本が主要な出稼ぎ先であるという近年の状況は，今後変わっていくことも予想される．まずベトナム人労働者の受け入れを一時期停止していた韓国が受け入れを再開している．韓国は，日

39 ベトナム労働・傷病兵・社会問題省“Nâng cao chất lượng xuất khẩu”（労働輸出の質の向上）http://www.molisa.gov.vn/Pages/tintuc/chitiet.aspx?tintucID=219367（2022 年 5 月 23 日最終閲覧）

40 International Labout Organization（ILO）“Triangle in Asean Quartely Briefing Note” https://www.ilo.org/wcmsp5/groups/public/---asia/---ro-bangkok/documents/genericdocument/wcms_735109.pdf（2022 年 9 月 19 日最終閲覧）

本の技能実習制度を参考にした「産業研修制度」を改め 2004 年から「雇用許可制」[42] による受け入れを行っている．さらにドイツやオーストラリアもベトナム人労働者の獲得に力を入れ始めている．このように，ベトナム人労働者にとって日本はあくまで「労働輸出」の選択肢の一つである．日本へ行くメリットが感じられる間は日本が選ばれるかもしれないが，他の国へ行くメリットの方が大きいと感じられれば日本は選択されなくなるだろう．

1.3.2 ベトナムにおける日本語教育

国際交流基金の「2021 年度海外の日本語教育の現状」[43] によるとベトナムは前回調査の 2018 年度と比較して学習者数，教育機関数，教師数ともに減少している．学習者数は 2018 年に約 17 万 6500 人だったのが約 16 万 9600 人に，教育機関数は約 820 機関だったのが約 630 機関に，教師数は約 7000 人だったのが約 5600 人となっている．しかし前回調査「2018 年度海外の日本語教育の現状」[44] では，その 3 年前の 2015 年度調査から大幅に増加していた．学習者数は 2015 年度調査時に約 6 万 4000 人だったのが 2018 年度調査では約 17 万人へと増加，教育機関数も約 200 機関から約 800 機関に，教師数は約 1800 人から約 7000 人[45] に増加していた．この急増の背景には日系企業の進出と技能実習制度による訪日機会の増加があるとされた（国際交流基金，

41 “Tạp chí con số và sự kiện”（雑誌「数字と出来事」）オンライン記事 “Xuất khẩu lao động trong bối cảnh đại dịch Covid-19”（Covid-19 パンデミック下における労働輸出）http://consosukien.vn/xua-t-kha-u-lao-do-ng-trong-bo-i-ca-nh-dai-dich-covid-19.htm（2022 年 2 月 13 日最終閲覧）

42 韓国の「雇用許可制」は政府間の二国間協定に基づく受け入れ制度であり，この制度で韓国に渡ろうとする場合は EPS-TOPIK（Employment Permit System-Test of Proficiency Korean）と呼ばれる韓国語の試験に合格する必要がある（吹原・松﨑ほか，2016）．詳しくは第 8 章で述べる．

43 国際交流基金「2021 年度海外日本語教育機関調査」https://www.jpf.go.jp/j/project/japanese/survey/result/dl/survey2021/all.pdf（2024 年 1 月 22 日最終閲覧）

44 国際交流基金「2018 年度海外の日本語教育の現状」https://www.jpf.go.jp/j/project/japanese/survey/result/dl/survey2018/all.pdf（2022 年 9 月 17 日最終閲覧）

45 ただし，教師数については複数の教育機関で兼任している教師がいるため，実態よりは大きい数字として表れている可能性があるという（国際交流基金，2018，p. 35）．

2018, p. 19). 一方，今回調査時において減少しているのも学校教育以外，つまり送り出し機関における日本語教育であり，新型コロナウィルス感染症拡大の影響で日本に渡航する人が減少したことが原因だという（国際交流基金, 2021, p. 32). しかし学校教育では機関数，学習者数，教師数ともに増加傾向にある．

ベトナムでは 2016 年から小学校課程における第一外国語としての日本語教育の導入が開始された．当時小学校の課程からの日本語教育の導入は東南アジア地域では初であった（Cao, 2017). それによって高等教育までを含む学校教育課程において日本語教育が導入されることとなった．そして日本語は，高校卒業・大学入学統一試験の外国語の選択科目の一つとなっている（2024 年現在).

しかし現在でも全体の半数以上の学習者が学んでいるのは，学校教育以外に分類される機関，つまり就労を目的として渡日する人々に対する出国前の日本語教育を担う機関，労働輸出事業を行う送り出し機関等に属する日本語教育機関[46]である．行き先国の言語教育は送り出し機関の職務であることがベトナムの労働輸出関連法令において定められている．送り出し機関では，ベトナム人労働者が海外市場で高く評価されるよう，出稼ぎ先国の生活習慣，法令，就労習慣などの指導が行われる．言語教育もその一環として行われる（Trịnh, 2019). 言語教育に関してはその期間や到達目標は行き先国によって異なるが，日本向けの場合，出国するまでの来日前講習の期間は 4 カ月から 6 カ月程度であり，日本語教育はその期間に行われることが一般的である（Trịnh, 2019, p. 22). しかし日本語教育の内容に関して定めはないため，各送り出し機関が独自に指導を行っている．

送り出し機関で日本語指導にあたる教育人材は，元技能実習生であることが多いとされる（岩下, 2018；Phan, 2020；宮谷, 2020 ほか). さらに，送り出し機関では地方出身の候補生のほとんどを機関が所有する寮に宿泊させる（Phan, 2020, p. 25). そしてそこでは細かく決められたスケジュールに従い，

46 留学を希望する人に対し日本語教育を行う機関もここに含まれる．ただし，ベトナムでは労働輸出の送り出し機関が留学斡旋も兼ねている場合が多い．

集団生活を送ることになる．Phan（2020）は実際に送り出し機関において参与観察を行っているが，6時，7時から22時ごろまで1日の過ごし方が細かく決められており，日本語の授業以外に「朝礼」，「体力訓練」，「身だしなみ，挨拶のチェック」，「掃除」などの作業項目も見られる．送り出し機関における来日前の講習においては，このような「しつけ」教育とも言えるような「軍隊調」（斉藤，2015）の教育が実践されている．送り出し機関において「軍隊調」の教育が行われる理由についてははっきりわからないが，まず日本の受け入れ企業が求める人材を育成するためである可能性が考えられる．荒島・吉川（2019，2021）は，日本側の受け入れ企業が求める人材が「従順で扱いやすい人材」であるため，それに応えるための教育が行われていると述べる（詳しくは第3章を参照）．また筆者は，送り出し機関の関係者から，海外出稼ぎに行こうとする候補生のそれまでの生活習慣を変え，海外での生活に適応させるために規律を重視した生活を経験させる必要があるという話を聞いたことがある．出稼ぎに行こうとする人はベトナムの農村部や山間部の出身である場合が多く，決められた時間通りに行動する生活習慣に慣れていない場合が多いため，上記のような「しつけ」教育が必要だと考えているということだった．

以上のように送り出し機関で行われる教育は，ベトナム人労働者が出稼ぎ先の国での生活や就労に早期に順応できるようになることを主要な目的として行われる．よって日本の場合は，日本語を身につけるだけでなく日本の生活や就労の慣習を受け入れ，実践できるようになることが重視されていると考えられる．本節では，ベトナムにおける日本語教育の状況を述べた．続いて次節では本研究の起点となった予備的調査について述べる．

1.3.3　2018年，2019年予備的調査の概要

筆者が技能実習生を対象とした調査を開始したのは2018年である[47]．2018年5月にベトナム北部にある送り出し機関3社の協力を得て，ベトナム人技

47　2018年から2019年までに行った予備的調査の詳細については，真嶋潤子編著『技能実習生と日本語教育』（大阪大学出版会）第4章を参照されたい．

能実習生の渡日目的を調査した．候補生 10 人に渡日目的を尋ねたところ，経済的な利益を得ることが最大の目的だと語った人がやはり最も多かった．しかし日本での就労を通じて日本語習得を期待すると語った人は 9 人にも上った．日本語習得を期待するのは，技能実習を終えた後いずれ日本へ留学したいと考えているから，日本語を習得すればベトナムに帰国後就職先を探しやすいからだという．また自身が元実習生という送り出し機関の日本語教師にも話を聞いた．彼らは自らの経験から，日本で学ぶべきものは技術ではなく，日本人の仕事に対する姿勢，生活様式，そして日本語だと語った．続いて 2018 年 9 月には，日本と並んで人気の出稼ぎ先である台湾向けの送り出し機関の協力を得て，出国前の講習を受講する 6 人の候補生に同様の聞き取りを行った． 6 人全員が，台湾に行く目的は「多くの収入を得て，お金を貯める」ことだと語った．一方で，言語の習得を期待するという声は聞かれなかった．さらに講習の期間が長いから日本を選択しなかったという人もいた．日本に行くためには日本語講習を受講することは必須で期間は半年ほどかかるが，台湾は 1 カ月ほどで行ける場合もあるという．

このように台湾に行く人々が経済資本獲得を最重要視し，出国までの時間を可能な限り短縮したいと考える一方で，日本を選択する人々は時間がかかっても日本へ行こうとする．それは経済的な利益以外の目的があるからではないかと考えられた．これらの調査から筆者は，数ある選択肢の中からベトナムの人々が日本を選択するのは，日本へ行って日本語を身につけることへの期待もあるからではないかと考えた．

続いて 2019 年には，日本で就労中の技能実習生にも聞き取りを行った．働きながら日本語学習を続けている人もいたが，学習をしていない人もいた．既に述べたように，技能実習生は実習期間中の日本語学習が制度上義務付けられていない．そのため，日本語学習を継続するかしないかは個人の判断に任されている．よって日本語学習を行わない人もいるのは当然である．しかし 2018 年の調査では，ベトナム人技能実習生が出稼ぎ先に日本を選ぶ理由の一つに日本語習得があると考えられた．日本語習得を希望しながら来日後学習が継続できないのはなぜなのかという疑問を持った．さらに制度上義務づけられていない以上，技能実習生は日本語を学ばない権利もあるはずなのだが，日本語能力を持たないことで困難に直面したと語る技能実習生にも数多く出会った．制度上日本語学習が保障されていないにもかかわらず，日本語能力を持たないことで不利な立場に立たされることがあるということは，そもそも技能実習制度に問題があるのではないか．それに対し，日本語教育ができることはないのだろうか．2018 年と 2019 年の調査を通じて感じたこれらの思いが，本研究の起点となった．

1.4 本書の問題意識

これまで見てきたように，技能労働者の受け入れにおいて日本語教育は軽視されてきたと言わざるを得ない．彼らはいずれ出身国へ帰って行く「還流型」の単なる労働力として扱われ，労働者として認められるはずの権利も十分には付与されなかった．そのような状況であるが故に，彼らに対する日本語教育についてはほとんど議論されてこなかった．しかしながら田尻（2017b）が指摘するように，日本語教育が重視されてこなかったことに対して日本語教育業界からはほとんど声が上がらず，さらに日本語教育学分野における技能労働者を対象とした調査研究も少ない（真嶋，2021）．それはなぜなのだろうか．

まず，これまで日本語教育の分野では留学生とその延長線上にある高度外国人材は注目されても，現場作業などに従事する技能労働者はあまり注目されてこなかったことがあるだろう．そしてそれは，日本語教育関係者にとって技能労働者への直接のアクセスが難しかったから（技能実習生の場合は監理団体などの仲介が必要であり，また媒介語がない場合もあるため），そして様々な社会的要因が複合的に関わっているからではないだろうか．

日本の技能労働者受け入れは現在，新たな転換点を迎えている．技能実習制度は「育成就労」制度に変わることが決定している．しかし，たとえ制度が変わっても，在留資格の呼び名が変わっても，日本国内に労働者を供給するという目的は変わらない．これまで軽視され続けた技能労働者に対する日本語教育や，彼らの言語の権利について，今議論しなければ，日本の技能労働者受け入れ制度が単なる労働力の受け入れである現状は変わらないのではないか．それが本書の問題意識である．

ただし筆者が本書で論じたいのは言語教育（日本語教育）についてだけではない．春原（2009）は言語教育が政治や経済等の社会の下部構造の上に成立していることに言語教育の関係者が気づかず，言語教育を文化や心理，コミュニケーションや人間関係の問題に局限してしまっていることを批判する（春原，2009，p. ii）．本書の冒頭でも述べたことであるが，技能労働者に対する日本語教育について考えるには，それを取り巻く社会全体から日本語教育を捉える視点が必要である．社会という視点から日本語教育を捉える際，そこに参与する人々の実態を把握することがまず必要であろう．よって本書ではベトナム人技能労働者に焦点を当て，彼らの実態調査を行い，これまで得られていないエビデンスを収集する．彼らのリアルを明らかにし，それに基づき今後の技能労働者受け入れと彼らに対する日本語教育のあり方について考察を行う．本書の目的は，日本語の教育実践についてではなく，日本語教育が社会とどのように関わっていくのかについて論じることである．

第 2 章

研究概要

2.1 本研究の目的と日本語教育的意義 ―ウェルフェア・リングイスティクスとしての日本語教育

福永（2020a）は「日本語教育のさらなる発展のためには，教育実践の改善を目的とする臨床型研究だけでなく，臨床型研究を支える基礎研究も必要」（福永，2020a，p. 22）[1] であると述べる．しかし，現状では「日本語教育学の基礎研究（中略）は，臨床型研究に比べると格段に少なく，研究の方法論もまだまだ確立されているとは言い難い」（福永，2020a，p. 22）．ネウストプニー（1981，1995）は，日本語非母語話者が日本語を使えるようになることを目指すのが日本語教育だとすれば，彼らが実際に日本語をどのように使っているのかを研究することが出発点であると述べた．時代は移って福永（2020a）は，流動化，多様化する現代社会に即した言語使用実態の把握が必要であると述べる．しかし，知るべきは言語使用実態のみなのだろうか．言語を学ぶ（もしくは学ばない）当事者は思考し，社会で行動する人間である．彼らが言語を学ぶことを選択し，実践する背景に何があるのか，それを知ることもまた必要なのではないだろうか．

山田（2003）も日本語教育を歴史的，社会的な「文脈」という視点から捉え直す必要性を主張する．山田が言う「文脈から捉える」とは日本語教育を個

1 ここで言う臨床型研究とは研究成果の日本語教育実践への応用を目指すものを指し，基礎研究とは日本語教育に関わる人々，社会的な背景を調査するものを指す．

別の事象，つまり教室という限られた空間や授業（コース）といった限られた時間，日本語を教え，学ぶという限られた場だけではなく，より広く歴史的，社会的な背景と共に捉えることである．それは例えば「目の前にいる学習者にどうやって教えるか，と考えるのではなくなぜこの学習者は私の目の前にいるのか，を考える」ことである（p. 11）．さらに細川（2012）は日本語教育に必要なことを以下のように述べる（p. 36）．

> まず目の前の教育内容と教育方法の呪縛から抜け出すこと．「何を」「どのように」と言う呪縛は，日本語教師に目の前のことしか見えないようにさせる．そうではなく，まず「なぜ」という問いを持つこと．

しかしこのような姿勢は，これまで技能労働者受け入れにおける日本語教育では全くと言っていいほど実現されていない．受け入れ制度において日本語教育が形骸化していることは第1章で述べたが，当の日本語教育の関係者自身も，なぜ彼らに日本語教育を行う必要があるのかについて立ち止まって考えてみたことはあるだろうか．「何を」「どのように」といった教授内容ばかりが語られていないだろうか．そもそもなぜ彼らが日本にいるのかについて，彼らの置かれた状況，それを作り出す社会構造について目を向けたことはあるだろうか．

「ウェルフェア・リングイスティクス（Welfare Linguistics）」[2]は徳川宗賢がネウストプニーと行った対談（徳川，1999）において提唱した概念である．この用語は，1998年にノーベル経済学賞を受賞したアマルティア・センが使った「ウェルフェア・エコノミクス（Welfare Economics）」をもとに徳川が考案したものであり，目指すのは「人々の幸せにつながる」「社会の役に立つ」「社会の福利に資する」言語・コミュニケーション研究であるとされる（平高，2013；佐藤・村田，2018）．

---

2 Welfare Linguisticsには「ウェルフェア・リングイスティクス」（徳川，1999ほか）と「ウエルフェア・リングイスティクス」（平高，2013ほか）という二種類の記述が見られるが，本書では「ウェルフェア・リングイスティクス」を使用する．

ウェルフェア・エコノミクスの「社会福祉（welfare）」は，対立する両者（例えば生産者と消費者，雇用主と被雇用者）の利害の均衡点を見出すことである（ハインリッヒ，2021，p. 18）．どちらかに利益が偏るのではなく，双方の利益のバランスを取るのがウェルフェア・エコノミクスにおける原則である．これをウェルフェア・リングイスティクスに置き換えて考えると，相反する者同士の間のバランスを取る，例えば「非母語話者」と「母語話者」，「新規参入者」と「ホスト社会」などの間にある均衡点を見出すことになる．ウェルフェア・リングイスティクスは，第一言語話者の静的な規範の存在を認めて第二言語話者をその規範に単に適応させるという言語教育観を否定する．全ての人々が等しく社会を構成するメンバーであり，お互いが歩み寄り，影響し合い，利益を享受できるようにバランスを取ることを目指すのがウェルフェア・リングイスティクスとしての言語教育である．

ハインリッヒ（2021）は，「力の不均衡からの解放のためのアプローチ」であるウェルフェア・リングイスティクスの目的は，ただ単に「弱者を支援する」，あるいは「批判的である」ことではなく，「新しいプランを立てる」ことであると述べる（p. 25）．ハインリッヒによれば，単に「弱者を支援する」立場では「社会」という想像の共同体から逸脱した人々が「問題」視される時，その原因は人々が「何かを欠いている」ことにあるとされ，その人々のマイナスを補おうとするアプローチがとられることになる．しかしウェルフェア・リングイスティクスの立場においては，問題を作り出しているのはその人々の欠陥ではなく，それを欠陥としてしまう社会であると考える．よって問題だとされる事象や存在が問題だと認識されてしまう社会のあり方を変えることを目指すことになるのである（p. 27）．つまりウェルフェア・リングイスティクスとしての言語教育には，言語教育を社会全体から包括的に捉える視座が必要になる．単に教育実践の個別の側面だけに着目するのでなく，その文脈や社会的要因も考慮に入れなければならない．

では上述のようなことは，日本語教育の中で実現されてきたと言えるだろうか．福永（2020a）が指摘するように，臨床型研究に比べ基礎研究が十分に行われているとは言い難い現状や，特に技能労働者に対する日本語教育の研究の不足は，それが不十分であったことを示しているのではないだろうか．本研究は日本語教育の教材開発や指導内容，指導方法といった教室における実践への貢献に直結するものではなく，福永（2020a）の言を借りれば日本語教育の臨床型研究を支える基礎研究ということになるだろう．しかし本研究は臨床型研究を支えることだけを目的とはしていない．社会は日々大きく変化している．国を越えた移動をする人々の背景は多様化している．そのような社会情勢の中で，今日本語教育に求められていることは，日本語をどのように教えれば効率よく習得させられるのかといったような限られた範囲における対症療法（福永，2020a，p. 4）だけではないはずだ．日本語教育が社会に寄与できることは何かといった視点が，日本語教育には必要である．

繰り返しになるが，本研究の目的は明日教室で使える日本語教育のノウハウを提供することではない．本研究が目指すのは，社会の中で日本語教育を捉えるために，日本で働きそして学ぶ（もしくは学ばない）当事者の実態調査を行い，その上で彼らに対する日本語教育のあり方を考えることである．日本語教育は必要であるという前提を固持して既存の枠を学習する当事者に押し付けるのではなく，まず目の前の現実を把握し，相手の声を傾聴した上で，日本語教育に何ができるのかを考えることが本研究の目的である．この目的のために，本研究ではこのウェルフェア・リングイスティクスの考え方に基づき，日本語教育のあり方を考察する．

2.2 研究デザイン

2.2.1 本研究の立場

技能労働者を対象とした大規模な実態調査としては，例えば技能実習生の帰国後のフォローアップ調査を国際人材協力機構（JITCO）と労働政策研究・研修機構が 2013 年から 2017 年まで，その後は外国人技能実習機構（OTIT）が引き継いで行っているが，毎年 7 万人ほどの帰国者がいるなか，母数に対して回答数が極めて少ないことが指摘されている（牟田，2021，p. 41）．また，範囲を拡大して見ると出入国在留管理庁が「在留外国人に関する基礎調査」を 2020 年から毎年実施している[3]．中長期在留者と特別永住者から対象者 4 万人を無作為抽出し，アンケートへの回答を依頼しているが，対象が広範囲である上，有効回答率は毎回 20％前後と低い値となっている．このように技能労働者に関しては行き届いた調査が実現できていないのが現状だ．

技能労働者のうち，特に技能実習生や特定技能人材に対する調査に関して言えば，まず調査者が彼らに直接アクセスしにくいという事情がある．質問紙調査を行う場合，質問紙を直接送付することは難しく，受け入れ企業や監理団体に依頼して渡してもらう方法が採られることが多いと考えられる．しかし受け入れ企業や監理団体などは労働者を評価，管理する立場にある．そこを経由して依頼される調査に対し，正直な回答がしにくくなることは容易に想像できるし，回答自体を拒否される可能性もある．質的な調査の場合も，同様の困難が予想される．さらに生産現場で働く彼らに調査者が接触できる機会は限られる（グエン，2013；真嶋，2021）[4]．

このように，現状では技能労働者を対象にした調査は実施が困難であり，かつ限定されたものになることは避けられない．そのような条件においては，ただ一つの調査結果によって結論を出すということは難しい．複数の調査を通じて複眼的に対象にアプローチし，その結果を分析することが必要となる．さらにブルデュー（2020a）は，数値により抽象化される量的研究だけでは人が何かを選択する際，行動をとる際の背景を捉えることは困難であると述べる（ブルデュー，2020a，p. 364）．よって本研究では研究課題に合わせて量的調査，質的調査の両方を用いることとする．

本研究では一つの量的調査と三つの質的調査を行い，後述する四つの研究課題に答えていく．研究課題 1 では技能実習生の来日前・来日後アンケート調査（調査 1）を，研究課題 2 では技能実習生に対するインタビュー調査（調

3 出入国在留管理庁「在留外国人に関する基礎調査」https://www.moj.go.jp/isa/policies/coexistence/04_00017.html（2024 年 1 月 4 日最終閲覧）
4 技能実習生を受け入れる企業の中には，彼らが会社外の人間と接することを好ましく思わないところもあるという（馮，2013；宋，2017）．

査2）を行う．さらに技能実習後の労働者の人生の展開に着目したインタビュー調査（研究課題3，調査3）を，技能実習を修了した／修了しようとしている人（一部調査2の対象者を含む）を対象に行う．続く研究課題4では就労場面のやり取りの音声データの分析（調査4）を行う．本研究で行う上述の調査によって彼らの実態が全て把握できるとは言えない．しかし，現在彼らについての調査研究の蓄積の少ない日本語教育分野に対し，エビデンスに基づく一つの結果を提供することはできるのではないかと考える．

2.2.2 研究対象

序章でも述べた通り，本研究の対象は技能労働者である．技能労働者は「技能実習」「特定技能」の在留資格を有して就労していることは既に述べた通りであるが，法務省の統計によれば2023年末現在，技能実習生約40万人，特定技能人材約20万人が日本に滞在している．国籍別に見るといずれもベトナムが最も多く，技能実習生約20万人（全体の約50%），特定技能人材約11万人（全体の約53%）である[5]．つまり現時点においては日本で就労する技能労働者の大半をベトナム出身者が占めていることになる．よって本研究でもベトナム出身の技能労働者を対象とし，その中でも特に技能実習生に焦点を当てている．

ベトナム出身の技能労働者を対象とするのには他の理由もある．それは，筆者が通訳者を介さずベトナム語を使って対象者とやり取りをすることにより，調査対象者の声をより直接的に聴くことが可能なことである．

技能労働者が日本社会で活動する場には，当事者のみならず様々な参与者も存在する．本研究でも調査の過程で受け入れ側（監理団体，受け入れ企業，支援団体など）の話を聴くことがあった．しかし本書では主に当事者である労働者当人に焦点を当てる[6]．

---

5 出入国在留管理庁「令和5年末現在における在留外国人数について」 https://www.moj.go.jp/isa/publications/press/13_00040.html（2024年4月9日最終閲覧）

2.2.3 研究課題と方法

本節では研究課題と研究方法について述べる．本研究は以下の研究課題を設定した．

【研究課題 1】来日の目的

(1) 技能実習生候補生は日本語習得を希望しているのか

(2) 彼らが行く先に日本を選択する要因や背景は何か

(3) 来日前の候補生と，来日して実際に就労を経験した実習生では技能実習制度に対する意識に違いがあるのか

【研究課題 2】日本語学習

(1) 彼らはなぜ日本語学習を行うのか

(2) 日本語学習を行う人は，どのように学習を行っているのか

(3) 日本語学習を行わない人は，なぜ行わないのか

【研究課題 3】技能実習以後の展開と日本語

(1) 技能実習生が特定技能 1 号への移行を選択する背景に何があるのか

(2) 日本で就労を継続しようとする人にとって日本語はどのような意味を持つのか

【研究課題 4】ことばの実践

(1) 就労場面ではどのようなやり取りを行っているのか

(2) やり取りを成立させているものは何か

ベトナム人技能実習生を対象とした先行研究では，彼らが実習修了後にベトナムに帰国し，習得した日本語能力を生かして日系企業に就職したり，日

6 他の参与者に関しては，稿を改めて論じたい．

本語教師になったりと自身のキャリアアップに日本語を生かしている事例が報告されている（坪田，2019；岩下，2022 ほか）．しかし，そもそも来日前の時点から彼らが日本語にそのような価値を見出しているのかを明らかにした調査は管見の限り見られない．よって，これまで先行研究で指摘されてきた事象を，来日前から来日後まで範囲を広げ，量的なエビデンスをもとに検証するのが研究課題 1 である．

続いて研究課題 2 では日本語学習に焦点を当てる．明らかにするのは，彼らがなぜ日本語を学習する（しない）のか，している人はどのような学習を行っているのかである．第 1 章でも述べた通り，現行の技能実習制度においては来日前後の講習で日本語教育を行うことになっているが，受け入れ企業に配属された後は特に定めはなく，学習継続は個人の意思に任されている．ベトナムにおいて送り出し機関や日系企業などに就職する際に有利になるため，日本語能力試験の合格を希望する人は多いという（坪田，2019；樋口，2021；道上，2021a ほか）．しかし試験の合格よりも，日本で生活し，仕事をするための日本語のほうが日本で暮らす技能実習生にとっては役に立つのではないだろうか（中川・神谷，2017；真嶋・道上，2021）．生活し，仕事をするために必要な日本語とは周囲の人の話を聞き，話す力，また自分の行動する範囲において情報を得，それを的確に判断し，対応する力であろう．それは日本語能力試験で測られる能力と重なっているとは必ずしも言えないのではないだろうか．では，なぜそのような状況が生じるのだろうか．また日本語能力試験の合格以外に学習目的はないのだろうか．さらに，実際に彼らはどのような学習を行っているのだろうか．一方で，学習を継続していない人もいる．帰国後の就職に有利に働くにもかかわらず彼らはなぜ日本語学習を行わないのだろうか．それを明らかにするのが研究課題 2 である．研究課題 2 では研究課題 1 の結果を踏まえながら事象を詳細に見ていくため，質的調査を方法として用いる．

続いて研究課題 3 では，技能実習生を対象に行った調査 1 と 2 の結果を踏まえ，技能実習を修了した／修了しようとしている段階に着目し，技能実習の後の人生の展開において彼らの選択に影響を与えるものは何か，またその中で日本語はどのように関わるのかを明らかにする．第 1 章でも述べた通り，日本政府は技能実習制度（今後は「育成就労」制度）から特定技能制度への接続を一層強め，長期的な人材確保が可能な道を整えようとしている．しかし，この日本政府が用意する受け入れの枠組みを技能労働者当人はどう捉えているのだろうか．研究課題 3 では当事者の語りに耳を傾け，内側（当事者の視点）から制度を検証する．

最後に研究課題 4 では，就労場面で日本語を用いたやり取りが実際にどのように行われているのかを明らかにする．日本語教育分野で技能労働者の就労場面におけるやり取りを調査した研究は極めて限定的である．確かに労働者の活動の場は就労場面だけとは限らないが，本研究では調査研究の蓄積が他と比べて格段に少ない就労場面に焦点を当てる．工場や建設現場などにおける現場作業では，いわゆる「高度外国人材」[7] が企業のオフィスや研究所等で行う会話とは異なる言語実践が行われていると予想される．ただし本研究では交わされる言語の表面上の形式ではなく，その背景にあって相互理解を可能にしている「ことば」に着目する．それがやり取りの実態把握につながると考えるからである[8]．

以上のように，研究課題 1 では技能実習生の来日の背景，希望，日本語に対する意識を量的な調査により明らかにし，研究課題 2 では日本語学習とそれを取り巻く環境を質的な調査により詳細に見ていく．さらに研究課題 3 では技能実習の後の段階に焦点を当て，彼らの選択の背景，そこに関わる日本語の意味付けについて明らかにする．そして研究課題 4 では，実際に彼らが就労場面においてどのようにやり取りを行っているのかを明らかにする．こ

7　高度外国人材については出入国在留管理庁「高度人材ポイント制とは？」を参照されたい．https://www.moj.go.jp/isa/publications/materials/newimmiact_3_system_index.html（2022 年 5 月 1 日最終閲覧）

8　ただし，それを教育実践に活かすことは本研究の射程ではない．日本語教育は実践の学問であるがゆえに，「明日教室で役立つ」知見を求めて臨床型研究が重視される傾向がある．臨床型研究は，日本語教育は行うものだという前提に立って行われるが，本研究はそれとは異なる立場を取る．技能労働者を取り巻く日本社会の状況に対し，日本語教育は何をなすべきかという問いが本研究の問題意識の中心となっている．

れらの四つの研究課題について考察した上で，最後に本書のまとめとして，第 8 章において総合考察を行う．日本の労働者受け入れ制度は今変わろうとしている．さらに 2019 年に「日本語教育推進法」が公布，施行されたことに伴い，文化庁（文科省）を中心に日本語教育推進のための枠組み作りが進められている．それらには，当事者の現実がどの程度反映されているだろうか．本研究で得られたベトナム人技能労働者の実態に関する知見を踏まえ，今後の日本の技能労働者受け入れとウェルフェア・リングイスティクスとしての日本語教育のあり方について総合的に論じる．

本節では本研究の研究課題について述べた．次節では，それぞれの課題に対応する調査方法についての概要を述べる．

2.2.4 四つの調査の概要

アンケート調査をはじめとする量的な調査は仮説検証を目的とし，得られた数量データを統計手法で分析することにより一般化が可能な手法であるとされる（竹内・水本，2014，p. 6）．本研究では，実態把握の第一段階として量的な調査を行う．調査 1 ではベトナム人技能実習生を対象に，来日前と来日後にアンケートを実施する．来日前アンケートでは，ベトナムの送り出し機関において日本へ出国する準備をしている実習生候補生を対象とする．内容は日本での就労に何を期待するか，行先として日本を選択した理由，日本語に対してどのような意識を持っているのか等とする．続いて来日後アンケートは，来日前後の比較を行うために日本で就労中のベトナム人技能実習生を対象とする．質問紙は来日前アンケートを来日後の状況に合わせて修正し，日本語学習に関わる項目を追加する．質問紙はいずれもベトナム語で作成する．

日本での実習期間を通じて身につけた日本語をベトナム帰国後に自身のキャリア形成に利用しているベトナム人技能実習生が多いことはこれまでの先行研究でも指摘されてきた（坪田，2019；道上，2021a；岩下，2022）．さらに中川・神谷（2018）も，ベトナム人技能実習生には日本語能力を高めることでキャリアアップを図るという学習動機があるとする．坪田（2019），道上

(2021a)，岩下（2022）は日本での技能実習を終え帰国した元実習生に対する調査，中川・神谷（2018）は日本で就労中の技能実習生に対する調査である．その中で，道上（2021a）では候補生に対してもインタビューを行い，多くの行き先国がある中でベトナム人労働者が日本を選択する背景には日本語習得に対する期待があるとするが，それは質的調査による考察であり，対象者も限られているため，一般化は難しい．このように，ベトナム人技能実習生が来日準備をしている段階から上記の希望を抱いているかどうかの量的な調査は管見の限り行われていない．

よって本研究では，アンケートを用いた量的調査（調査 1）により，ベトナム人技能実習生は来日前の段階から日本語を将来のキャリアアップに結び付くものだと考えており，その習得を希望しているという仮説を検証する．彼らが来日前の段階で既にキャリアアップのための日本語習得の希望を抱いているとするなら，それが出稼ぎ先に日本を選択する要因の一つになっていると考えることもできる．そして，それが来日後変化するのかも明らかにする．調査 1 の結果から考察する研究課題は，下記の【研究課題 1】である（再掲）．研究課題 1 と調査 1 については，第 4 章で論じる．

【研究課題 1】来日の目的

(1) 技能実習生候補生は日本語習得を希望しているのか

(2) 彼らが行く先に日本を選択する要因や背景は何か

(3) 来日前の候補生と，来日して実際に就労を経験した実習生では技能実習制度に対する意識に違いがあるのか

続いて調査 2 について述べる．質的調査は，人々の価値観や希望，意欲，意図，意識などの客観的には測定しにくいものを扱うことができる研究手法である（竹内・水本，2014；大谷，2019）．調査 2 では，調査 1 で明らかとなった静的な全体像をより詳細に，動的に捉えることを目指し，質的調査を行う．地域ボランティア教室や監理団体，企業が主催する教室などをフィールドとした調査はこれまでも行われている（中川・神谷，2017；荒島・吉川，2021；中

谷，2021；樋口 2021 ほか）．しかし学習とは教室内だけで行われるものではない．わざわざ教室へ出向かずとも，教える人が不在であっても，学ぼうとする学習者は主体的に学習を行う（細川，2012，p. 45）．また，教室という場をフィールドにすると学習しないことを選択した人は自ずと調査対象から外れてしまう．

以上のことから，調査 2 では教室を介さず，ベトナム人技能実習生に直接アプローチし，日本語学習についてインタビュー調査を行う．インタビューの使用言語はベトナム語および日本語で，主に来日経緯，現在の仕事の状況，現在の生活の状況，日本語使用状況，日本語学習の状況，技能実習修了後（今後）の予定について質問する．そしてそのデータを文字化し，M-GTA（木下，2003，2005，2007 ほか）を用いて分析する．調査 2 によって明らかにする研究課題は下記の【研究課題 2】である（再掲）．研究課題 2 と調査 2 については，第 5 章で論じる．

【研究課題 2】日本語学習
(1) 彼らはなぜ日本語学習を行うのか
(2) 日本語学習を行う人は，どのように学習を行っているのか
(3) 日本語学習を行わない人は，なぜ行わないのか

続いて調査 3 について述べる．調査 3 では，来日前の段階（調査 1），就労中の段階（調査 2）の結果を踏まえ，技能実習修了後の段階に焦点を当て，彼らの実習修了後の選択に影響を与える要素と，日本語のかかわりを明らかにする．調査対象は，技能実習を修了した／修了しようとしている人である．その中には，特定技能 1 号に移行した人，移行しなかった人，ベトナムに既に帰国している人が含まれる．調査は半構造化インタビューによって行い，彼らの社会的な「文脈」（山田，2003）を知るために，在留資格に関すること，受け入れ制度に関すること，職場のことなどを広く聴き，日本語だけに焦点を当てることはしない．インタビューの使用言語は調査 2 と同様にベトナム語および日本語である．調査 3 によって明らかにする研究課題 3 を，以下に

再掲する．研究課題 3 と調査 3 については，第 6 章で論じる．

【研究課題 3】技能実習以後の展開と日本語

(1) 技能実習生が特定技能 1 号への移行を選択する背景に何があるのか

(2) 日本で就労を継続しようとする人とって日本語はどのような意味を持つのか

続いて調査 4 について述べる．調査 4 では就労場面におけるやり取りの実態を明らかにするために，技能実習生が働く職場に調査協力を得，就労場面の音声を録音し，分析する．実際の就労場面ではどのようなやり取りが行われているのだろうか．また，そのやり取りを可能にする背景には何があるのだろうか．相互行為の構造を明らかにするため，分析には会話分析の手法を用いる．調査 4 の結果から明らかにする研究課題は下記の【研究課題 4】である（再掲）．研究課題 4 と調査 4 については，第 7 章で論じる．

【研究課題 4】ことばの実践

(1) 就労場面ではどのようなやり取りを行っているのか

(2) やり取りを成立させているものは何か

以上が本研究で行う四つの調査の概要である．これらの調査の結果を踏まえ，第 8 章で本書全体のまとめとして総合考察を行う．

本章では，研究全体の概要についてまとめた．まず，本研究の研究目的と日本語教育的意義をウェルフェア・リングイスティクスの観点から述べ，続いて研究課題を提示し，研究のデザインと研究手法について解説した．続いて次章では，本研究に関わる分野の先行研究についてまとめる．

第 3 章

先行研究

これまで社会科学の分野で技能労働者，特に技能実習生に焦点を当てて行われたのは，彼らが置かれている状況の過酷さや社会的弱者を生み出す構造を創出している技能実習制度の問題を指摘する研究であった．技能実習生の出身地として当初多かったのは中国で，それがベトナムにシフトをしたのは2016年ごろである．技能実習生を対象とした研究も2000年代の初めは中国出身者を対象としたものが多かったが，その後ベトナム出身者を対象とした研究も増えている．社会科学の分野の研究においては，労働者が日本語学習を行うことの必要性，彼らの日本語能力の向上によって得られる利益など日本語教育の積極的な介入を肯定的に捉える記述が多く見られる．労働者が日本語能力を高めれば仕事上のトラブルも減り，周囲の人々とも円滑なコミュニケーションが可能になり，良好な関係性を築くことができるようになるとされる．しかし社会科学の分野ではそれを指摘するにとどまっており，実際にどのような日本語教育が必要であるのかは明確にしていない．

一方，当の日本語教育学においてはどのような調査研究の蓄積があるのだろうか．これまで日本語教育においては，働く外国人が必要な日本語の一分野として「高度外国人材」を対象とする「ビジネス日本語」があり，主に留学生教育の延長として捉えられ[1]，研究が行われてきた（李，2002；堀井，2007；葦原・塩谷ほか，2020ほか）．しかし，技能労働者のような現場作業に従事する人々を対象とした調査研究は日本語教育学分野ではいまだ少ないのが現状である（真嶋，2021）．

技能労働者に対する日本語教育を考える時に日本語という側面だけを切り

取って論じることはできない．よって本章では，彼らの置かれた社会的状況を把握するために，まず社会科学の分野において進められてきた研究を概観する．そしてその上で日本語教育学分野における研究を見ていくこととする．日本語教育学分野における先行研究は，「日本語教育実践の場」「学習動機」「日本語習得・言語使用」の三つの観点からまとめる．

3.1 技能労働者に関する社会科学分野の研究

浅野（2007）は「日本で学ぶアジア系の外国人」を対象として約 10 年にわたる縦断的な調査を行い，彼らの生活誌，文化変容を記述した大部の論稿である．「アジア系の外国人」には，研修生（企業研修生，農業研修生），留学生（国費留学生，私費留学生），就学生が含まれる．浅野が調査を行った 1980 年代末から 90 年代にかけては，「1990 年体制」（明石，2010，p. 97）と呼ばれる入管法の改正によって技能実習制度（団体監理型受け入れ）が開始された時期であった．浅野が記述する「中国人農業研修生」の生活誌には，当時の日本の農業の現場が抱えていた問題，そしておそらく現在でも続いている問題が見られる．現場では慢性的な人手不足に陥っている．それを緩和するために研修生を受け入れる．人手不足を補うための人材確保であるため，受け入れた側は即戦力として労働に従事することを求める．研修生は技術を学ぶ「研修生」としてではなく労働者として働くことを期待される．一方の研修生自身は，仕事の過酷さや報酬の少なさに不満を抱く（p. 110）．しかし働く側の待遇改善をして十分な賃金を支払えば，受け入れた側が潰れてしまう．この日

1 日本語教育学会のテーマ領域別研究会を前身とする「ビジネス日本語研究会」（Society for Business Japanese Research; SBJR）のウェブページには，「留学生 30 万人計画などの留学生政策は受入れ・育成から就職・定住をも視野に入れるようになりましたが，日本社会で仕事をしようとする留学生や既に仕事をしている外国人に対する支援は十分ではありません．このような現状を鑑み，日本語を使って仕事をする外国人に対するビジネス日本語の研究・実践を進め，支援体制を築いていくことが急務」だと書かれており，「ビジネス日本語」が留学生教育の延長線上にあると考えられていることがわかる．http://business-japanese.net/（2022 年 5 月 22 日最終閲覧）

本社会が抱えるジレンマ（永吉，2020，p. 274）は，現代の日本社会の至る所で顕在化している．

黒田（2009）は北海道の水産加工業をフィールドに行った調査であるが，人手不足はこの地域でも深刻であった．北海道のオホーツク地方は若年労働力の地域外流出により水産加工業が労働力不足に直面し，中国人研修生・技能実習生の受け入れが始まった．黒田（2009）が調査を行った地域では労働者不足を補うために地域（産業）全体で研修生・技能実習生の受け入れを「真面目に」（p. 66）[2] 行っている．しかし「真面目に」行えば行うほど受け入れコストはかかる．さらに現場では言語の違い，文化や習慣の違いから意思疎通がうまくいかないこともある．しかしそれでも海外から働き手を受け入れなければ地域の産業が成り立たない状況にあるという．このように技能労働者を受け入れる現場では，深刻な人手不足に苦しみながらそれでもなお経済活動を維持しようとする日本社会の問題と矛盾が再現されている．そもそもそのような要望から生じる人材獲得であるから，経済的な色合いは打ち消しがたく，それが技能実習制度の掲げる「国際貢献」や「人材育成」といった理念との間の溝を生むこととなった．このような日本の技能労働者受け入れを，樋口（2022）は「ピカソのキュビズムの絵」に喩える．単純労働者の受け入れを正面から認めず，移民政策を否定し続けた結果，まるで整合性のとれた政策が取られているかのように見えながら，建前と実態との間に歪みが生じているという（p. 23）．

このような制度の問題により，影響を最も大きく受けるのは労働者当人であろう．落合（2010）は研修生・技能実習生本人の視点から制度の問題点を指摘した．落合がインタビューを行ったのは中国出身の研修生[3]，技能実習

2 入国後講習で使用される教材はゴミ出しをはじめとする地域のルール，地域の概況，実習現場の状況，日常会話などの内容で，中国語と日本語が併記されているが，それは監理団体によって自作されているという．また，受け入れ企業の定期的な巡回，住居の巡回，中国語通訳による病気や悩みの相談，生活面の細かな指導などが行われている．

3 落合が調査を開始したのは 2007 年 8 月からであり，2009 年の入管法改正の前であった（第 1 章参照）．その時期は入国して 1 年目は「研修生」として報酬を受ける活動が禁止され，労働者とは見なされていなかった．

生とインドネシア出身の技能実習生だが，十分な報酬を得ていないこと，長時間労働，残業代未払いのケースがあることなどが当事者の語りを通じて明らかにされている．グエン（2013）でも，日本で働くベトナム出身の研修生・実習生のインタビューを通じ，仕事が単純労働であるため将来に生かせないといった不安があることや，労働時間が長時間に及ぶ日もあり，日本語を学習する余裕もなく，睡眠時間さえ不足しているといった状況にあることが報告されている（p. 25）．

労働が過酷であったり，職場環境が劣悪であったりした場合，そこから離れようとするのは当然のことであると考えられるが，その結果不法就労，不法滞在となってしまう人もいる．巣内（2019）は，ベトナム人技能実習生が受け入れ先から逃走し，不法就労者となる理由を明らかにしようと，実際に不法就労者となったベトナム人技能実習生に対する聞き取りを行った．日本へ来るためにベトナムにおいて多額の借金を背負った上，家族への仕送りも求められ，日本では低賃金労働に従事するという経済的に追い詰められた状況に陥り，さらに職場での暴力や暴言に直面した結果逃亡することを選択した技能実習生の事例を，巣内は「失踪」と呼ぶべきではないと主張する．加藤（2022）も同様に，技能実習生の不法滞在は制度に起因するものだと述べる．

加藤（2019）は，日本滞在の合法性と不法性の境界を決める要素を明らかにするため，関東地方のカトリック教会（ベトナム人信徒が多い）をフィールドに，不法滞在者となったベトナム人元技能実習生と元留学生，正規滞在者であるベトナム人留学生，技能実習生，技人国人材を対象にインタビュー調査を行った．加藤は来日前の「借金」，ベトナムと日本に存在する「移住産業（不法産業）」，日本の人手不足が深刻な業種における「労働需要」，日本語学校へのチェック機能の欠落といった「出入国管理政策の不備」が不法滞在者を生む要因となっているとし，さらに「経済力」「社会的関係」「（第三者の）適切な介入」の有無が，正規滞在のままでいられるか，不法滞在となるかを分けると述べる．加藤が言う「社会的関係」の構築や「（第三者の）適切な介入」は，周囲の人々とのかかわりを抜きにしては実現しないと考えらえるが，周囲とのかかわりを求めるかどうかも人によって異なる．上掲の落合（2010）

は，研修生・技能実習生たちをそれぞれの志向性によって二つのタイプに分類している．一つはインターネットなどを活用して本国にいる家族や友人と時間を共有しながら日本にいる自分を仮の姿として生きる「本国志向型」であり，もう一つが日本（「いまここ」）にいる自分を楽しみ，自己を成長，発展させようとする「いまここ志向型」である．落合によれば，積極的に周囲の人々と交流し，日本語学習にも意欲的に取り組むのは「いまここ志向型」の人々であるが，実際に研修生・技能実習生の多数を占めるのは「本国志向型」であるという．

彼らが日本滞在を「仮」の時間として捉えるのは，彼らを部外者・周縁者と想定する日本人側の視点を彼らがそのまま内面化しているためであると落合は述べるが，技能実習生を受け入れている宮城県の水産加工会社で調査を行ったOkumura（2022）も，受け入れ企業という狭い範囲内では技能実習生を家族の一員のように受け入れながら地域という一段階広い範囲のコミュニティになるとゲストワーカーとしてしか受け入れていない状況があると述べる．このように周囲のコミュニティとの関係構築が進まない理由を，白崎（2022）は技能実習制度そのものにあると見ている．白崎は北海道で農業に従事する中国出身の技能実習生を対象として調査を行い，彼らが周辺の地域社会と関係を構築しないのは構築する必要がないからであり，それは技能実習制度の枠組みの中で「宿舎」，「農家」，「講習」といった情報交換・情報収集，教育，相互扶助等の場として機能する疑似的コミュニティが既に用意されているからだと分析する．

落合（2010）は研修生・技能実習生の日本語学習への取り組みについても言及している．落合（2010）によると，日本での大学進学や帰国後の日系企業への就職を目指して日本語を学ぶ人や，日本語教室での他者との交流を楽しんでいる人もいるという．落合自身が日本語学習意欲を調査項目の一つに設定しているからではあるのだが，彼らの語りからは，彼らが自分なりに日本語の価値付けを行いながら生活を送っていることが窺える．しかしさらに興味深く感じるのは，落合自身が日本語学習意欲をもとに研修生・技能実習生の積極性を評価している点である．落合の主張に従えば，研修生・技能実習生が日本語学習に取り組むことが日本での生活を楽しんでいるということになり，それが技能実習（研修）の「良い例」であるということになる．そこに，外国人労働者が日本語を学ぶということについて落合自身が持つ価値観が反映されているように思われる．

落合（2010）と同様に，日本語学習の必要性について言及する論稿には守屋・傅（2010），グエン（2013）などがある．守屋・傅（2010）は帰国した中国人研修生・実習生に対する聞き取り調査で，日本への出稼ぎを経験したことで日本語を習得し，それが帰国後のキャリア形成に役立ったという意見が多く聞かれたことから，研修・実習期間中の日本語学習と日本語のレベルアップの必要性を主張している．グエン（2013）では，ベトナム人研修生・技能実習生[4]が買い物の際店員に質問ができない，病院に行っても症状を伝えられない，日本人との交流がうまくいかないのは，彼らの仕事が忙しく日本語学習を行う時間がないため，日本語が上達しないからだと述べる（p. 26）．一方，馮（2012）は，中国人研修生・技能実習生に対する日本語教育に携わりながら，参与観察と当事者に対するインタビューを日中両国において行った．馮は，同僚の日本人との協働において言葉の問題による誤解，葛藤，差別待遇などの不愉快な体験が重なると，日本人との間に境界が生じてしまうことがあると述べる．そのような経験は，日本に対する印象を悪化させ，日本へ行こうとする人の増加を阻害すると思われるのだが，馮によれば，逆に日本人との間に距離ができると日本で生活しながら中国人同士の付き合いが多くなり，それによって中国国内の家族・親戚・友人などに関心が向けられ，さらに連鎖移動を促進することになるという[5]．つまり周辺社会との関係を構築しないままに日本滞在を終えるというサイクルを再生産する構造が生まれ

4 グエンがインタビュー調査を行ったのは2010年である．よってグエンの調査対象者にも落合（2010）同様に「研修生」が含まれている．

5 馮（2013）によれば，日本での出稼ぎを経て中国に帰国した元研修生・技能実習生の経済力の高さが周囲の人々を刺激し，新たな移動の誘因となり，また，日本において形成された中国人の社会的ネットワークの存在が，新たに研修生・技能実習生になろうとする人の情緒的コストを低下させ（つまり不安を軽減し），更なる移動を促進するという．

るということである．

以上をまとめると，社会科学の分野の研究においては，日本語学習の必要性や，日本語能力の向上によって得られる利益など，日本語学習及び習得を肯定的に捉える記述が見られ，日本で働く外国人労働者にとって日本語能力を身につけることは必要であるという認識が広く共有されていることが窺える．ベトナム労働法などを専門とし，ベトナム出身の労働者の支援に取り組む法学者の斉藤善久も，自身の支援の経験からトラブルの多くは労働者本人の日本語能力の低さに起因するとし，日本語能力試験の合格を来日の必須要件とすべきだという主張をしている（日本経済新聞，2023年11月22日付）．

しかしながら，技能労働者受け入れにおける日本語教育の重要性について，社会科学の分野ではそれを指摘するにとどまっており，どのような日本語教育が必要なのか，それをどのように実現していくのかについては述べられていない．では当の日本語教育学においてはどのような調査研究の蓄積があるのだろうか．続いては日本語教育学分野の研究に視点を移すこととする．

3.2　日本語教育学分野の研究

3.2.1　日本語教育実践の場に関わる研究

送り出し機関は労働者が出国前に出身国において日本語教育を受ける主要な場の一つである．送り出し機関で行われる日本語教育の実態調査として，中国を調査した宋（2021）とミャンマーを調査したトゥトゥ（2021），ベトナムを調査した姜（2016）がある．

まず宋（2021）は中国の山東省青島市にある送り出し機関4社で調査を行っている．各送り出し機関での講習期間は3カ月～4カ月半となっており比較的短い[6]．教育内容については，会話を中心に教える送り出し機関が多数

6 宋（2021）によれば，在留資格の取得に時間がかかって講習期間の延長が可能になったとしても，候補生は休暇を取得して地元に戻り，在留資格の交付を待つのだという．

であり，業務関連の用語や職場で必要な会話を指導する機関もあり，労働者が必要とする日本語を指導しようという工夫がなされていることがわかる．しかし一方で，渡日前に技能実習生に対し日本語能力試験のN5またはN4の合格水準に達することを要求する団体や企業も一部存在すると宋は述べている（p. 97）．日本語能力試験の合格が必ずしも職場で必要な日本語を身に付けていることの証明にはならないと筆者には思われるのだが，一般的には試験合格のようなわかりやすい指標が求められるのであろう．教師に関しては，中国の大学で日本語を専攻した学生が送り出し機関に就職するケースと，元実習生が帰国後教師になるケースがあるという．どちらも日本語を学んだ経験はあるが日本語教育の専門家ではない．ただし後者は日本での就労経験があり，日本語だけではなく日本の生活や仕事についても指導が可能である．その点をより評価する送り出し機関もあるという（p. 98）．

トゥトゥ（2021）はミャンマーの送り出し機関の関係者，元技能実習生に対する聞き取り調査を行った[7]．来日前の講習は全員が6カ月[8]であり，中国に比べると長い．講習の内容は平仮名や片仮名の読み書き，簡単な漢字の読み書き，数字の読み，生活基礎用語，日常生活に必要な表現などであるという（p. 127）．そして，講習修了時に「日本語能力試験の模擬テスト（N5～N3）」を用いて到達度を測っている．宋（2021）でも日本語能力試験が指標として用いられていたが，ここでも同様である．また，トゥトゥ（2021）の調査対象となった送り出し機関の関係者によれば，ミャンマーにおける最大の課題は教育人材の不足であり，「日本語能力試験N3やN4レベルの人がN5の授業を担当することも少なくない」（p. 131）という．また教材は『みんなの日本語』（スリーエーネットワーク）が主に使用されている．『みんなの日本語』は技能実習生向けのテキストとは言えないため，働く人向けの教材を使用したほうがよいとトゥトゥも述べているが，教師が『みんなの日本語』を用いた

7 送り出し機関関係者は自分が働く機関について，元技能実習生は自分が所属していた機関について話している（トゥトゥ，2021）．

8 元技能実習生の1人だけは，6カ月間だが週2日の頻度だったと語った．他は全て週5日であった．

指導に慣れているので，変更が難しいという．

姜（2016）はベトナムの送り出し機関 4 社において聞き取り調査を行い，日本語教育の内容と指導レベルに関して報告している．姜が調査を行ったのは介護分野への実習生派遣事業の展開を計画している送り出し機関であったが，調査当時は介護分野の日本語に関する指導カリキュラムがまだ準備されていない状態であった．人材育成のための指導が可能かどうか不明確なまま送り出しが先行して決められている様子が垣間見える．さらに，姜が調査を行った送り出し機関（専門学校，短期大学，大学含む）では募集職種として「建設，工業関連」が多く，それらの職種では単純作業が多いため，仕事に関連する基本的な用語，危険時に必要な日本語さえ知っていれば就労は可能だと考えられているという．さらに姜（2016）は送り出し機関 4 社すべてが，日本語教育以外に日本のビジネスマナーや仕事に対する姿勢といった日本独特の会社文化を指導していると報告している．斉藤（2015）でも送り出し機関における「軍隊調」の指導が報告されている．送り出し機関においてこのような教育が実践されているのは，顧客である日本側のニーズがあるか，もしくはそれを身に付けることが日本で働くにあたって技能実習生の有利に働くということであろう．Phan（2020）でも送り出し機関の講習内容の調査が行われているが，そこでも「身だしなみ，挨拶のチェック」，「前日に規則を守れなかった者のチェック」といった指導が行われている．

来日すると，技能実習生の場合は主に監理団体において約 1 カ月の日本語教育が行われる（第 1 章参照）．この入国後講習については荒島・吉川（2019, 2021）が調査を行っているが，ここでも送り出し機関同様の指導が行われている．荒島と吉川が調査を行った監理団体では，入国後講習の中で「遅刻をしない」，「率先して挨拶をする」，「言い訳をしない」，「『迷惑』を考える」といった「マナー教育」と呼ばれる指導をしており，それらは受け入れ企業の要望から出たものだという（荒島・吉川 2019, p. 206）．前掲の黒田（2009），Okumura（2022）も，企業主・監理団体職員と研修生・技能実習生の間の関係に家父長制度的な要素（企業主・監理団体が教える側，つまり父親であり，研修生・技能実習生は教えられる側，つまり子供である）が見られることを指摘する

（黒田，2009，p. 62；Okumura, 2022, p. 166）．荒島・吉川（2021）では，このような「マナー教育」が「受け入れ企業が望む人材，つまり従順で扱いやすい人材を育成することが主眼となっている」（p. 211）ことを批判し，受け入れ企業の要求をそのまま一方的に受け入れるのではなく，技能実習生の文化背景を受け入れ企業側に説明して理解を求める，技能実習生の日本語レベルに合わせてわかりやすい日本語の使用を依頼するなど，監理団体が技能実習生の立場に立ち，受け入れ企業に対して働きかけを行うべきだと述べる．荒島と吉川が述べるように，現場で求められることを無批判のまま日本語教育に内面化するのではなく，疑問を提起し，改善を求めることは必要であろう．日本語教育が単なる現場至上主義であっては，雇用される技能労働者は常に下位に位置するという構造を日本語教育が再生産することになりかねないからだ．

就労を開始した後の日本語学習の場として中心的な存在となるのは，地域日本語教室である．地域日本語教室をフィールドに行われた調査，研究は，学習する側，受け入れる側，教育実践などを対象にしながら地域日本語教室の存在意義を次のように主張する．それは，地域日本語教室は単に体系的に日本語を「教える」場ではなく，交流の機会や地域参加の機会を提供する場であり，参加者にとっての「居場所」である．また地域日本語教室は上下関係が希薄なため参加の際の心理的障壁が少なく，学習者が委縮せず参加でき，さらに参加者だけでなく地域住民とも広く交流する機会が得られるという（景山，2017；村田，2020；樋口，2021；平田，2023；深江，2023 ほか）．新型コロナウィルス感染症の拡大下にあっても，オンラインによるクラスの開講，交流会の開催など試行錯誤をしながら地域日本語教室の運営は続けられた（中東，2021；坂本・谷ほか，2023）．行動が制限され人々が孤立を深める中，地域日本語教室が人と触れ合うことができる貴重な場だったという人もいたであろう．コロナ禍のような困難な状況下でも教室の運営が続けられたのは，そのような地域日本語教室の「居場所」としての存在意義が強く再認識されたからだと考えられる．

島根県のしまね国際センターでは日本語教師が学習者の住む地域に出向い

て指導を行う訪問日本語教育の提供を行っている（2024 年現在）．その活動について述べた仙田・小菅（2020）は，島根県には外国人材受け入れにおける三つの課題として「地域社会からの信頼の醸成」「外国人材のキャリア支援」「地域社会とのつながりの形成」があると述べ，地域日本語教室がこれらの課題を克服するのに必要な五つの機能（「居場所」，「交流」，「地域参加」，「国際理解」，「日本語学習」）を潜在的に有しているとする．これらの機能が「地域社会からの信頼の醸成」と「地域社会とのつながりの形成」に関わることは想像しやすいが，「キャリア支援」にはどうつながるのだろうか．仙田・小菅（2020）によると，外国人住民が日本語ボランティアと日本語を使って新しい人間関係や地域の生活習慣などを獲得することが「キャリア支援」につながるのだという（p. 12）．

その点については村田（2020）がより詳しい．村田（2020）によると地域日本語教室を通じて外国住民が地域住民と出会い，それが学習者の日本語学習と教室への参加の動機づけとなり，それが職場コミュニティへの円滑な参加を促し，職場での問題の深刻化を防ぐことにもつながるという（p. 156）．つまり，外国住民が地域日本語教室で日本語，他者とのかかわり方を学び，それを職場で応用することによって職場でのコンフリクトを解消，もしくは軽減することが可能になるということだろう．ここでは，日本社会に自分を合わせ，変容する外国人住民の姿が主に語られているように見受けられるが，しかし当然ながら，地域日本語教室が促すのは学習する当事者の変容だけではない．例えば上述の仙田・小菅（2020）の述べる地域日本語教室の持つ五つの機能のうち，「交流」し「国際理解」することによって「地域社会からの信頼の醸成」や「地域社会とのつながりの形成」が達成されるのであれば，「交流」や「国際理解」を実践するのは外国人住民だけではない．地域住民側も当然そこに含まれるはずである．運営する側，日本語を教える側，地域の住民も意識の変化や学びを得るという点に着目した研究には，米勢（2006），松岡・足立（2018），平田（2023），坂本・谷ほか（2023）などがある．

このように多様な機能を持つ地域日本語教室であるが，それを担う人材の育成については「生活者としての外国人」に対する日本語教育施策が進められた当時から議論が行われてきた（米勢，2010）．その内容は2018年に文化庁文化審議会国語分科会において「日本語教育人材の養成・研修について（報告）」として取りまとめられたが，同報告では，地域日本語教育に携わる人材には日本語教育の知識，技術だけでなく異文化間コミュニケーション能力や他者との協働に対する柔軟性なども必要とされる[9]．その後も日本語教員の資格化は進み，2020年には文化庁文化審議会国語分科会において「日本語教師の資格の在り方について（報告）」が取りまとめられ，さらに2024年4月から日本語教師資格は国家資格（登録日本語教員）となった．

地域日本語教育を担う日本語教育人材に求められる専門性は決して低いわけではない．それにもかかわらず，この分野がほとんどボランティアによって運営されているという状況は一向に変わらない．文化庁の「令和4年度日本語教育実態調査報告書」を見ても，相変わらずボランティアが全体の約49％を占めている．「国内の日本語支援者，日本語教育関係者のほぼ半数をボランティアが占め，更に全体の9割近くが非正規雇用であること（中略）を考えると，外国人が置かれている社会的地位がおのずから透けて見えてくる」という春原（2009）の指摘は極めて重い（春原，2009，p. ii）．

確かに，地方によっては日本語教育人材の確保そのものが難しい現状もある．北海道では地域によって人材確保ができないところもあり，日本語教育の専門研修を受けていない人が日本語指導にあたる場合も多いという（中川・神谷，2017）．富山県の外国人従業員を雇用している企業対象に行われた調査によると，社内で日本語教育を行っている企業は一定数あるものの，担当しているのは社内の日本人従業員で，日本語教育の専門家ではないという結果であった（田中・濱田ほか，2021）．

憲法学者の杉本篤史は，地域日本語教室がボランティアによって成り立っている現状が政府の立法不作為による学習者の人権（「言語権」Linguistic Rights）の侵害にあたると厳しく批判する（杉本，2023，p. 130）．第1章でも述

9　地域日本語教育コーディネーターと日本語学習支援者では求められる能力と資質は異なる．前者は教室運営を担うため，社会情勢についての知見や，組織のマネジメント能力なども求められる．

べた言語権は，もともとは少数言語の話者集団が，多くの場合国家語となっている大言語話者の集団の中で，コミュニケーションを社会生活においてとる権利が概念化されたものである（かどや，2012，2017）．1996年に採択された「世界言語権宣言」は，言語権が指す権利を「自集団の言語と自己同一化し，これを学校において習得し，また公共機関で使用する権利」，そして「当該地域の公用語を学習する権利」とする（言語権研究会，1999）．言語権が指す二つの権利のうち，一般的に移民に対する日本語教育は後者の「公用語を学習する権利」に該当すると考えられている．杉本が問題視するのは，日本語教育という本来国家が対処しなければならない人権（言語権）の問題が，人々の善意（ボランタリズム）によりカバーされているという地域日本語教室の現状である．地域日本語教室が長年ボランティア依存であり，それが当事者の努力や周囲の支援者，日本語教育をはじめとする研究者の支援で何とか運営できている状況，そしてそのために国家は保障政策から逃れられているという現状は，まさに「合成のパラドクス」[10]の一例であるとされる（寺沢，2019）．杉本は，人権政策は国家が十分な予算と人員を割いて行うべき国策の中心にあるものだとし，ボランティアに依存してきた地域日本語教室の仕組み自体が学習者の言語権を制約している可能性があると述べる．

このように地域日本語教室に関わる先行研究においては，日本語教育の実践の場に焦点を当て，活動内容や成果に関しての調査，報告，研究がなされる一方で，ボランティア依存が続く根底にある政策上の課題や，受け入れ制度における日本語教育の位置づけの低さなど，社会構造にまで言及し，それを批判的に論じる研究はごく限られている[11]．

10「合成のパラドクス」とは，人々や組織がそれぞれの合理性に基づき行動した結果マクロ的には非合理的な状況が生まれる現象を言う（寺沢，2019，p. 113）．

11 杉本（2023）の他には山田（2003）が，地域の日本語教育をボランティアが担うことによって本来行政等「責任が持てる主体」が行うべきことを奪っている可能性に地域日本語教育関係者が思いいたすべきだと述べている（p. 25）．さらに真嶋・道上（2021）でも，技能実習生の制度上義務付けられていない就労開始後の日本語教育を地域のボランティアや夜間中学校などが担っている現状は問題があると述べている（p. 387）．

3.2.2 日本語学習動機に関する研究

既に何度か述べたように，技能労働者は働くために来日しており，就労しながら日本語を学ぶことは義務付けられていない．よって，日本語学習動機を持たない人もいる．彼らのこのような実態と，日本で就労して生活を送るために日本語が必要であるという考えのもと日本語教育を推し進めようとする価値観との間には齟齬が生じる．そのためか，日本語教育学の分野では学習動機を扱った研究が多くみられる．

守谷（2020）は2001年から2004年にかけて行った調査をまとめたものであるが，対象となった中国人研修生の日本語学習動機に影響を与える要素として，他者の存在が重要であるとする．他者とは，同文化間の他者（中国人研修生の先輩及び後輩）と異文化間の他者（日本語母語話者）である．前者はロールモデルとして，またライバルとして，後者は交流の経験や意思疎通がうまくいかなかった失敗経験などを通じて学習動機に影響を与える．守谷は，このような他者との接触の機会を確保することが学習動機付けにつながると述べる．小松（2009）も中国人技能実習生を対象に学習動機について調査しているが，「出稼ぎ」に来た調査対象者[12]は来日後，「周囲の人から何かを言われてもわからない」という経験を通じ，コミュニケーションの必要性を痛感し，それが日本語学習動機となったという．小松は，調査対象者が学習を継続できたのは相談できる日本語教師がそばにいて，的確なアドバイスをしたためだと述べる．このように他者の存在，支えが学習動機の維持に有効に働くということは考えられる．一方で栄（2019）は，日本語学習をほとんど行わなかった人の学習動機を分析している．調査対象者は仕事場や日常生活で日本人と話す機会は多かったにもかかわらず，それを日本語学習へつなげなかった．栄は，たとえ他者の存在があったとしても，本人が現在の日本語の力に不足を感じなければそれ以上の学習の必要性は感じず，日本語学習動機に結びつかないと述べる．

12 日本へ来たのは，出身国で自分たちの家を建てるためであると語っている（小松，2009，p. 185）．

学習動機を阻害する要因として，馮（2013）は，そもそも彼らは日本語を勉強するために日本へ来ているのではないこと，そして日本滞在の期間が制限されているため，日本語学習意欲がわかないこと，さらに中国人の同僚がいるので日本語がわからなくても仕事をし，生活できる環境があること，企業外の日本人と触れ合う機会が制限され，企業内部の日本人とも希薄な関係にあることを挙げる．また中国国内で日本語人材が飽和しつつあるため，日本語能力試験に合格したとしても帰国後日本語能力を生かした仕事を得ることが難しいことも要因の一つであるという．

中国の状況に反して，ベトナムの場合，現時点ではいまだ帰国後のキャリアアップに日本語が役立つとされる．岩下（2018）は帰国した元実習生に対して行ったインタビュー調査の結果から，彼らが技能実習で得たものは「日本語」「日本のマナー」「日本の仕事の方法」だと述べる．さらに岩下（2022）では元技能実習生の帰国後のキャリアを追跡調査し，帰国後に送り出し機関などで日本語教師として働くケースが多いこと，日本語を使った仕事に従事することが多いことなどを明らかにし，実際に日本で培った日本語能力，人間関係や労働に関する価値観が彼らの帰国後のキャリアを支えていることを報告している．さらに帰国した元技能実習生にインタビュー調査を行った坪田（2019）も，元技能実習生が帰国後も日本語を使う仕事を続けていることから，日本で身に付けた日本語が「彼らの職業生活を扶ける糧となっている」と述べる（p. 40）．それは，日本で行った実習の内容が必ずしもベトナムでも生かせるとは限らないため，元技能実習生にとっては「日本語こそが発揮すべき自己の能力となる」ためだとする（p. 41）．このように中国では既に日本語を習得しても帰国後のキャリアに役に立つとは限らない状況になっているのに対し，ベトナムではいまだ帰国後の就職を有利にする要素の一つとなっており，それが彼らの日本語学習動機の一つとなっていると考えられる[13]．

中川・神谷（2018）は，日本で就労しているベトナム人技能実習生の日本

13 しかしベトナム国内のこの状況は現在変わりつつある．詳しくは第5章に譲るが，ベトナムでも日本語の「経済的な」価値は徐々に下降している．

語学習動機についての研究である．中川と神谷は，北海道で農業に従事するベトナム人技能実習生と事業主（雇用主），ベトナム人専任通訳に対して行ったインタビューを分析し，技能実習生の日本語学習動機に正の影響を与える要因として来日目的の明確化，日本語学習環境の確保，事業主や日本人スタッフとの信頼関係の醸成，地域社会への参加があり，負の影響を与え得る要因として日本語能力を向上させる必要がない環境があると述べる．前掲の荒島・吉川（2019，2021）も技能実習生の日本語学習動機について触れており，そこでは監理団体が技能実習生の学習動機の低さを問題視していると述べている．この技能実習生の日本語学習動機の低さについては，中谷（2021）も取り上げている．中谷（2021）は，監理団体が入国後講習の後も自主的に開講している日本語教室[14]での教育実践について報告している．同日本語教室は監理団体が開講費用を全て負担し，技能実習生の費用負担はない．しかしながら欠席する技能実習生も多く，その理由の一つは日々の業務による疲労であるという（中谷，2021，p. 189）．技能実習生に限らずほとんどの技能労働者にとって日々の主な活動は働くことであり，日本語学習はその余暇を利用して行われる．さらに，従事する仕事は立ち仕事であることが多く，1日8時間以上働き，残業もすれば相当な疲労が蓄積されるはずだ．その上で日本語学習を行うのは体力的にもかなり負担が大きいことは容易に想像できる．

これらの日本語の学習動機に関する先行研究からは，日本語を学んだ先に何があるのか，つまり学んだ先に（端的に言えば経済的な）メリットがあるのかが非常に重要であることや，周辺にいる他者の存在が影響を与えることがわかる．しかし学習動機に焦点を当てる研究では「どうすれば学習動機が高まるのか」，「どうすれば日本語習得が進むのか」，「どうすれば日本語でのやり取りがスムーズにできるようになるのか」という目標が暗黙のうちに共有されているように思われる．技能労働者の場合，まず前提として押さえておかねばならないのは彼らにとって日本語学習は義務ではないということであ

14 技能実習制度では，入国後講習の後の日本語教育は義務付けられていない．中谷（2021）のように各企業に配属された後も日本語教室を開講することは，監理団体にとって義務ではない．

る．技能実習生は来日前と来日後に一定期間日本語を学ぶことが定められているが，企業に配属された後の日本語学習は任意である．よって，彼らには「日本語を学ばない権利」がある．

地域日本語教室のほとんどがボランティアで運営されていることを政府の不作為であると批判した杉本は，一方で日本語教育の専門家が日本語教育を言語政策として正当化しようとする場合に「言語権」概念に基づいた学習の権利に言及することを批判している（杉本，2020）．杉本によれば，学習の義務付けが結果的に移民の社会統合を容易にし，移民の在留国での生活向上や自己実現に寄与することはあり得るが，移民の自己実現の権利（人権）を保障するために学習の義務付けをするのは「倒錯した」権利論である（杉本，2020，p. 112）．つまり，技能労働者にとって日本語を学ぶことは義務ではないのだから，彼らは学ばないことを選択することもできるのであり，日本語教育は彼らがそれを望む場合に限り，提供されるのである．しかしながら，労働者本人の日本語を学ばない権利や，そしてそれに代わるオルタナティブについて言及した日本語教育の研究は少ない[15]．

3.2.3　日本語習得・言語使用に関する研究

外国人労働者の第二言語習得に関しては，欧米をはじめとする移民受け入れ先進国で研究が行われている．移民が移住先で使用される言語を習得することと経済的効果との関係を調査した Dustmann & Fabbri（2003）は，イギリスにおける移民の英語能力が彼らの雇用と収入にプラスの影響を与えることを明らかにした．つまり，英語能力の欠如は彼らにとって経済的損失を意味する．

Chiswick & Miller（1995, 1998, 2001）は，アメリカとカナダの移民の第二言語習熟度の違いを決定する要因を，移民の出身国における背景や移動のプロセスから明らかにしようとした量的な調査である．調査の結果，若い年齢で

15 真嶋・道上（2021）は，制度上必須ではない日本語学習の継続を強要することはできないと述べる一方，現状として日本語能力の不足によって困難に直面するケースが散見されることから，現行の制度の欠陥を指摘している（p. 386）．

移住した人であるほど言語習得に有利であることや，出身国における学歴などが影響を及ぼすことが明らかとなった．同様の主張は Fen Hou & Beiser (2006) でもなされている．Fen Hou & Beiser (2006) はカナダにおける移民を対象とした調査を行い，出身国における学習到達度や英語の学習経験が移住後の英語習得に影響を与えることを明らかにした．さらに，移住先で外部との接触が少ない女性は，習得が進まない傾向があるという．これに関して LaBelle (2007) は，多様な文化背景を持つ人たちと共に暮らす環境が学習動機を高め，ネイティブスピーカーの友人を持つことや勤務先からの協力を得ることが習得につながると述べる．

一方，日本国内では，吹原 (2021) が茨城県大洗町のインドネシア人コミュニティをフィールドに，インドネシア人労働者の日本語習得状況を調査した．吹原は語彙テスト（吹原が作成）と OPI（ACTFL Oral Proficiency Interview）を用いた日本語能力測定に加え，面接法，参与観察法，質問紙法による背景調査も行い，単に調査対象者の日本語能力を測るだけではなく，彼らの日本語習得におけるコミュニティの役割までを考慮に入れながら分析を行っている．日本語能力測定の結果，大洗町のインドネシア人労働者の多くは日本滞在の期間が長期化しても習得は進まず，OPI では初級のレベルにとどまっていることが明らかとなった．吹原はその理由を，農業や水産加工業などの非熟練労働においては必要最低限の日本語で対応可能であること，血縁，信仰（キリスト教）による強い紐帯で結びついたコミュニティの助けを得れば，日本語を使わなくとも日本での生活が可能であることだとする．その中で日本語中級話者となる人もおり，彼らは職場という実践コミュニティの中で日本語の間違いを直してもらったり，職場での作業を通じて礼儀やしきたりを学んだりといった経験を通して，周囲の人と関係を深めていくのだという．吹原は，教室で日本語を体系的に学ぶことがなくとも，上記のような環境が労働者の周囲にあれば彼らの日本語の習得は進むと述べる (p. 133)．

続いて真嶋・道上 (2021) は日本で就労中のベトナム人技能実習生の日本語の口頭会話能力について試験的なアセスメントを行った．アセスメントは，CEFR（Council of Europe, 2001）と CEFR-CV（Council of Europe, 2018, 2020）の話す力のレベル別能力記述を参照し，ドイツの移民・難民のための統合コースのクラス分け（プレースメント）のために使用されている口頭試験を援用したものである．真嶋・道上（2021）で実施された口頭会話アセスメントはあくまで試験的に行われたものであり，今後精緻化が必要であると考えられるが，これまでほとんど記述されることがなかった技能実習生の日本語の口頭会話能力の実態の一部を明らかにした．対象者はベトナム人技能実習生 12 人で，来日後 1 カ月程度しかたっていないグループ（監理団体において入国後講習を受講中），滞在期間 1 年程度のグループ，滞在 6 年目のグループ（新型コロナウィルス感染症の影響で，帰国ができなくなっていた 1 人）の 3 グループに分かれる．その結果，来日直後のグループでは A1 が 2 人，A0 が 1 人であったが，滞在期間 1 年程度のグループでも A1 が多く，高い人でも A2 のレベルにとどまっていた．滞在 6 年目の 1 人のみ B1 という結果だった．A1 であっても仕事ができているのは，職場で日本語が必要とされず，日本人社員との接触も多くないことが理由であると考えられた．

ネウストプニー（1981，1995）は日本語教育の出発点は実際の日本語使用場面の研究にあると述べたが，彼らの言語使用実態とはどのようなものなのだろうか．工場などの現場作業の就労場面における言語使用を録音，分析した調査も，決して多くはないが存在する．飯田（2021）は，農業の作業現場をフィールドに，耕種や畜産といった分野の事業を行う企業で働く技能実習生が就労場面で日本人と行う日本語でのやり取りを録音，分析した．飯田が着目したのは日本語の言語形式ではなく，やり取りの参与者が果たす役割である．作業の面でも日本語の面でもリーダーとなる人は，日本語母語話者と技能実習生の橋渡し役となる．そして，そのようなリーダーの能力を飯田は「コミュニケーション」能力と呼ぶ．飯田の言う「コミュニケーション」能力とは，ただ単に日本語の運用能力が高いだけでなく，リーダーとしてグループをまとめ，サポートする能力を含んでいる．飯田は，この「コミュニケーション」能力の有無が雇用継続に結びつく場合が多いとし，彼らに対する日本語教育に「コミュニケーション」能力育成のためのグループワークを積極的に取り入れることが有効だと主張する．技能実習生に対する日本語教育にこのような新しい「コミュニケーション」観を提案している点は興味深いが，技能実習生本人が「コミュニケーション」能力をどのように捉えているのかは述べられていない．

張（2021）は鉄骨工場の作業現場において収集した音声データの中の日本語母語話者側の発話に着目した．日本人従業員が技能実習生に対して発した発話の文末表現を抽出し，「〜し」，「〜から」や体言止めなどの「言いさし」の形が多く用いられていること，普通体が用いられていること，動詞の変形はほとんど見られないこと，「ちゃう（てしまう）」「てる（ている）」といった縮約形が多く用いられていることを明らかにした．そしてそれらを既存の日本語教材の内容と比較し，相違点が多いことを指摘した．その中で張は，実践に生かせる教材にするためには「聞く」だけでなく「話す」も視野に入れなければならないと述べ，その際には「実習生に期待されるスタイル（丁寧体）」も検討する必要があるとする（張，2021，p. 63）．しかしながら，普通体を使用する日本語母語話者と丁寧体を使用する技能実習生の間に権力の非対称性は生じないのだろうか．そして日本語教育がそれを助長する危険性はないのだろうか．

既存の教材と現実の就労場面における言語使用場面との乖離については，中川・神谷（2017），毛利・中嶋（2021）でも指摘されている．具体的には，教材の言語表現が丁寧過ぎて現実場面との差が大きい，現場では方言使用が多いがそれを学ぶ機会がない，といった問題が挙げられる．さらに就労場面の日本語で最も必要性が高いものの一つが専門語彙であるが，専門語彙は一般的な日本語教材では扱われないので，それを事前の講習で学ぶ機会がなかなか得られていない．重田（2020）は農業分野で使用される語彙の抽出を参与観察により行っている．しかし技能労働者の職種や業務は多岐にわたり，就労する現場で使用される語彙も多様であり，個々の企業内でしか通用しない言葉もあるのが実情である．よって特定技能制度における技能試験など，試験対策の場合（飯嶋・五十嵐，2023）を除き，就労場面で使用される日本語を汎用性の高い教材に集約することや，教育実践につなげることには困難が伴うと考えられる．

しかし，上掲の吹原（2021），真嶋・道上（2021）でも述べられているように，日本語の口頭会話能力が OPI の初級レベルであっても CEFR（CEFR-CV）の A1 レベルであっても，就労現場における作業の遂行には支障がない場合もある．では実際に彼らは，限定的な日本語でどうやって作業遂行を可能にしているのか．それについては菊岡・神吉（2010）が実際の就労場面における音声データから明らかにしている．菊岡・神吉（2010）では，「作業現場」（日常的な作業場面）と「現場検討会」（ミーティング）の事例を取り上げている．まず「作業現場」においてはその言語活動を取り巻く物や行為，経験の共有，知識の共有という社会的リソースの補完を受けることによって言語的リソースが簡略化され，「これ」「あれ」などの直示表現や，専門語彙などで意思伝達を行う「一次的ことば」を用いてやり取りが成立していることを示した（菊岡・神吉；2010，p. 133）．しかし菊岡・神吉（2010）は，日常的な作業場面では「一次的ことば」でのやり取りが可能であった人でも，ミーティングなどの場面では社会的文脈を共有しない他者とのやり取りが生じ，これまで言語化の必要がなかったことまで言語化すること（「二次的ことば」）が必要となり，コミュニケーションの阻害が起こると述べる．このことから菊岡と神吉は，彼らが就労する企業でより十全的な参加者となるために，彼らの日本語を「一次的ことば」から「二次的ことば」へと移行させることが必要であるとする．

このように，日本語能力の向上といわゆる「キャリアアップ」は一括りにして語られることが多い（見舘・河合ほか，2022；吹原，2023 ほか）．実際，日本語能力を高めることで昇進を果たしたり，より条件の良い仕事を得たりした事例もあるだろう．しかし重要なことは，当人が日本語の向上と「キャリアアップ」をともに果たそうと望み，両方を実現させることと，ホスト社会の人間がその人の日本語能力の向上と「キャリアアップ」を同一視することとは異なる，ということである．確かに日本語教育は日本語を教える実践の学問であり，その目的は「どうすれば日本語習得が進むのか」，「どうすれば日本語でのやり取りがスムーズにできるようになるのか」といったことになりやすいかもしれない．しかしそれは「日本で働く人は日本語学習を行うべきだ」という価値観が前提となってしまっているからではないだろうか.「日本語を教える」という枠から一旦視線を外し，就労場面において任された仕事を十分に遂行できる人が日本語能力を理由に「キャリアアップ」できない社会があるとしたら，そのような社会を自分たちは容認するのかを問い直すことは必要ではないだろうか.

3.3 第3章まとめ

第3章では社会科学分野と日本語教育学分野それぞれの先行研究を概観した. 社会科学分野の先行研究においては，労働者の過酷な労働，生活環境や，搾取の社会構造を指摘する一方で，日本語教育の必要性や，日本語能力の向上によって得られる利益など，日本語の重要性を述べる論考が見られるのが特徴的である.

日本語教育学分野の研究では，まず送り出し機関や監理団体での教育内容が「しつけ」教育に偏っている報告がなされている. これは日本の企業文化，労働文化が要求する「外国人労働者」像を教育の現場が内面化した結果だと考えられる. さらに，技能労働者への日本語教育を支える地域日本語教室の存在の重要性，地域日本語の「教える」「学ぶ」という枠を超えた存在意義は広く認識されていながら，それがボランティアによって成り立っている状況と，その状況が日本の技能労働者受け入れ政策における言語権の軽視に起因していることを指摘する論考は少ない. 技能労働者と日本語とのかかわりは，日本の受け入れ制度そのものと関わるところが少なからずあり，制度が変わらない限り解決が見込めない問題もある. しかしながら制度自体の問題を指摘する先行研究も限られている. これは田尻（2017b）が指摘する通りである. また研究の多くが，技能労働者の日本語の学習動機をいかに高めるか，いかに彼らの日本語能力を向上させるかといった問題に焦点を当てており，さらに日本語能力の向上は社会的地位向上につながるという認識が広く共有されている. 社会科学分野の研究でも類似の傾向が見られたが，それは日本で働く人は日本語を学ぶべきだという価値観が前提となっているからではないかと考えられる．

一方で本研究は，技能労働者を対象とした日本語教育学分野の研究として，学習する（もしくはしない）当事者を知るための基礎研究であるが，彼らの実態を彼らの置かれた社会的な状況全体から把握することを目的とする．そして，本研究は「日本語教育は必要だ」という前提には立たない．まず彼らの状況を俯瞰的に捉えた上で，日本語教育は彼らに対し何ができるのかを考察することとする．

第 4 章

なぜ日本へ行くのか
——量的調査から見えるもの

4.1 調査概要

4.1.1 調査目的

ベトナムでは 1980 年代から「労働輸出」(Xuất khẩu lao động) と呼ばれる海外出稼ぎ奨励政策が国の重要政策の一つとされてきた (第 1 章参照). この政策の目的は国内の失業者対策と外貨獲得であり, 行き先は日本, 台湾, 韓国, 中東諸国など多岐にわたる (新美, 2015 ; 濱野, 2015 ; Tuyen & Nguyen, 2016 ほか).

一般的に労働者の国境を越えた移動は受け入れ国側の労働力不足がプル要因, 受け入れ国と送り出し国の間の経済格差がプッシュ要因となって発生すると考えられることが多い. しかし先行研究では, 送り出し国と受け入れ国間の関係性や社会構造といったマクロレベルの要素以外にも, 労働者の周囲を取り巻く人的ネットワークといったメゾレベルの要素, 個人の趣向や希望といったミクロレベルの要素など多様な要素が関わっていると指摘されている (Sassen, 1988 ; 樋口, 2002a ほか). 来日前のベトナム人留学生及び実習生候補生に対する大規模な意識調査には西川 (2017) がある. 分析の結果, 学業成績や学習意欲において両者に有意な差は見られず, 収入や貯蓄に対する意識では実習生候補生が有意に高く, 家庭の収入では実習生候補生の方が有意に低いという結果であった. しかし, 西川 (2017) の調査には日本語に関する項目は設定されていない．国外に目を向けると，Tuyen & Nguyen（2016）が台湾で働くベトナム人労働者を対象に，量的な調査を行っている．Tuyen & Nguyen は動機を「自己能力要因」「外部要因」「家族要因」「経済要因」「異文化適応能力要因」「労働政策要因」[1] の六つのカテゴリーに分け，その中のどの要因が台湾へ行くという決定に大きく影響しているかを分析した．その結果「自己能力要因」「家族要因」「経済要因」の三つが最も大きな影響を与えることが明らかとなった．「自己能力要因」は，自分の技術や知識が台湾での仕事で生かせるなどの項目を含み，労働者個人の能力と意欲とに焦点を当てており，「家族要因」は家族を経済的に支援するなどの理由で台湾を選んだという項目を含み，個人の周辺（家族）の要因に焦点を当てている．「経済要因」は，台湾で得られる収入や，渡航の手数料の安さといった項目が含まれる．これらの項目は，台湾に限らず他国へ出稼ぎに行く場合でも要因となり得る項目であると考えられる．しかし，Tuyen & Nguyen（2016）でも出稼ぎ先の国で使用されている言語の習得について問う項目は設定されていない．一方日本においては，平野・小川ほか（2010）が，二国間経済連携協定（EPA）により来日するインドネシア人およびフィリピン人看護師約 240 名に対し質問票による来日動機についての調査を行い，2 国間の比較をしている．その結果，インドネシアでは「自分のキャリアを伸ばしたい」が単独で最も多く，フィリピンでは「家族を経済的に支えたい」「自分のキャリアを伸ばしたい」が同程度で最多であった．しかし，ここでも日本語について問う項目

1「自己能力要因（Individual Capacity Determinants）」とは，例えば自分のスキルが台湾での仕事に合っている，自分の性格が台湾での仕事に向いているなど．「外部要因（Extrinsic Determinants）」とは，例えば台湾で既に成功している知人や親族がいる，台湾の労働市場の状況を踏まえて決断したなど．「家族要因（Familial Determinants）」とは，例えば家庭の経済状況が厳しいために他の選択肢がない，家族の期待に応えたいなど．「経済要因（Financial Reasons Determinants）」とは，例えば仲介者に支払う費用が適当だ，必要な借金の額が適当であるなど．「異文化対応能力要因（Cross - cultural Competency Determinants）」とは，例えば，台湾の人々は私の個人の生活や意見を尊重してくれる，私は異文化環境にも柔軟に適応し，働くことができるなど．「労働政策要因（Labor Policy Determinants）」とは，例えば労働者を保護する政策がある，在台湾ベトナムコミュニティからの助けがあるなど（Tuyen & Nguyen, 2016）．

はなかった．

日本の外国人技能実習制度は日本語習得を目的とした制度ではない．しかし外国人技能実習機構が毎年行う「帰国後技能実習生フォローアップ調査」[2]の令和4年度の結果[3]を見ると，「(技能実習で）役に立った内容」の回答として「修得した技能」が78.9%で最も多く，「日本での生活経験」が65.4%，そして「日本語能力の修得」が65.2%となっている．この「日本語能力の修得」は毎年高い傾向にある．第3章でも触れたが，中国では日本語を習得しても帰国後の就職に結びつかないので日本語習得を希望しない人もいるという（馮，2013)．一方，ベトナム人技能実習生の場合，彼らが日本で習得した日本語を生かし，帰国後キャリアアップに繋げるケースは先行研究でも指摘されている（岩下，2018，2022；坪田，2019)．しかし，これらは実習を終えた後の元実習生を対象とした調査である．Phan（2020）は来日直後の技能実習生が高い日本語学習意欲を持っていることを調査の結果明らかにしたが，対象者は27名と少なく，一般化は難しいと言える．このように，ベトナム人技能実習生が来日前の時点から日本語習得を期待しているかどうかについての量的なエビデンスはこれまで得られていない．よって本研究ではアンケートを用いた量的調査により，日本語能力が将来のキャリアアップに結び付くものだという考えと日本語習得への希望は来日前の段階で既にあるという仮説を検証するため，ベトナム人実習生候補生を対象としたアンケート調査を行う．そして，来日後調査として日本で就労中のベトナム人技能実習生を対象としたアンケート調査も行う．来日前の段階にある人から，来日後に就労を経験した人までを包括的に調査した研究はこれまで行われていない．第2章で挙げた研究課題のうち，本調査の結果をもとに考察する課題は下記の研究課題1である．

2 当該調査は，2017年までは国際人材協力機構（JITCO）が，それ以降は外国人技能実習機構が継続して行っているが，アンケートの回収率が低いことが指摘されている（牟田，2021，p. 41)．(2019年度28.6%，2020年度11.7%，2021年度29.3%，2022年度24.5%）

3 外国人技能実習機構「令和4年調査」 https://www.otit.go.jp/research_chousa_r4/ (2023年10月11日最終閲覧)

【研究課題 1】来日の目的

(1) 技能実習生候補生は日本語習得を希望しているのか

(2) 彼らが行く先に日本を選択する要因や背景は何か

(3) 来日前の候補生と，来日して実際に就労を経験した実習生では技能実習制度に対する意識に違いがあるのか

4.1.2 調査方法

アンケート調査は，まず来日前の実習生候補生を対象に行い，その後来日し就労している技能実習生を対象に行った．来日前の候補生は送り出し機関に在籍し日本語などを学んでいるので，調査の実施にあたっては送り出し機関に協力を依頼した．一方で，日本で実際に就労している技能実習生に対しては，知人からの紹介などで協力者を集めるスノーボールサンプリングを採用した．詳細はそれぞれ 4.2 節（候補生調査）と 4.3 節（実習生調査）で述べる．

外国人労働者を対象に行き先国選択要因に関する量的な調査を行った先行研究調査をもとに，まず候補生調査用の質問紙を日本語で作成した（4.2.1.1 節参照）．その後，質問項目をベトナム語に翻訳し，Google フォームを用いて web アンケートを作成し，送り出し機関にアンケートへの協力を依頼した．そして，送り出し機関に在籍して来日前講習を受講している候補生を対象に調査を実施した．実施時期は 2020 年 6 月～ 8 月であった．

一方，実習生調査は 2021 年の 8 月～ 9 月に実施した．候補生調査の質問紙を実習生に対する質問として適当なものとなるように一部修正し（4.3.1.1 節参照），候補生調査と同様にベトナム語に翻訳し，Google フォームで web アンケートを作成した．そして筆者の知人に依頼し，アンケートの協力者を紹介してもらい，データを収集した．

どちらのアンケートも web で実施した．確かに web によって収集されたデータは信頼性が低いという指摘もある（佐藤，2015a）．しかし，まず候補生調査を実施した 2020 年は新型コロナウィルス感染症の影響でベトナムへの渡航が厳しく制限されていた．質問紙を郵送する方法も考えたが，候補生にアクセスするためには送り出し機関でアンケートを実施する必要がある．送

り出し機関に質問紙を郵送し，筆者不在の中でアンケートの実施を依頼した場合，候補生が送り出し機関の担当者に自らの回答を見られることを恐れ，それが圧力となって回答が調整される可能性が考えられた．送り出し機関は候補生を教育する立場であり，候補生が渡日するためには送り出し機関と良好な関係を築く必要があるからである．その点を考慮した結果，他人の目に触れる恐れのある紙の質問紙を用いるよりも，回答が他人の目に触れにくい web アンケートのほうが候補生にとっては回答しやすいと思われた．実習生の場合も事情は同様である．実習生に対して紙媒体の質問紙を配布する場合，直接自宅に郵送することは難しく，監理団体もしくは受け入れ企業を経由することになる．その場合も，上記のような心理的な圧力が実習生にかかることが予想された．以上の理由から，ベトナム人実習生候補生および実習生を対象とする調査においては，web を利用した方法で実施することが妥当であろうと判断した[4]．

上記の方法で収集したデータは，統計的手法により分析を行った．以下の節より，調査について詳細を述べていく．まず初めに候補生調査の概要と結果を提示し，それについての考察を行う．次に実習生調査の概要と結果を提示し，候補生調査との比較をしながら考察を行う．最後に，第 4 章全体についてまとめる．

4.2　候補生調査

4.2.1　調査

(1)　質問紙作成

第 1 章でも述べたが，筆者は 2018 年にベトナム北部の送り出し機関において予備的な調査を行った（道上，2021a）[5]．現地送り出し機関で学ぶ候補生，

4　さらに，本調査の結果ベトナム人技能実習生が情報媒体としてインターネットや SNS を使用することが一般的であることが明らかとなった．よって web アンケートはベトナム人技能実習生にとって回答しやすい方法であると考えられる．

そこで日本語を指導する教師，台湾向け送り出し機関で出国前講習を受講する候補生に対するインタビュー調査である．候補生対象のインタビューでは，候補生10人のうち7人が技能実習制度に参加する最も大きな理由として経済資本の獲得を挙げたが，日本語の習得が渡日理由の一つであると答えた人は9人にも上った．日本語習得を目指す理由は，「帰国後日本語を使う仕事に就ける」，「日本語の能力が高ければベトナムで仕事が探しやすい」，「いずれ留学生として日本へ戻りたいので日本語を勉強しておきたい」などであった．一方で，労働輸出で台湾へ向かうことを選択した候補生は言語の習得を希望してはおらず，渡航までの時間を短縮して早く出稼ぎに行き，経済資本を獲得することを希望していた．この予備的な調査で得られた結果と先行研究を参考に，質問紙を作成した．

まず，日本の外国人技能実習制度に参加するという決定に影響を与える要素として習得できる技術や知識，日本語，実習終了後の展望，日本文化への興味，交流，経済資本，家族，家族以外の他者，日本及びベトナムの社会状況などが想定された．続いて先行研究（平野・小川ほか，2010；Tuyen & Nguyen, 2016ほか）の調査で使用された質問項目の中から適当だと思われる項目を抽出し，上記の各要素に分類した．日本語（出稼ぎ先で使用される言語）に関しては，これら先行研究には言及する項目がなかったため，予備的調査（道上，2021a）をもとに追加した．上記の作業を経て全33項目を設定し，さらに日本を選択した満足度を測る項目として2項目（Q34，Q35）を追加し，最終的に全35項目とした．表4-2が全質問項目35項目である．質問紙はGoogleフォームを用い，全てベトナム語で作成した．フェイスシートは質問紙の後半に付した．フェイスシート項目は章末の資料4-1に示す．

評定尺度はリカート・スケールを用い，「とても強くそう思う／非常にあてはまる＝5」，「そう思う／あてはまる＝4」，「普通／どちらとも言えない＝3」，「そう思わない／あまりあてはまらない＝2」，「全くそう思わない／全く

5 ここで言う予備的な調査とは，本章で述べるアンケート調査のパイロット調査のことを指すのではなく，アンケート調査の内容について着想を得た調査のことを指す（1.3.3節参照）．

あてはまらない＝1」の 5 段階を設定した．フェイスシートは質問紙の最後に付けたが匿名性を確保するため無記名とした．送り出し機関 1 社の協力を得てパイロットテストを行った後[6]，本調査を実施した．

(2) 調査手続き

実施期間は 2020 年 6 月から 8 月にかけて，実施場所はベトナムの送り出し機関 4 社，対象者は同機関において日本へ出国する前の事前講習を受講している候補生である．調査協力を得た送り出し機関の情報を表 4-1 に示す．今回調査に協力してくれた送り出し機関には筆者の既知の送り出し機関（B 社，D 社）と知人を介して依頼をした送り出し機関（A 社，C 社）とがある．送り出し機関の選定にあたっては，所在地が偏らないように配慮した．事前に本調査の目的，倫理的配慮に関する内容，筆者の連絡先を記載した調査協力依頼書と，Google フォームの URL と QR コードを記載したアンケート実施のマニュアルを作成し，送り出し機関にメールで送付した．いずれの機関にも事前に調査の目的を説明したところ，概ね好意的に受け入れられ，研究協力への賛同を得た．

アンケートの実施は送り出し機関の社員もしくは講習担当講師の指導のもと行った．まず実施マニュアルに記載した次の 5 点，(1) 調査の目的，(2) 調査への参加は自由であること，(3) 回答したくないことには回答しなくて

表 4-1　送り出し機関の情報

機関名（仮）	所在地	年間平均送り出し人数（2017〜2019 年）
A 社	ハノイ（北部）	約 450 名
B 社	ハノイ（北部）	約 600 名
C 社	タインホア（中部）	約 200 名
D 社	ホーチミン（南部）	約 250 名

6 パイロットテストを実施したのはハイズオン省にある送り出し機関であるが，本調査には参加していない．

表 4-2　質問項目

Q1. 日本には私の技術レベルに合った仕事がある
Q2. 日本で働いた経験があれば，よい将来が得られる
Q3. 日本に行けば，高い技術が学べる
Q4. 日本での仕事や生活を通じて日本語が学べる
Q5. 日本語が上手なら，帰国後条件の良い仕事が得られる
Q6. 日本語がわからなければ日本で仕事はできない
Q7. 日本へ行ってから日本語の勉強を続けるつもりだ
Q8. 私は日本文化が好きだ
Q9. 日本の習慣や生活様式を学びたい
Q10. 日本へ行ったら日本人の友人を作りたい
Q11. 海外出稼ぎの主な目的はお金を稼ぐことだ
Q12. ベトナムに帰国したら，日系企業で働きたい
Q13. 私は日本にできるだけ長く住むつもりだ
Q14. 日本人にベトナムについて知ってほしい
Q15. 日本で働けば，高い給料が得られる
Q16. 日本で貯めたお金を何に使うかもう決めている
Q17. 家族の希望を叶えたい
Q18. 家族を経済的に助けたい
Q19. 家族の経済状況では，私が海外出稼ぎに行くしかなかった
Q20. 日本へ働きに行くよう勧めてくれたのは家族だ
Q21. 私が日本へ行くための費用は，家族にとって負担ではなかった
Q22. 現在日本にはベトナム人が多く住んでいるので安心だ
Q23. 日本へ行くことを決心したのは，送り出し機関の説明を聞いたからだ
Q24. 日本で成功した家族や親せき，友人がいる
Q25. 他の国へ行きたかったが，行けなかったので日本を選んだ
Q26. 私が海外出稼ぎに行くのは，ベトナム政府が奨励しているからだ
Q27. 海外出稼ぎに行けば，国や地方に貢献できる
Q28. ベトナムでは今，良い仕事を探すのが難しい
Q29. 日本は安全で，治安が良いと思う
Q30. 日本人は親切だと思う
Q31. 日本は国際社会で重要な役目を果たしていると思う
Q32. 日本は経済が発展した国だと思う
Q33. 日本へ出稼ぎに行くメリットは，日本語が習得できることだ
Q34. 日本へ行くという決断は，正しいと思う
Q35. 日本に行ける日が待ち遠しい

もよいこと，(4) 守秘義務の履行を約束すること，(5) 調査による不利益は生じないこと，を調査実施者からベトナム語で伝えてもらった[7]．その後，回答の入力方法，入力の際に注意すべき点を伝えた上で Google フォームへの入力を開始してもらった．

4.2.2　結果

(1)　分析対象者

2020 年 8 月 9 日までに候補生 393 人からの回答を得た．質問項目 Q1～Q35 において無回答の項目があるサンプル，予定している在留資格が技能実習以外のサンプル（技人国，留学など）を除外し，342 人のサンプルを有効回答とした．さらに，その中から日本で働いた経験がある 2 人と海外出稼ぎの経験に関して無回答で日本での就労経験がないと断定できなかった 5 人のサンプルを除外した．その結果，335 人のサンプルを分析対象とすることとした．全分析対象者の属性を表 4-3 に示す．

対象者の年齢は 2002 年生まれ（調査時推定 18 歳）から 1981 年生まれ（調査時推定 39 歳）までと幅広かったが，詳細に見ると 2001 年生まれ（調査時推定 19 歳）が 59 人（約 18%），2000 年生まれ（調査時推定 20 歳）が 32 人（約 10%）であり，この年齢層が全体の約 30% を占めている．また 1991 年生まれから 2002 年生まれまで（推定年齢が 18 歳から 24 歳まで）が 183 人で約半数を占めており，若い年齢層に集中していることがわかる．さらに最終学歴は高校が最も多く，全体の約 68% を占める．出身地は北部が 127 人（約 38%），中部が 130 人（約 39%），南部が 58 人（約 17%）と，北，中部が多い．送り出し機関の所在地が北部 2 社，中部 1 社であったことを考えると，中部出身者の割合が多いことが特徴的である．ベトナムでは，中部（特に北中部）の地方出身者の海外出稼ぎが多いと言われる（Dương, 2020 ほか）．本データにおいても北部及び中部の出身者が多く，さらにハノイ，フエ，ダナン，ホーチミンなどの大都市部出身者は 27 人と少ないことから，概ねベトナムの労働輸出の現状

7　同様の内容は，アンケート（Google フォーム）の冒頭にもベトナム語で明記した．

表 4-3　分析対象者の属性（候補生）

項目	人数（N=335）
性別	男性：107　女性：222　無回答：6
生まれた年	1981～1985（推定 35～40 歳）：7　1986～1990（推定 30～34 歳）：46 1991～1995（推定 25～29 歳）：94　1996～2000（推定 20～24 歳）：123 2001～2002（推定 18～19 歳）：60　無回答：5
最終学歴	中学校：5　高校：227　専門学校：32　短期大学：47　大学：21 その他：1[8]　無回答：2
出身地	北部：127　中部：130　南部：58　不明：1[9]　無回答：19
送り出し機関入所期間	0～1 カ月：22　1～2 カ月：66　2～3 カ月：33　3～4 カ月：27 4～5 カ月：47　5～6 カ月：34　6 カ月以上：104　無回答：2
実習予定職種	介護：143　工業包装：55　建設：39　食品製造：28 機械・金属：25　農業：17　繊維・衣服：7　プラスチック成形：6 溶接：3　塗装：2　家具製造：2　その他：5[10]　無回答：3
海外出稼経験	ある：6（台湾：3　韓国：2　マレーシア：1）　ない：329
ベトナムでの就労経験	ある：282　ない：42　無回答：11
（ベトナムで就労経験のある人）職種[11]	工場勤務：71　販売：18　飲食店：11　会社員：16　建設：9 教育関係：8　顧客対応：5　介護：5　技術職：3　倉庫管理：3 自由業：4　美容関係：2　経営：2　スポーツ選手：2　内装：2 軍隊：1　薬剤師：1　塗装：1　歯科助手：1　清掃：1 カウンセラー：1　ボランティア：1　溶接：1　看護師：1 輸出入業：1　ホテル勤務：1　農業：1　不明：3　無回答：108
情報の入手方法	インターネット：162　SNS：143　新聞や雑誌：5　友人：6 テレビ：4　その他：8[12]　無回答：7

8 F3 の質問で「その他」と回答した 1 人は F3-1 が無記入だった．

9 Thanh Cuoi と書かれていたが，該当する地名はなかった．誤記入と思われる．

10 F7 の質問で「その他」と回答した 5 人全員は F7-1 が無記入だった．

11 F9 の質問でベトナムでの就労経験があると回答した 282 人のうち，2 人が F9-1 で二つ職業を記入しているため，この項目は合計が 284 人となっている．

12 F10 の質問に「その他」と回答した人全員が，F10-1 に無記入かもしくは不明な回答だった．

を反映したものとなっていると言えよう．送り出し機関への入所期間は6カ月を超える人が多い．新型コロナウィルス感染症の影響で日本への入国が厳しく制限されていたことが影響していると考えられる．

実習の予定職種は，介護が約43%と約半数を占める結果となった．介護以外では工業包装が約16%，建設が約12%，食品製造が約8%，機械・金属が約7%，農業が約5%である．介護は技能実習の中でも受け入れのスキームが若干異なる．介護は仕事内容の面から考えても日本語の重要性が明らかであるため，入国時に日本語能力試験N4相当の日本語能力が要求されている[13]．さらに送り出し機関での教育も他業種より時間をかけて行われることが多い．よって介護職とそれ以外の職種に意識面で差がある可能性があり，両者の差が有意かどうかを確認する必要があると考えられた．有意差の確認の結果については，(3) で述べる．

日本以外の海外出稼ぎの経験が「ある」と回答したのは6人で，行先は台湾が3人，韓国が2人，マレーシアが1人である．台湾へ行った3人の日本での予定職種は溶接，介護，機械・金属関係である．韓国へ行った2人どちらも日本での職種は介護を予定している．マレーシアに行った1人の予定職種は農業である．

続いてベトナムでの就労経験は，正規雇用だけではなく多様な雇用形態が含まれると思われるが，約84%の人が「ある」と回答した．職種の内訳は工場での勤務が最も多く，約20%を占める．工場での勤務，技術員，倉庫管理，建設，介護，農業などの職種は日本の技能実習とも重なる分野だと思われるが，関係がないと思われる職種も見られる．教育関係（幼児教育を含む）と回答した人も8人いた．情報をどこから得ているかという質問にはほとんどの人がインターネットもしくはSNSと回答している．新聞や雑誌，テレビなどの情報媒体は一般的ではないことがわかる．

13 厚生労働省「技能実習制度運用要領」https://www.mhlw.go.jp/stf/seisakunitsuite/bunya/koyou_roudou/jinzaikaihatsu/global_cooperation/01.html（2022年7月3日最終閲覧）

(2) 記述統計量の結果

各項目の記述統計量の結果を表4-4に，各質問項目の回答の分布をグラフにしたものを図4-1に示す．

まず，習得できる技能・知識に関するQ1，Q3，Q9を見ると，3項目全てにおいて平均値が4を上回っており，標準偏差を見ても回答にあまりばらつきはない．図4-1の回答の分布においても，回答が4または5に集中していることがわかる．つまり本調査の対象者は日本で習得できる技能や知識に対して，積極的に学ぶ意識を持っていることがわかる．次に実習修了後の未来に関する項目Q2，Q5，Q12，Q13を見ると，これら4項目も平均値が4以上であり，標準偏差を見ても回答のばらつきはあまり見られず，図4-1の回答の分布を見ても回答が4または5に集中していることがわかる．

さらに日本語に関するQ4，Q6，Q7，Q33も平均値は4以上で回答が4または5に集中している．特にQ4「日本での仕事や生活を通じて日本語が学べる」は全項目の中でもQ35「日本へ行ける日が待ち遠しい」に次いで高い平均値となっている．ただしQ6「日本語がわからなければ日本で仕事はできない」のみ若干ばらつきが見られる．職場における日本語の必要性は職種や就労先によって差があるということだろう．Q7「日本へ行ってから日本語の勉強を続けるつもりだ」も平均値が4.5に近く，来日前の時点では候補生の日本語学習継続の意欲は高いと考えられる．これらの結果から，日本で技術を学ぶこと，経験を積むことや，日本語を習得することに対する意欲は高く，技能実習を帰国後のキャリアアップにつなげたいと考えていることがわかる．第3章でも述べたが，先行研究では日本語能力を帰国後のキャリアアップにつなげている元実習生がいるとされる（岩下，2018，2022；宮谷2020ほか）．本調査の結果から，日本へ行く前の候補生にも既にそれが意識されていると考えられる．そして日本の文化，人，社会との交流に関する項目Q8，Q10も平均値が4を上回っており，日本社会と積極的に関わっていこうとする意欲を持っていることがわかる．

続いて経済資本に関する項目Q11，Q15，Q16を見てみよう．Q11「海外出稼ぎの主な目的はお金を稼ぐことだ」とQ16「日本で貯めたお金を何に使うかもう決めている」の平均値は 4 を上回っている．技能実習生は働くことを目的に来日するので，経済資本の獲得は強く意識されやすいと考えられる．一方で Q15「日本で働けば高い給料が得られる」は平均値 4 を若干下回っている．海外出稼ぎに行く以上，経済資本の獲得を目指さないということはないと思われるが，収入の高さのみから日本が選択されているとは限らないことが示唆される．

家族に関する項目 Q17，Q18，Q19，Q20，Q21 であるが，Q17「家族の希望を叶えたい」の平均値はこれまで見てきた項目と比較して低めの値となっている．渡日の決定には，家族の意向という周囲の要因よりも技術や知識，将来に役立つ経験などの獲得が重視されるのではないかと考えられる．また，Q19「家族の経済状況では，私が海外出稼ぎに行くしかなかった」は平均値が 4 を下回ってはいるものの，回答分布を見ると 5 もしくは 4 と回答した人が全体の約 68％いる．本調査の分析対象者の家族の経済状況は決して豊かではないと言える．さらに，Q18「家族を経済的に助けたい」の平均値は 4 以上である．家族に対する経済的支援が本調査の分析対象者にとって強く意識されていることがわかる．Q21「私が日本へ行くための費用は，家族にとって負担ではなかった」の結果からは，先行研究（巣内，2019；加藤，2019 ほか）でも指摘されている通り候補生の家族にとって渡日費用が負担となっていることが窺える．ただし図 4-1 の回答分布を見ると，「どちらとも言えない（普通）」と回答した人が 56 人（約 17％），「そう思う（あてはまる）」が 69 人（約 21％），「とても強くそう思う（非常にあてはまる）」が 22 人（約 7 ％）いることがわかる．第 1 章でも述べたが，一般的にメディアで描かれるベトナム人技能実習生は，渡日費用を工面するために多額の借金を背負わされ来日する人々である場合が多い．送り出し機関などから搾取を受け，来日後は借金返済に追われ，苦しむ人がいることは事実であり，その状況は早急に改善する必要がある．しかし本調査の対象者には，そのような状況に陥ることなく来日を実現している人，もしくは借金を背負いはするが法外な費用ではない人もいると考えられる．ただし，それが出身家庭の経済状況によるものなのか，送り出し機関の経営方針によるものなのかは本調査の結果だけでは判断

表 4-4　記述統計量（候補生）

質問項目	*M*	*SD*
Q1. 日本には私の技術レベルに合った仕事がある	4.07	0.76
Q2. 日本で働いた経験があれば，よい将来が得られる	4.51	0.57
Q3. 日本に行けば，高い技術が学べる	4.39	0.58
Q4. 日本での仕事や生活を通じて日本語が学べる	4.57	0.54
Q5. 日本語が上手なら，帰国後条件の良い仕事が得られる	4.52	0.59
Q6. 日本語がわからなければ日本で仕事はできない	4.10	0.89
Q7. 日本へ行ってから日本語の勉強を続けるつもりだ	4.48	0.53
Q8. 私は日本文化が好きだ	4.32	0.60
Q9. 日本の習慣や生活様式を学びたい	4.33	0.58
Q10. 日本へ行ったら日本人の友人を作りたい	4.33	0.65
Q11. 海外出稼ぎの主な目的はお金を稼ぐことだ	4.22	0.86
Q12. ベトナムに帰国したら，日系企業で働きたい	4.27	0.73
Q13. 私は日本にできるだけ長く住むつもりだ	4.29	0.73
Q14. 日本人にベトナムについて知ってほしい	4.51	0.58
Q15. 日本で働けば，高い給料が得られる	3.95	0.75
Q16. 日本で貯めたお金を何に使うかもう決めている	4.32	0.60
Q17. 家族の希望を叶えたい	3.89	0.97
Q18. 家族を経済的に助けたい	4.39	0.57
Q19. 家族の経済状況では，私が海外出稼ぎに行くしかなかった	3.75	1.05
Q20. 日本へ働きに行くよう勧めてくれたのは家族だ	3.64	1.15
Q21. 私が日本へ行くための費用は，家族にとって負担ではなかった	2.49	1.28
Q22. 現在日本にはベトナム人が多く住んでいるので安心だ	3.90	0.80
Q23. 日本へ行くことを決心したのは，送り出し機関の説明を聞いたからだ	3.35	1.17
Q24. 日本で成功した家族や親せき，友人がいる	3.31	1.35
Q25. 他の国へ行きたかったが，行けなかったので日本を選んだ	1.81	1.23
Q26. 私が海外出稼ぎに行くのは，ベトナム政府が奨励しているからだ	2.50	1.34
Q27. 海外出稼ぎに行けば，国や地方に貢献できる	3.99	0.80
Q28. ベトナムでは今，良い仕事を探すのが難しい	2.99	1.12
Q29. 日本は安全で，治安が良いと思う	4.04	0.78
Q30. 日本人は親切だと思う	4.07	0.74
Q31. 日本は国際社会で重要な役目を果たしていると思う	4.05	0.67
Q32. 日本は経済が発展した国だと思う	4.45	0.54
Q33. 日本へ出稼ぎに行くメリットは，日本語が習得できることだ	4.35	0.64
Q34. 日本へ行くという決断は正しいと思う	4.26	0.64
Q35. 日本へ行ける日が待ち遠しい	4.63	0.55

図4-1　回答分布（候補生 N=335）

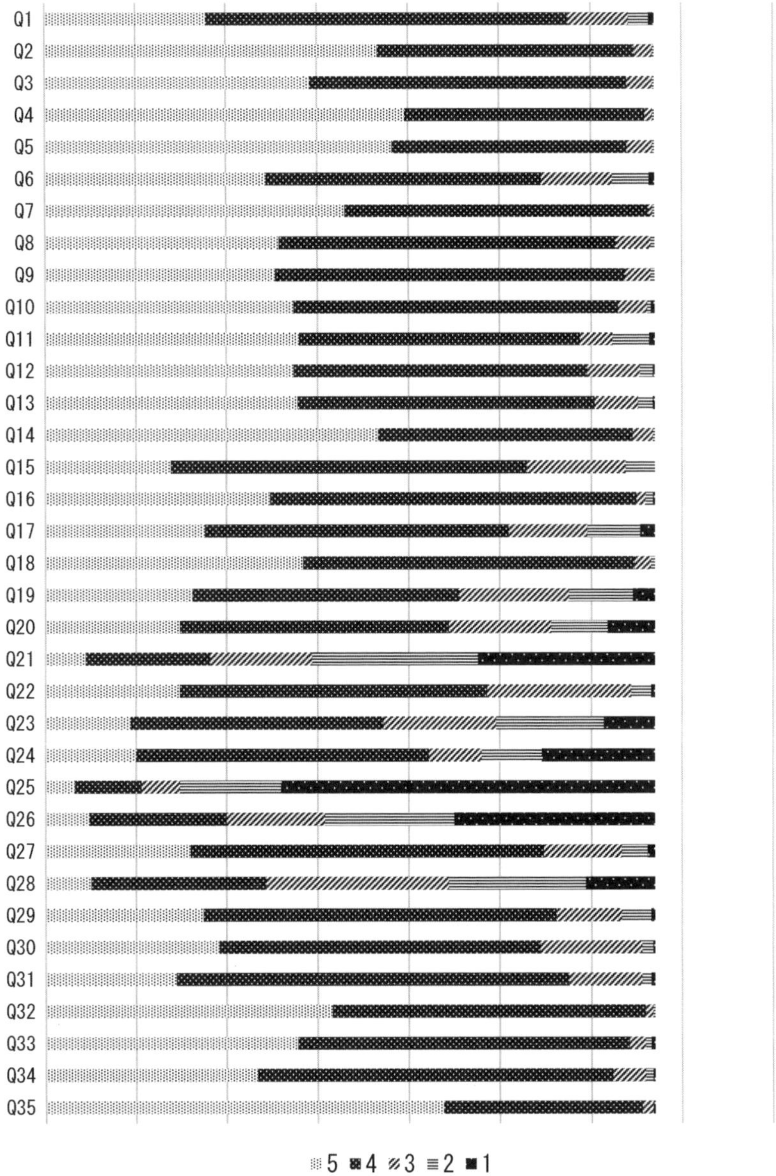

できない.

続いて家族以外の他者についての項目 Q22, Q23, Q24 のうち, まず日本在住のベトナム人コミュニティの存在に対する意識を問う Q22「現在日本にはベトナム人が多く住んでいるので安心だ」は平均値が 4 に近い. しかし, Q23「日本へ行くことを決心したのは, 送り出し機関の説明を聞いたからだ」は平均値 3.35, Q24「日本で成功した家族や親せき, 友人がいる」は平均値 3.31 であった. 第三者の影響は他の項目と比較して大きくはないと考えられる.

送り出し国であるベトナムの社会状況については, Q25「他の国へ行きたかったが, 行けなかったので日本を選んだ」の平均値は 1.81 であり, 本調査の対象者が積極的に日本を選択していることがわかる. 第 1 章でも述べた通りベトナム人にとって労働輸出の行き先国は多岐にわたる. 本調査の対象者の多くは, 複数ある選択肢の中から消去法で日本を選んでいるのではなく, 日本に行くことを自ら積極的に決定していると言える. また, Q26「私が海外出稼ぎに行くのは, ベトナム政府が奨励しているからだ」の結果は平均値 2.5 と低く, 国の政策はあまり影響を与えていないと言える. また Q28「ベトナムでは今, 良い仕事を探すのが難しい」の平均値が 3 を下回っていることから, 必ずしも国内で条件の良い就職先が得られない状況とは限らない中で, 日本に行くことを選択していることがわかる.

一方, 日本についての印象を問う項目は Q29, Q30, Q31, Q32 全ての項目で平均値が 4 を上回っている. 日本に対する印象は比較的良い. その中で Q32「日本は経済が発展した国だと思う」は相対的にやや高めの平均値となっている. 日本の印象の中でも特に経済的な側面が注目されているということだろう.

最後に, 満足度を問う Q34 と Q35 を見ると, Q35「日本へ行ける日が待ち遠しい」は平均値 4.63, 標準偏差 0.55 であり, 全 35 項目の中で最も高い平均値となった. 調査を実施した 2020 年夏は新型コロナウイルス感染症の影響で日本への入国が厳しく制限されており, 分析対象者の中にも, 送り出し機関の在籍が 6 カ月を超えている人がいた (表 4-3 参照). よって特に Q35 に対する回答は，感染症拡大によって渡航が延期されたことの影響を受けている可能性があると推測される[14]．Q34「日本へ行くという決断は正しいと思う」は平均値 4.26，標準偏差 0.64 である．平均値は 4 を超えており，こちらも高い値となっている．日本選択の満足度は高いと言えそうだ．

以上の記述統計量をまとめると，本調査の対象となった候補生は，日本での技能実習を通じて学びや経験を得ることへの期待，その経験を実習修了後の将来に役立てたいという希望，日本に対する好意的なイメージを強く持っていると言えるだろう．そして来日前の段階において日本語学習への意欲や習得に対する期待もあることがわかる．就労目的で日本へ行こうとしている以上，経済資本獲得への意識が高いことは理解に難くないが，それだけではなく，日本で知識や経験を得，未来につなげようとしている候補生の姿が見えてくる．

(3)　介護と介護以外の比較

ここまで候補生全体の記述統計量を見てきたが，(1) で述べた通り，今回収集されたデータの分析対象者のうち，予定職種が介護である人（以下，「介護」とする）が半数を占めていた．これはおそらく調査協力を依頼した送り出し機関 A～D 社の中に介護職の募集を特に行っていた機関があったためだと考えられる．介護職は来日前に日本語能力試験 N4 相当の日本語力を有していることを求められており，他業種とは異なる．そのため，介護とそれ以外の職種の人（以下，「介護以外」とする）との間に差があるのかを確認する必要があると考えた．まずフェイスシートの結果を介護（$n=143$）と介護以外（$n=184$）に分けて表 4-5 に示す．日本での予定業種を聞いたフェイスシートの F7 の質問で「その他」と回答した 5 人と無回答だった 3 人は，介護ではないと断定できないため除外した．

14　新型コロナウィルス感染症の水際対策として，日本は 2020 年 3 月以降新規の外国人入国者の受け入れを制限した．調査を実施した 2020 年夏は，未だ日本への入国は通常の状態に戻っておらず，出身国から出国できず足止めになっている実習生候補生がベトナムに限らず多数いた．

表 4-5　介護と介護以外の属性の比較

項目	人数（N=327）	
	介護（n=143）	介護以外（n=184）
性別	男性：26　女性：115　無回答：2	男性：77　女性：103　無回答：4
生まれた年	1981～1985（推定 35～40 歳）：2 1986～1990（推定 30～34 歳）：33 1991～1995（推定 25～29 歳）：47 1996～2000（推定 20～24 歳）：41 2001～2002（推定 18～19 歳）：19 無回答：1	1981～1985（推定 35～40 歳）：5 1986～1990（推定 30～34 歳）：13 1991～1995（推定 25～29 歳）：44 1996～2000（推定 20～24 歳）：78 2001～2002（推定 18～19 歳）：40 無回答：4
最終学歴	中学校：3　高校：85 専門学校：15　短期大学：26 大学：13　無回答：1	中学校：2　高校：136 専門学校：17　短期大学：20 大学：8　その他：1
出身地	北部：86　中部：48 南部：1　無回答：8	北部：41　中部 78　南部：55 不明：1　無回答：9
送出機関入所期間	0～1 カ月：9　1～2 カ月：36 2～3 カ月：13　3～4 カ月：5 4～5 カ月：25　5～6 カ月：15 6 カ月以上：40	0～1 カ月：13　1～2 カ月：29 2～3 カ月：19　3～4 カ月：22 4～5 カ月：20　5～6 カ月：19 6 カ月以上：60　無回答：2
実習予定職種	介護：143	工業包装：55　建設：39 食品製造：28　機械・金属：25 農業：17　繊維・衣服：7 プラスチック成形：6　溶接：3 塗装：2　家具製造：2
海外出稼経験	ある：3（台湾：1　韓国：2） ない：140	ある：3（台湾：2　マレーシア：1） ない：181
ベトナムでの就労経験	ある：121　ない：16 無回答：6	ある：154　ない：26 無回答：4
（ベトナムで就労経験のある人）職種[15]	工場勤務：31　販売：11 教育関係：8　会社員：6 飲食店：5　自由業：4　介護：4 顧客対応：1　美容関係：1 経営：1　薬剤師：1　塗装：1 歯科助手：1　カウンセラー：1 ボランティア：1　看護師：1 輸出入業：1　不明：1　無回答：41	工場勤務：38　建設：9　会社員：8 販売：7　飲食店：6　顧客対応：4 技術職：3　倉庫管理：3　内装：2 スポーツ選手：2　介護：1 美容関係：1　清掃：1　経営：1 軍隊：1　溶接：1　ホテル勤務：1 農業：1 不明：2　無回答：64
情報の入手方法	インターネット：68　SNS：59 新聞や雑誌：2　友人：1　テレビ：4 その他 5　無回答：4	インターネット：93　SNS：77 新聞や雑誌：3　友人：5　その他 3 無回答：3

属性の項目の中で特に差が見られたのは生まれた年（年齢）と最終学歴，および出身地である．生まれた年（年齢）を見ると，介護以外の年齢層が相対的に若いことがわかる．18～24歳の全体に占める割合は介護では42%だが，介護以外では64%となっている．最終学歴が高校である人がどちらにおいても半数以上を占めるものの，最終学歴が高等教育機関である人の割合は介護では38%，介護以外では24%であった．出身地は介護では南部が1人のみで，北部と中部に集中している[16]．続いて，表4-6に介護（$n = 143$）と介護以外（$n = 184$）に分けた場合の各質問項目の平均値と標準偏差を示す．

この「介護」と「介護以外」の平均値の差が統計的に有意なものであるかどうかを検証するため，R[17]を用いてウィルコクソンの順位和検定[18]（両側検定）を行った（表4-7）．

表4-7に示した通り，$p < .05$ かつ効果量（r）中程度以上[19]という項目はなかった．これらの質問項目のみで介護と介護以外の候補生の違いは全くないと言うことはできないが，少なくとも本調査で得られたデータにおいては，介護と介護以外の平均値の間に有意な差は認められなかったと言ってよいだろう．よって，介護と介護以外を分けずに分析を進めていくこととする．

15 介護以外で，F9の質問でベトナムでの就労経験があると回答した154人のうち，2人がF9-1で二つ職業を記入しているため，介護以外のこの項目は合計が156人となっている．

16 介護に南部出身者がほとんどいないのは，調査に協力してくれた送り出し機関の中で特に介護職を募集していた機関が北部及び中部で募集活動を行ったためだと考えられる．

17 R Core Team（2021）．R: A language and environment for statistical computing. RFoundation for Statistical Computing, Vienna, Austria. URL https://www.R-project.org/.（本章における統計分析はすべてRを用いた．）

18 整数値（1～5）のデータであるため，正規性の仮定はおかずにノンパラメトリック検定を行った．一般的にはマン・ホイットニーのU検定が用いられるが，本分析ではRに実装されているウィルコクソンの順位和検定を用いた．この二つの検定は実質的には同じ検定である．

19 サンプル数の多いデータの場合，p値は有意になりやすい．そのためp値と効果量（r）の両方を見る必要がある（竹内・水本，2014，p. 68）．

表 4-6　介護（n=143）と介護以外（n=184）の平均値の比較

質問項目	介護		介護以外	
	M	***SD***	***M***	***SD***
Q1. 日本には私の技術レベルに合った仕事がある	4.21	0.60	3.97	0.84
Q2. 日本で働いた経験があればよい将来が得られる	4.5	0.54	4.47	0.60
Q3. 日本へ行けば，高い技術が学べる	4.48	0.54	4.33	0.61
Q4. 日本での仕事や生活を通じて日本語が学べる	4.69	0.46	4.49	0.57
Q5. 日本語が上手なら，帰国後条件の良い仕事が得られる	4.59	0.52	4.47	0.64
Q6. 日本語がわからなければ日本で仕事はできない	4.31	0.87	3.95	0.87
Q7. 日本へ行ってから日本語の勉強を続けるつもりだ	4.59	0.49	4.39	0.54
Q8. 私は日本文化が好きだ	4.34	0.54	4.29	0.64
Q9. 日本の習慣や生活様式を学びたい	4.37	0.54	4.29	0.61
Q10. 日本へ行ったら日本人の友人を作りたい	4.47	0.54	4.22	0.71
Q11. 海外出稼ぎの主な目的はお金を稼ぐことだ	4.40	0.72	4.07	0.94
Q12. ベトナムに帰国したら，日系企業で働きたい	4.33	0.63	4.23	0.80
Q13. 日本にできるだけ長く住むつもりだ	4.38	0.69	4.22	0.75
Q14. 日本人にベトナムについて知ってほしい	4.55	0.58	4.48	0.57
Q15. 日本へ行けば，高い給料が得られる	4.13	0.67	3.82	0.78
Q16. 日本でためたお金を何に使うかもう決めている	4.41	0.58	4.26	0.61
Q17. 家族の希望を叶えたい	3.91	0.92	3.88	0.99
Q18. 家族を経済的に助けたい	4.48	0.50	4.33	0.60
Q19. 家族の経済状況では，私が海外出稼ぎに行くしかなかった	3.83	1.02	3.70	1.04
Q20. 日本へ働きに行くよう勧めてくれたのは家族だ	3.78	1.11	3.52	1.17
Q21. 私が日本へ行くための費用は，家族にとって負担ではなかった	2.5	1.30	2.43	1.26
Q22. 現在日本にはベトナム人が多く住んでいるので安心だ	3.99	0.82	3.83	0.78
Q23. 日本へ行くことを決心したのは，送り出し機関の話を聞いたからだ	3.47	1.17	3.24	1.17
Q24. 日本で成功した家族や親せき，友人がいる	3.20	1.38	3.40	1.32
Q25. 他の国へ行きたかったが，行けなかったので日本を選んだ	1.68	1.14	1.93	1.29
Q26. 私が海外出稼ぎに行くのは，ベトナム政府が奨励しているからだ	2.53	1.36	2.49	1.32

Q27. 海外出稼ぎに行けば，国や地方に貢献できる	3.94	0.75	4.03	0.85
Q28. ベトナムでは今，良い仕事を探すのが難しい	2.91	1.08	3.05	1.15
Q29. 日本は安全で，治安が良いと思う	4.04	0.73	4.05	0.83
Q30. 日本人は親切だと思う	4.07	0.74	4.08	0.74
Q31. 日本は国際社会で重要な役目を果たしていると思う	4.04	0.65	4.05	0.69
Q32. 日本は発展した国だと思う	4.48	0.51	4.44	0.56
Q33. 日本へ出稼ぎに行くメリットは，日本語が習得できることだ	4.41	0.62	4.32	0.66
Q34. 日本へ行くという決断は，正しいと思う	4.35	0.61	4.20	0.67
Q35. 日本へ行ける日が待ち遠しい	4.64	0.49	4.61	0.60

表 4-7　ウィルコクソンの順位和検定の結果
（介護＝介，介護以外＝外）

項目	中央値		四分位偏差		*W* 値	*p* 値	*r* 値[20]
	介	外	介	外			
Q1. 日本には私の技術レベルに合った仕事がある	4	4	0.50	0.50	15000	$p<.05$	.137
Q2. 日本で働いた経験があればよい将来が得られる	5	4	0.50	0.50	14108	n.s.	.071
Q3. 日本へ行けば，高い技術が学べる	4	4	0.50	0.50	14736	$p<.05$	.117
Q4. 日本での仕事や生活を通じて日本語が学べる	5	4	0.50	0.50	15420	$p<.01$	.173
Q5. 日本語が上手なら，帰国後条件の良い仕事が得られる	5	4	0.50	0.50	14291	n.s.	.085
Q6. 日本語がわからなければ日本で仕事はできない	4	3	0.50	1.00	16515	$p<.001$	.236
Q7. 日本へ行ってから日本語の勉強を続けるつもりだ	4	4	0.50	0.50	15538	$p<.01$	.179
Q8. 私は日本文化が好きだ	4	4	0.50	0.50	13353	n.s.	.015
Q9. 日本の習慣や生活様式を学びたい	4	4	0.50	0.50	13852	n.s.	.052
Q10. 日本へ行ったら日本人の友人を作りたい	4	4	0.50	0.50	15500	$p<.01$	.173
Q11. 海外出稼ぎの主な目的はお金を稼ぐことだ	4	4	0.50	0.50	15673	$p<.01$	.180
Q12. ベトナムに帰国したら，日系企業で働きたい	5	4	0.50	0.50	13676	n.s.	.037
Q13. 日本にできるだけ長く住むつもりだ	4	4	0.50	0.50	14738	$p<.05$	.114
Q14. 日本人にベトナムについて知ってほしい	4	4	0.50	0.00	14133	n.s.	.073
Q15. 日本へ行けば，高い給料が得られる	4	4	0.50	0.00	15997	$p<.001$	.209
Q16. 日本でためたお金を何に使うかもう決めている	4	4	0.50	0.50	14856	$p<.05$	.129
Q17. 家族の希望を叶えたい	4	4	0.50	0.50	13128	n.s.	.002
Q18. 家族を経済的に助けたい	4	3	0.50	1.00	14673	$p<.05$	.114

Q19. 家族の経済状況では，私が海外出稼ぎに行くしかなかった	2	2	1.50	1.00	14104	n.s.	.065
Q20. 日本へ働きに行くよう勧めてくれたのは家族だ	4	3	0.50	0.50	14914	$p<.05$	.121
Q21. 私が日本へ行くための費用は，家族にとって負担ではなかった	3	2	1.00	1.00	13932	n.s.	.052
Q22. 現在日本にはベトナム人が多く住んでいるので安心だ	4	3	1.00	1.50	14724	$p<.05$	.111
Q23. 日本へ行くことを決心したのは，送り出し機関の話を聞いたからだ	1	1	0.50	0.50	14768	$p<.05$	.110
Q24. 日本で成功した家族や親せき，友人がいる	2	2	1.50	1.00	12043	n.s.	.077
Q25. 他の国へ行きたかったが，行けなかったので日本を選んだ	4	4	0.50	0.00	11526	$p<.05$	.122
Q26. 私が海外出稼ぎに行くのは，ベトナム政府が奨励しているからだ	3	3	1.00	1.00	13298	n.s.	.010
Q27. 海外出稼ぎに行けば，国や地方に貢献できる	4	4	0.50	0.50	11955	n.s.	.088
Q28. ベトナムでは今，良い仕事を探すのが難しい	4	3	0.50	1.00	12271	n.s.	.060
Q29. 日本は安全で，治安が良いと思う	4	4	0.00	0.50	12641	n.s.	.038
Q30. 日本人は親切だと思う	4	4	0.50	0.50	13002	n.s.	.011
Q31. 日本は国際社会で重要な役目を果たしていると思う	4	4	0.50	0.00	12906	n.s.	.019
Q32. 日本は発展した国だと思う	4	4	0.50	0.50	13454	n.s.	.022
Q33. 日本へ出稼ぎに行くメリットは，日本語が習得できることだ	4	4	0.50	0.50	14063	n.s.	.067
Q34. 日本へ行くことを決断したことは，正しかったと思う	5	4	0.50	0.50	14682	$p<.05$	.114
Q35. 日本へ行ける日が待ち遠しい	4	4	0.50	0.50	13180	n.s.	.002

20 効果量（r 値）は，$r=.10$（小），$r=.30$（中），$r=.50$（大）とされる（竹内・水本，2014）．

(4) 因子分析

研究課題1 (2)「彼らが行く先に日本を選択する要因や背景は何か」に答えるため，探索的因子分析（一般化最小二乗法，プロマックス回転）[21]を行った．分析にあたってまず，日本選択の満足度を問うQ34「日本へ行くという決断は正しいと思う」，Q35「日本へ行ける日が待ち遠しい」を除外し，Q19「家族の経済状況では，私が海外出稼ぎに行くしかなかった」とQ25「他の国へ行きたかったが，行けなかったので日本を選んだ」を反転項目として処理した．次にスクリー基準，平行分析，MAPの結果から因子数を推定した上で因子分析を実行し，十分な因子負荷量（.35以上）を示さなかった項目（Q1，Q6，Q14），または複数の因子に高い負荷量を示した項目（Q15，Q16，Q20，Q24）を除外した結果，以下の4因子を得た．結果を表4-8に示す．各因子の内的整合性を確認するために，クロンバックのα係数を算出したところ，第Ⅰ因子で.89，第Ⅱ因子で.81，第Ⅲ因子で.76，第Ⅳ因子で.75と十分な値が得られた[22]．

第Ⅰ因子には，習得できる技術・知識（Q3，Q9），日本語の習得，学習（Q4，Q7），実習修了後の未来（Q2，Q5，Q12，Q13），交流（Q8，Q10）に関する項目が含まれ，日本で働き，生活することを通じて技術を学ぶ，知識を得る，日本語を身に付けることを希望し，かつそれを自らの将来に生かしたいという内容となっているため，「自己発展志向」と名付けた．第Ⅱ因子には，日本社会への印象についての項目が含まれており（Q29，Q30，Q31，Q32），それ以外も場所，環境に関する項目となっている．自らが存在する場，そしてこれから自らが組み込まれていくことになる場に対する意識，信頼感，安心感などを表すため，「帰属場に対する思い」と命名した．第Ⅲ因子は，社会状況や制度に関する項目が含まれ（Q25，Q26，Q28），主体的に何かを希望，志向し，決定するというよりは，自身を取り巻く環境，社会状況などによって影響を受

21 分析データは正規性の仮定をおかないため，一般化最小二乗法を選択した．
22 分析データは心理検査の尺度のように測定する構成概念（潜在変量）が理論的に十分確定されているものではないため，0.8前後あれば一応十分な値だと判断できる．

ける内容を含むため，「外部要因」と名付けた．最後に第Ⅳ因子は，経済資本（Q11），家族（Q17，Q18，Q19）に属する項目が含まれ，家族に対し自分が果たすべき役割を意識した内容になっているため，「家族への経済的貢献」と名付けた．

習得できる技術・知識，日本語についての項目が，実習終了後の未来に関する項目とともに第Ⅰ因子にまとめられたことから，技能実習生として日本へ行くことによって経験や知識，技術を得ることと，日本語を学ぶことが自身の将来の発展と結びついて捉えられていることがわかる．また，第Ⅳ因子において経済と家族が一つの因子に集約された．技能実習で得られる経験や知識，技術などの学びと，経済的な利益のうち，前者は技能実習本人のために，後者は家族のために獲得が目指される傾向があるのではないかと考えられる．

以上の 4 因子それぞれの平均値と標準偏差を算出した結果を表 4–9 に示す．

第Ⅰ因子の平均値が最も高いことから，技能実習生として日本へ行こうとしている本調査の対象者は，日本へ行くことが学びを得る機会であると捉え，それが将来に結びつくものだという意識が強いと考えられる．一方で第Ⅲ因子，第Ⅳ因子の平均値が相対的に低いことから，他者（送り出し機関，ベトナム政府）からの影響や，海外へ出稼ぎに行かざるを得ないというような社会や家族の消極的な状況よりも，自己の未来をよりよいものにしたいという積極的な意思によって日本へ行くことを選択していると考えられる．また，第Ⅱ因子の平均値が相対的に高いことから，本調査の対象者は場（現在帰属している場，将来帰属する場）に対する思いが強く，日本を選択した背景には日本という場（国）に対する彼らの安心感や信頼があり，それが他の国ではなく日本を選択した要因となっている可能性がある．さらに第Ⅰ因子と第Ⅱ因子との間に中程度の正の相関が見られる（表 4–8 参照）ことから，日本への正の印象を持つ人ほど，学びへの意識は高く，逆に言えば日本への印象が悪いと学びへの意識は低いと考えられる．

表 4-8　因子分析結果（候補生）

項目内容	I	II	III	IV
第 I 因子　自己発展志向				
Q3.　日本に行けば，高い技術が学べる	**.71**	-.09	.03	.10
Q10. 日本へ行ったら日本人の友人を作りたい	**.71**	-.07	.12	-.15
Q4.　日本での仕事や生活を通じて日本語が学べる	**.71**	-.10	-.07	.17
Q9.　日本の習慣や生活様式を学びたい	**.70**	.19	.05	-.19
Q7.　日本へ行ってから日本語の勉強を続けるつもりだ	**.70**	.06	-.02	-.02
Q5.　日本語が上手なら，帰国後条件の良い仕事が得られる	**.68**	-.02	-.04	.13
Q8.　私は日本文化が好きだ	**.63**	.25	.10	-.26
Q2.　日本で働いた経験があれば，よい将来が得られる	**.60**	.05	-.05	.12
Q12. ベトナムに帰国したら，日系企業で働きたい	**.47**	.22	.01	.01
Q13. 私は日本にできるだけ長く住むつもりだ	**.44**	.11	.00	.04
第 II 因子　帰属場に対する思い				
Q30. 日本人は親切だと思う	.08	**.71**	.04	-.16
Q29. 日本は安全で，治安が良いと思う	.06	**.61**	.10	-.02
Q31. 日本は国際社会で重要な役目を果たしている	.10	**.56**	.00	.02
Q27. 海外出稼ぎに行けば，国や地方に貢献できると思う	-.02	**.55**	.04	.06
Q32. 日本は経済が発展した国だと思う	.28	**.46**	-.23	.09
Q22. 現在日本にはベトナム人が多く住んでいるので安心だ	.03	**.45**	.19	.06
Q33. 日本へ出稼ぎに行くメリットは，日本語が習得できることだ	.26	**.41**	-.09	.16
第 III 因子　外部要因				
Q25. 他の国へ行きたかったが，行けなかったので日本を選んだ	-.03	.17	**-.76**	.00
Q26. 私が海外出稼ぎに行くのは，ベトナム政府が奨励しているからだ	-.03	.06	**.67**	.09
Q21. 私が日本へ行くための費用は，家族にとって負担ではなかった	.14	-.02	**.56**	-.07
Q23. 日本へ行くことを決心したのは，送り出し機関の説明を聞いたからだ	-.07	.20	**.48**	.07
Q28. ベトナムでは今，良い仕事を探すのが難しい	-.10	.19	**.44**	.13
第 IV 因子　家族への経済的貢献				
Q17. 家族の希望を叶えたい	-.16	.11	.03	**.75**
Q18. 家族を経済的に助けたい	.14	.15	-.15	**.68**
Q19. 家族の経済状況では，私が海外出稼ぎに行くしかなかった	.12	-.07	-.22	**-.58**
Q11. 海外出稼ぎの主な目的はお金を稼ぐことだ	.33	-.35	.14	**.54**
因子間相関	I	II	III	IV
I	—	.61	.15	.42
II		—	.41	.42
III			—	.40
IV				—

表 4-9　各因子の平均値と標準偏差（候補生）

	第Ⅰ因子 自己発展志向	第Ⅱ因子 帰属場に対する思い	第Ⅲ因子 外部要因	第Ⅳ因子 家族への経済的貢献
M	4.37	4.12	3.10	3.69
SD	0.66	0.74	1.38	1.22

4.2.3　候補生調査の結果と考察

本節では記述統計量，介護と介護以外の間の有意差を検証するウィルコクソンの順位和検定，探索的因子分析の結果をまとめ，候補生調査全体の考察を行う．まず全体の記述統計量の結果からは，習得できる技術・知識，日本語，実習修了後の未来，日本社会との交流に対する意識が高いこと，家族や家族以外の他者，ベトナム社会の状況はあまり強く意識されていないことが明らかとなった．次に介護職を予定している候補生と，それ以外の職種を予定している候補生との比較を行ったが，本データにおいては両グループの間に有意な差は認められなかった．以上の結果から，候補生は日本での技能実習を通じて日本語を含めた学びや経験を得ることへの期待，その経験を実習修了後の将来に役立てたいという希望，日本に対する好意的なイメージを持っていると言える．つまり候補生は，日本で働くことをただ経済資本の獲得の手段としてのみ捉えているのではなく，将来につながる自己成長の機会としても捉えている．そしてこのような傾向は，他業種と比べて高い日本語要件が課され，仕事の内容において日本語の重要性が自明である介護職であっても，介護職以外の職種であっても，同様に見られるものだということが明らかとなった．

続いて，候補生が日本を選択する背景にあるものを明らかにするため，探索的因子分析（一般化最小二乗法，プロマックス回転）を行った．その結果，「自己発展志向」，「帰属場に対する思い」，「外部要因」，「家族への経済的貢献」の 4 因子が抽出された．候補生が日本を選択する背景には将来の発展という自己の目的があるが，それだけではなく日本という場に対する印象も影響を与えることがわかる．日本語に関する項目は技術習得，学びへの希望や未来を展望する項目とともに「自己発展志向」因子に含まれた．さらに，各因子の平均値を比較すると「自己発展志向」と「帰属場に対する思い」が他 2 因子よりも相対的に高い結果であった．よって本調査の対象となった候補生は，上記四つの要素のうち技能実習が自己の未来の発展のために資するかどうかということを強く意識しており，そのために学びへの意欲は高いと言えるだろう．そして，それと共に日本という場に対する正の印象も持っており，それが日本選択を後押ししていると考えられる．

4.3 実習生調査

候補生調査に続き，来日し実際に日本で就労しているベトナム人技能実習生を対象にアンケート調査を行った．本節ではその過程と結果，考察を述べる．

4.3.1 調査

(1) 質問紙作成

質問紙は候補生調査と同様に，Google フォームを用い，全てベトナム語で作成した．まず候補生調査で使用した質問項目を，日本で就労している場合に適合するように調整した．変更した質問項目は Q7 と Q10 である[23]．Q7 は候補生調査では「日本へ行ってから日本語の勉強を続けるつもりだ」としていたが，「日々の生活において日本語をよく使用する」に変更した．Q10 は来日前アンケートでは「日本へ行ったら日本人の友人を作りたい」としていたが，「日本人の友人を積極的に作るようにしている」に変更した．さらに，Q35「日本へ行ける日が待ち遠しい」は，既に来日している対象者には適当ではないと考え，削除した．以上の調整を行い，最終的に 34 の質問項目を

23 Q34 は，候補生アンケートの日本語では「日本へ行くという決断は，正しいと思う」となっており，実習生アンケートの日本語では「日本へ行くことを決断したことは，正しかったと思う」となっている．しかし孤立語であるベトナム語は日本語のように時制によって接尾辞が変化することがないため，ベトナム語では同一の表現（Tôi thấy quyết định đi Nhật là một quyết định đúng đắn.）となっている．

設定した．

評定尺度は候補生調査と同様にリカート・スケールを用い 5 段階を設定した．フェイスシートの質問項目も，来日後の対象者に合うように調整した．さらに日本で行っている日本語学習に関する質問項目を追加した．在留資格を問う質問も設定したが，これは技能実習以外の在留資格を持つ人も回答をする可能性が考えられたためである．フェイスシートの日本語訳を本章末に示す（資料 4-2）．倫理的配慮のため，アンケートの冒頭には調査者の所属と連絡先の他に（1）調査の目的，（2）調査への参加は自由であること，（3）回答したくないことには回答しなくてもよいこと，（4）調査による不利益は生じないこと，（5）守秘義務の履行を約束すること，（6）回答は強制ではないことを明記した．

（2） 調査手続き

サンプルの収集には，Google フォームの URL を筆者の知人のベトナム人（技能実習生，元技能実習生，技能実習生に日本語を教えていた元日本語教師など）に送り，知人を紹介してもらうスノーボールサンプリングを採用した．調査は 2021 年 8 月から 9 月まで行い，合計 300 人からの回答を得た．そこからまず Q1 から Q34 までの項目の回答に空欄があるものを除外し，285 人のサンプルを抽出した．さらにそこには在留資格留学 9 人，技人国 34 人，特定技能 28 人[24]，特定活動 5 人，日本人の配偶者 1 人，高度専門職 1 人，無回答 3 人，不明[25] 3 人が含まれていたため，これら 84 人の回答を除外することとした．最終的に技能実習生 201 人を分析対象とした．

24 特定技能は在留資格の性質上，技能実習から在留資格変更する場合も多いこと，さらに調査当時，新型コロナウィルス感染症の影響で技能実習修了後に帰国できない技能実習生が特定技能へと変更するケースが増えていたことから，技能実習に近い在留資格ではあるが，今回は技能実習生のみを対象とすることとし，分析対象には含まないことにした．

25 記載はあるが意味が不明なもの．

4.3.2 調査結果

(1) 分析対象者

分析対象者 201 人の属性を表 4-10 に示す．対象者の年齢は 20 代から 40 代まで幅広かった．最終学歴は高校が最も多く，約 51%を占めた．ベトナムの出身地域は，北部，中部，南部ほぼ同じ程度となったが，無回答が 30 人，「ベトナム」と回答した人が 19 人いるので正確な分散はわからない．候補生調査の結果と同様に，都市部出身者は少なかった．日本滞在期間は来日 1 年目の人が約 24%， 2 年目の人が約 23%， 3 年目の人が約 33%であった． 3 年を超えている人（技能実習 3 号）も約 19%含まれていた．実習の職種は，機械・金属が約 35%で最も多かった．次いで食品製造が約 22%，建設が約 12%である．外国人技能実習機構が公表している職種別技能実習計画認定件数[26] を見ると，2021 年度は食品製造が約 23.2%，建設が約 21.6%，機械・金属が約 15.8%となっている．この三つの職種はベトナム人技能実習生の職種で特に多く，本調査のデータもその状況を反映した結果となっている．日本へ来る前の海外出稼ぎの経験は，「ない」と回答した人がほとんどであった．「ある」と回答した 12 人の行先は，ロシアや台湾，マレーシアなどである．ベトナムでの就労経験に関しては，「ある」と回答した人が大半を占めている．職種は多様であるが，工場勤務と会社員が多い．候補生の場合と同様に，技能実習と重なる分野もあるが，教育関係や販売，薬剤師，美容関係など技能実習とは無関係と思われる職種も見られる．情報の入手手段は候補生の結果と同様に，インターネットと SNS が最も多かった．日本での在職地は近畿地方に集中しており，全体の約 58%を占める．都道府県別に見ると大阪府が最も多く，67 人であった．

(2) 記述統計量の結果

記述統計量の結果を表 4-11 に，各質問項目の回答の分布を図 4-2 に示す．

26 外国人技能実習機構「統計」https://www.otit.go.jp/research_toukei/（2022 年 12 月 11 日最終閲覧）

表 4-10　分析対象者の属性（実習生）

項目	N=201
性別	男性：126　女性：73　無回答：2
生まれた年	1977～1981（推定 41～44 歳）：2　1982～1986（推定 35～40 歳）：3 1987～1991（推定 30～34 歳）：33　1992～1996（推定 25～29 歳）：85 1997～2001（推定 20～24 歳）：71　無回答：7
最終学歴	中学校：6　高校：102　専門学校：20　短期大学：41 大学：29　その他：2[27]　無回答：1
出身地	北部：45　中部：44　南部：63　無回答：30「ベトナム」と回答：19
日本滞在期間	6 カ月未満：3　6 カ月～1 年：45　1 年～1 年 6 カ月：12 1 年 6 カ月～2 年：34　2 年～2 年 6 カ月：32 2 年 6 カ月～3 年：35　3 年以上：39　無回答：1
実習職種	機械・金属：71　食品製造：44　建設：25　工業包装：14　溶接：9 プラスチック成形：8　介護：7　繊維・衣服：5　農業：3　塗装：3 紙器・段ボール製造：2　ビルクリーニング：2　家具製造：1 強化プラスチック成形：1　自動車整備：1 その他：4（無回答：3，美容製品仕上げ：1）　無回答：1
海外出稼経験	ある：12（無回答：6，台湾：2，中国：1，ロシア：1，ロシアとイラン：1，マレーシア：1）　ない：188　無回答：1
ベトナムでの就労経験	ある：171　ない：27　無回答 3
(ベトナムで就労経験のある人）職種[28]	工場勤務：37　会社員：20　販売：6　建設：5　教育関係：2　顧客対応：3　農業：4　技術職：3　自由業：2　薬剤師：2　溶接：2　公務員：2　運転：2　飲食店：1　内装：1　美容関係：1　看護師：1　ゴルフ場勤務：1　運送業：1　縫製：1　木材加工：1　不明：3　無回答：69
情報の入手方法（複数回答）	インターネット：110　SNS：122　友人：20　テレビ：19 その他：1
日本での在職地	北海道：4　東北：3　関東：32　中部：17 近畿：117　中国・四国：7　九州：5　無回答：16

27 F3 で「その他」と回答した 2 名はそれぞれ「大学 3 年次退学」と「様々な学校に通った」と記入していた．

28 職種ではなく「アルバイト」と回答した人が 1 人いたので，この項目の合計は 170 人となっている．

まず日本で習得できる技術や知識に関する項目 Q1，Q3，Q9 を見ると，Q1「日本には私の技術レベルに合った仕事がある」が平均値 3.37 と低めの値である．それほど高い技術を要求されないか，もしくは高い技術を要求されそれに応えられないと感じているという両方の可能性が考えられる．他の 2 項目はそれよりは平均値がやや高いが，それでも 4 は超えない．図 4-2 の回答の分布を見ても 4 または 3 が多くなっていることがわかる．

次に実習修了後の未来に関する Q2，Q5，Q12，Q13 は，3 項目とも平均値が 4 に近い．技能実習を通じて得た知識や経験を実習修了後の未来につなげたいと考えている実習生は，候補生同様に多いことがわかる．その中で Q13「私は日本にできるだけ長く住むつもりだ」は平均値 3.52 と若干低めである．分析対象者の中には日本滞在期間が 3 年以上の人も含まれており，滞在期間が残されていない人もいると考えられることから，それが回答に影響を与えている可能性もある．もしくは日本での生活経験を経て日本で長期的に生活することを希望しなくなるということも考え得る．

そして日本語についての Q4，Q6，Q7，Q33 であるが，Q4「日本での仕事や生活を通じて日本語が学べる」は全 34 項目の中で 2 番目に平均値が高かった．回答にもあまりばらつきはない．これは候補生調査の結果においても同様であった．しかし実際に日本での就労経験を経てこの項目に回答していることを考えると，個人差はあるにしても日本での生活や就労を通じて日本語を学ぶことができていると感じる実習生が多いということだろう．Q6「日本語がわからなければ日本で仕事はできない」は平均値 3.29，標準偏差 1.11 であり，回答の分布を見ると 4 または 5 の割合が小さいことがわかる．

続いて日本社会との交流に関する Q8，Q10，Q14 を見てみよう．平均値が最も高かったのは Q14「日本人にベトナムについて知ってほしい」で，この項目は全 34 項目の中でも最も高かった．一方で，Q10「日本人の友人を積極的に作るようにしている」は平均値が低めである．日本人に自分たちのことを理解してほしいという希望はあるが交友関係を築くまでは至っていない，また理解してほしいという希望が交友関係構築以外の目的のためであるなど様々な可能性が考えられるが，このアンケートの結果からは判断できない．

表 4-11　記述統計量（実習生 N=201）

質問項目	*M*	*SD*
Q1. 日本には私の技術レベルに合った仕事がある	3.37	1.00
Q2. 日本で働いた経験があれば，よい将来が得られる	3.82	0.86
Q3. 日本に行けば，高い技術が学べる	3.69	0.91
Q4. 日本での仕事や生活を通じて日本語が学べる	4.20	0.71
Q5. 日本語が上手なら，帰国後条件の良い仕事が得られる	4.05	0.82
Q6. 日本語がわからなければ日本で仕事はできない	3.29	1.11
Q7. 日々の生活において日本語をよく使用する	3.93	0.77
Q8. 私は日本文化が好きだ	3.68	0.83
Q9. 日本の習慣や生活様式を学びたい	3.74	0.78
Q10. 日本人の友人を積極的に作るようにしている	3.59	0.97
Q11. 海外出稼ぎの主な目的はお金を稼ぐことだ	4.01	0.85
Q12. ベトナムに帰国したら，日系企業で働きたい	3.74	0.93
Q13. 私は日本にできるだけ長く住むつもりだ	3.52	1.1
Q14. 日本人にベトナムについて知ってほしい	4.34	0.75
Q15. 日本で働けば，高い給料が得られる	3.43	0.93
Q16. 日本で貯めたお金を何に使うかもう決めている	3.93	0.85
Q17. 家族の希望を叶えたい	3.79	0.92
Q18. 家族を経済的に助けたい	4.29	0.58
Q19. 家族の経済状況では，私が海外出稼ぎに行くしかなかった	3.44	1.11
Q20. 日本へ働きに行くよう勧めてくれたのは家族だ	3.02	1.19
Q21. 私が日本へ行くための費用は，家族にとって負担ではなかった	2.36	1.29
Q22. 現在日本にはベトナム人が多く住んでいるので安心だ	3.10	0.97
Q23. 日本へ行くことを決心したのは，送り出し機関の説明を聞いたからだ	2.45	1.22
Q24. 日本で成功した家族や親せき，友人がいる	2.74	1.35
Q25. 他の国へ行きたかったが，行けなかったので日本を選んだ	1.79	1.2
Q26. 私が海外出稼ぎに行くのは，ベトナム政府が奨励しているからだ	2.01	1.17
Q27. 海外出稼ぎに行けば，国や地方に貢献できる	3.69	0.97
Q28. ベトナムでは今，良い仕事を探すのが難しい	2.80	1.26
Q29. 日本は安全で，治安が良いと思う	3.62	0.95
Q30. 日本人は親切だと思う	3.03	1.07
Q31. 日本は国際社会で重要な役目を果たしていると思う	3.70	0.79
Q32. 日本は経済が発展した国だと思う	4.17	0.58
Q33. 日本へ出稼ぎに行くメリットは，日本語が習得できることだ	3.93	0.73
Q34. 日本へ行くことを決断したことは，正しかったと思う	3.76	0.85

図 4-2　回答分布（実習生 N=201）

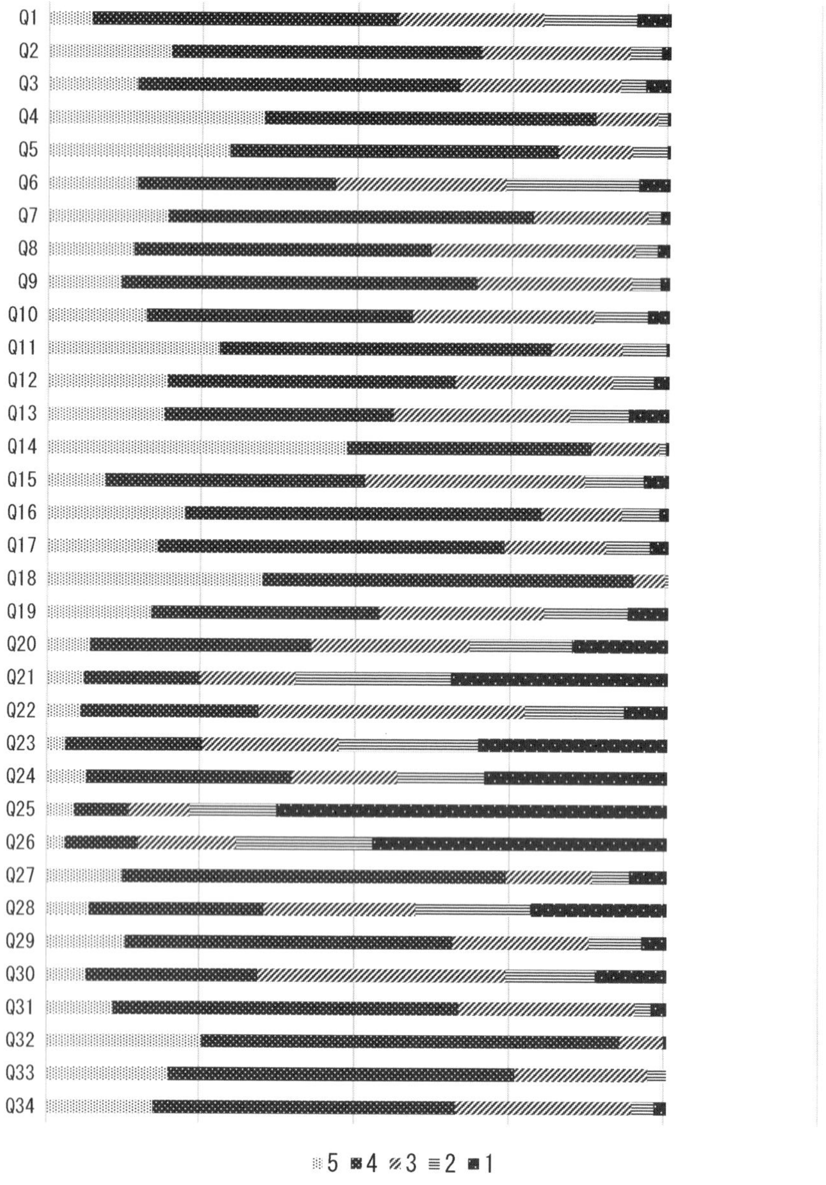

次に経済資本に関わる項目を見ると，Q11とQ16の平均値が4に近い一方でQ15「日本で働けば高い給料が得られる」は平均値3.43であり，2項目との間に差がある．回答分布を見ても，Q11とQ16は4以上の回答が多いのに対しQ15では5が少なく，3の回答が多くなっている．Q15が日本で就労をしている実習生の回答であることを考えると，日本で実際に手にした収入をそれほど高いとは感じていない人がいるということを表している．

続いて家族に関する項目であるが，平均値が高かったのはQ18「家族を経済的に助けたい」であった．これは候補生調査でも同様であった．Q21では各尺度における回答者の割合を見ると5もしくは4（負担ではない）と答えた人が全体の約25%，1もしくは2（負担である）と回答した人が全体の約60%であり，負担である人の割合が高いことがわかる．

家族以外の他者についての項目Q22，Q23，Q24では，Q23「日本へ行くことを決心したのは，送り出し機関の説明を聞いたからだ」，Q24「日本で成功した家族や親せき，友人がいる」の平均値が低い．家族の項目の傾向と同様に，送り出し機関や日本で成功した周囲の人々といったような外部からの影響はそれほど意識されないことがわかる．

日本社会の項目Q29，Q30，Q31，Q32では，Q32「日本は経済が発展した国だと思う」のみ平均値が4を超えており，回答にもあまりばらつきはない．日本の印象として経済的な面が注目されるということだろう．回答分布を見てもQ32は4または5に集中していることがわかる．他の3項目はそれに比べると平均値が下がり，その中でも特にQ30「日本人は親切だと思う」が低くなっている．回答分布を見ても5と4が少なく，3以下の回答が多くなっており，他の質問項目に比べても差が顕著である．実習生が日本での実際の体験を通じて回答をしていることを考えると，それまでに接した日本人に対する評価が反映されていると考えられる．つまり実際に日本人と接した結果，日本人は親切ではないと感じているということである．

続いてベトナム社会・制度に関するQ25，Q26，Q27，Q28について見ると，Q25「他の国へ行きたかったが，行けなかったので日本を選んだ」の平均値が2を下回っている．この平均値が低いということは，分析対象者が積極的に日本を選択したということを示している．回答分布を見ても，ほとんどの人が 1 を選択していることがわかる．

最後に満足度に関する項目 Q34 であるが，平均値 3.76，標準偏差 0.85 でそれほど満足度は低くなく，また回答にもばらつきはないと言える．しかし，「そう思わない／あまりあてはまらない＝2」を選んだ人が 7 人，「全くそう思わない／全くあてはまらない＝1」を選択した人が 4 人いる．つまり，対象者 201 人のうち 11 人もの人が技能実習生として日本へ来たことを後悔しているということである．なぜそう回答したのかを尋ねるために，この 11 人の中でフェイスシートにメールアドレスを記入していた数人に対し後日インタビューの依頼メールを送付したが，回答は得られなかった．来日前の理想と違ったので失望を感じているのか，職場もしくは生活の場において問題を抱えているか，ベトナムに残してきた家族に何か問題が生じたのか，推測の域は出ない．筆者に話したところで解決はできないと考えたのかもしれない．いずれにせよ，数ある出稼ぎ先の中から日本を選択して来てくれた人が，来日した後に日本を選択したことを後悔したという事実は重く受け止める必要がある．

実習生調査の記述統計量の結果をまとめると，実習修了後の未来と，習得できる技術や知識の中では日本語が強く意識されていることがわかる．日本社会との交流，経済資本獲得に対する意欲はあるが，それ以外の外部要素（送り出し機関，政策，送り出し制度など）はあまり影響を与えないと言える．以上のことから実習生も候補生と同様に，個人の希望，将来につながる経験や知識の獲得を重視していることがわかる．

4.3.3 候補生調査との比較

続いて，研究課題 1 （3）「来日前の候補生と，来日して実際に就労を経験した実習生では技能実習制度に参加することに対する意識に違いがあるのか」に答えるため，候補生調査と実習生調査の結果の比較を行った．候補生調査の対象者の中には日本での実習職種として介護を予定している人が半数程度おり，介護以外と比較すると平均値が高い傾向があったが，検定の結果両者の間に有意差は認められなかった（4.2.2（3）節参照）．一方，実習生調査の対象者は介護職に従事している人が少ない（表 4-10 参照）．外国人技能実習機構の業務統計によると，2019 年度にベトナム人技能実習生（団体監理型）に対し認定された実習件数は 196,001 件であるが，うち介護職は 3,523 件（1.8%）[29]，2020 年度は 143,742 件中 5,142 件（3.6%）[30]，2021 年度は 90,753 件中 3,172 件（3.5%）[31] である．増加傾向にはあるものの，建設分野，食品製造分野，機械・金属分野などに比べるとまだ少ない（4.3.2（1）節参照）．本データもその現状を反映したものとなっている．実習生調査においても介護と介護以外の差が有意であるかどうかを確認する必要があると考えられたが，両者間のサンプル数の差が大きいため，統計的検定の結果の信頼性が担保されない可能性があった[32]．そこで限定的ではあるが，候補生 335 人の中から介護以外の 184 人（以下，「候補生」とする）を全て抽出し，同様に実習生のサンプル 201 人からも介護以外と断定できる 190 人（以下，「実習生」とする）を全て抽出し，その 2 グループ間の比較を行うこととした．両グループの属性を表 4-12 に示す．

年齢は，実習生となっている場合，高校卒業後すぐに来日した人であっても数年経過していることになるため，実習生の方が若干高めになる．30 歳以下の割合を見ると候補生が約 88%，実習生が約 78% である．最終学歴は，高校が最も多いのは 2 グループとも同様であるが，全体に占める割合が候補生は約 74%，実習生は約 51% である．ベトナムにおける出身地は，実習生に無回答と「ベトナム」という回答した人が一定数含まれるため，分散の状況は正確にはわからない．実習予定職種が「工業包装」「建設」「食品製造」「機械・金属」の 4 職種に集中しているのは両グループとも同様であり，そ

29 外国人技能実習機構「令和元年度業務統計」https://www.otit.go.jp/gyoumutoukei_r1/（2022 年 11 月 19 日最終閲覧）
30 外国人技能実習機構「令和 2 年度業務統計」https://www.otit.go.jp/gyoumutoukei_r2/（2022 年 11 月 19 日最終閲覧）
31 外国人技能実習機構「令和 3 年度業務統計」https://www.otit.go.jp/gyoumutoukei_r3/（2022 年 12 月 15 日最終閲覧）
32 ウィルコクソンの順位和検定を行う際には，2 群のサンプルサイズがほぼ等しいことが望ましいとされる（平井・岡ほか，2022，p. 226）．

表 4-12　候補生と実習生の属性

項目 性別	候補生（n=184）	実習生（n=190）
	男性：77　女性：103　無回答：4	男性：124　女性：65　無回答：1
生まれた年	1981〜1985（推定 35〜40 歳）：5 1986〜1990（推定 30〜34 歳）：13 1991〜1995（推定 25〜29 歳）：44 1996〜2000（推定 20〜24 歳）：78 2001〜2002（推定 18〜19 歳）：40 無回答：4	1977〜1981（推定 41〜44 歳）：2 1982〜1986（推定 35〜40 歳）：2 1987〜1991（推定 30〜34 歳）：31 1992〜1996（推定 25〜29 歳）：82 1997〜2001（推定 20〜24 歳）：68 無回答：5
最終学歴	中学校：2　高校：136　専門学校：17 短期大学：20　　大学：8　その他：1	中学校：6　高校：97　専門学校：18 短期大学：37　大学：29　その他：2 無回答：1
出身地	北部：40　中部 78　南部：56 不明：1　無回答：9	北部：47　中部：38　南部：61 無回答：25「ベトナム」と回答：19
実習予定職種	工業包装：55　建設：39 食品製造：28　機械・金属：25 農業：17　繊維・衣服：7 プラスチック成形：6　溶接：3 塗装：2　家具製造：2	機械・金属：71　食品製造：44 建設：25　工業包装：14　溶接：9 プラスチック成形：8　繊維・衣服：5 農業：3　塗装：3 紙器・段ボール製造：2 ビルクリーニング：2　家具製造：1 強化プラスチック成形：1 自動車整備：1 その他：1（美容製品仕上げ）
海外出稼経験	ある：3（台湾：2　マレーシア：1） ない：181	ある：12 ない：178
ベトナムでの就労経験	ある：154 ない：26 無回答：4	ある：164 ない：24 無回答 2
（ベトナムで就労経験のある人）職種[33]	工場勤務：38　建設：9　会社員：8 販売：7　飲食店：6　顧客対応：4 技術職：3　倉庫管理：3　内装：2 スポーツ選手：2　介護：1 美容関係：1　清掃：1　経営：1 軍隊：1　溶接：1　ホテル勤務：1 農業：1　不明：2 無回答：64	工場勤務：39　会社員：20　販売：6 建設：5　教育関係：1　顧客対応：3 農業：4　技術職：3　自由業：2 薬剤師：1　溶接：2　公務員：2 運転：2　飲食店：1　内装：1 美容関係：1　看護師：1　運送業：1 ゴルフ場勤務：1　縫製：1 木材加工：1　不明：3 無回答：63

れらの職種が占める割合も，候補生約 80%，実習生約 81% とほぼ同じである．他国への出稼ぎ経験の有無，ベトナムにおける就労経験も顕著な違いは見られない．

「候補生」（「介護以外」$n = 184$）と「実習生」（「介護以外」$n = 190$）の平均値と標準偏差を表 4–13 に示す．平均値は全ての項目において「候補生」の方が高いことがわかる．なお Q7 と Q10 は候補生調査と実習生調査で質問内容が異なり，Q35 は実習生調査では質問項目に含まれないので，ここでは除く．

表 4–13 の平均値の差（候補生が高く，実習生が低い）が有意な差であるかを検証するため，ウィルコクソンの順位和検定（片側検定）を行った．その結果を表 4–14 に示す．

検定の結果，$p < .05$ でかつ効果量（r）が中程度以上であった項目は Q1，Q2，Q3，Q6，Q8，Q9，Q13，Q22，Q23，Q30，Q33 であった．これら 11 項目においては，候補生が高く実習生が低いという平均値の差が有意であることが明らかとなった．特に Q30「日本人は親切だと思う」は平均値の差が最も大きく，さらに大きな効果量（$r = .548$）を示している．

11 項目を見ていくと，まず Q1「日本には私の技術レベルに合った仕事がある」，Q3「日本へ行けば，高い技術が学べる」，Q6「日本語がわからなければ日本で仕事はできない」は，実習生は実際の就労を経験した上で回答しており，その結果が候補生と比較して低いということである．さらに Q2「日本で働いた経験があれば，良い将来が得られる」，Q33「日本へ出稼ぎに行くメリットは，日本語が習得できることだ」は実習生が就労を経て思考した結果であろうと思われる．Q8「私は日本文化が好きだ」，Q9「日本の習慣や生活様式を学びたい」，Q13「日本にできるだけ長く住むつもりだ」，Q22「現在日本にはベトナム人が多く住んでいるので安心だ」，Q30「日本人は親切だと思う」など，日本の文化や社会，日本人に対する好意的な意識も現実の日本

33 候補生では，F9 の質問でベトナムでの就労経験があると回答した 154 人のうち，2 人が F9–1 で二つ職業を記入しているため，この項目は合計が 156 人となっている．実習生では同質問でベトナムでの就労経験があると回答した 164 人のうち，1 人が「アルバイト」と回答としており，職種が特定できないのでこの項目は合計が 163 となっている．

表 4-13 「候補生」(n＝184) と「実習生」(n＝190) の平均値の差

項目	候補生		実習生	
	M	*SD*	*M*	*SD*
Q1. 日本には私の技術を生かす仕事がある	3.97	0.84	3.37	1.01
Q2. 日本で働いた経験があればよい将来が得られる	4.47	0.60	3.81	0.87
Q3. 日本へ行けば，高い技術が学べる	4.33	0.61	3.68	0.92
Q4. 日本での仕事や生活を通じて日本語が学べる	4.49	0.57	4.20	0.71
Q5. 日本語が上手なら，帰国後条件の良い仕事が得られる	4.47	0.64	4.04	0.81
Q6. 日本語がわからなければ日本で仕事はできない	3.95	0.87	3.27	1.09
Q8. 私は日本文化が好きだ	4.29	0.64	3.68	0.84
Q9. 日本の習慣や生活様式を学びたい	4.29	0.61	3.74	0.79
Q11. 海外出稼ぎの主な目的はお金を稼ぐことだ	4.07	0.94	4.00	0.85
Q12. ベトナムに帰国したら，日系企業で働きたい	4.23	0.80	3.76	0.90
Q13. 日本にできるだけ長く住むつもりだ	4.22	0.75	3.52	1.11
Q14. 日本人にベトナムについて知ってほしい	4.48	0.57	4.34	0.76
Q15. 日本へ行けば，高い給料が得られる	3.82	0.78	3.47	0.91
Q16. 日本でためたお金を何に使うかもう決めている	4.26	0.61	3.92	0.86
Q17. 家族の希望を叶えたい	3.88	0.99	3.83	0.88
Q18. 家族を経済的に助けたい	4.33	0.60	4.29	0.59
Q19. 家族の経済状況では，私が海外出稼ぎに行くしかなかった	3.70	1.04	3.41	1.12
Q20. 日本へ働きに行くよう勧めてくれたのは家族だ	3.52	1.17	3.03	1.17
Q21. 私が日本へ行くための費用は，家族にとって負担ではなかった	2.43	1.26	2.37	1.29
Q22. 現在日本にはベトナム人が多く住んでいるので安心だ	3.83	0.78	3.12	0.96
Q23. 日本へ行くことを決心したのは，送り出し機関の話を聞いたからだ	3.24	1.17	2.45	1.22
Q24. 日本で成功した家族や親せき，友人がいる	3.40	1.32	2.74	1.36
Q25. 他の国へ行きたかったが，行けなかったので日本を選んだ	1.93	1.29	1.77	1.18
Q26. 私が海外出稼ぎに行くのは，ベトナム政府が奨励しているからだ	2.49	1.32	2.04	1.18
Q27. 海外出稼ぎに行けば，国や地方に貢献できる	4.03	0.85	3.74	0.95
Q28. ベトナムでは今，良い仕事を探すのが難しい	3.05	1.15	2.80	1.25

Q29. 日本は安全で，治安が良いと思う	4.05	0.83	3.63	0.95
Q30. 日本人は親切だと思う	4.08	0.74	3.04	1.07
Q31. 日本は国際社会で重要な役目を果たしていると思う	4.05	0.69	3.72	0.80
Q32. 日本は発展した国だと思う	4.44	0.56	4.18	0.59
Q33. 日本へ出稼ぎに行くメリットは，日本語が習得できることだ	4.32	0.66	3.92	0.72
Q34. 日本へ行くことを決断したことは，正しかったと思う	4.20	0.67	3.77	0.84

社会との接触の結果変容することが考えられる．ただし Q13「日本にできるだけ長く住むつもりだ」については，4.3.2(2) 節でも述べた通り技能実習生の日本滞在期間が影響している可能性もある．また，Q23「日本へ行くことを決心したのは，送り出し機関の話を聞いたからだ」は，日本での経験は影響しない項目であると思われるが，候補生が送り出し機関に所属している一方，実習生は来日後送り出し機関と関わることが減っていくことが影響しているのではないかと考えられる．

以上のように，11 項目のうち少なくとも 9 項目（Q13 と Q23 以外）は，日本での経験を経て意識が変容することが考えられる項目である．一方で，家族や経済面に関する意識など，日本での経験が影響を与えにくいと考えられる項目においては，有意差がないという結果であった．つまり日本での経験が影響を与えると考えられる項目において，実習生の回答の平均値が有意に低くなっているということである．

4.3.4　候補生調査との比較結果の考察

前節において介護職を除いた候補生と実習生の平均値の差が有意であるかどうかをウィルコクソンの順位和検定を用いて検証した結果，11 項目（Q1, Q2，Q3，Q6，Q8，Q9，Q13，Q22，Q23，Q30，Q33）の差が有意であることが明らかとなった．これら 11 項目のほとんどが，日本での経験を通じて変容する可能性のある項目であった．Q1「日本には私の技術レベルに合った仕事がある」，Q3「日本へ行けば，高い技術が学べる」，Q6「日本語がわからなければ日本で仕事はできない」の技能実習生の回答は，彼らの実際の就労状況を

表 4-14　ウィルコクソンの順位和検定の結果
（候補生＝候，実習生＝実）

項目	中央値		四分位偏差		*W* 値	*p* 値	*r* 値[34]
	候	実	候	実			
Q1. 日本には私の技術レベルに合った仕事がある	4	4	0.50	0.50	23309	$p<.001$	**.318**
Q2. 日本で働いた経験があればよい将来が得られる	5	4	0.50	0.50	24963	$p<.001$	**.405**
Q3. 日本へ行けば，高い技術が学べる	4	4	0.50	0.50	24487	$p<.001$	**.385**
Q4. 日本での仕事や生活を通じて日本語が学べる	5	4	0.50	0.50	21275	$p<.001$	.219
Q5. 日本語が上手なら，帰国後条件の良い仕事が得られる	5	4	0.50	0.50	22611	$p<.001$	.285
Q6. 日本語がわからなければ日本で仕事はできない	4	3	0.50	1.00	23795	$p<.001$	**.334**
Q8. 私は日本文化が好きだ	4	4	0.50	0.50	24601	$p<.001$	**.388**
Q9. 日本の習慣や生活様式を学びたい	4	4	0.50	0.50	24157	$p<.001$	**.376**
Q11. 海外出稼ぎの主な目的はお金を稼ぐことだ	4	4	0.50	0.50	18698	n.s.	.085
Q12. ベトナムに帰国したら，日系企業で働きたい	4	4	0.50	0.50	22792	$p<.001$	.289
Q13. 日本にできるだけ長く住むつもりだ	4	4	0.50	0.50	23914	$p<.001$	**.343**
Q14. 日本人にベトナムについて知ってほしい	5	4	0.50	0.50	18688	n.s.	.086
Q15. 日本へ行けば，高い給料が得られる	4	4	0.50	0.50	21186	$p<.001$	.207
Q16. 日本でためたお金を何に使うかもう決めている	4	4	0.50	0.00	21102	$p<.001$	.213
Q17. 家族の希望を叶えたい	4	4	0.50	0.00	18510	n.s.	.076
Q18. 家族を経済的に助けたい	4	4	0.50	0.50	18035	n.s.	.057
Q19. 家族の経済状況では，私が海外出稼ぎに行くしかなかった	4	4	0.50	0.50	20097	$p<.01$	.147
Q20. 日本へ働きに行くよう勧めてくれたのは家族だ	4	3	0.50	1.00	21677	$p<.001$	.224

Q21. 私が日本へ行くための費用は，家族にとって負担ではなかった	2	2	1.50	1.00	18108	n.s.	.057
Q22. 現在日本にはベトナム人が多く住んでいるので安心だ	4	3	0.50	0.50	24612	p<.001	**.378**
Q23. 日本へ行くことを決心したのは，送り出し機関の話を聞いたからだ	3	2	1.00	1.00	23606	p<.001	**.317**
Q24. 日本で成功した家族や親せき，友人がいる	4	3	1.00	1.50	22401	p<.001	.261
Q25. 他の国へ行きたかったが，行けなかったので日本を選んだ	1	1	0.50	0.50	18700	n.s.	.087
Q26. 私が海外出稼ぎに行くのは，ベトナム政府が奨励しているからだ	2	2	1.50	1.00	20948	p<.001	.188
Q27. 海外出稼ぎに行けば，国や地方に貢献できる	4	4	0.50	0.00	20531	p<.001	.182
Q28. ベトナムでは今，良い仕事を探すのが難しい	3	3	1.00	1.00	19391	n.s.	.112
Q29. 日本は安全で，治安が良いと思う	4	4	0.50	0.50	22030	p<.001	.256
Q30. 日本人は親切だと思う	4	3	0.50	1.00	27056	p<.001	**.548**
Q31. 日本は国際社会で重要な役目を果たしていると思う	4	4	0.00	0.50	21510	p<.001	.234
Q32. 日本は発展した国だと思う	4	4	0.50	0.50	21362	p<.001	.230
Q33. 日本へ出稼ぎに行くメリットは，日本語が習得できることだ	4	4	0.50	0.00	22769	p<.001	**.300**
Q34. 日本へ行くことを決断したことは，正しかったと思う	4	4	0.50	0.50	22541	p<.001	.284

r：中程度以上の効果量

反映していると考えられる．Q2「日本で働いた経験があれば，良い将来が得られる」，Q33「日本へ出稼ぎに行くメリットは，日本語が習得できることだ」も，実際の就労を経ての思考の変化の結果であろう．Q2 に有意差がある一方で Q5「日本語が上手なら，帰国後条件の良い仕事が得られる」は有意差があるとは判断できない（p<.001, r=.285）ことから，実習生は日本で働

34 効果量（r 値）は，r=.10（小），r=.30（中），r=.50（大）とされる（竹内・水本 2014）．

いた経験に対する期待を候補生ほど抱いていないが，日本語については依然として将来のキャリアにつながるものと意識していると言える．

Q8「私は日本文化が好きだ」，Q9「日本の習慣や生活様式を学びたい」，Q13「日本にできるだけ長く住むつもりだ」，Q22「現在日本にはベトナム人が多く住んでいるので安心だ」において実習生の平均値が有意に低いということは，実際に日本社会と接触した結果，日本文化や生活様式に対する好意的な意識を維持できなくなる可能性があるということである．特にQ30「日本人は親切だと思う」において技能実習生の平均値が有意に低いということから，日本人と実際に接した技能実習生は日本人がそれほど親切だとは感じていないと言える．ただしQ13「日本にできるだけ長く住むつもりだ」については，4.3.2(2) 節でも述べた通り，技能実習生は残された滞在期間を考慮して回答している可能性もある．つまり，長く住むつもりでも現実的に在留期間があまり残っていない人は，低く回答することが考え得る．また，Q23「日本へ行くことを決心したのは，送り出し機関の話を聞いたからだ」は，候補生が送り出し機関に所属し，講習を受講している中で回答している一方，実習生は来日後，送り出し機関と関わることが減っていくので，送り出し機関の影響は候補生の方がより強く受けるのではないかと考えられる．一方で経済的利益に対する意識や，家族への責任，ベトナムの社会状況への意識など，日本での経験を通じて影響を受けることがあまりないと思われる項目に関しては，候補生と実習生の間に有意な差があるとは言えない結果となった．

候補生と実習生の大きな違いは実際に日本で働き，暮らした経験があるかどうかである．日本での仕事が自分の技術レベルに合っているかどうか，技能実習を通じて高い技術が学べるかどうか，就労現場で日本語が必要かどうか，さらに日本での就労経験が将来のキャリアパスに資するかどうかなどについて，実習生は実際に日本での就労を経験した立場から回答している．上述の通り，日本の文化，習慣，生活様式に対する興味関心の低下や，日本人に対する印象の悪化も，日本社会との接触を経た結果であると考えられる．特にQ30「日本人は親切だと思う」の平均値は実習生のほうが有意に大きく下がっている．回答者がベトナム人技能実習生のみという限定的なものではあるが，これからも外国人労働者の受け入れを継続していこうとする中でのこの結果は，日本社会が彼らを受け入れる姿勢を見直し，改善する必要性を示すものであろう．この点を改善しない限り，日本が外国人労働者から選ばれる国であり続けることはできないのではないだろうか．確かに本調査において候補生調査と実習生調査の回答者は同じではないので，個人の意識の変化と言うことはできない．しかし，来日経験のある人とない人との回答にこのような差があるということを考えると，ベトナム人技能実習生が多様な学びを期待して来日しているにも関わらず，経済的な利益と将来につながるものとしての日本語に対する意識は維持したまま，日本の就労で得られると考えていた技術や経験への期待を低下させている可能性は否定できないのではないだろうか．日本社会との接触経験によって彼らの積極的な意識は変容し，結果的に日本語習得の目的が実習修了後の将来を目指したものになっているのではないだろうか．

4.4 候補生調査と実習生調査全体の考察

本節では，候補生調査と実習生調査の結果全体から研究課題に対する総合的な考察を述べる．本調査の結果をもとに考察する研究課題 1 を再掲する．

【研究課題 1】来日の目的

(1) 技能実習生候補生は日本語習得を希望しているのか

(2) 彼らが行く先に日本を選択する要因や背景は何か

(3) 来日前の候補生と，来日して実際に就労を経験した実習生では技能実習制度に対する意識に違いがあるのか

まず，研究課題 1 の (1) について述べる．ベトナム人実習生候補生は日本語習得を希望していると考えられる．ベトナム人技能実習生が技能実習を通じた日本語習得に対する期待を持っているということは先行研究でも指摘されてきたが，本調査では来日前の候補生の段階から既に日本語習得に対する

期待があることを，量的なエビデンスによって明らかにすることができた．

続いて（2）について述べる．実習生候補生が日本を選択する背景には，自己発展に対する希望，自分が属する場への思い，家族への経済的な貢献に対する責任，取り巻く社会や他者などからの影響があるが，その中で自己発展に対する希望は特に強く，さらにそれを実現する場所としての日本への信頼から，彼らは渡日を選択していると考えられる．この来日前の候補生調査の結果から，ベトナム人技能実習生は経済資本獲得だけを目的に日本の技能実習制度に参加するのではなく，日本での日本語を含めた学びや経験の獲得を期待し，日本を選択し，来日すると言える．さらに日本という国に対する正のイメージも，出稼ぎ先として日本を選択する理由の一つとなっている．

最後に（3）について述べる．来日前の候補生は技能実習を通じて技術，日本語，社会文化的な要素など多様な学びを得ることを希望している．しかし，実際に日本での就労を経験し，日本社会と接することにより，それまで持っていた多方面への学びの意欲を変容させる可能性があることが本調査の結果明らかとなった．日本社会とのかかわりを持とうとする積極性が失われる一方で，経済資本の獲得と未来に資する日本語の習得に対する意識は維持される．その結果，彼らの日本語学習の目的は実習修了後の将来に役立てるための日本語習得に収斂されているのではないだろうか．

ベトナムの労働輸出政策において多様な行き先国が目の前に提示される中，ベトナム人労働者が日本を選択する要因にはやはり，日本の技能実習制度に参加すれば日本語が学べるという期待があるのである．海外出稼ぎである以上，経済的な利益を全く求めない労働者はいないだろう．しかし日本の場合，それに日本語を含めた学びが加わる．日本での就労を通じて技術や日本の社会文化的な要素を学び，日本語を身につけ，それを生かして技能実習修了後の未来をより良いものにしたいという希望をベトナム人技能実習生は持っている．そして自らの希望を実現させてくれる場所としての日本社会に対する信頼感や安心感から彼らは日本を選び，やってくる．しかし日本の実社会と接することによりそれが失われる人，多様な学びへの意欲や興味関心を維持していくことが難しくなっている人がいると考えられる．

4.5 第 4 章まとめ

ベトナム人技能実習生が技能実習を通じて身につけた日本語能力を帰国後の自らのキャリアアップに生かしていることは先行研究（岩下，2018，2022 ほか；坪田，2019）でも指摘されてきたが，本調査においては，日本語は自らの将来に資するものだという意識が技能実習生として日本へ渡る前の段階からあるということ，さらに来日前の候補生は日本語だけでなく多様な学びに対する期待を持っているのだということを，量的なエビデンスと共に示すことができた．ベトナム人実習生候補生は，日本での多様な経験と学びの獲得による自分のより良い将来，経済的な利益の獲得，家族への貢献の実現を求めて来日する．日本語は日本での多様な学び，日本社会との関係構築に関わるものと意識されている．しかし日本での就労や生活を経験した結果，日本社会と関わっていこうとする積極性や，多様な学びに対する意欲が低下する場合があると考えられる．そして，日本語は目の前の日本社会とのつながりを持つためではなく，技能実習を終えた後の将来のキャリアアップに資するものとして強く意識されるようになる．

本章の最後に，本調査の限界についても触れておきたい．まず候補生調査において協力を得た送り出し機関は，ベトナムで認可を受けている送り出し機関が約 500 社ある中（2022 年 11 月現在）[35] のわずか 4 社であるため，今後範囲を広げて調査を行う必要がある．このことは，実習生調査についても言えることである．また，本章で行った調査は量的なものであるため，輪郭は見えてきたものの詳細が明らかになっていない点がある．よって質的な調査を実施し，さらに考察を進めていく必要がある．よって次章ではベトナム人技能実習生に対するインタビュー調査を行った結果を分析する．

35 外国人技能実習機構「外国政府認定送出機関一覧」
https://www.otit.go.jp/soushutsu_kikan_list/（2022 年 11 月 23 日最終閲覧）

資料 4-1　候補生調査質問紙のフェイスシート項目

F1. あなたの生まれた年は何年ですか.
F2. あなたの性別は何ですか.
□男性　□女性
F3. あなたの最終学歴は何ですか.
□中学校　□高校　□専門学校　□短期大学　□大学　□その他
F3-1. (F3 で「その他」を選んだ人) 最終学歴を教えてください.
F4. あなたの日本での在留資格は何ですか.
□技能実習　□技人国　□特定技能　□その他
F4-1. (F4 で「その他」を選んだ人) 在留資格は何ですか？
F5. 送り出し機関への在籍期間を教えてください.
□ 1 カ月未満　□ 1～2 カ月　□ 2～3 カ月　□ 3～4 カ月　□ 4～5 カ月
□ 5～6 カ月　□ 6 カ月以上
F6. 出身地を教えてください.
F7. 日本でする仕事は何ですか.
□農業　□漁業　□建設　□食品製造　□縫製・衣服　□機械・金属
□家具製造　□印刷　□製本　□プラスチック成形　□強化プラスチック成形
□塗装　□溶接　□工業包装　□段ボール製造　□陶磁器工業製品製造
□自動車整備　□ビルクリーニング　□介護　□空港グランドハンドリング
□ホテル清掃　□その他
F7-1. (F7 で「その他」を選んだ人) 仕事は何ですか.
F8. これまで海外出稼ぎに行ったことがありますか.
□ある　□ない
F8-1. (F8 で「ある」を選んだ人) それはどの国ですか.
F8-2. (F8 で「ある」を選んだ人) その国で，どのぐらい働きましたか.
□ 1 年未満　□ 1～3 年　□ 3 年以上
F8-3. (F8 で「ある」を選んだ人) その国で使用される言語を勉強しましたか.
□勉強して，話せるようになった　□勉強したが，話せるようにならなかった
□勉強しなかった
F9. ベトナムで働いた経験はありますか.
□ある　□ない
F9-1. それはどんな仕事ですか.
F10. 日本についての情報は，いつもどこから得ますか.
□テレビ　□ SNS　□インターネット　□雑誌や新聞　□友人　□その他

資料 4-2　実習生調査フェイスシート

F1. あなたが生まれた年は何年ですか.
F2. あなたの性別は何ですか.
　□男性　□女性
F3. あなたの最終学歴は何ですか.
　□中学校　□高校　□専門学校　□短期大学　□大学　□その他
F3-1.（F3 で「その他」を選んだ人）最終学歴を教えてください.
F4. あなたの日本での在留資格は何ですか.
　□技能実習　□技人国　□特定技能　□その他
F4-1.（F4 で「その他」を選んだ人）在留資格は何ですか.
F5. 日本にどのぐらい住んでいますか.
　□ 6 カ月未満　□ 6 カ月～1 年　□ 1 年～1 年 6 カ月　□ 1 年 6 カ月～2 年
　□ 2 年～2 年 6 カ月　□ 2 年 6 カ月～3 年　□ 3 年以上
F6. 出身地を教えてください.
F7. 日本でしている仕事は何ですか.
　□農業　□漁業　□建設　□食品製造　□縫製・衣服　□機械・金属
　□家具製造　□印刷　□製本　□プラスチック成形　□強化プラスチック成形
　□塗装　□溶接　□工業包装　□段ボール製造　□陶磁器工業製品製造
　□自動車整備　□ビルクリーニング　□介護　□空港グランドハンドリング
　□ホテル清掃　□その他
F7-1.（F7 で「その他」を選んだ人）仕事は何ですか.
F8. 何県で働いていますか.
F9. これまで海外出稼ぎに行ったことがありますか.
　□ある　□ない
F9-1.（F9 で「ある」を選んだ人）それはどの国ですか.
F9-2.（F9 で「ある」を選んだ人）その国で，どのぐらい働きましたか.
　□ 1 年未満　□ 1～3 年　□ 3 年以上
F9-3.（F9 で「ある」を選んだ人）その国で使用される言語を勉強しましたか.
　□勉強して，話せるようになった　□勉強したが，話せるようにならなかった
　□勉強しなかった
F10. ベトナムで働いた経験はありますか.
　□ある　□ない
F10-1.（F10 で「ある」を選んだ人）それはどんな仕事ですか.
F11. 日本についての情報は，いつもどこから得ますか.（複数回答可）
　□テレビ　□ SNS　□インターネット　□雑誌や新聞　□友人　□その他
F12. 来日後，日本語学習をしましたか.
　□ある　□ない
F12-1-1.（F12 で「ある」を選んだ人）どのような日本語学習状況ですか.
　□勉強している　□以前は勉強していたが，今はしていない

F12-1-2.（F12で「ある」を選んだ人）どのような方法で日本語を勉強していますか／していましたか.（複数回答可）

□地域のボランティア教室　□有料の日本語学校，センター，オンライン教室
□受け入れ企業や監理団体が開講する教室　□ YouTubeを見る
□自分でテキストを使って勉強する　□友達に教えてもらう　□映画を見る
□その他

F12-1-3.（F12-1-2で「その他」を選んだ人）どのような方法で日本語を勉強していますか／していましたか.

F12-1-4.（F12-1-1で「以前勉強していたが，今はしていない」を選んだ人）どうして今，日本語を勉強していないのですか.（複数回答可）

□仕事が忙しい　□十分な日本語力が身についている　□近くに日本語教室がない
□日本語教室はあるが時間が合わない　□日本語学習は費用が高い
□通訳がいるので日本語を話す必要がない　□私の仕事は日本語が必要ない
□日々の生活で日本語を使わない　□日本語はとても難しい　□その他

F12-1-5.（F12-1-4で「その他」を選んだ人）どうして今，日本語を勉強していないのですか.

F12-2-1.（F12で「ない」を選んだ人）どうして日本語を勉強しないのですか.（複数回答可）

□仕事が忙しい　□十分な日本語力が身についている　□近くに日本語教室がない
□日本語教室はあるが時間が合わない　□日本語学習は費用が高い
□通訳がいるので日本語を話す必要がない　□私の仕事は日本語が必要ない
□日々の生活で日本語を使わない　□日本語はとても難しい　□その他

F12-2-2.（F12-2-1で「その他」を選んだ人）どうして日本語を勉強しないのですか.

F13．あなたの日本語のレベルはどうですか.

□私は十分な日本語力が身についていて，仕事で困難を感じることは全くない
□今の日本語能力があれば，日本での仕事や生活で困ることはほとんどない
□今の日本語力だと，日本での仕事や生活でやや困ることがある
□私は日本語がまったくわからない

第 5 章

なぜ日本語を学ぶのか
――質的調査から見えるもの

5.1 調査目的

第 4 章のアンケートによる量的調査の結果，ベトナム人技能実習生は来日する時点では日本での多様な経験と日本語を含めた学びの獲得による将来の発展や経済的な利益の獲得を思い描いているが，来日後は日本社会とのかかわりを持とうとする積極性を失い，多方面への学びの意欲を変容させる可能性があることが示唆された．このような変化の背景には何があるのだろうか．第 5 章では量的な調査からは見えてこない細部を，特に日本語学習に焦点を当てたインタビューを通して明らかにする．第 5 章の結果をもとに考察する研究課題 2 をここに再掲する．

【研究課題 2】日本語学習
　(1) 彼らはなぜ日本語学習を行うのか
　(2) 日本語学習を行う人は，どのように学習を行っているのか
　(3) 日本語学習を行わない人は，なぜ行わないのか

日本で就労しているベトナム人技能実習生に対する調査[1]には，見舘・河合ほか（2022）がある．見舘・河合ほか（2022）は技能実習経験を実習生のキ

1 実習中の技能実習生を対象とした調査には第 3 章でも述べた中川・神谷（2018）もある．詳しくは第 3 章を参照されたい．

ャリア形成にいかにつなげていくかという視点からベトナム人技能実習生に対してインタビューを行い，キャリア形成プロセスにおいて実習期間中の日本語学習機会の喪失が阻害要因となっていると述べる．しかし人が学習という行為を行うかどうかには，学習機会の有無だけでなく多様な要因が関わると考えられる．一方彼らがどのような日本語学習を行っているのかについての調査には，出入国在留管理庁が 2021 年にまとめた「令和 2 年度在留外国人に対する基礎調査報告書」[2] がある．学習方法は「テキストを利用して自分で勉強している」が最も多かったが，結果は「技能実習生」としてまとめられているため，ベトナム人技能実習生の回答に関して詳細は不明である．また，量的な調査であるため，なぜその方法が選択されたのか，彼らの日本語学習がどのような目的で行われているのかなどの詳細はわからない．そして日本語学習を行っていない人に対する調査は管見の限りほとんど見られない．学習を行わない背景にあるのはそもそもの学習動機の欠如なのか，それとも学習動機の喪失なのか，またその要因は何であるのかは明らかになっていない．

日本で働き，暮らす彼らは，日本語とどのように向き合っているのだろうか．そして，なぜ彼らは学習に取り組む（もしくは取り組まない）のだろうか．そのプロセスを捉えることが，本章の目的である．

5.2 調査方法

5.2.1 予備調査

本章で行うインタビュー調査のインタビューガイドライン作成の参考とするため，第 4 章で行った実習生調査の質問紙のフェイスシート項目の中に日

2 出入国在留管理庁「令和 2 年度在留外国人に対する基礎調査報告書」https://www.moj.go.jp/isa/content/001341984.pdf（2022 年 8 月 12 日最終閲覧）
同調査は毎年実施されているが，学習方法に関する質問項目は令和 3 年度以降設けられていない．

表 5-1　日本語学習の状況（N＝201）

来日後の学習	したことがある：178　したことがない：21　無回答：2
現在の学習状況	現在も学習を継続している：114 以前は学習していたが，今はしていない：38　無回答：26

本語学習状況を問う質問を設けた．質問項目の詳細は，第 4 章章末の資料 4-2 を参照されたい．

まず日本語学習の状況に関する結果を表 5-1 に示す．来日後，日本語学習を「行ったことがある」と回答した人が大半を占めている（約 89%）．そして，それを調査時点（2021 年 8 月～ 9 月）においても「継続している」と回答した人は全体の約 57%である．一方で日本語学習を「以前は行っていたが今はしていない」と回答した人は全体の約 19%で，「来日後日本語学習を行ったことがない」と回答した人と合わせると，調査時点で日本語学習を行っていないと思われる人は合計 59 人，全体の約 29%であった．

続いて日本語学習を行ったことがあると回答した人を対象にした日本語の学習方法に関する質問の結果を表 5-2 に示す．「自分でテキストを使って勉強する」と回答した人が最も多く，次いで多いのが「YouTube を見る」である．一方で地域のボランティア教室に通う人は少なかった．受け入れ企業・監理団体が開講する教室に通う人も少ないが，これは企業や監理団体が教室を開講することは義務ではないので，教室そのものが少ないのではないかと考えられる．

調査時点で日本語学習を行っていないと回答した 59 人（来日後日本語学習をしたことがない 21 人，以前はしていたが今はしていない 38 人）を対象に，日本語学習をしない理由について質問した結果を表 5-3 に示す．「仕事が忙しい」を選択した人が最も多い（約 58%）．次いで多いのが「日本語はとても難しい」で約 19%であった．「その他」を選択した人に対し記述を求めた項目（質問項目 F12-1-5 および F12-2-2，第 4 章章末資料 4-2 参照）においてもこの二つの理由に類似した内容の記入があった．「その他」に記入されていた「つまらない」は，日本での生活全般についてなのか，それとも日本語学習につい

表 5-2　日本語学習方法（複数回答）

映画を見る（22 人）　12.36%
友達に教えてもらう（27 人）　15.17%
自分でテキストを使って勉強する（109 人）　61.24%
YouTube を見る（67 人）　37.64%
受け入れ企業や監理団体が開講する教室（8 人）　4.49%
有料の日本語学校，センター，オンライン教室（32 人）　17.98%
地域のボランティア教室（14 人）　7.87%
無回答（14 人）
その他：(2 人「日本人の友人を作る」「SNS を通じて学習する[3]」)

表 5-3　日本語を学習しない理由（複数回答）（n＝59）

理由	来日後学習をしたことがない	以前はしていたが今はしていない	合計
仕事が忙しい	7	27	34
十分な日本語力が身についている	1	3	4
近くに日本語教室がない	1	3	4
日本語教室はあるが時間が合わない	0	2	2
日本語学習は費用が高い	0	3	3
通訳がいるので日本語を話す必要がない	0	1	1
私の仕事は日本語が必要ない	1	2	3
日々の生活で日本語を使わない	2	3	5
日本語はとても難しい	5	6	11
無回答	8	1	9
その他	1	2	3

「その他」（F12-1-5，F12-2-2）への記入内容（3 人）[4]
【来日後学習をしたことがない】
• Chán（つまらない）
【以前はしていたが今はしていない】
• Quá khó（難しすぎる）
• Vì công việc rất mệt, tan ca chỉ muốn nghỉ ngơi（仕事でとても疲れるので，仕事が終わったらただ休みたいとしか思わない）

3 回答には “Học qua mạng xã hội（SNS を通じて学習する）” と書かれていたが，具体的にどのような方法なのかはわからなかった.
4（　）の翻訳は筆者による.

てなのか不明である．「難しすぎる」は，日本語が難しいのか，日本語学習を行うことが状況的に難しいのかは明らかではない．しかし，選択肢に「日本語はとても難しい（Tiếng Nhật rất khó）」という項目があるので，難解さの程度を表すのに単に「とても難しい」では十分ではないということを言うために「難しすぎる（Quá khó）」と表現したのではないかとも考えられる．

最後に現在の日本語レベルについての自己評価（$N=201$）は，「私は十分な日本語が身についていて，仕事で困難を感じることは全くない」と回答した人が1人，「今の日本語能力があれば，日本での仕事や生活で困ることはほとんどない」が94人，「今の日本語力だと，日本での仕事や生活でやや困ることがある」が95人，「私は日本語がまったくわからない」が3人，無回答が8人という結果であった．日本での日々の暮らしにおいて日本語の面でほぼ問題を抱えていないと思われる人が約半数，程度の差はあるが困難を感じていると思われる人が約半数いることがわかる．

以上の予備調査の結果から，ベトナム人技能実習生の中には企業に配属された後も働きながら日本語学習を継続している人も一定程度いること，学習方法は自分で時間が設定でき，自宅で行える方法が選択されていること，さらに学習継続が難しいのは，主に仕事が忙しいため時間や体力の余裕がないからであること，現時点での日本語能力で仕事や生活ができている人も一定数いることが把握できた．

5.2.2　インタビューの内容

インタビュー調査の方法は半構造化インタビューとした．半構造化インタビューは質問したい項目について調査対象者に聞くと同時にそのテーマについてさらに理解を深める機会を保持することができる手法である（竹内・水本，2014）．また本章で分析手法として採用しているM-GTAは，半構造化インタビューにより収集されたデータを分析することを想定している（木下，2020, p. 22）．分析方法としてM-GTAを採用した理由に関しては，5.3.2(1) 節で述べる．

第4章の量的調査の結果と，前節の予備調査の結果を参考にして，以下の

表 5-4　インタビューガイドライン

1. インタビュー調査の目的，方法，所要時間，倫理的配慮に関する説明
2. 生年月日，ベトナムの出身地，家族構成，学歴と職歴，来日時期，技能実習の職種，現在の居住地住等
3. 日本の外国人技能実習制度に参加した経緯
4. 現在の仕事の状況（仕事内容，職場の雰囲気，人間関係，日本語使用状況等）
5. 現在の生活の状況（休日の過ごし方，職場以外の人間関係，日本語使用状況等）
6. 現在の日本語学習状況（日本語学習の有無，学習方法，学習の目的・目標等）
7. 技能実習修了後の予定

ようなインタビューガイドラインを作成した（表 5-4）．研究課題 2 についての質問に該当するのは 6 番の質問である．しかし学習という行為だけを切り取るのでは，学習する当事者に焦点を当てた実態把握という本研究が目指す目的（第 2 章参照）を果たすことはできない．学習者が学習という行為を選択する背景にあるものや，学習をする（または，しない）に至るまでのプロセスを知ることもまた重要である．よって彼らが外国人技能実習制度に参加する以前のことから現在の日本における就労および生活状況，さらに将来の予定までを含めた質問内容を設定した．まず 3 番はインタビュー対象者の来日前の背景を知るための項目である．来日理由，来日目的は，来日後の日本語学習に深く関わることが予想される．次に予備調査の結果から仕事の状況が日本語学習に影響を与えることが示唆されたので 4 番の質問を設定した．さらに技能実習生の日本で行う活動は就労だけとは限らないので，職場以外における生活の様子も聞く必要があると考え，5 番を設定した．また予備調査の結果，日本語の使用状況が限定的であるかもしくは全く使用しない人がいることが明らかとなったため，4 番と 5 番において職場と生活場面での日本語使用状況について質問することとした．最後に，第 4 章の結果では日本語は未来に関わるものだと捉えていることが明らかとなったため，7 番の質問を設定し，来日前から実習修了後までの過程全体を聞くことができるようにした．

5.2.3　調査対象者の選定

調査対象者は在留資格「技能実習 1 号」「技能実習 2 号」「技能実習 3 号」のいずれかの在留資格を有し，現在日本で働いているベトナム人技能実習生とした．まず筆者の知人（元技能実習生）数名から以前働いていた職場の知人（現在も実習継続中である人）を紹介してもらった．その後は，その対象者からさらにその知人を紹介してもらうスノーボールサンプリングで協力者を募った．しかし一般的には，日頃から日本人と積極的にコミュニケーションを取り，かつ日本語学習にも前向きに取り組んでいる人であるほど，筆者のような研究者が行うインタビューに参加しようとする傾向があると考えられた．よって紹介者には日本語でなくベトナム語によるインタビューも可能であることを説明し，参加者を募ってもらうようにした．その結果，日本語学習に積極的でない人もインタビューに参加してくれた．インタビューは 2021 年 8 月から 2022 年 5 月まで行い，最終的にベトナム人技能実習生 16 人（表 5-5）のデータを収集することができた．

5.2.4　インタビュー方法

インタビューは，新型コロナウィルス感染症が広がりを見せている時期であったため全てオンラインで実施した．それによって様々な地域に住む技能実習生にインタビューに参加してもらうことが可能となり，さらに自宅，自室などで他者の存在を気にせず話をしてもらうことができた．オンラインによるインタビューには Web 会議システム Zoom を用いた．コロナ禍であったためか，Zoom のような Web 会議システムを初めて使用するという対象者はおらず，インタビュー時に技術面でトラブルが起こることはほぼなかった．

インタビューの時間は対象者の負担を考慮し，1 回 1 時間以内とした[5]．回数は 1 人につき 1 回から 3 回程度であった．インタビューは毎回許可を得た上で録音するとともに，聞き取りの記録を作成した．インタビューの 2 回

5 しかし，中には話が終わらず 1 時間を少し超える場合もあった（表 5-6 参照）．

目からは，前回のインタビュー時から変わったことがないか尋ねてから，1回目に聞くことができなかった項目について聞き，さらに前回の内容についても追加質問をした．それぞれ質問すべき内容について十分に回答を得たと判断した回で，インタビューを終えた．インタビューの各回の間隔は2カ月以内を目安としていたが，お互いの都合によって4カ月程度空いた場合もあった（表5-6参照）．次節から調査によって得られたデータの詳細と，分析結果について述べる．

5.3 調査結果

5.3.1 収集されたデータの詳細

最終的に16人，合計25時間17分42秒のデータを収集することができた．対象者の属性を表5-5に，各データの詳細を表5-6に示す．

年齢はほとんどが20代（11人）である．20代が多いのは第4章の量的調査の結果でも同様であった．ベトナムの出身地は北部が5人，中部が3人，南部が8人とベトナムの北・中・南部各地方の出身者が含まれている．技能実習は3年を超えている人（技能実習3号）は2人で，2年以上3年未満の人（技能実習2号）が7人，1年目の人（技能実習1号）が7人である．最終学歴は高校卒業が9人，専門学校卒業が2人，短期大学卒業が2人，大学卒業が3人と高校が最も多い．ベトナムでの就労経験があると答えた人は13人だった．最終学歴が高校である人，ベトナムでの就労経験がある人が多いのは第4章の量的調査の結果と同様である．日本語能力試験の情報は調査時点で取得していた級であり，実際の日本語のレベルを示すものではない．日本語能力試験の取得級がなくとも筆者とほぼ日本語のみでやり取りをした対象者もいる．実習職種は食品製造が多い．スノーボールサンプリングの際に起点となった対象者数名のうちハンさんからの紹介がフンさん，タイさん，ザンさん，トーさんであり，この5人は同じ企業で働いている．またタンさんとアンさんが所属するのは東京の別企業，マイさんも兵庫県の別企業である．

表 5-5　インタビュー対象者

仮名 (敬称略)	年齢 (調査時)	ベトナム の出身省	来日 時期	最終 学歴	専門 分野	来日前 就労経験	実習 職種	日本語能 力試験	勤務地
ハン	28	ブンタウ	2017 年	短大	食品 管理	食堂，工 場勤務	食品 製造	N2	京都
タン	21	タイニン	2021 年	高校	—	農業，工 場勤務	食品 製造	—	東京
ナム	26	カマウ	2021 年	大学	建築	会社員， 建設業	建設	—	大阪
アン	20	クアンガイ	2020 年	高校	—	なし	食品 製造	—	東京
カン	19	アンザン	2020 年	高校	—	なし	建設	—	神奈川
トゥン	29	クアンチ	2019 年	専門 学校	看護	看護師， 漁業	水産 加工	—	高知
ミー	22	ハノイ	2020 年	高校	—	工場勤務	水産 加工	—	兵庫
イェン	23	ハイズオン	2020 年	短大	薬学	薬剤師	介護	—	高知
チー	32	ハイズオン	2017 年	高校	—	工場勤務	縫製	—	京都
マイ	30	ホーチミン	2019 年	高校	—	工場勤務	食品 製造	—	兵庫
リン	23	ホーチミン	2019 年	高校	—	工場勤務	工業 包装	N3	石川
トゥイ	28	バクザン	2020 年	高校	—	工場勤務	水産 加工	—	兵庫
フン	25	タイビン	2019 年	専門 学校	電気	電気技師	食品 製造	—	京都
タイ	24	カントー	2021 年	大学	生物 工学	なし	食品 製造	N3	京都
ザン	30	ダクラク	2019 年	高校	—	建設業， 工場勤務	食品 製造	—	京都
トー	30	ハウザン	2020 年	大学	経済	会社員	食品 製造	N3	京都

表5-6　インタビューデータの詳細

仮名（敬称略）	インタビュー日時	インタビュー時間
ハン	①2021年8月　②2021年10月 ③2021年12月	①41分44秒　②60分44秒 ③43分04秒
タン	①2021年8月　②2021年10月 ③2021年11月　④2021年12月	①36分52秒　②32分36秒 ③24分09秒　④24分01秒
ナム	①2021年9月　②2021年12月	①41分46秒　②42分42秒
アン	①2021年8月　②2021年9月	①41分08秒　②51分52秒
カン	①2021年8月　②2021年9月	①15分20秒　②55分41秒
トゥン	①2021年12月	①45分15秒
ミー	①2021年12月　②2021年12月 ③2022年1月	①46分13秒　②58分21秒 ③39分34秒
イェン	①2021年12月	①39分53秒
チー	①2021年12月	①34分58秒
マイ	①2022年4月	①40分49秒
リン	①2021年9月　②2021年10月 ③2021年12月　④2022年1月	①46分59秒　②45分22秒 ③71分10秒　④48分01秒
トゥイ	①2021年12月　②2022年5月	①44分37秒　②44分20秒
フン	①2022年1月　②2022年5月	①56分05秒　②40分01秒
タイ	①2022年1月　②2022年5月	①68分52秒　②59分14秒
ザン	①2022年1月　②2022年5月	①46分20秒　②39分44秒
トー	①2022年1月　②2022年5月	①43分44秒　②46分31秒

その他，ミーさんとトゥイさんも兵庫県の同じ水産加工業の会社で働いているが，それ以外の対象者は全て異なる企業に勤務している．

インタビュー時の使用言語は日本語とベトナム語であるが，対象者が日本語で話そうとする場合は筆者も日本語で対応した．ただし意味を再確認する必要がある場面や，話がうまくかみ合わないと思われた場面においては，日本語とベトナム語両言語で確認をするようにした．一方でベトナム語を使用しようとする対象者に対しては，筆者もベトナム語で対応するようにした．収集された音声データは，全て文字化した．日本語で話された部分は日本語で，ベトナム語で話された部分はベトナム語で表記した．文字化したデータはM-GTA（木下，2003，2005，2007，2020）を用いて分析を行った．

5.3.2 M-GTAによる分析

(1) M-GTAについて

インタビューデータの分析手法としては，M-GTA（Modified Grounded Theory Approach）を採用した．M-GTAはGlaserとStraussのオリジナル版GTA（Grounded Theory Approach）が持つ基本的特性を批判的に継承し，木下が修正，考案した質的研究における分析手法である（木下，2020，p. 15）．M-GTAは対象とする現象がプロセス性を有し，かつ社会的相互作用に関わる研究に適しているとされる（木下，2003，pp. 89–90）．

M-GTAが生成を目指す理論は「領域密着型理論」と呼ばれる．領域密着型理論は個別事例より導かれる具体理論から一段階抽象度を上げた理論であるが，オリジナル版GTAが目指す抽象的で普遍性の高い「フォーマル理論（formal theory）」よりは抽象度が低い．M-GTAがフォーマル理論の生成を目指さないのは，理論は本質的なものではなく，常に変化する社会的場において，そこに参加する参与者達により実践され，応用，修正されていくものだという立場（「応用が検証の立場（分析結果の実践的活用）」）を取るからである（木下，2020，p. 320）．そのためM-GTAでは，人間の社会的相互作用を理解，説明，予測できるレベルの理論である「領域密着型理論」の生成を目指し（p. 68），その「領域密着型理論」は実践の中で検証され，修正されていくことが期待される．

本章で構築される理論は，ベトナム人技能実習生のみを対象とした調査の結果導出されるものである．さらに第2章でも述べた通り，本研究が目指すのは，今日の社会において日本語教育に求められていることは何かを考えることである．よって本章で構築される理論も，ベトナム人技能実習生のケースという一つの「領域密着型理論」として，現実社会において実践の検証が重ねられ，そこでさらなる批判を通じて展開されていくことが期待される．

(2) 分析焦点者と分析テーマ

M-GTA では，インタビューデータを分析する際に「分析焦点者」と「分析テーマ」を設定する．分析焦点者とは，データ分析の段階においてデータを解釈する際に研究者が自らの視点を位置づける対象のことであり，研究者は分析焦点者の視点を介してデータを解釈することになる．通常はデータ収集の段階におけるインタビュー対象者を抽象化した存在となるため，インタビュー対象者の定義と重なる．一方，分析テーマはデータの分析によって明らかにしようとする問いであり，社会的相互作用の中の人間行動を捉えようとする問いを，「プロセス」という言葉を用いて表現する．

本調査の分析においては，まず分析焦点者を「ベトナム人技能実習生」とした．次に分析テーマについては，まず明らかにする研究課題は「ベトナム人技能実習生はなぜ日本語学習を行うのか」，「日本語学習を行う人は，どのように学習を行っているのか」，「日本語学習を行わない人は，なぜ行わないのか」であるが，既に述べた通り学習という行為のみを切り取ってしまっては，物事の一面しか見ることができず，それでは本研究全体の目標である基礎研究としての実態調査とは言えない．よって行為主体である技能実習生が行う学習という行為を取り巻く環境，時間等の要素全体を観察し，考察することが必要であると考えられた．

Norton（2000, 2013）は，第二言語学習において社会的な力関係を考慮してこなかった点を批判し，第二言語学習に「投資（Investment）」という概念を導入した．Norton の研究は，カナダへ移住した 5 人の移民女性を対象とし，ジェンダー，エスニシティ，階級等の社会的背景も視野に入れながら彼女たちの英語学習を分析したものである．Norton によれば，学習者が目標言語を学ぶ行為は，学習者が「想像の共同体」（アンダーソン，2007）に所属するために経済資本や時間，精神，感情を投資する行為である．Norton（2013）は，言語学習において「想像の共同体」に着目することについて以下のように述べる（p. 8）．

A focus on imagined communities in language learning enables us to explore how learners' affiliation with such communities might affect their learning trajectories. Such communities include future relationship that exist only in the learner's imagination as well as affiliations - such as nationhood or even transnational communities - that extend beyond local sets of relationships. These imagined communities are no less real than the ones in which learners have daily engagement and might even have a stronger impact on their current actions and investment.

（言語学習における想像の共同体に着目することで，それらの共同体に所属することが学習者の学習の軌跡にどのような影響を及ぼすかを探ることができる．共同体には，学習者の想像の中にのみ存在する未来における関係性や，国家または国家を越えたコミュニティなどの地域的な関係を超えた集団も含まれる．これら想像の共同体は，学習者が日常的に関わっている共同体と同様に現実的であり，学習者の現在の行動や投資に対してより強い影響を与える可能性さえある．）[6]

学習者はその言語が「想像の共同体」のメンバーになるために必要な文化資本であると考えれば，学習に「投資」を行う．このように「投資」は，第二言語学習という行為を学習者個人の問題としてではなく社会という枠組みの中で捉え，さらにその中で学習者が権利を獲得していく動的な過程であると捉えることを可能にする．日本語を学ぶことが本務ではないベトナム人技能実習生が日本語学習を行う際には，文字通り経済資本や時間，精神，感情が投資されるのであって，その行為を捉えるのにただ単に「学習」という行為そのものだけに着目しては実態を把握することはできない．技能実習生の日本語学習は，個人的な内面の問題としてではなく，今彼らが生活する日本社会との関係，彼らが参入を目指す「想像の共同体」との関係という視座から捉える必要がある．よって，インタビューデータの分析テーマを「ベトナム人技能実習生が日本語学習に「投資」するプロセスの研究」とした．

(3)　分析の方法

ここでは分析の具体的な方法について述べる．木下（2020）で示された手

6 筆者訳．

順に従い，まず文字化した全インタビューデータの中から，ディテールの豊富な内容を含むと思われる人のデータを選択した．この最初の 1 人は最初にインタビューした人である必要はない（木下，2020，p. 121）が，本調査のデータにおいては最初にインタビューを行ったハンさんのデータがそれに該当すると思われた．次にハンさんのインタビューデータを丁寧に何度も読んだ．そしてデータの中から分析テーマに関係があると考えられる部分を抽出し，分析ワークシートを立ち上げ，分析ワークシートの「具体例」の欄に転記した．具体例の中で特に注目すべきと考えられた箇所には下線を引いた．次に最初の具体例から解釈された意味を短い文にして「定義」の欄に記入し，さらにその内容をコンパクトに凝縮した表現にし，「概念名」の欄に記入した．疑問や気になる点などは「理論的メモ」に書き加えた．分析ワークシートの例を図 5–1 に示す．

概念が一つ生成されたら，定義に照らして他に類似の具体例がないかを見ていき，あれば「具体例」の欄に追記していった．一つの概念が生成されるとその概念の対極例を探した．例えば図 5–1 に示した概念名 1 の対極例は，定義に照らすと「職場で積極的に日本人とコミュニケーションをとらず，人間関係を築かない」となる．そのような具体例をデータ中に探したところ，該当する具体例があったので新たに分析シートを立ち上げ，定義を「職場で日本語を使って日本人とコミュニケーションをとることが少なく，職場での人間関係が構築されていない」，概念名を「職場の日本人との距離」とし，さらにその類似の具体例を探していった．定義や概念の表現は具体例が追加されるたびに見直し，必要な場合は調整を加えた．そのような過程を経て 16 人の全データを見終わった後，まず 37 の概念が生成された．しかし具体例が一つしか見つからないものや対極例が見つからないものがあり，最終的に廃止された概念もある．また定義が類似しており，統合できると思われる概念は統合した．

以上の概念の調整を経た後，概念同士の関係について考察を重ねた．関連が見えてきた各概念をまとめた後，それらをまとめるのに適したカテゴリー名及びサブカテゴリー名を検討した．最終的に本調査のデータからは 4 カテ

図 5-1　分析ワークシートの例[7]

概念名 1　　職場の日本人とのつながり

定義　職場で積極的に日本人とコミュニケーションをとって、人間関係を築く。

具体例（バリエーション）

1.　筆者: どうですか、仕事は毎日楽しいですか。

ハンさん: そうよね、毎日楽しいです。まあでもなんか疲れたときはあるしけど、でも毎日は友達に会って、えっと一、みんなにえっと、日本語を喋ることができて、楽しいですね。（ハンさん, 1 回目）

2.　筆者: Em nói chuyện gì với Kacho?（課長とどんな話をしますか。）

タンさん: ああ、ああ今日、何、何か、ず、やる。

筆者: うん。「今日何やる」って聞く。

タンさん: ああ、いっぱいですか？ああ、例えば製品は、ああ、あ、新商品、新商品ってありますか？例えば。

筆者: ああ。その、その聞くっていうのは、あの、どう、どういうこと？仕事の前に、仕事の前に、タンさんが話したいから話すの？それとも仕事の中で話さなければならないから、話しますか？どっちですか。Trò chuyện với Kacho ấy, trong công việc em bắt buộc phải hỏi cho nên em hỏi hay là ngoài giờ làm việc em muốn nói chuyện với Kacho cho nên em nói chuyện?（課長との話ですが、仕事の中で話をしなければならないからするんですか？それとも、仕事以外の時間で、課長と話したいから話すんですか？）

タンさん: Em muốn nói chuyện.（私は話したいんです。）　（タンさん, 1 回目）

理論的メモ

・なぜ、それらの人たちと話しやすいのか。　　・反対に話しにくい人はいるか。（対極概念）

ゴリー，8 サブカテゴリー，21 概念が抽出された[8]．そして分析テーマに照らし合わせながらそれぞれがどのような関係にあるのかを検討した．そして

7（　　　）の日本語訳は筆者による．

8 概念に関しては，勝央にほんご教室（地域日本語教室）創設者の瀬尾朝子氏によりスーパービジョン（木下，2020，p. 75）を受けた．

「ベトナム人技能実習生が日本語学習に「投資」するプロセス」を示す結果図（図 5-2）を作成した．最終的に生成されたカテゴリー，サブカテゴリー，概念，結果図とストーリーラインについて，次節以降で順に述べる．

(4) 生成された概念，結果図，ストーリーライン

生成されたカテゴリー，サブカテゴリー，概念を表 5-7 に，結果図を図 5-2 に示す．

結果図（図 5-2）の中でカテゴリーは　　　，サブカテゴリーは　　　，概念は【　　】で示した．各カテゴリー間及びサブカテゴリー間の関係は矢印で示した．カテゴリー 未来のために から 日本語学習 を通り，実習修

表 5-7　カテゴリー，サブカテゴリー，概念の一覧

カテゴリー 1　未来のために
学びへの期待　／　経済資本獲得願望
カテゴリー 2　いま・ここを暮らす
【サブカテゴリー 1　周囲との関係】 日本人とのつながり　／　日本人側の配慮　／　日本人との距離　／　不寛容な日本人　／　リアルな日本語の壁 【サブカテゴリー 2　今の日本語で何とかなる】 限定的な日本語使用　／　就労のための日本語の獲得　／　コミュニケーションストラテジーの駆使　／　ベトナム人からの助け
カテゴリー 3　実習修了後の未来
【サブカテゴリー 3　いずれ帰る】 家族への思い 【サブカテゴリー 4　将来のことはまだ決められない】 【サブカテゴリー 5　合格証書の経済的価値】 ベトナムに持ち帰るもの　／　日本語を使う職への希望
カテゴリー 4　日本語学習
【サブカテゴリー 6　学習目的】 会話力の向上　／　試験合格 【サブカテゴリー 7　学習行動】 学習の日課化　／　多様な学習方法　／　自分のスタイル 【サブカテゴリー 8　阻害要因】 仕事に追われる日々　／　生活の不安

図 5-2　結果図

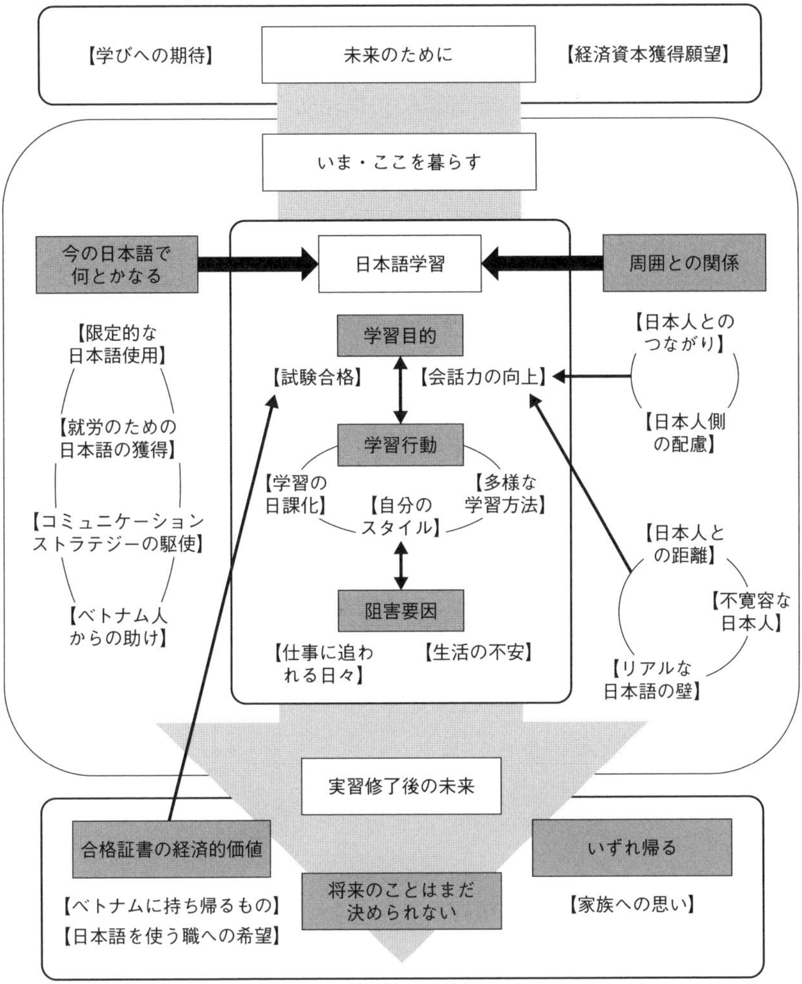

了後の未来 まで薄く太い矢印が最背面に配置されているが，これは来日する時点で既に実習を終えた後の未来に視線が向けられていることと，そこ（実習修了後の未来）を目指す志向性が日本で技能実習生として働く「いま・ここ」の時間も維持されており，彼らの日本語学習がその流れの上で行われ

ることを表している．

続いて，結果図に従って得られたストーリーラインを以下に示す．M-GTAにおけるストーリーラインは，カテゴリー，サブカテゴリー，必要であれば概念を用いて分析結果を簡潔に文章化したものである（木下，2020, p. 205）．なお，カテゴリーを［　　］で，サブカテゴリーを［　　］で，概念を【　】で表す．

ベトナム人技能実習生が日本語学習に投資するプロセスは三つの段階において様々な要素から影響を受ける．まず来日前の段階では，彼らは未来のために【経済資本獲得願望】を持ち，技能実習制度（出稼ぎ）に参加するのだが，同時に日本で得られる【学びへの期待】も抱く．彼ら自身は還流型の出稼ぎ労働者であり，ベトナム人技能実習生は出身国にいずれ帰ることを前提としている．そのため実習修了後の未来に自らが参入することを想定するのは，多くの場合ベトナム社会であり，そのため来日前の段階に日本で得られると期待される経験や学びはベトナム帰国後の未来を志向したものとなる．

次に日本で就労するいま・ここを暮らす段階では，周囲との関係が影響を及ぼす．親切な日本人に出会い，【日本人側の配慮】に接した人は，【日本人とのつながり】を持つことに積極的になる．しかし【不寛容な日本人】に接し，【リアルな日本語の壁】に直面すると，【日本人との距離】が維持されたままになることもある．また今の日本語で何とかなる環境も【日本人との距離】を埋めない選択を後押しする．

そして彼らは実習修了後の未来という未実現の段階を日本にいながら志向している．【家族への思い】は強く，いずれは帰国してそばにいたいと思う．【日本語を使う職への希望】も抱いている．しかし彼らはまだ若く，将来のことはまだ決められないという人もいる．しかしいつか帰国するという選択肢は常に彼らの中にある．

以上のような文脈の中で，ベトナム人技能実習生の日本語学習の学習

目的 は大きく二分される．それは「いま・ここ」のコミュニティへの参入を目指した【会話力の向上】と将来のための【試験合格】である．「いま・ここ」のコニュニティへの参入意欲は，それを目指した 日本語学習 を促進するが，それは日本での日々の暮らしから影響を受け，変化する．一方で，帰国後の未来を見つめる志向性の中では，将来への希望は維持される．現在のベトナム社会における日本語能力試験等の 合格証書の経済的価値 が，彼らに【ベトナムに持ち帰るもの】として日本語を意識させ，【試験合格】を目指させる．情報獲得手段が多様化したことにより，彼らは【自分のスタイル】に合わせて，コミュニティに参加しない孤立・自立した学習スタイルを選択することができるようになった．よって彼らは「いま・ここ」のコミュニティに参加せずとも，実習修了後の未来のための 日本語学習 を行うのである．

以上が，M-GTA の分析の結果得られたベトナム人技能実習生が日本語学習に「投資」するプロセスのストーリーラインである．続いて次節ではカテゴリーごとの概念について具体例を挙げながら検討を行っていく．

(5) 概念とカテゴリーの具体例

M-GTA の分析の結果，4 カテゴリー，8 サブカテゴリー，21 概念が抽出されたが，ここではカテゴリーごとに詳しく見ていく．以下に挙げる具体例（実際の語りから抽出）は分析ワークシートに転記したインタビューの文字化データの該当部分であるが，誰が何回目のインタビューで語ったのかがわかるように，末尾に名前（仮名）と何回目のインタビューかを明記する．また，重要と思われる部分には下線を引いている．ベトナム語による語りには，ベトナム語の後に（　　　）で日本語訳を付した．日本語訳は筆者が行った後，両言語がわかるベトナム語母語話者が確認した．

カテゴリー 1　未来のために

このカテゴリーはベトナム人技能実習生が技能実習制度に参加することを

選択する段階で，何を考えて渡日を決断したのかを表す．このカテゴリーには【経済資本獲得願望】と【学びへの期待】という 2 概念が含まれている．

まず【経済資本獲得願望】について述べる．既に何度も述べたが，ベトナムでは 1980 年代から政府主導で「Xuất khẩu lao động（労働輸出）」政策（海外出稼ぎ奨励政策）が進められており，ベトナム人にとって海外出稼ぎは珍しいことではない．元々が出稼ぎであるので，経済資本を求めるのは当然のことである．以下のカンさん，トーさん，マイさんの語りでは，その点がはっきりと述べられている．

具体例 1

ええと，先生[9]．私はもう一番，一番，目的は，一番はお金です，貯金．でも他の，他の人は，お金，君は仕事ために，わかりませんです．私は一番お金，貯金．〔カンさん，1 回目〕

具体例 2

筆者：なぜ，日本に行きたいと思ったんですか？
トーさん：えーっと，うーん，お金をかせ，稼ぎたいです．
筆者：なるほど．
トーさん：稼ぎたい．［トーさん，1 回目］

具体例 3

Dạ, lý do vừa … là mình đi làm, mình kiếm tiền... cái việc học... nói chung tụi em là đi thực tập sinh kiếm tiền chủ yếu là chính, sau đó có thời gian thì học.（はい，理由は…働いてお金を稼ぐことです．勉強は…普通，私達技能実習生はお金を稼ぐのが主な目的です．それから，時間があった

9 これ以後も，対象者の語りの中に筆者を指すために日本語で「先生」という呼称が何度か用いられるが，これは筆者が彼らに何かを指導したということではない．ベトナム語における呼称は，性別，年齢，立場などの基準に基づき選択される．本調査の対象者の場合，全員が筆者よりも若いため，筆者に対する呼称は cô（女性の先生もしくはある程度年上の女性という意味）または chị（cô よりは年が近いが年上の女性，姉という意味）となる．カンさんは日本語で「先生」と言っているが，それはベトナム語の cô を日本語に置き換えているためだと思われる．

ら勉強です.）［マイさん，1回目］

このように，ベトナム人技能実習生は明確に経済資本の獲得に対する希望を主張するが，一方で経験を得たり，日本人の習慣や仕事に対する姿勢を学んだり，知識を得たりすることなど【学びへの期待】も抱く．以下はハンさん，アンさんの語りである．

具体例4

えっと日本に行くときは，なんか本当にお金の理由もある．だけど，でもお金だけじゃなくて，日本人の働き方とか，ええ，何か日本人は，えっと外国で，憧れている理由はあると思う，ですから勉強に行きました[10]．［ハンさん，1回目］

具体例5

アンさん：Người Nhật... về thời gian thì luôn luôn đúng giờ. Làm việc nghiêm túc. Em muốn học, như vậy để... qua đây, để trưởng thành hơn ấy, cô.（日本人は…時間については，いつも正確です．仕事はちゃんとします．私はそれを学びたかったです．そうしたら，…私はここに来て，より成長できますから.）

筆者：なるほど，あの，例えば日本の，cuộc sống ở Nhật Bản（日本の生活）だったら，例えば em đi du học, chẳng hạn, cũng được. Nhưng tại sao em lại chọn đi thực tập sinh?（留学してもよかったんじゃないですか？どうして技能実習生として来ることを選んだのですか？）

アンさん：Em vừa muốn kiếm tiền, vừa muốn học hỏi ấy, cô.（私はお金を稼ぎながら学びたかったんです.）

筆者：あっ，なるほど．お金は何のための？Để dành tiền để làm gì, em?（何のためにお金を貯めるんですか？）

アンさん：Để dành cho tương lai của em. Để cho tương lai của em để sử dụng đấy, cô.（私の将来のための貯金です．将来私が使うためですよ.）

10「勉強に行きました」というのは，送り出し機関に入って日本語の勉強を始めたことを指している．

［アンさん，1回目］

具体例4と具体例5にも経済資本を得たいという内容が見られるが，それだけではなく経験や学びを得たいという希望が語られている．このような経済資本獲得と経験や学びの獲得は，「将来のため」とされる．この「将来」というのは何を指しているのか．それが窺えるのがミーさんの語りである．

具体例6

Có nhiều người là sẽ đi với tư tưởng là kiếm để... trả nợ, xong rồi là lấy vốn rồi để làm ăn. Thì em thì một phần sang đây vì lý do đấy, cũng muốn là sau này mình có vốn để mở kinh doanh hay là mình mở làm cái gì đó thì cũng sẽ dễ dàng hơn. Thì năm ngoái... thì công việc ít, thì tiền... em thì em trả nợ xong rồi, còn tiền vốn thì chưa lấy được nhiều. Năm nay thì em không biết như thế nào. Em muốn làm 2 năm nữa, em muốn làm 2 năm nữa, em vừa làm vừa đi học, hoặc là em muốn học thêm cái gì đấy thì... ví dụ như là học hộ lý, muốn học thêm, mình lấy chứng chỉ... ý em muốn như vậy. Một phần là đi kiếm tiền, ai cũng sang đây vì kiếm tiền là đúng. Cái điều này là chắc chắn. Không sai. Đi sang đây một phần là kiếm tiền là đúng. Nhưng mà bây giờ bố mẹ cũng già rồi, không thể giúp mình mãi được, thì em muốn tự mình có một cái gì đấy tự giúp mình thôi.（多くの人は，お金を稼ぐという考えを持って日本へ来ます．お金を稼いで，借金を返したあとは，自分のビジネスのためにお金を貯めます．私もある部分は，そう思って来ました．資金があれば，将来自分で何か経営したり，お店などを開いたりしやすくなります．去年は…仕事が少なくて…お金も少ししか稼げませんでした．私は，借金は返し終わりましたが，貯金はまだ十分にできていません．今年は仕事がどうなるかわかりませんが，私はあと2年働きたいです．私はあと2年働きたいです．働きながら学びます．または，何か資格を取ったり，例えば，介護の勉強をしたりして，もっと勉強して，資格がほしいです．私はそれを希望しています．お金を稼ぎたいという気持ちもあります．誰でもここに来るのはお金のためです．それは確実です．間違いありません．ここに来るのはお金を稼ぐためというの

は，本当です．でも，私の両親は年を取りました．いつまでも私を支援できるわけではありません．ですから，私は自分の身を助けるものが何か一つほしいんです.）［ミーさん，3 回目］

具体例 6 では「あと 2 年」という限定的な滞在期間が明示されている．両親も高齢になり，いつまでも頼るわけにはいかない，という両親を心配する気持ちと，2 年間貯めた資金で起業する考えが述べられている．ミーさんの受け入れ企業はコロナ禍の影響を受けて仕事が減少し，ミーさんは収入が減ったという．そのため技能実習 3 年目を迎えても，まだ十分な貯金ができていない．ミーさんは帰国後のために知識を得たり資格を取得したりしながら資金を蓄える時間があと 2 年必要だと述べた．

このようにベトナム人技能実習生は，経済資本と経験及び学びの獲得を目指して数ある出稼ぎ先の中から日本を選択し，来日するのだが，彼らは何のためにそれらを得ようとするのか．詳しくはカテゴリー 3 実習修了後の未来 でも述べるが，本調査の 16 人のインタビュー対象者は，全員がいずれはベトナムに帰国するつもりだと語っている．彼らにとっての「将来」というのは，技能実習を終えて帰国した後，そしておそらくベトナムにおいて続いていく人生のことなのだろう．よって資金や経験，知識は，出稼ぎ（技能実習）を終えてベトナムに戻った後の人生を志向して獲得が目指されるのではないかと考えられる．

カテゴリー 2　いま・ここを暮らす

このカテゴリーは，現在日本社会でどのように日々暮らしているかを表す概念を含む．日々の日本での暮らしにおいてマジョリティーである日本人と関わることは多いと思われる．ここでは人に関する 周囲との関係 と，周囲の環境に関する 今の日本語で何とかなる というサブカテゴリーに，それぞれ 5 概念と 4 概念をまとめた．

まず，周囲との関係 から見ていきたい．周囲との関係には大きく二つのケースがある．一つ目は日本人と関係を構築しているケースである．ここには，【日本人側の配慮】，【日本人とのつながり】という概念が含まれる．職場や生活の場で親切な日本人と出会う経験をすれば，日本人に対して良い印象を持つだろう．まず【日本人側の配慮】であるが，「日本人側が，ベトナム人技能実習生を受け入れ，配慮し，時に自分の話し方や行動を変える」と定義した．以下はリンさんとフンさんの語りである．

具体例 7

Khi mà em vô công ty thì em phải học rất là nhiều công đoạn... làm việc khác nhau. Mấy công đoạn kia thì giáo viên, thì em thấy không có Syain, Kakariin..., nhưng mà em không thân lắm, xong rồi tới một công đoạn của cô, chỉ có một mình cô là phụ trách ở đó thôi, nên là cô chỉ.. rất là tận tình. Cái nào mà em không biết thì em cứ tới hỏi cô, thì cô sẽ giải thích hết. Từ đó em hay liên lạc với cô bằng thư.（会社に入った時，私はとてもたくさんの，異なった作業を覚えなければなりませんでした．ある作業では，教えてくれる社員も係員もいなくて…，でも私も（周囲の人と）とあまり親しくしませんでした．そして私は先生[11]のところの作業をすることになりました．先生はそこを一人で担当していましたから，先生はとても熱心に教えてくれました．私はわからないことがあったら，先生に聞きました．先生は全部教えてくれました．それ以来，私は先生に手紙を書くようになったんです．）［リンさん，3 回目］

具体例 8

Ví dụ, trong công việc những cái nào khó khăn thì họ sẽ giúp đỡ mình. Hoặc là mình bị người khác ức hiếp hay là bị làm sao đó thì họ sẽ trao đổi với bọn em và họ sẽ giải quyết với lại đối tác. Họ sẽ kiểu như là họ sẽ chú ý tới bọn em. Những người khác thì là trong công việc thì không quan tâm

11 ベトナム語の人称名詞 cô は，既に述べたように女性の先生を表す場合と，やや年上の女性を指す場合があるが，確認したところリンさんはこの女性のことを「先生」という意味で cô と呼んでいる．リンさんは，この女性が仕事や日本語について教えてくれるので，自分にとって「先生」だと考えているという．筆者の調査した範囲で，技能実習生が職場で日本人従業員を「先生」と呼ぶケースはこれ以外にも複数見られた．

đến nhau.（例えば，仕事の中で難しいことがあったら彼女達は助けてくれます．または，他の人にいじめられたりした時も，私達に話を聞いてから，相手と話して，解決してくれます．彼女達は，私達のことを気にかけてくれるんです．でも他の人は，仕事ではお互いに関心を持つことはありません．）［フンさん，２回目］

具体例７でリンさんは，この「先生」と呼ぶ女性に感謝の気持ちを記した直筆の手紙を書き，渡したと述べている．それ以来リンさんと「先生」は親しくなり，プライベートでも交流を持つようになったという．リンさんは今でも仕事でわからないことがあったり，日本語でわからないことがあったりすると「先生」に聞いている．具体例８で述べられているフンさんの職場のこの２人の女性達は，常にフンさん達技能実習生の立場に立ってくれる．何かトラブルがあれば，他の日本人との間の橋渡しをしてくれるのだという．フンさんもこの女性達とは仕事以外でも交流があると語った．

具体例７と８は職場での親切な日本人との出会いであるが，生活の場面でもそのような人に出会うことはある．以下はタンさんとミーさんの語りである．

具体例９

タンさん：Ở công viên em gặp nhiều người lớn tuổi thì em cũng hay chào và cũng hay nói chuyện để em, em nghe người ta phát âm như nghe người ta nói, em muốn nói chuyện.（公園で，たくさんのお年寄りに会います．私はよく挨拶をして，話をします．その人達がどんな発音をするのか，どんな話をするのか聞きたいですから．話したいんです．）

筆者：うん．あの，どんな話，しますか？

タンさん：あ，あいさつとか，今，何歳とか．

筆者：うん．ああ，はいはい．みんないろいろ聞いてくれる．「どこから来たの？」とか．「どこに住んでるの？どんな仕事してるの？」って聞いてくれる．

タンさん：はい．

筆者：ああ，そうですか．タンさんは何を聞きますか？お年寄りに．
タンさん：うんー，em nghe họ chia sẻ.（私はお年寄りの話を聞きます．）
［タンさん，2回目］

具体例 10

Người không thích thì em chưa gặp bao giờ ạ. Khi mà em đi tàu, em không biết là em đi như thế nào, thì em hỏi. Em hỏi những người lớn tuổi, họ sẽ sẵn sàng giúp em, mà có thể là họ sẽ đi cùng em ra đấy.（嫌な人には今まで会ったことがありません．電車に乗る時，行き方がわからないと，私は聞きます．私はお年寄りに聞きます．そうするとお年寄りは私を助けてくれて，私と一緒に行ってくれることもあります．）［ミーさん，2回目］

職場以外でも親切な日本人と出会い，接する機会があれば日本人に対する印象は良くなるだろう．また日本人の行動変容によって，技能実習生が仕事をしやすくなったり，仕事に対する理解が進んだりすることがある．以下に具体例を挙げる．

具体例 11

なんか，えっとはっきりは私の会社で，だってなんか初めて会社に入ったときは，みんなあまりベトナム人と話さなかったですけど，えっと，仕事の，関係だけえっと，話しましたけど，でもなんか今は，えっと，ベトナム人が結構増えてます，増えてきましたから，みんなもちょっとなんかあまり冷たくないかなと思ってる．ええと，なあ，なんかいろいろな仕事の以外のことを聞いてくれました．だからちょっとなんか変わりましたかなと思いました．私たちもなんかちょっと楽になりましたかなと思った．［ハンさん，2回目］

具体例 12

Người Nhật ở công ty em thì biết là tụi em tiếng Nhật không giỏi, thì người ta thường, thường hay nói những cái từ vựng ở vùng Tokyo trước mình học đấy ạ.（中略）Khi công ty nói nhiều mà mình không hiểu thì mình hỏi lại... thì người ta sẽ bảo là từ này là như thế này, giống cái từ kia khi mà mình học, thì mình sẽ hiểu hơn.（私の会社の人は，私達技能実習生は日本語が上手ではないと知っていますから，私達が以前勉強した東京の言葉をよく使います.（中略）たくさん話されて，わからない時，聞き返します．そうすると，会社の人はこの言葉はこういう意味だよ，あなたが以前勉強したあの言葉と同じだよ，と説明してくれます．そうすると，私にとってはよりわかりやすくなります.）［ミーさん，1回目］

具体例11は日本人の行動の変容，具体例12は日本人の言語使用の変容の例である．ハンさんが来日した当初，会社にはベトナム人技能実習生の数も少なく，日本人従業員も接し方に慣れていなかったのだろう．しかし，その後ベトナム人技能実習生の数が増え，徐々にコミュニケーションの取り方に慣れてきたのか，仕事以外のことも聞いてくれるようになった．一方で，ミーさんが話しているのは方言についてである．ミーさんが働いている企業は兵庫県にあり，職場では方言が使用されている．しかし日本人従業員はミーさんが勉強した日本語が方言ではないことを知っているので，ミーさんが日本語に関して不理解を示した時に，言いかえて説明してくれるという．

このように自分が所属しているコミュニティにおいてマジョリティーである日本人側が自分に合わせてくれるという経験は，自分がそのコミュニティに受け入れられているという実感をもたらすと思われる．それによって，【日本人とのつながり】を持つようになる．以下は，イェンさんとハンさんの語りであるが，日本人と積極的に関係を構築していることが窺える．

具体例13

うん．私の同僚とっても優しいし，面白いところばかりで，かなり笑わせて，本当にありがたいことに，ここに来てよかったなと思って，うん，私も頑張って返します．［イェンさん，1回目］

具体例 14

連絡はほとんどはえっと，日本語ですけど，でもなんか一緒のときは連絡はないです．だって，なんか，直接話す，仕事を，話しますので．だから，なんか，もし製品が，何があったら，上司に連絡しないといけない．でもあの人と一緒なら，お互いで仕事をしています．だから，でも最近は冬になったらあまり忙しくないんですけど，でも，なんか，余裕時間があったら，別の冗談の話だけ話して．［ハンさん，3 回目］

イェンさんは介護職に従事している．イェンさんの施設では外国人従業員はイェンさん 1 人だけである．イェンさんは施設の利用者とも日本人従業員とも良好な関係を築いており，仕事の面でもプライベートでも困ったことがあれば相談に乗ってもらっていると語った．ハンさんも日本人従業員と積極的にコミュニケーションを取っている．ハンさんはこの従業員といつも冗談を言い合っていると言い，テキストでは学べない日本語を教えてもらったと嬉しそうに語った．

ここまで見てきたのは日本人と関係を構築しているケースであるが，その逆もある．ここには【不寛容な日本人】，【リアルな日本語の壁】，【日本人との距離】という概念が含まれる．まず【不寛容な日本人】との出会いは，日本人に対する印象を悪化させる．以下に具体例を挙げる．

具体例 15

カンさん：ん，ベト，ベトナム語は，みんなまず禁止．みんな．駄目だじゃありません．おまえ，ベトナム語話すとき，帰って，いらないと言いました[12]．

筆者：ええー．それ，え，それ冗談で，それとも本気で？

カンさん：本気で．冗談じゃありませんです．本当．

筆者：その先輩はいつも怖いんじゃないですよね？時々怖い？

12 カンさんの受け入れ企業では，この従業員はカンさんに対して上記のような発言をしているが，経営者はカンさんに対して親切に接してくれるということだった．

カンさん：はい，時々．いつもやりません．
筆者：いつもは優しい人ですか？
カンさん：いつも，いつも．時々ですね．今日は優しいけど，急に昨日怖いときはありまして，わかりません．［カンさん，2回目］

具体例16[13]

筆者：社長 có tốt không?（社長はいい人ですか？）
トゥイさん：んー，社長…まあまあ．
筆者：まあまあ？ど，どこか悪いところある？
トゥイさん：あ，いつもー，うるさい．
筆者：あ，うるさい．Có nghĩa là la hét hay sao?（大声を出すということですか？）
トゥイさん：はい，はい．
筆者：Tại sao la em? Em đâu có làm sai mà sao lại người ta la?（どうして大声を出すんですか？トゥイさんは間違ったことをしていないのに大声を出すんですか？）
トゥイさん：Ý là nói to ấy ạ.（声が大きいんです．）
筆者：Ý là nói chuyện to hả? Tiếng to?（話すとき声が大きいんですか？）
トゥイさん：Quát. Kiểu như mình mà làm cái gì, bảo cái gì thì là... nói to ấy...（怒鳴るんです．私が何かしたり，何か言ったりしたら，大声で…）
筆者：Mắng không? Cái đó không phải mắng à?（怒られるんですか？違いますか？）
トゥイさん：Không, không mắng ạ.（怒られるんじゃありません．）
筆者：Chỉ là nói to hả?（ただ，大声を出すだけですか？）
トゥイさん：はい．Với lại kiểu như người công ty thì nhiều khi nói chuyện cũng... hay hay không ấy với mình ấy, không nói nhẹ nhàng.（それから，私の会社の人は，私と話すとき…優しくありません．）

13 トゥイさんのこの職場の状況については，監理団体で入国後講習（日本語）を担当していた教員に報告をした．監理団体を通じて受け入れ企業に改善を依頼するとのことだった．

筆者：Cách nói của người ta là như thế à?（会社の人の話し方がそうなんですね.）ちょっと失礼なんですか？Em thấy mất lịch sự?（失礼だと感じますか？）
トゥイさん：Không phải là mất lịch sự mà kiểu như là mình mình... mình không làm cái gì cả mà người ta hay cáu gắt mình ấy.（失礼というんじゃなくて…まるで，私は何もしていないのに，怒鳴られているみたいで….）ずっと lúc nào cũng nhai nhai...（いつも繰り返し繰り返し…）［トゥイさん，2回目］

具体例15では，職場でベトナム語の使用が禁止されていることが述べられている．カンさんの働く会社にはベトナム人技能実習生が数名いるが，職場では「ベトナム語禁止」だと言われている．職場で「ベトナム語禁止」となっているのはカンさんの職場だけではない．ベトナム人同士であれば，日本語で話すよりベトナム語で話す方が正確に情報伝達でき，作業の安全も確保されるように思われるが，なぜあえてベトナム語を禁止するのだろうか．おそらく技能実習生が何を話しているかわからない状況を日本人が不快に感じるのだろう．リンさんの職場でも「ベトナム語禁止」であるが，理由は「ベトナム人技能実習生同士がベトナム語で仕事に関係のないことを話しているようだから」と説明されたという．しかし，日本人同士が働いている場面でも，果たして仕事の話だけをしているだろうか．仕事をしていれば必ず仕事についてのやり取りは発生する．それに加えて，ハンさんの語り（具体例14）にあるようなコミュニケーションを取ることは非難されることなのだろうか[14]．トゥイさん（具体例16）の企業でも，日本人従業員の行動には配慮が感じられない．トゥイさんは周囲の日本人従業員の日本語が理解できない

14 本分析においてスーパービジョンを依頼した瀬尾朝子氏（勝央にほんご教室創設者）によると，氏がこれまで関わった企業の中にも職場でベトナム語使用を禁止しているところがあったが，それはベトナム語を使用すると日本語学習の妨げになる，日本人従業員と仕事を共有できるようにしたい，と企業側が考えていたからであり，その理由を技能実習生にも説明し，理解を得ていたという．職場における言語使用については，このように話し合いをもって双方納得の上で方針を決めることが肝要であろう．

時もあるという．そんな時には相手の話す様子から意図を理解しようとすることもあるだろう．たとえ言っている側は怒鳴っているつもりがなくとも，言われている側にはそう感じられることもある．

このように相手の気持ちを慮らない日本人側の言動が，技能実習生に心理的な圧力をかける．また，上記のような明示的な発言や行為以外でも，日本人との間に距離を感じさせるきっかけになることがある．以下に具体例を挙げる．

具体例 17

えっと，ベトナム，ベトナムの料理は，電子レンジで入れたら，温めるときは，匂いはすごくが，して，そのときは，それ，そのときは日本人の顔色はえっと，あんまり好きじゃない感じしています．［タイさん，2 回目］

具体例 18

トーさん：日本人は仕事は，とっても，ちゃんとね，ちゃんと働いていますが，えと，普通の生活に，ちょっと冷たいね．
筆者：ああ，そうですか．
トーさん：冷たいと思います．近所に，近所に全然話せません．［トーさん，1 回目］

具体例 17 で語られているのはベトナム料理によく使用されるヌォクマム（魚醤）の匂いのことである．持参した弁当を，昼休憩の際に会社の食堂の電子レンジで温めたところ，魚醤の匂いがした．すると，周囲の日本人従業員はそれに不快そうな反応を示したという．また具体例 18 でトーさんは，近隣の住民との間に会話がないことについて冷たさを感じると語っている．「日本人は冷たい」という語りは他にもいくつか見られた．上述のハンさんの例（具体例 11）では，日本人の行動が変容し，話しかけてくれるようになったことで「楽になった」と語られている．コミュニティが人間によって構築されるものである以上，そこへの参入は人とのかかわりを持つことを介して実現される．かかわりを持つきっかけが得られない（会話がない）状況が，トーさんに「日本人は冷たい」と感じさせているのだと考えられる．

続いて【リアルな日本語の壁】を見ていきたい．これは「日本語は学んだが，実際に使用されている日本語がわからないことがある」と定義した．以下に具体例を示す．まず具体例 19 は，職場での日本語使用に関して述べられている．

具体例 19

ナムさん：ほかには…多分，ものは，でも色々な呼ぶことはあるんですけど，多分，他の人は違う呼ぶから，だからわかりません．
筆者：それはちょっと困りますね．どの言葉を言えばいいのかわからない．
ナムさん：鉄板ですけど．でも他の人は，調整板と呼ぶです．
筆者：調整板と呼ぶ．それは困りますね．
ナムさん：はい．困りました．［ナムさん，2 回目］

ナムさんは建設業に従事しているが，職場では資材の呼び方が人によって違うので，初めは戸惑ったという．作業工程を覚えるだけでなく，一つの物を指す複数の異なる名を覚えなければならないことは，ナムさんにとって負担であったことだろう．

具体例 20

私住んでいる所，すごい方言ばかりで．今もう 1 年過ぎですけど，まだわからないところもありますけど．［イェンさん，1 回目］

具体例 21

タイさん：はい，ベトナムで，基本的発音で，毎日，聞きました．CD，CD から，聞き取りました．あ，資料の発音は，えっとー，東京弁，ですね．
筆者：そうですね，はい．でもタイさんがいるのは京都ですね．

タイさん：えっとー，初めて来てから，ショックしました．わからなかった．
筆者：そうですか．どのぐらいしたらわかるようになりました？
タイさん：えっとー，今でも，時々，聞き取れなかった．
筆者：あーそうですか，今でも，今でも．［タイさん，1 回目］

具体例 20，21 は方言の使用についてである．イェンさんが住んでいるのは高知県で，方言が 3 種類もあるという．さらにイェンさんは介護職に従事しているが，お年寄りの方言は聞き取りにくいという[15]．一方タイさんが住んでいるのは京都府である．就労先で使用されている日本語は，ベトナムで学んだ教材の音声とは違っていたため，「ショック」を受けたと語っている．方言が難しい，わからないという語りは，これら以外にも多く見られた．方言の他にも，「速く話されると指示が理解できない」，「知らない言葉を使って説明されても意味がわからないので，その言葉で何度説明されてもわからない」などの語りがあった．

【不寛容な日本人】に接し，【リアルな日本語の壁】に取り囲まれる環境にいると，結果として【日本人との距離】が埋まらない状況となることがある．これは「職場や生活の場面で日本語を使って日本人とコミュニケーションをとることが少なく，職場での人間関係が構築されていない」と定義した．以下に具体例を挙げる．

具体例 22

筆者：あの，プライベートな話．プライベートな話っていうのは，家族のこととか，例えば休みの日に何したの？とか，そういう話は今しますか？日本人と．
ナムさん：しない．
筆者：ぜんぜんしない？

15 特に地方の介護現場でお年寄りが使用する方言については，使用しないよう求めることが難しい場合もあるだろう．その場合は，技能実習生がわからないことを何でも，何度でも聞ける環境を整えることが必要であろう．

ナムさん：ぜんぜんしない.
筆者：どうしてしないのかな？
ナムさん：んー，なまける.
筆者：だって休み時間でしょ？休み時間だからべつにいいでしょう．なんでしないのかな．ナムさんはしたいですか？
ナムさん：んー，したい，したいかな…でも，するでもいいし，しないでもいい．大丈夫.
筆者：そうですか．でもちょっとおしゃべりしたほうが楽しいですよね.
ナムさん：はい，そうです．ときどき，多分，気持ちがない.
筆者：あー，それどうして気持ちがないんですか？
ナムさん：どうしてか，私もわかりません．ずいぶんない．Mình cảm thấy như vậy thôi.（自分がただそう感じるだけです.）［ナムさん，2回目］

具体例22では日本人と話そうという気持ちが起きないということが語られている．これ以外にも，「職場の日本人と話さない」「職場外で日本人と交流はない」「日本人の友人はいない」という語りは複数見られた．このように 周囲との関係 は構築できている場合とそうではない場合がある．前者の場合は技能実習生にとっての「いま・ここ」のコミュニティ，つまり日本社会への参入が起こっていると言えるだろう．一方で関係構築がなされていない場合は，それは起こっていない．しかしそれでも日本社会で就労し，生活していくことを可能にしている要素が，サブカテゴリー 今の日本語で何とかなる に含まれる4概念で示されている．一つずつ見ていきたい.

まず【限定的な日本語使用】である．これは「職場や生活場面で日本語をほとんど使わないか，使っても決まった言葉しか使わない」と定義した．日本で生活している以上，日本語を全く使用しないということはないが，使用しても限定的な使用に限られていることを示している．以下に具体例を挙げる．まず職場での例である.

具体例 23

トゥイさん：Công việc của mình như vậy thì mình cứ làm thôi ạ.（自分の仕事はこれだから，ただそれをやるだけです．

筆者：Thì không cần nói hả?（じゃあ，話さなくてもいいですか？）

トゥイさん：Ít lắm. Kiểu như là việc của mình đến, sáng đến thì mình cứ làm thôi ạ.（とても少ないです．自分の仕事を，朝行って，ただやるだけです．）［トゥイさん，1 回目］

具体例 24

筆者：Trong công việc hàng ngày thì có sử dụng tiếng Nhật không?（毎日の仕事で，日本語を使いますか？）

チーさん：Dạ, cũng ít thôi ạ, cần tập trung vào công việc nhiều.（少ないです．仕事に集中しなければなりません．）

筆者：Sử dụng tiếng Nhật thì sử dụng tiếng Nhật như thế nào? Ví dụ từ vựng, câu gì?（日本語を使用するとしたら，どんな日本語を使用しますか？例えばどんな言葉，フレーズですか？）

チーさん：Thì những câu cơ bản như trong công việc của mình đấy ạ.（基本的な，仕事で使われるフレーズです．）［チーさん，1 回目］

具体例 23，24 では，職場においてほとんど日本語で話すことはなく，話したとしても決まった言葉だけを使用すると語られている．そして次の具体例 25 では，技能実習生当人と日本人従業員との間に通訳をする人が介在するので，日本語を使うことがほとんどないことが語られている．このように技能実習生が日本語を使用しなくても業務が進むようにあえて会社側が人員配置をすることにより，技能実習生の日本語使用が限定的になるケースもある．

具体例 25

Người Nhật họ muốn cái gì thì họ sẽ nói với quản lý người Việt, rồi người Việt người ta sẽ nói lại với người khác nên sự giao tiếp tiếng Nhật hạn chế không có nhiều, nhiều lúc tụi em muốn nói thẳng nói chuyện thẳng với người Nhật nhưng họ bắt buộc tụi em phải nói thông qua quản lý người Việt, người đó sẽ truyền miệng đến người kia nên em không có tiếp xúc và giao tiếp nhiều. Rồi chỉ có hằng ngày vô chào hỏi sáng trưa chiều tối xong này kia rồi về. (会社の日本人は，何か言いたい時，ベトナム人の責任者に言います．そしてそのベトナム人の責任者が他の人に伝えます．ですから，日本語での交流は限られていて，多くないです．私達実習生が日本人に直接言いたいことがある時も，日本人はベトナム人の責任者を通せと言います．そのベトナム人の責任者が，日本人に伝えます．ですから，私達は日本人と接したり交流したりすることが少ないです．毎朝会社に行ってあいさつをして，仕事が終わって帰るだけです．)［マイさん，1回目］

マイさんの受け入れ企業には，技能実習生ではなく正社員として雇用されているベトナム人従業員がおり，その人が日本人従業員とベトナム人技能実習生の間の通訳をする．技能実習生が直接日本人従業員と話すことはできないので，会社では「あいさつをして，仕事が終わって帰るだけ」だという．このように技能実習生の働く職場では日本語をほとんど使用しないか，使用しても限定的である場合がある．

続いて職場以外の生活場面での日本語使用が限定的であることの具体例を挙げる．具体例 26 はコンビニのレジでの会話についてであるが，決まったやり取りしかしないことが語られている．

具体例 26

ナムさん：大丈夫．多分，多分，簡単言葉ですから．ポイントカード持ってないとか，袋大丈夫とか．大丈夫です．

筆者：そっか，それももう覚えました？全部．

ナムさん：はい．もう覚えました．［ナムさん，2回目］

以上のようにベトナム人技能実習生は職場や生活の場面において日本語を使用するが，それは限定的である場合が多い．そのため，職場でも仕事をこなすことができ，生活の場面でも困難に直面することはあまりない．しかしいくら職場での日本語使用が限定的だとしても，全く使用していないわけではない．職場で使用される日本語は学習し，覚えることが必要なはずである．その点がどのように克服されているのかについて説明するのが【就労のための日本語の獲得】である．これは「職場で使用される専門的な語彙を，仕事を通じて覚え，実際に使用し，仕事を遂行することができるようになっている」と定義した．技能実習生は就労場面において必要な日本語を，就労実践を通じて覚えていく．以下に具体例を挙げる．

具体例 27

筆者：その言葉を聞いたら，何をすればいいか，すぐわかります？

ナムさん：はい．すぐわかります．

筆者：んー，それすごいですね．

ナムさん：仕事の中だから．

筆者：例えば cho tôi hỏi một chút. Từ vựng, danh từ là nhiều, đúng không? Không phải là động từ. Khi mà em nghe danh từ, ví dụ Teppan, thì em biết là hành động mình nên làm là gì luôn hả?（ちょっと教えてほしいんですが，言葉は，名詞が多いですね？動詞じゃありません．名詞，例えば鉄板と聞いたら，何をすればいいかまでわかるということですか？）

ナムさん：Dạ. Em biết luôn.（はい，わかります.）

筆者：どうしてですか？

ナムさん：んー，多分，công việc thì một năm nó, công việc nó sẽ chỉ như thế như thế như thế, cứ làm như thế thôi, thì quen công việc đó rồi. Thì làm đến cái lúc mà sẽ lấy cái đó để làm cái đó thì em lấy luôn.（仕事を1年やってみたら，仕事はただこう，こう，こうやるだけでしたから，仕事にもう慣れました．今は，（聞かなくても）わかりますから，（その言葉を言われたら）私はそれを取る，というわけです.）［ナムさん，2回目］

具体例 28

筆者：ミーさん，会社で漢字を見るときって，いつ？いつ見ます？

ミーさん：うーん，しる，しるです．

筆者：しるって何？あー，シール．
ミーさん：はい，シール．
筆者：これ何という魚，どこに送りますとか．
ミーさん：ここはどこ行きます．どこ行きます．あの，名古屋ですか，北海道ですか．
筆者：それ難しいでしょう．漢字．難しいですよね．
ミーさん：いっぱいです．名札，使い，いっぱい使う．私，覚えます．
［ミーさん，２回目］

具体例 27 では，１年間の仕事を通じ，資材の名前を覚え，資材の名前を聞くとそれで何をするのかがわかるようになったと語られている．また具体例 28 では出荷先の地名の漢字に多く触れることによって覚えたということが語られている．いずれも実際の作業を通じてその言葉（文字）に何度も触れた結果，覚えたという例である．このようにして職場で使用される日本語を覚え，実際にそれが使えるようになる．以下に具体例を挙げる．

具体例 29
ザンさん：ボルトは，なく，なくなったけど．きんたん，きんたんに反応した．きんたん．
筆者：きんたんって，あ，金属探知機だ．
ザンさん：はい．きんたん反応したときにー，あの，連絡して，報告した，「社長，きんたん反応したんだけど，ちょっとー確認して」，例えば．［ザンさん，１回目］

具体例 30
筆者：え，どんなことをインカムで，どんなことを言いますか．
フンさん：はい，えー，サインのラインのサインですよ．えっと，あー，不足分いるとき，私を呼んで，足りない不足分とき，私を呼ぶ．
筆者：じゃあ電話が来るんですね．フンさん，もしもし，フンさん，すいませんって電話が来て．で，フンさんは聞きますか．
フンさん：はい，はい，例えば，えー，え，えーよく，「フン君，紅ショウガ，増やしまーす」とか「加熱からえーと，具材の方，えー，不足分のおろしあるので，お願いします」とか．［フンさん，1回目］

具体例31

リンさん：ピッキング，あー，ソーイングとピッキングをして．あー，仕分けとか，梱包とか，はい．（中略）はい．あ，ハンドリー，ハンドリー，ハンドリーフィット．ハンドリーフィット，わかりますか．

筆者：わかりません．

リンさん：ハンドリーフィットをこれ．

筆者：あ，こうやって押すんですか．

リンさん：はい，これをフッティ，使います．［リンさん，2回目］

具体例32

魚，切ります．切って．内臓を取って．ラップ．ラップは，まい，巻いて．うーん，魚，箱，いれ，入れます．［トゥイさん，1回目］

具体例29から32までは，職場で実際に使っている日本語の例である．来日前後の講習で学習したものではないと思われる言葉（「金探」，「紅ショウガ」，「ピッキング」，「内臓」など）が見られる．これらは，作業を通じて学んだものだと考えられる．実践を通じて身につけたこれらの言葉を使うことによって，技能実習生は日々の仕事の遂行を可能にしている．

ここまで限定的な日本語使用と，働くために必要な日本語を身につけたことを見てきたが，いくら日本語使用が限定的であっても，いくら仕事で使用される言葉を覚えたとしても，複雑な日本語使用を求められる場面に遭遇することはある．そんな状況に対処する手段が【ベトナム人からの助け】と【コミュニケーションストラテジーの駆使】である．まず【ベトナム人からの助け】から見ていきたい．この概念は「日本での仕事や生活で，日本語がわからなくてもベトナム人の助けが得られる」と定義した．以下に具体例を挙げる．まず具体例33は，職場にベトナム人の同僚がいるので，彼らに助けてもらっているという語りである．

具体例 33

筆者：Nơi làm việc có nhiều người Việt Nam không?（職場にはベトナム人がたくさんいますか？）

チーさん：Dạ, có nhiều. Có hơn 12 người.（はい，たくさんいます．12人以上です．）

筆 者：Thế à, thế thì mấy bạn khác có biết tiếng, nói tiếng Nhật không?（そうですか．他の人は言葉がわかる，日本語が話せますか？）

チーさん：Dạ, có ạ. Có bạn biết có bạn khác biết chút chút. Không biết thì có các bạn phiên dịch.（はい，わかります．わかる人もいますし，少ししかわからない人もいます．わからない時は誰かが通訳します．）

筆 者：Ngoài thời gian làm việc ra thì có khi nào em nói tiếng Nhật không?（仕事の時間の他に，日本語を使う場面はありますか？）

チーさん：Ít khi, tại em toàn ở với các bạn Việt Nam không nên ít khi nói.（少ないです．私はいつもベトナム人とだけ一緒にいますから，日本語を話すことは少ないです．）

筆者：Ví dụ như đi ra siêu thị mua đồ thì như thế nào?（例えば，スーパーで買い物する時どうですか？）

チーさん：Thì đi thanh toán … thì các bạn đi cùng đấy ạ.（レジの時は…みんなと一緒に行きます．）［チーさん，1 回目］

チーさんはインタビュー当時技能実習 4 年目（技能実習 3 号）であったが，職場でも生活の場面でも日本語を使用することはほとんどないという．それは同僚のベトナム人が助けてくれるからである．チーさんは筆者とのインタビューも全てベトナム語で行った．さらに，助けてくれるベトナム人は職場の同僚だけではない．遠隔地に住んでいる人，例えばそれがベトナムであっても，SNS などを利用して連絡を取り合い，困った時には助けてもらうことができる．

具体例 34

Những cái nào không hiểu thì em nhờ những người Sensei dạy của em ở Việt Nam nè. Nói chung xung quanh em có nhiều người giỏi lắm, chỉ có em là ấy thôi.（わからないことは，ベトナムにいる私の先生達に聞きます．私の周りには日本語が上手な人が多いんです．そうじゃないのは私だけです.）［マイさん，1 回目］

このようにベトナム人の助けを得られることで，ベトナム語で生活できる環境が生まれる．さらに多様な言語的・非言語的資源を使った【コミュニケーションストラテジーの駆使】によって目標とする行動を達成している現状もある．以下に具体例を見ていく．まず具体例 35 は，電話（スマートフォン）の翻訳機能を使うという語りである．

具体例 35

筆者：ナムさんは日本語がわかるから，よく通訳したりしますか？
ナムさん：ちょっとできます.
筆者：じゃあ，社長はナムさんに日本語で言って，ナムさんがベトナム語でみんなに言いますか？
ナムさん：ときどき，わかるですけど．たぶんは，わからない.
筆者：あー．わからないとき，どうしますか？
ナムさん：社長は，ゆっくり話しましたとか，電話で，ベトナム語は，説明するとか.
筆者：その，phiên dịch（通訳）がいますか？
ナムさん：や，ちがう．電話で，グーグルです．［ナムさん，1 回目］

その他にも，スーパーで商品を探すときにその名前がわからなければ画像を検索して店員に示すという例もあった．続いて具体例 36 は仕事の指示がわからない場合の対処法である．

具体例 36

トゥンさん：例えばは，うーん，課長は話すけど，わかりませんは，意味はわかりませんのは，あの，例えば，それはまずあー，やってください，けどね，私はわからんけど，うーん，違う仕事はまずやっている.

筆者：うん，あー，なるほど．で，あ，違うよって言われる．
トゥンさん：今は日本語をわからないときは，やってみる．それから聞いている．やってみて，オッケーだったら，そのままで，駄目だったら，言われる．［トゥンさん，1回目］

具体例36でトゥンさんは，日本語での指示がわからない場合は，とにかくまずやってみるのだと語っている．正しければそのまま何も言われないが，間違っている場合は指摘されるので間違っていることがわかる．このように彼らは言語・非言語の多様な資源，ストラテジーを使ってコミュニケーションを成立させていることがわかる．

以上の4概念【限定的な日本語使用】，【就労のための日本語の獲得】，【ベトナム人からの助け】，【コミュニケーションストラテジーの駆使】によって 今の日本語で何とかなる 状況が作られており，そのために技能実習生は「いま・ここ」のコミュニティとのかかわりが希薄であっても，日本での生活を継続することが可能となっている．

カテゴリー3　実習修了後の未来

このカテゴリーは いずれ帰る ， 将来のことはまだ決められない ， 合格証書の経済的価値 の3サブカテゴリーによって構成されている．まず いずれ帰る であるが，このサブカテゴリーには，【家族への思い】が含まれる．

具体例37

トーさん：えーと，私の両親ね，両親ね，ちょっと，歳をとる．30え，いえ，60さ，63歳ぐらい．はい．2年で2年は65歳ね．なります．あー，ちょっと高いね．で，えーと，お世話を，お世話したいです．
筆者：じゃあ，ベトナムに帰るかもしれません？
トーさん：はい．［トーさん，1回目］

具体例38

筆者：どうして帰りますか？

フンさん：あー，tại vì em muốn... em muốn về chăm sóc cha mẹ và ở gần với gia đình.（なぜなら，私は帰国して両親の世話をしたいからです．家族のそばにいたいです．）はい．［フンさん，1 回目］

いずれ親の世話をするために帰国するという語りは，ほぼすべての技能実習生に見られた．また子供がいる人は，子供への思いを語った．

具体例 39

筆者：うん．子どもに会いたいですね？
トゥイさん：はい，会いたいです．でも，子どもは，んー，phải có người dạy, sensei. Học lớp 1 lớp 2 mà không có người dạy.. sợ... Ông bà ở nhà dạy ... thì bây giờ hơi khó.. có kiến thức mới, nhiều cái ông bà không biết.（教育する人がそばにいないといけません．小学校 1 年生，2 年生になっても教育する人がそばにいないのは，心配です．祖父母が孫を教育するのは難しいです．新しい知識は，祖父母はわかりません．）
［トゥイさん，2 回目］

トゥイさんはインタビュー当時技能実習 1 年目であり，受け入れ企業との契約があと 2 年残っていた．2 年後日本での就労を継続するのか，それとも帰国するのかまだわからないと語ったが，帰国を考えるのはベトナムに残してきた子供が心配だからだという．トゥイさんは 3 歳になる子供をベトナムに残して夫と共に渡日している（夫も技能実習生として来日し，別の会社で溶接の仕事をしている）．トゥイさんは毎晩子供と SNS を通じて話しているが，子供がスマートフォンで遊ぶようになってしまったことが心配だと語った．さらに祖父母に任せっきりの子供の教育についても心配をしている．このように，ベトナム人技能実習生の家族に対する思いは強い．そのためいずれ帰国し，家族のそばで暮らしたいと考えている人が多い．

この いずれ帰る というサブカテゴリーに並ぶのが，将来のことはまだ決められない である．調査 1（第 4 章）の調査対象者もそうであったように，ベトナム人技能実習生は若い世代の人が多く，将来についてまだ明確な展望が持てない場合も多い．現在彼らの前には，技能実習の3年を終えた後すぐに帰国するという選択肢もあり，滞在期間をさらに2年延長する（技能実習3号）という選択肢もあり，さらに在留資格を特定技能に変更するという選択肢もある．また，留学生として再来日することを希望する人もいる（道上，2021a）．技能実習生が選択できる道は多様化したが，若い世代にとって将来のことはなかなか決められない問題である．

具体例40

筆者：ベトナムに帰ってから，何をしたいと思っていますか？
タンさん：あー，今，私は考えている．考える．あー，例えば，髪の店．日本語は上手になったきたときは，ああ，べ，ベトナムで，ああ日本の会社に，働きたい．今いろいろな，頭の中はいろいろなことが考える．今は若いですから．まだ．Bây giờ thì đang còn trẻ nên chưa có thể nghĩ ra được sau này sẽ làm gì nhưng mà dự định trong đầu là như thế.（今はまだ若いですから，これから何をするかはまだ考えられません．でも，今頭の中ではこんな予定です．）（タンさん，1回目）

具体例41

筆者：3年して，ベトナムに帰ってから何をしたいですか．
ナムさん：たぶんー，まだ決めないですけどー，có thể（たぶん）…日本に戻るー…とか，日本に，日本に戻る，戻ります，もど…
筆者：Visa kỹ sư（エンジニアビザ）で[16]？
ナムさん：Dạ, không. Cũng có thể là... đi thực tập sinh lại 2 năm tiếp, nhưng em em đang... chưa quyết định tại vì em đang định là về Việt Nam làm... làm... bên tiếng Nhật cũng có thể, hoặc có thể về nhà ở cùng với bố mẹ luôn vì bố mẹ cũng cao tuổi rồi.（いいえ．たぶん…技能実習生としてあと2年です．でも，私はまだ決めていません．なぜなら今はベトナムに帰って働きたいと考えているからです．…日本語を使った仕事

16 ナムさんはベトナムで大学を卒業しているので，在留資格は技能実習ではなく，技人国を取得することも可能であった（表5-5参照）．しかし，当時送り出し機関において技能実習生の募集しかなかったため，技能実習生として渡日することにしたという．

かもしれません．または，実家に帰って両親と一緒に暮らすかもしれません．両親も年を取りましたから．）
筆者：そうですか…．じゃあ今はまだ特にわからないけど…．夢，ước mơ（夢）はありますか？
ナムさん：夢はー，喫茶店を．喫茶店を．
筆者：いいですねー．カマウで？
ナムさん：カマウで．（ナムさん，1回目）

具体例42
ザンさん：夢は，今ない．あーん，とりあえず，お金はちょっと貯金して，あの，今はまだ，あ，なん，足りないです．
筆者：うーん．
ザンさん：あの，もう1年間は特定になる[17]，なりたいですが，あの，いつー，お金は，貯めて，ベトナムへ帰る．（ザンさん，2回目）

タンさんは，いずれ帰国するが今はいろいろな夢があって決められないと語った（具体例40）．ナムさんは，夢は出身地であるカマウ（ベトナム最南端の省）で喫茶店を開くことだが，それ以外にもいろいろな可能性があることを語っている（具体例41）．ザンさんは，もうすぐ技能実習3年が終わるが，その後は在留資格を特定技能に変更すると語っている．貯金ができたらベトナムに帰国するが，その資金で何をするかはまだ決めていないという（具体例42）．

しかし，いかなる道に進んだとしても 合格証書の経済的価値 をベトナム人技能実習生の多くは認識している．このサブカテゴリーは，【ベトナムに持ち帰るもの】と【日本語を使う職への希望】という概念を含む．まず【ベトナムに持ち帰るもの】から見ていく．これは「技能実習を通じて技術などを学ぶことなどは期待できないので，得られるものは日本語であり，せめてそれをベトナムに持ち帰りたいと考える」と定義した．以下に具体例を挙げる．

17「特定技能」の在留資格に変更するという意味．

具体例 43

はい．ええ，私は今，ああ，ここで，うん，製麺が働いてるから，他のこと，他のことも経験もありませんですから．日本語だけですから．［タンさん，2 回目］

タンさんは食品製造業で製麺の仕事を担当しているが，製麺の技術を学んでもそれをベトナムに持ち帰ることはできないと語った．それは製麺の工程は食品（惣菜）を製造する工程の一部にすぎず，製麺だけでは商品を完成させられないからだという．そのため，タンさんはベトナムに持ち帰るものは日本語だと語った．

具体例 44

リンさん：Với công việc hiện tại của em... thì kinh nghiệm mà để sau này về làm việc... sau này về Việt Nam làm việc... thì em thấy không có gì dư, còn bên cạnh đó có thể có đó là tiếng Nhật.（現在の私の仕事では，ベトナムに帰国してから働くための経験が…ベトナムに帰って働くには…貯金はできません．あと役立つものと言ったら，日本語があります．）

筆者：日本語？

リンさん：はい，日本語です．Trong thời gian làm việc đó thì em có giao tiếp với người Nhật, cho nên em cũng có một chút kinh nghiệm về giao tiếp, khi về Việt Nam em có thể xin vào công ty Nhật hoặc là những nhà hàng hay là những gì đó, hoặc là những cái cửa hàng nào đó của Nhật.（技能実習の期間，私は日本人と接しました．つまり，日本人と話をした経験を少しですが，持っています．ベトナムに帰ってから日系企業や，日本食レストランや，日本のお店などで働けると思います．）［リンさん，2 回目］

リンさんは工業包装の仕事をしている．リンさんにとっても，「帰国後，役に立つものは日本語」だという．また，アンさんは日本語能力試験の N3 に合格したいと語り，その理由を以下のように説明した．

具体例 45

Vì mục đích của mình qua đây...mình đã tốn nhiều thời gian rồi thì mình phải... khi về phải có cái gì đó trong tay.（なぜなら私がここに来た目的は…私は多くの時間を費やしましたから，何かこの手に掴んで帰らなければなりません.）［アンさん，2回目］

多くのベトナム技能実習生にとって，日本へ行くこと自体が多くの時間と多額の費用の投資であることは既に述べた．投資したからには何らかの形で投じた資本を回収したいと考えるのは自然なことだろう．それがわかる語りである．

続いて【日本語を使う職への希望】を見ていく．以下に具体例を挙げる．

具体例 46

なんかそのときは，えっと，○○[18]の先生たち，なんか結構優しくて，えっと，みんなのためで，学生さん，生徒さんのためで一生懸命頑張ったり，ええ，いろいろな教えてもらったり，私すごく感動しましたから，そのときはなんか，えっと，私も日本語の先生になりたいから，なったらまたえっと，技能実習生に，なんか私の意識を教えてあげたいと思いました.［ハンさん，2回目］

具体例 47

ミーさん：Khi mà em muốn... em thi được bằng thì em đi làm ở công ty Nhật. Thì em không biết là..... em muốn làm văn phòng.（私が，日本語能力試験に合格したら，日系企業で働きたいです．わかりませんが…事務所の仕事がしたいです.）

筆者：あー．Làm việc ở văn phòng.（事務所の仕事）

ミーさん：はい．

筆者：日本語を使う仕事ですか，日本語を使わない仕事？

ミーさん：日本語，日本語は．使う，使いたい，はい．

筆者：なるほど，わかりました．日本語を使う事務所の仕事．

18 ○○は送り出し機関の名前を言っているのだが，ここでは名前を伏せる．

ミーさん：はい．［ミーさん，1回目］

具体例46は送り出し機関の日本語教師になることを考えているという語りであるが，元技能実習生が日本語教師として送り出し機関で働くケースは先行研究でも報告されている（岩下，2018，2020；道上，2021aほか）．日本語を使う仕事として技能実習生にとってイメージしやすいのが送り出し機関の日本語教員であるのだろう．また具体例47では「日本語を使う事務所の仕事」を希望するという語りであるが，ベトナムでは工場などで行う現場作業ではなくオフィスなどでデスクワークをする職業をnhân viên văn phòng（事務所の職員）と呼び，好まれることが多い．ミーさんの語りにもそれが表れている．日本語能力試験の合格証書が日系企業で「事務所の仕事」を得るための必要条件だとミーさんは考えていることがわかる．

このようにベトナム帰国後に日本語を使った仕事がしたいという希望があれば，それは日本語学習の動機づけになるだろう．しかし企業側が日本語能力試験などの合格（N3，N2以上など）を採用条件として設定することが多いため，彼らの学習目的が試験の合格になることは往々にしてある．さらに日本語能力試験の合格証書は，日本語を使わない道を選択しようとしている人にとっても必要な場合がある．トゥンさんは将来ベトナムに帰国してベトナム料理店を開きたいと語ったが，調査当時日本語能力試験のN3の合格を目指していた．それはなぜなのかという筆者の質問に対するトゥンさんの説明が具体例48である．

具体例48

トゥンさん：それから，うーん，ベトナム，かえ，帰ってからあのー，機会に会う．

筆者：うん？あー，チャンスかな，チャンスがある．

トゥンさん：チャンス，チャンス．

筆者：うん，あのちょっと，私ちょっとわからないんですけど，あのー，レストランをつくるのにN3要りませんね．

トゥンさん：はい，要らないです．
筆者：でもどうして N3 持ってベトナムに帰りたいんですか．
トゥンさん：レス，レス，店を欲しいね．けど，あのー，欲しいは，あー，うん，店は作るは，お金がいっぱいかかる．それから，あのー，店は駄目だから，店は駄目だったら，違う仕事はする．
筆者：うんうん，あーもし，店駄目だったら違う仕事をする．
トゥンさん：はい，そうです．
筆者：あー，そのとき，日本語が要る．
トゥンさん：要る．
筆者：あー，そのために N3 が欲しい．
トゥンさん：はい．
筆者：なるほど．なんか，あのー，まあ bảo hiểm（保険）みたいな感じですか．
トゥンさん：Bảo hiểm（保険）じゃない，これは dự phòng．［トゥンさん，1 回目］

トゥンさんは日本語能力試験の N3 合格を目指すのは “dự phòng” のためだと語った．このベトナム語の言葉には「何か良くないことが起こった場合に備え，事前に準備しておく」という意味がある．つまりトゥンさんは日本語能力試験の合格証書が自分を守るものだと考えていることがわかる．将来には多様な選択肢があるが，どのような選択をした場合であっても，「還流型」（宮島・鈴木，2019）人材である彼らはいずれベトナムに帰国し，ベトナム社会に参入していく．そこで経済，文化，人的資本を獲得していくためには，日本語，具体的には日本語能力試験の合格証書が役に立つことを彼らは認識しているのである．

カテゴリー 4　日本語学習

前節までカテゴリー 1 未来のために，カテゴリー 2 いま・ここを暮らす，カテゴリー 3 実習修了後の未来 を見てきた．最後に四つ目のカテゴリー 日本語学習 について述べる．まず既述のように，ベトナム人技能実習生の日本語学習は実習修了後の未来を目指す志向性の中で行われる（図5-2参照）．そして，「いま・ここ」の暮らしにおける日本社会との関係からも，彼らの日本語学習は影響を受ける．このカテゴリーには学習目的，学習行動，阻害要因の3サブカテゴリーがあり，学習目的と阻害要因が2概念，学習行動が3概念によって構成されている．

まずサブカテゴリー学習目的を見ていく．学習目的は，【会話力の向上】と【試験合格】の大きく二つに分かれる．まず一つ目の【会話力の向上】から述べる．これは「口頭でのコミュニケーションを重視し，日本語を勉強して日本語で会話ができるようになりたいと考えている」と定義した．以下に具体例を挙げる．

具体例49

なんか，日本語が上手になったら，いろいろなことができるじゃないですか．例えば，えっと，会社の仕事も，えっと，指示者の命令を命令がわかる．わかる，わかったら仕事がうまくできるようになるんじゃないですか．次は生活も病院も，えっと，いろいろなことが生活できるようになると思いますから．［ハンさん，1回目］

具体例50

筆者：あの，タイさんはなんか会話の練習が大事だなあって思ってるんですね？

タイさん：あー，はい．生活のため，会話が，えと，生活のためは会話が一番大切だと思います．

筆者：タイさんにとって，生活というのは，あの会社での仕事の意味ですか？それとも，普通の生活のことですか？

タイさん：両方も．

筆者：両方とも？

タイさん：両方ともに．はい．

筆者：日本での生活全部のことですね？

タイさん：はい．買い物とか，えっと遊びに行くとか，電車に乗るとか．会社ではえっと，仲間をコミュニケーションするとか，えっと，

上司になんかな，困ったこととか上司に，助けてほしいときとか．［タイさん，2 回目］

このように会話力が向上すれば，日本での仕事においても生活においてもコミュニケーションが容易になり，日々の暮らしが順調に進むようになると考えていることがわかる．続いて具体例 51 はマイさんが「日本語で会話できるようになりたい」と考えたきっかけを説明している語りである．語りの中に出てくる田中さん（仮名）は，マイさんが職場で問題を抱えていた時，助けてくれた人である．

具体例 51

Ví dụ đi, em muốn nói chuyện với bác Tanaka em chỉ có thể nói đại khái thôi còn sâu vô những vấn đề thì em không thể nói được, bác cũng hiểu, mà những lúc em nói chuyện với bác mà muốn nói sâu xa xíu thì em phải dùng Google dịch, đó, mình muốn nói cái gì mình muốn truyền đạt cái gì mà có cái gì mình muốn nói với người khác thì không thể nói được, đại khái là những câu từ vựng quen thuộc mà lặp đi lặp lại hằng ngày thì nó quá đơn giản rồi, còn cái, những từ vựng mà mình chưa từng học hoặc là mình chưa có tìm tới nó cho nên mỗi lần bất tiện là cái gì cũng phải tìm Google dịch. Mà Google dịch thì nó không có sát nghĩa như mình muốn nói.（例えば田中さんと話したいと思っても，私は大まかにしか言えません．深い話題について話したくても，私にはできません．田中さんも私が言いたいことをわかってはくれますが，私がちょっと深い話をしようと思ったら，Google 翻訳を使うしかありません．人に言いたいこと，伝えたいことがあるのに，言うことができません．だいたいはよく使う単語を毎日繰り返していますが，でもそれはとても単純な表現です．でももし，習ったことがない言葉や今まで調べたことがない言葉だったら，毎回 Google 翻訳で探さなければなりません．それに，Google 翻訳では私が言いたいことそのままではないことがあります．）［マイさん，1 回目］

マイさんは職場の同僚である日本人に頻繁に叱責されていたことがストレ

スとなり，出社できなくなった．その時，田中さんはマイさんを外国人技能実習機構に連れて行ってくれ，その後も様々なサポートをしてくれた[19]．マイさんは困った時に助けてくれた田中さんに感謝しており，田中さんと「深い話題」について話したいと思っている．しかしマイさんの今の日本語の力ではそれはかなわない．簡単なやり取りならできるが，より深い考えや感情を田中さんに伝えるには限界がある．そのためにマイさんは日本語を学びたいのだと語った．

続いて具体例 52 は，日本語学習の意欲が低下したことについてのトーさんの語りであるが，その理由は「勉強しても会話が上手にならない」からだと言う．

具体例 52

筆者：そうですか．じゃあ，トーさんは話す時にあまり使わない日本語はあの，あまり興味がない？勉強しなくてもいいかなって思いますか？

トーさん：はい，そうですね．勉強しても会話はできなくて，興味はちょっと減った．

筆者：ああ，なるほど．やっぱり話すことが一番大事ですか？

トーさん：はい，そうですね．ああ，えーと，日本語を勉強したら，えと，会話できないことが意味がないと思います．［トーさん，2 回目］

トーさんはベトナムで日本語能力試験の N3 に合格してから来日した．日本へ来てからは N2 の合格を目指して勉強をしていたが，会社の人と話せるようにならなかったために，日本語への興味がなくなったと語っている（具体例 56 も参照されたい）．このように，周囲の人々と関係を結ぶために会話力を向上させることが，日本語学習の目的の一つとなっていることがわかる．

一方，学習目的として【試験合格】を掲げ日本語学習に取り組む人もいる．日本語能力試験の合格証書が技能実習修了後に自分を助けるものと認識して

19 田中さん（仮名）は NPO 法人のスタッフで，外国人労働者の支援活動を行っている．

いるベトナム人技能実習生にとって，この学習目的は未来を志向したものだと言える．日本語能力試験のために日本語学習を行っていることを語る具体例を以下に示す．

具体例53

筆者：じゃあリンさん，じゃあ日本語を最近勉強，最近っていうか，テストが終わってから日本語の勉強は．
リンさん：はい．でもN2，3また，また勉強してます．
筆者：あ，また勉強しています？
リンさん：はい．N2，N2．
筆者：あ，ど，どうして？も，もうちょっと難しかったかなと思うから？
リンさん：はい，難しいですから今度，今度希望ない．あのー今度はやっていないと思いますが．
筆者：あー，今度っていうのは vừa rồi（この間）のことね．
リンさん：はい．
筆者：うん，この間ね，この間，この間のテスト．
リンさん：はい，この間，はい．
筆者：駄目だと思う？
リンさん：はい．駄目だと思いました．
筆者：じゃあ，もう1回，もう1回する．
リンさん：はい．［リンさん，3回目］

このリンさんの3回目のインタビューは，日本語能力試験の試験日の僅か数日後に行っている．試験が終わって間もないにもかかわらず，リンさんは再び日本語能力試験合格を目指して勉強を開始したと語っている．今回の試験ではN2を受験したが，合格する自信がないので再受験をするつもりだという．16人のインタビュー対象者のうち，日本語能力試験を受験しないと言ったのはチーさんのみであった[20]．チーさん以外の人は，いずれは日本語能力試験のN3もしくはN2に合格したいと語った．既にN2に合格しているハンさんと介護職に従事するイェンさんはN1合格を目指すと語った．

このように「いま・ここ」で人と関係構築するための会話力の向上と，将来を見据えた資格取得という大きく二つの学習目標のもとベトナム人技能実習生は日本語学習に取り組んでいることがわかる．この二つは全くかかわりを持たない独立した学習目標というわけではない（日本語能力試験のための学習が会話力向上に全く結び付かないわけではない）だろうが，やはり実際に使用される日本語と，試験で問われる日本語では重ならない部分も多い．それが窺えるのがハンさんの語りである．ハンさんはインタビューを行った期間に日本語能力試験のN1に挑戦したが合格できなかった．その理由を以下のように述べた．

具体例54

ハンさん：はい．だってなんかN1だから．ちょっとま，範囲は広くて．でも私の勉強のはちょっとなんかえっと，会社の言葉とか，えっと，冗談の言葉ばっかりを勉強していて，なんかま，あまり出てない．

筆者：あー．それは本を使って勉強したんですか？テキストありましたか？

ハンさん：テキストがありますけど，ほとんどテキストが勉強してない．

筆者：あれ？何で勉強しましたか？

ハンさん：なんか，えっと，ニュースとか．えっと，なんか会社の同僚から教えてもらったり．なんか日本語ボランティア教えてもらったり．［ハンさん，3回目］

ハンさんは地域の日本語教室に通うだけでなく，日本語の小説を読んだり，日本語でニュースを見たり，オンラインでビジネス日本語のレッスンを受講したりするなど，興味があるものを積極的に学ぼうとする自律した学習者である．しかし，それらは日本語能力試験のN1の合格には結びつかなかった

20 チーさんの職場にはベトナム人の同僚が多く，その中に日本語が話せる人がいるので，日本語を使う必要が全くないという（具体例33参照）．チーさんは30代の女性であるが，子供をベトナムに残して出稼ぎに来ている．将来について尋ねると，「できるだけ日本でお金を稼いで家族に送りたい」と語った．

という[21]．続いて具体例55はリンさんの語りである．上述のように（具体例53）リンさんは日本語能力試験のN2の合格を目指して勉強してきたが，その結果日本語が上手になったと感じるか，という筆者の問いに，リンさんは以下のように答えた．

具体例55

リンさん：Em thấy do em không sử dụng nhiều nên là, thường là em sử dụng N3 là nhiều hơn.（あまり使わないからか，私はN3の日本語の方をよく使っています．）

筆者：あー，じゃああんまり変わらない．

リンさん：はい．はい．

筆者：Thế thì hồi mình còn học N3 thì như thế nào? Sau khi học xong rồi kiến thức đó có thể sử dụng được trong cuộc sống hàng ngày không?（じゃあ，N3を勉強していたころはどうですか？勉強した後，学んだ内容を日常生活で使えましたか？）

リンさん：よく使う，よく使います．［リンさん，3回目］

同様の語りはトーさんのインタビューでも見られた．既に述べた通りトーさんは日本へ来る前，ベトナムで日本語能力試験のN3に合格している．日本へ来た後は，N2の合格を目指して学習に取り組んできたが，学んでも周囲の日本人と会話できるようにはならなかったという．

具体例56

えとー，N2のN2の文法は勉強したら，会社の人と一緒に，えーっと，話せない．僕は，はな，話したが，N2の文法ね，会社の人は全然わからなかったから．N3のN3の文法はOKですが，みなはわかりま

21　当時皇室秋篠宮家の長女眞子さんの婚姻が話題となり，連日それについての報道がされていたので，ハンさんは自分で調べてみたという．ハンさんのとった学習行動は今自分が暮らすコミュニティで話題となっているテーマに興味を持ち，それを知ろうとするものであり，自律的な学習であるとともにマジョリティーと社会的文脈を共有することにつながる学習でもあっただろう．しかし，その学びは日本語能力試験の合格には結びつかなかった．

すが，N2の文法は，文法はえっとー，会話，できません．［トーさん，2回目］

このように日本語能力試験のより高いレベルの合格を目指すことが，会話の実践に役立つとは限らない．よって，会話能力の向上と日本語能力試験の合格という二つの学習目標は，前者は日本での現在の生活により貢献するものであり，後者は実習修了後により貢献するものであると言えるだろう．このように，ベトナム人技能実習生の日本語学習は，大きく「いま・ここ」を志向したものと，「未来」を志向したものに大別される．

このような学習目標のもと行われるのが実際の 学習行動 である．このサブカテゴリーには，実際に彼らが行っている日本語学習の取り組みを表す3概念が含まれる．まず，【学習の日課化】である．これは，「日本語を学習することが，習慣となり日課となっている」と定義した．具体例を以下に示す．

具体例57

リンさん：毎日，少し勉強しています．あー，仕事を終わったら，ちょっと遅くなので，時間，時間のー，今は少しします．
筆者：うん．1日何時間ぐらい勉強できますか，毎日．
リンさん：はい．1，1時間ぐらいです．［リンさん，2回目］

リンさんは残業があっても毎日勉強をしていると語っている．仕事から帰ると，家事をしなければならない．そんな中，少しでも勉強時間を捻出して日々日本語学習に取り組んでいる．またフンさんも日本語学習が日課化している．以下はフンさんの語りである．

具体例58

フンさん：ああ，帰ったら，たぶん1時間にあのう個人，ええ，うん，có 1 tiếng thì em sẽ làm công việc vệ sinh cá nhân ăn uống, sau đó thì em sẽ học bài.（1時間あったら，片づけをしたり食事をしたりして，そのあと勉強します．）

筆者：勉強，勉強する？すごいですね．なんかオンライン？
フンさん：はい．いやあ，はい．Cố gắng học một chút ạ. Trước khi đi ngủ em sẽ cố gắng học một chút.（頑張って少し勉強します．寝る前に頑張って少し勉強します．）［フンさん，2 回目］

フンさんも仕事が終わって帰宅した後，時間を作って日本語学習に取り組んでいるという．このように，日本語学習が日課となっている技能実習生もいるが，就労が中心となる技能実習生の生活の中で，学習が日課化する人はかなり明確な学習目的を持っていると考えられる（リンさんもフンさんも日本語能力試験の N2 の合格を目指している）．リンさんとフンさんの語りにも見られるように，技能実習生の場合，仕事が終わって帰宅した後の時間が学習時間に充てられることになるが，帰宅後の時間は全て学習時間として使えるわけではなく，食事の準備や掃除，洗濯など身の回りのことも当然しなければならない．仕事を終えて帰宅し，さらにそれらの作業を終えた後でようやく学習時間となるわけであるが，体力の面でも時間の面でも余裕がないことは想像に難くない．

続いて【多様な学習方法】についてであるが，インタビューでは，技能実習生が取り組む多様な学習方法が語られた．そこには，インターネット等の普及によるツールの多様化が大きく貢献していると考えられる．現在ほどインターネットが普及していなかった頃は，学習用テキストを使って学ぶ人が多かったと思われる．もちろん現在でもテキストを使って学ぶ人はいるが，YouTube を見る，漫画やアニメを見るなど学習方法は多様化している．日本語学習用アプリなども豊富にあり，それらを利用して日本語学習を行っている人もいる．さらにオンラインの日本語教室も多く開講されている．以下の具体例は，オンラインの日本語教室を受講している人の語りである．

具体例 59

筆者：あの，オンラインのクラスってこれお金かかりますか？お金かかりませんか？

トーさん：かかります.

筆者：そうですか．これ，ベトナム人の先生ですか？日本人の先生ですか？

トーさん：いや，ベトナム人先生です.

筆者：なるほど．これはお金はいくらですか？

トーさん：1万7千円．N2とN1クラス.

筆者：えー，1万7千円っていうのは，何カ月？

トーさん：2，20カ月ぐらい．えー，先生はえーっと，ビデオ，ビデオ作って，えーっと，インターネットで勉強します．先生は，えっと，直接じゃありません.

筆者：なるほどなるほど．じゃあ，先生に聞きたいことがあった時はどうするんですか？

トーさん：えっと，コメントで，聞くと，えっと，1日か，えー2日，2日，えっと，先生はえっと答えます．［トーさん，1回目］

具体例60

リンさん：あー，はい．先生，ベトナ，あ，日本の先生，あ，ベトナムの先生がいます.

筆者：ベトナムの先生.

リンさん　たくさんいます，先生.

筆者：あ，そう．それ有料？お金かかります？

リンさん：はい．お金は1万ぐらいとか，1万に.

筆者：あー，そう．1万円ぐらい？1カ月？

リンさん：はい．あー，うん，違う．あー，なんだかな，7月ぐらいです.

筆者：7カ月.

リンさん：はい．1回試験.

筆者：あー，なるほど．1回の試験[22]のために7カ月前から勉強をする.

リンさん：はい．はい.

（中略）

22　1年に2回（7月と12月）実施される日本語能力試験のことを指している.

筆者：これは 1 週間に何回勉強しましたか，この．
リンさん：この，これはオンライン，オンライン勉強します．なので．なので，自分で，ビデオをみ，見ます．
筆者：あ，そうなんだ．じゃあ直接オンラインで先生に教えてもらうんじゃなくて，ビデオを見て自分で勉強します？
リンさん：はいはい，そう．
筆者：あ，そう．でもどのぐらいビデオがありますか．
リンさん：あー，1 時間ぐらい．
筆者：1 時間．1 時間のビデオが何回ありますか．
リンさん：うーん，6 回でも，あー，自分でシフトを自分でシフトの，勉強のことは自分でやります．
筆者：うんうん，自分のスケジュールで．［リンさん，3 回目］

トーさんとリンさんが受講したのはオンデマンド型のクラスであるが，同時配信型もあり，それに参加している実習生もいた．上記のオンラインの日本語クラスはどちらも日本語能力試験の対策授業を行っているが，同時配信型のクラスではビジネス日本語を学べるクラスもあるという（ハンさんが受講している）[23]．このようにインターネットを活用した学習コンテンツが豊富に作られるようになったことで，技能実習生の学習スタイルは多様化し，日本語学習にアクセスできる機会は以前より増えている．

これらの学習方法の多様化により可能になっているのが【自分のスタイル】に合わせた学習である．これは「自分のタイムスケジュールに合わせた学習スタイルを選択する」と定義した．既に述べたように技能実習生は就労が生活の中心となる．週末も休みではない場合があるし，夜勤をしている人もいる．そのため地域の日本語教室に参加するなど他者の時間に合わせて学習することが難しい場合もある．そのような中，多様な学習ツールが入手で

23　筆者が知る限りではこれらのオンライン日本語クラスはコロナ禍以前よりあったが，コロナ禍をきっかけに急増したように思われる．指導するのはベトナム人教師である場合も日本人教師である場合もある．本調査の対象者が参加していたクラスは，日本語能力試験対策クラスではベトナム人教師が，ビジネス日本語のクラスでは日本人教師が授業を担当していた．

きる環境があることで，上述の具体例 60 のリンさんの語りにもあるように自分の都合の良い時間に合わせた学習が可能になっており，自宅で自分の生活リズムに合わせた学習に取り組む実習生もいる．

具体例 61

筆者：あの，他の人はボランティアのクラスに行っているでしょう．
フンさん：あー，はい．それ．
筆者：あれは行かない？フンさん行きませんか？
フンさん：えー，はい．私行かない．Bởi vì không được tiện cho em lắm ạ.（なぜなら，私にとってはあまり行きやすくないからです．）
筆者：あ，どうして．Thời gian hả?（時間ですか？）
フンさん：あー，はい．Bởi vì công việc của em, nhiều khi về hơi trễ so với thời gian mà bên lớp học. Em không muốn.... vì như vậy. Nên em thích học ở nhà hơn. Đôi khi trên lớp có hoạt động vui chơi Shinnenkai, chẳng hạn, thì em tham gia.（私の仕事は，教室の時間からしたら終わるのが遅いですし，ですから私は行きたくない…．ですから，私は家で勉強するほうがいいのです．時々，教室で新年会などの行事があるときは，参加します．）［フンさん，1 回目］

具体例 62

リンさん：あ，時間がないので，あー．参加できませんです．お知らせ，あ，教会にお知らせ貼っていました．
筆者：あー，ボランティア教室の？
リンさん：はい．あー，貼って，私見ました，はい．
筆者：あー，でも時間がちょっと合わないなと思った．
リンさん：はい，時間が合わないです．［リンさん，3 回目］

このように，技能実習生にとって地域日本語教室への参加は難しい場合もある．しかし，多様な学習ツールがあることにより，自分の生活にあわせた学習への取り組みが可能になっている．地域日本語教室への参加は，職場以外の場で人間関係を構築するチャンスでもあるのだが（景山，2017；村田，

2020；樋口，2021)，ツールの多様化により教室に参加せずとも日本語学習にアクセスできるようになった結果，技能実習生達の学習行動における未来志向が強められていると考えることもできる．

第 3 章でも述べたが，落合（2010）は日本での「いま・ここ」での生活を楽しみ，周囲の人々と積極的に交流する「いまここ志向型」の技能実習生は日本語学習にも積極的に取り組むが，日本で生活している自分を仮の姿だと捉え，本国にいる家族や友人とつながり，日本での日々をなんとかやり過ごそうとする「本国志向型」の技能実習生はあまり日本語学習には積極的ではないとする（p. 52）．しかし，上述のように学習ツールが多様化した現在は，落合の調査時から状況が変化していると考えられる．現在は地域のコミュニティの人々と積極的に交流せずとも日本語学習は行うことができる．「いま・ここ」で自分が存在している日本社会ではなく，ベトナムの人々（教師，学習者）とつながり，孤立・自立化した日本語学習に取り組む人たちは，「いま・ここ」のコミュニティへの参入を志向するのではなく，実習修了後に自分が手に入れる未来を見つめながら日本語学習に取り組んでいるのではないだろうか．技能実習生としての時間を資本蓄積の時間，学びの時間と捉え，実習を終えた先の未来のための準備期間として捉える，それはつまり，目の前の「いま・ここ」にある日本社会ではなく，未来にあるベトナム社会を見つめているのだと考えられる．ベトナム人技能実習生の中には「本国志向型」（落合，2010，p. 52）であっても，日本語学習に取り組む人はいる．彼らは実習修了後の未来のために日本語学習に取り組んでおり，それを可能にしているのが学習ツールの多様化である．ただし彼らが学習を行う先に見ているのは，日本社会とは限らないのである．

そして彼らの 学習行動 は， 阻害要因 により負の影響を受け，それにより学習を行わないベトナム人技能実習生もいる．このサブカテゴリーには【仕事に追われる日々】，【生活の不安】という 2 概念が含まれる．既述の通り技能実習生の生活は就労が中心となる．さらに彼らの仕事は立って行う場合がほとんどである[24]．このような労働を長時間行った後の体力的な疲労は相当なものであると想像される．概念【仕事に追われる日々】は，「仕事が忙しくて時間に追われ，体力的にも余裕がなく，日本語の勉強のための時間を確保できない」と定義した．以下に具体例を挙げる．

具体例 63

筆者：じゃあ，日本に来てからね，日本語の勉強はしましたか？

ナムさん：Đến giờ thì em ít khi học tiếng Nhật lắm tại vì công việc thì khá vất vả nên về thì ăn uống tắm rửa các kiểu nên chỉ muốn nằm thôi.（今まで，ほとんど勉強していません．なぜなら，仕事がとてもたいへんで，帰ったら食事をして風呂に入ったりいろいろして，そうしたらもうただ横になって休みたくなりますよ．）［ナムさん，16 回］

具体例 64

今まで，休む，今，疲れたらね，あまり勉強したくないです，先生．［カンさん，2 回目］

具体例 65

ザンさん：今，最近仕事は，ちょっと遅く，忙しくて．日本語はちょっと，考える．毎日，8 時，朝，朝，8 時，8 時出勤する．10 時，10 時，9 時まで．

筆者：9 時まで？夜の？

ザンさん：はい．

筆者：で，何時に寝ますか？

ザンさん：11 時．

筆者：何時に起きますか？

ザンさん：6 時におき，起きて皆と，ジョギングをして，終わったら仕事を出勤に．

24 技能実習生が従事するのは建築業や工場などでの現場作業であり，これらの業種では立ったまま作業をすることが多いと考えられる（縫製工場を除く）．さらにベトナムの送り出し機関における来日前講習では，日本で従事する作業が立ち仕事である場合が多いため，それに慣れさせようと，候補生を立たせたまま授業を行うところもあるという．このような送り出し機関の例は，在ベトナム日本国大使館のウェブページや，アジア産業・経済専門誌『アジア・マーケットレヴュー』（公益財団法人東亜総研）などでも紹介されている．

筆者：はあ．じゃあ，あの，自分のなんかその，自由な時間，あまりないですね？自分の時間．ゆっくりする時間．勉強する時間もないね，全然ないですね．
ザンさん：全然ないかな．あるんですけど，ちょっと僕，疲れるんですね．
筆者：まあまあ，疲れるね，そうですね．
ザンさん：はい．［ザンさん，２回目］

上記三つの具体例では，仕事が忙しく時間に追われると，まず時間がないので学習に時間を割けないこと，さらに仕事で体力と気力を使い，帰宅した後は休息を取りたいので学習しようという気にはならないということが語られている．技能実習生は働くために日本へ来ているので，就労が生活の中心となる．技能実習生の給与は時間給である場合がほとんどであり，勤務時間が長いほど彼らの収入は増えるので，残業を積極的に受け入れる人も多い．さらに技能実習生の場合，給与はその地域の最低賃金に設定されることが多く，そのため残業ができて初めて経済的な余裕ができる．それも彼らの長時間労働の背景にある．このように技能実習生は，体力を要する仕事を長時間行うことが日常的である．そのため多忙で，日本語学習に取り組む余裕がない技能実習生もいる．

しかし日本語学習を阻害するのは仕事の忙しさだけではない．何かのきっかけで【生活の不安】が強まると，学習どころではなくなる．この概念は「何らかのきっかけで生活が不安定になり，日本語の学習どころではなくなる」と定義した．以下に具体例を示す．

具体例 66

Nói chung là hiện tại em đang còn áp lực là vướng mắc nợ cho nên là cũng phải là hết cái khoản đó đi thì em mới có thời gian ấy. Tại vì đang có áp lực với cái khác nên em không thể tập trung vào việc học hết.（私は今，借金返済という問題で頭がいっぱいなので，それが終わらないと時間の余裕ができません．他の問題で頭がいっぱいで，勉強に集中することなん

てできません.）［マイさん，1回目］

マイさんはインタビュー当時，資金を借り入れて支払った来日前の渡航費用の返済がまだ終わっていなかった．具体例51でも述べたが，マイさんは受け入れ企業の日本人従業員から職場で何度も叱責され，ストレスから仕事を休みがちになり，収入が減った．そのためベトナムで作った借金の返済が滞り，さらに日本にいる周囲のベトナム人からも借金をしなければならない状況に陥った[25]．マイさんは以前，日本語学習のためにテキストを購入したり，オンラインの日本語クラスの受講を申し込んだりしていた．しかし収入が減ると，日本語学習のことなど考える余裕はなくなったという．既に述べた通り技能実習生は来日するために多額の出費をしなければならず，その費用は借金で賄われている場合が多い（斉藤，2015；巣内，2019）．マイさんのように職場の問題や病気やけがなどで長期間休んでしまえば途端に収入は減り，借金返済は滞る．このような極めて不安定な状況の中で，借金の重荷を背負いながら，技能実習生は働いている．そしてさらにその上で日本語学習に取り組んでいるのである．

また具体例67はトゥイさんの語りである．インタビュー当時，トゥイさんの受け入れ企業ではコロナ禍の影響で仕事が減っていた．そのためトゥイさんは出勤せず家にいる時間が多くなっており，収入も減り，気分も落ち込んでいた．仕事がない時，家で何をしているのかという問いに対し，トゥイさんは一日中寝ている，と答えた．その理由を以下のように語っている．

具体例67

トゥイさん：Không có việc ở nhà chán lắm, sensei.（仕事がなくて家にいるのは面白くないですよ，先生.）

25 マイさんの受け入れ企業はそれ以外にも問題があり，外国人技能実習機構の指導を受けて現在では職場環境の改善が進められている．しかしマイさんは実習先の変更を希望し，NPO法人のスタッフで外国人労働者支援をしている田中さん（仮名）の助けを借りながら外国人技能実習機構に実習先変更の相談をしている（2022年8月現在）．

筆者：うん．Cho nên là em ngủ suốt ngày, phải không?（だから一日中寝ているんですね？）
トゥイさん：はい．Ngủ suốt ngày, không biết làm gì. Học cũng không vào nên là không học. Khi nào cảm thấy học vào thì học.（一日中寝ています．何をすべきかもわかりません．勉強しても頭に入りませんから，勉強もしません．頭に入ると感じたら，勉強します．）
筆者：あー．え，え，Học không vào... sao? Học không vào hả? Không nhớ được hả?（頭に入らない…？どういうことですか．勉強しても頭に入らない？覚えられないということですか？）
トゥイさん：んー，Tại vì mình...khi nào mà mình không thích thì là...học sẽ không vào. Thì là đi ngủ.（したくないときに勉強しても，頭に入らないからです．だから寝ます．）［トゥイさん，2 回目］

具体例 39 でも述べた通りトゥイさんは夫とともに技能実習生として来日し，トゥイさん自身は水産加工業の会社で働き，夫は別の会社で溶接の仕事をしている．夫婦で貯金をして帰国し，渡日前より豊かな生活を手に入れるのが夢だと語った．本調査を行う 1 年前，来日当初のトゥイさんは日本語の勉強にも熱心に取り組んでいて，日本語で積極的に会話しようとする様子がうかがえた[26]．しかし，企業に配属されてからの 1 年間は仕事が少なく，期待していたほどの収入は得られなかったという．本調査のインタビュー時には，日本へ来たことに対する失望を語った．技能実習生は働くために日本へ来ており，調査 1（第 4 章）の結果からも明らかなように経済資本獲得に対する意識が強い．よって，トゥイさんだけではなくほとんどの技能実習生にとって，収入の安定は最も重要なことである．収入が安定するからこそ，様々な活動に参加したり，新たなことに挑戦したり，日本語学習に取り組んだりすることができる．収入が安定しなければ，ベトナムに残した借金の返済が滞り，家族への送金ができなくなり，「いま・ここ」の暮らしも充足せず，自分の未来に投資する余裕などなくなるだろう．

26 トゥイさんは，真嶋・道上（2021）の調査協力者の一人であり，筆者は来日直後のトゥイさんに会っている．

しかし技能実習生の給与は仕事の量や時間によって変動しやすく，コロナ禍のような社会情勢の影響も受けやすく，不安定である．さらに，例えば職場の人間関係や労働環境など日本人であれば自ら動いて改善を働きかけられるようなことでも，技能実習生がそれをすることはなかなか難しく，配属された企業に問題があっても我慢して働かざるを得ない場合が多い（第1章参照）．技能実習生の日本語学習はこのような不安定な状況の上に成り立っているのだということを忘れてはならない．労働力確保のために国外から人を招きながら，十分な保障もない不安定な状況下で労働させているという日本社会の現実を直視せずに，彼らの日本語学習の必要性や，彼らへの日本語教育を語ることはできない．

5.4 考察—ベトナム人技能実習生にとっての日本語への「投資」

ベトナム政府が作る「労働輸出」という海外出稼ぎの枠組みの中でベトナム人は様々な受け入れ国に渡り，そこで労働に従事し，得た経済資本を出身国に還元している．日本に出稼ぎに行く人たちも同様に，経済資本を獲得し，本国に還元することを目的として日本へ渡る．しかしそこには経済資本の獲得に対する期待だけがあるのではなく，同時に知識獲得（日本語も含む）や経験獲得による労働者自らの成長に対する期待も存在することは，第4章の調査結果でも明らかになっており，本章の分析結果もそれを示している．そして，経済資本の獲得が出身国に還元することを目的として行われるのと同じように，知識や経験の獲得もまた，出身国の社会を目指して行われるのである．つまり，彼らが日本語学習に「投資」(Norton, 2000, 2013) するのは，未来において自分が参入する社会で地位を獲得していくためであり，それは多くの場合，ベトナム社会である．彼らは来日時点から既に出稼ぎを終えた後の未来を見つめている．日本で送る数年間を，将来のために資本を貯える期間，学びを蓄積し自分を成長させる期間と捉え，日本にいながら日本を見ることなく，出身国であるベトナムに視線を向けているのである．

しかし中には日本社会や日本人と積極的に関わろうとする人もいる．「いま・ここ」を楽しもうとする人は，地域の人々と交流し，日本で様々な体験をすることに前向きで，日本語学習もそれに刺激を受けて「いま・ここ」で使える日本語能力を向上させることに向かう．このように「いま・ここ」のコミュニティへの参加を積極的に行うのは，コミュニティに受け入れられているという実感を伴う場合であろう．例えば人の温かさにふれ，自分が尊重されているという実感を得れば，「いま・ここ」のコミュニティに恐れることなく参加していくことができる．しかし自分は受け入れられていないと感じれば，「いま・ここ」を志向することをやめ，本国志向のまま技能実習の数年間をやり過ごそうとするかもしれない．そもそも仕事をするために必要な日本語は限定的なものであり，それは仕事の実践を通じて身につく．生活においても今持っている日本語の力で何とかなる環境がある．

このような日本語学習の「未来」と「いま・ここ」のためという二つの大きな目的のうち，そもそも「還流型」人材である技能実習生にとって「投資」価値が見出されるのは実習修了後の「未来」（ベトナム社会）であろう．目の前の「いま・ここ」にある日本社会との関係はいつまで続くかわからなくとも，出身国であるベトナム社会とのつながりは強固だからである．日本語学習への「投資」の成果を確実に回収できるのはベトナム社会においてであると彼らは考えている．だからこそ彼らはベトナム社会で社会的地位を獲得するために必要とされる日本語能力試験の合格証書を求めるのである．

このように技能実習生は「還流」性が強いため，日本滞在の先の未来（ベトナム社会）が意識されやすく，それが彼らの日本語学習を，未来（ベトナム社会）を向いたものにしている．この状況は，特定技能への接続が強化されることにより変わることも予想される．しかし実際には，本調査時既に技能実習から特定技能への移行は可能になっている（実際に特定技能への移行を検討しているという語りも見られる（具体例42を参照））のだが，彼らは本国志向を止めてはいない．日本政府は日本の外国人労働者受け入れは移民政策ではないということを依然として主張している．受け入れる側が彼らを期限付き労働者として見ているというメッセージを発し続ける限り，彼ら自身も日本滞在を一時的なものと捉え続けるだろう．さらに，家族の帯同は依然として認められない．彼らの家族への思いがいかに強いかは，本章の調査の結果を見れば明らかである．家族と離れ，孤立した状況に置かれていては，彼らが本国を志向するのは理解し難いことではない．

筆者はこのようなベトナム人技能実習生の本国志向を否定するつもりはない．ベトナム社会が急激に発展する様子を見ても，またベトナムからの労働者を待ち望む他国の（日本より好条件の）受け入れ制度を見ても，日本にこだわる必要は決してないと思われるし，若い彼らが未来のためによりチャンスの多い場を選択し，移動する（もしくはしない）ことは自然なことである．彼らは状況に合わせ，必要に応じた日本語学習を行っているのであって，それが日本語能力試験の合格を目指したものであっても何ら非難されるものではない．逆に考えれば，この現在のベトナム社会における日本語の経済的な価値が彼らの日本語学習を支えているとも言える．ベトナム社会で日本語能力試験の合格証書の価値，また日本語そのものの価値が低下すればどうなるだろうか．馮（2013）によると中国では技能実習生が日本語能力を身につけて帰国しても就職には結びつかないという．馮（2013）が言うような状況がベトナム社会においても生じれば，日本語学習に「投資」する価値はなくなり，日本語学習は行われなくなることは容易に想像できる[27]．日本での「いま・ここ」の暮らしのために日本語学習が必要ではなく，実習修了後の未来への必要性も感じられなければ，学習する目的自体が失われるだろう．

詳しくは第8章に譲るが，日本語教育を進める側はこのような事実を受け止めた上で日本語教育の施策を整える必要がある．学ぶ当事者の現実を踏まえ，学ぶ当事者のための施策を策定していくことが求められる．そして何よりも労働者の日本社会における不安定な立場を改善することこそが，日本語教育を論じるよりも優先されなければならない．技能実習に代わる新制度では人権侵害問題に対処するために転籍が認められるなど，いくつかの改善策は講じられる．しかしそれだけで十分だということは決してない．彼らを人

27　さらに2024年現在，日本経済の停滞，ベトナムの経済成長などによってベトナム国内で得られる賃金と日本で得られる賃金の格差は縮小している．受け入れ国間の競争も激化しており，徐々に日本は出稼ぎ先として選ばれなくなりつつある．

として受け入れ，共に生きていくために，日本社会がどうあるべきかが問われている．

5.5 第 5 章まとめ

本章では以下の【研究課題 2】を明らかにするために日本で就労中のベトナム人技能実習生 16 人に対するインタビュー調査を行い，そのデータを M-GTA（木下，2003，2005，2007，2020）を用いて分析した．【研究課題 2】を再掲する．

【研究課題 2】日本語学習
(1) 彼らはなぜ日本語学習を行うのか
(2) 日本語学習を行う人は，どのように学習を行っているのか
(3) 日本語学習を行わない人は，なぜ行わないのか．

まず (1) に関して述べる．ベトナム人技能実習生の日本語学習は，来日前，日本における「いま・ここ」の暮らし，実習修了後の未来の三つの段階においてそれぞれ影響を与える要素があり，特にその中でも実習修了後の未来を志向する要素は強い．実習修了後の未来とはベトナム社会において実現される未来である場合が多いため，ベトナム社会で利用価値のある日本語能力試験の合格証書の取得を目指した日本語学習が行われている．ベトナム人技能実習生が日本語学習に取り組む場合，彼らの日本語学習は就労中心の生活の中から時間を捻出して行われる．そのため彼らにとって日本語学習はまさに「投資」であり，投資価値がある間は学習も継続されるが，価値がなくなれば学習はなされないだろう．一方で「いま・ここ」のコミュニティへの参加を積極的に行う人もいる．日本人と積極的にかかわり，関係を築いている人は，日本語学習目的もそれに影響を受けたものになる．つまり彼らが日本語学習を行う目的は大きく二つある．まず一つ目は，技能実習修了後の未来に自分が参入すると予想されるベトナム社会において，社会的な地位を獲得す

ることである．二つ目は，日本における「いま・ここ」のコミュニティへ参加することである．以上の二つが，技能実習生が日本語を学ぶ主な目的であると考えられる．

次に（2）に関して述べる．現在は学習方法が多様化しており，インターネットを利用した学習も盛んに行われている．就労が中心となる生活では，なかなか他者に時間を合わせるのが難しい．そんな状況の中，学習ツールの多様化によって自分の時間に合わせた学習が可能になっている．その反面，学習の孤立・自立が進んでおり，それによって日本語学習の未来志向が強まっているとも考えられる．つまり，「いま・ここ」のコミュニティへの参加ではなく未来のコミュニティへの参加を志向した日本語学習が行われやすい環境となっている．

最後に（3）に関して述べる．技能実習生にとって日本語学習は「投資」であると考えれば，まず日本語の有用性を感じない人は日本語学習を行わない．現在の日本での日々の暮らしにおいてベトナム語だけで生活できており，日本語を使用する必要がない場合や，実習修了後の未来において日本語の利用価値を感じない人は日本語学習を行わない．さらに以前学習を行っていた人でも，仕事が忙しく時間的，体力的，気力的な余裕がなくなれば日本語学習を行うことが難しくなる．技能実習生は就労が生活の中心であるため，仕事の状況が学習に影響を及ぼすことは避けられない．さらに日本において技能実習生の労働者としての地位が不安定であることも学習に影響を与える．社会情勢の影響を受け，仕事が減ると収入が減少し，それによって心配事が増え，学習について考える余裕すらない状態になる場合もある．また職場の人間関係や労働環境が良好でなければ，それが精神的な負担となり，学習どころではなくなることもある．技能実習生の日本語教育を考える前に，まず彼らのこの社会的地位の不安定さを改善することが必要である．

第 6 章

技能実習修了後の展開と日本語

6.1 調査目的

本書では前章まで，ベトナム出身の技能実習生を対象として彼らの来日の背景にあるもの，来日後の生活や就労の様子，日本語学習の目的やその実態を明らかにしてきた．続いて本章で焦点を当てるのは，技能実習を修了した／修了しようとしている段階である．第 1 章でも述べたように 2019 年 4 月に新しい在留資格である特定技能が創設された．特定技能 1 号人材の数は，当初政府の想定数には到底達していなかったが，近年は増加傾向にある．さらに 2024 年 2 月には技能実習に代わる新制度が「育成就労」制度となることが決定した．日本政府は「育成就労」制度を特定技能制度と地続きの制度であると明確に示し，非熟練労働者の受け入れ制度（技能実習制度と「育成就労」制度）から特定技能制度へというルートをより強固にして労働者の日本での長期滞在を促そうとしている．

一方で，実際にこの制度の下で働く技能労働者自身は，この日本の動きをどのように捉えているのだろうか．調査 2 では，日本滞在の期限を強く意識し，日本にいながらにして出身国を見つめているベトナム人技能実習生の様子が明らかとなったが，特定技能制度を技能労働者受け入れの中核に据える 2024 年以降の政策転換は，彼らの意識に変容をもたらすのであろうか．それらを明らかにするために，本章では当事者（技能実習を修了した／修了しようとしている人）の声を聴き，技能実習生を対象に行った調査 1 と 2 の結果を踏まえ，比較しながら彼らの語りを分析する．本章で検討する研究課題 3 は以下である．

【研究課題 3】技能実習以後の展開と日本語
(1) 技能実習生が特定技能 1 号への移行を選択する背景に何があるのか
(2) 日本で就労を継続しようとする人とって日本語はどのような意味を持つのか

上述の通り技能実習制度は「育成就労」制度となることで特定技能 1 号人材の育成を目的とする制度としての色合いが濃くなり，今後両制度の結びつきは更に強まることになるが，技能労働者自身はそれをどのように見ているのだろうか．二つの制度の間で彼らが行う選択の背景にあるものに着目し，制度を利用する当事者の視点から日本の制度を検証するのが研究課題 (1) である．

続いて研究課題 (2) は，調査 2（第 5 章）によって明らかとなった技能実習生を取り巻く状況が，特定技能人材となった後に変容するのかを明らかにする．調査 2（第 5 章）の結果，技能実習生の日本語学習には「いま・ここ」を志向する学習と未来を志向する学習という大きく二つの方向性があることが明らかとなった．前者は周囲とのかかわりに影響を受け，後者は出身国における日本語の経済的な価値に支えられていたが，特定技能人材にとっても同様のことは言えるのだろうか．例えば日本語の経済的な価値は，ベトナム社会における価値に焦点が当てられていた．出身国に戻ることを強く意識している場合，ベトナム社会でこれからをどう生きるのかが重要な問題になるからだ．しかし特定技能 1 号に移行し，滞在の延長が現実となった段階においては，その視点にも変化が生じるのではないだろうか．また，学習を阻害する要因ともなっていた制度上の不備による生活の不安定化は，特定技能制度において認められる権利によって解消されるのだろうか．

本章では，上記の研究課題を明らかにするために行ったインタビュー調査の結果から，新しい在留資格の創設に伴って行われる技能労働者の選択の背景と，そこに日本語がどのように関わり，どのような意味を持つのかを明らかにする．

6.2 調査概要

インタビュー調査は 2023 年 12 月から 2024 年 1 月にかけて行った．調査対象者は技能実習を修了した／修了しようとしている人で，特定技能に在留資格を変更した人，変更しなかった人，未定の人，そしてベトナムに帰国した人（現在ベトナムに住んでいる人）が含まれる．一部は調査 2（第 5 章）の対象者である[1]．それ以外の協力者は調査 2 と同様に知人に紹介を依頼するスノーボールサンプリングで募った．

インタビューは対象者と筆者の状況に合わせ，オンラインまたは対面で行うこととした．インタビューの方法は調査 2 と同様に半構造化インタビューとし，質問項目は調査 2 の項目に特定技能制度に関する項目を加え，相手の状況に応じて追加の質問を行った．本調査の質問項目を表 6-1 に示す．研究課題 (1) に直接関係するのは質問項目 1 であるが，日本の技能労働者受け入れ制度（技能実習制度と特定技能制度）についての考え（質問項目 7）も聞くこととした．特定技能に移行している人からは技能実習制度と特定技能制度の二つの制度を実際に経験した当事者の考えを，移行していない人からは移行しないと決断した理由を聞くことができると考えたからである．研究課題 (2) については，それを直接問う質問項目は設定しなかったが，これまでの経緯とその過程で日本語をどのように使ってきたのか（質問項目 1 ～ 4），思い描いている今後のキャリア（質問項目 6）の中に日本語がどう関わるのかを聴くことによって，包括的に捉えることとした．

1 調査 2 の対象者のうち，本調査時に技能実習 2 号を修了していると考えられた人に対して調査協力の依頼をしたところ，応じてくれた人である．

表 6-1　質問項目

1. 来日からインタビュー時までの経緯
2. 技能実習時の仕事の状況について（仕事内容，職場の雰囲気，人間関係，日本語の使用状況等）
3. （特定技能に移行した人）特定技能に移行した後の仕事の状況について（仕事内容，職場の雰囲気，人間関係，日本語の使用状況等）
4. 現在の生活の状況について
5. 現在の日本語学習の状況について（日本語学習の有無，学習方法，学習の目的・目標等）
6. これからの予定
7. 技能実習制度，特定技能制度についての考え

6.3 インタビュー対象者

インタビュー対象者についての情報を表 6-2 に示す．表 6-2 の上から 5 人が調査 2（第 5 章）の対象者である．12 人のうち 9 人が日本在住で，3 人（チンさん，ズンさん，ヒエップさん）がベトナム在住である．インタビュー時のそれぞれの状況は表中にまとめた．次節以降，必要に応じて改めて詳述する．日本にいる人のうちタインさんとヴァンさんは対面で，それ以外の人とベトナムにいる人はすべてオンラインでインタビューを行った．オンラインによるインタビューでは Web 会議システム Zoom を用いた．インタビュー時間は 1 人 1 時間程度だった．インタビュー時の使用言語は調査 2（第 5 章）と同様に日本語とベトナム語である．日本語能力試験については，調査時点で N2 を取得していたのはハンさん，タイさん，トゥーさん，N3 を取得していたのはリンさん，ニーさんである．日本に住んでいる人達は，ヴァンさん以外ほぼ日本語のみで，ベトナムに住んでいる人達はベトナム語のみで筆者とやり取りをした．収集された音声データは全て文字化したが，日本語で話された部分は日本語で，ベトナム語で話された部分はベトナム語で表記した．

次節では具体的に彼らが語ったことを記述するが，本人の声をできるだけ直接反映させられるよう，本人の語りはある程度まとめ，そのまま引用する．語りの中で重要だと思われるところに下線を引いた．それ以外に，本文中で語りの一部だけを引用する場合は「　　　」で括っている．文脈の補足が必

表 6-2　インタビュー対象者

<table>
<tr><th rowspan="2">仮名
（敬称略）</th><th rowspan="2">年齢
（調査時）</th><th rowspan="2">来日
時期</th><th rowspan="2">インタビュー方法</th><th colspan="2">技能実習</th><th colspan="2">特定技能</th></tr>
<tr><th>職種</th><th>勤務地</th><th>職種</th><th>勤務地</th></tr>
<tr><td rowspan="2">ハン*</td><td>30</td><td>2017 年</td><td>オンライン</td><td>食品製造</td><td>京都</td><td>飲食料品製造</td><td>京都</td></tr>
<tr><td colspan="2">インタビュー時の状況</td><td colspan="5">技能実習 3 号を修了し，同企業で特定技能 1 号へ移行し，就労中.</td></tr>
<tr><td rowspan="2">タイ*</td><td>26</td><td>2021 年</td><td>オンライン</td><td>食品製造</td><td>京都</td><td>—</td><td>—</td></tr>
<tr><td colspan="2">インタビュー時の状況</td><td colspan="5">ハンさんと同じ企業で働いている．技能実習 2 号を修了した後，特定技能へは移行せず，帰国準備中.</td></tr>
<tr><td rowspan="2">トゥン*</td><td>31</td><td>2019 年</td><td>オンライン</td><td>水産加工</td><td>高知</td><td>外食</td><td>岡山</td></tr>
<tr><td colspan="2">インタビュー時の状況</td><td colspan="5">高知県で技能実習 2 号を修了し，特定技能 1 号に移行して岡山県の飲食店で就労中.</td></tr>
<tr><td rowspan="2">ミー*</td><td>24</td><td>2020 年</td><td>オンライン</td><td>水産加工</td><td>兵庫</td><td>飲食料品製造</td><td>兵庫</td></tr>
<tr><td colspan="2">インタビュー時の状況</td><td colspan="5">兵庫県で技能実習 2 号を修了し，特定技能 1 号（飲食料品製造）に移行し，兵庫県内の他の地域に移って就労中.</td></tr>
<tr><td rowspan="2">リン*</td><td>25</td><td>2019 年</td><td>オンライン</td><td>工業包装</td><td>石川</td><td>—</td><td>—</td></tr>
<tr><td colspan="2">インタビュー時の状況</td><td colspan="5">技能実習 3 号の修了を数カ月後に控えている．特定技能 1 号に移行するか，帰国するか悩んでいる.</td></tr>
<tr><td rowspan="2">タイン</td><td>30</td><td>2019 年</td><td>対面</td><td>工業包装</td><td>岡山</td><td>—</td><td>—</td></tr>
<tr><td colspan="2">インタビュー時の状況</td><td colspan="5">技能実習 3 号の修了を数カ月後に控えている．現在の企業では特定技能 1 号に移行して働き続けることはできないため，帰国を考えている.</td></tr>
<tr><td rowspan="2">ニー</td><td>24</td><td>2018 年</td><td>オンライン</td><td>水産加工</td><td>北海道</td><td>飲食料品製造</td><td>長野
兵庫</td></tr>
<tr><td colspan="2">インタビュー時の状況</td><td colspan="5">北海道で技能実習 2 号を修了した後，特定技能 1 号に移行し，長野県の弁当工場で 1 年間働いた後，兵庫県の工場に移った.</td></tr>
<tr><td rowspan="2">トゥー</td><td>23</td><td>2020 年</td><td>オンライン</td><td>食品製造</td><td>秋田</td><td>飲食料品製造</td><td>滋賀</td></tr>
<tr><td colspan="2">インタビュー時の状況</td><td colspan="5">秋田県で技能実習 2 号を修了した後，特定技能 1 号に移行し，現在は滋賀県の菓子工場で働いている.</td></tr>
<tr><td rowspan="2">ヴァン</td><td>40</td><td>2021 年</td><td>対面</td><td>プラスチック成型</td><td>大分</td><td>—</td><td>—</td></tr>
<tr><td colspan="2">インタビュー時の状況</td><td colspan="5">大分県で技能実習 2 号を修了した後，特定技能 1 号に移行しようとしたが就職先が決まらず，外国人労働者支援を行っているNPO 法人が運営するシェルターに滞在している.</td></tr>
<tr><td rowspan="2">チン**</td><td>27</td><td>2015 年</td><td>オンライン</td><td>電気電子機器組立</td><td>岡山</td><td>—</td><td>—</td></tr>
<tr><td colspan="2">インタビュー時の状況</td><td colspan="5">技能実習 2 号を修了し，帰国した．ベトナムからオンラインで面接を受け，滋賀県の企業での採用が決まり，2024 年 2 月に再渡日する予定.</td></tr>
<tr><td rowspan="2">ズン**</td><td>29</td><td>2016 年</td><td>オンライン</td><td>鋳造</td><td>兵庫</td><td>—</td><td>—</td></tr>
<tr><td colspan="2">インタビュー時の状況</td><td colspan="5">技能実習 2 号を修了した後，3 号に移行していたが，家族の事情によって帰国.</td></tr>
<tr><td rowspan="2">ヒエップ**</td><td>29</td><td>2017 年</td><td>オンライン</td><td>印刷</td><td>愛知</td><td>—</td><td>—</td></tr>
<tr><td colspan="2">インタビュー時の状況</td><td colspan="5">技能実習 2 号を修了し，帰国.</td></tr>
</table>

*第 5 章のインタビュー対象者　**ベトナム在住

要だと考えられる箇所は（　　　）に情報を加えた．ベトナム語の語りは，ベトナム語の後に日本語訳を付記する．なお，日本語訳は筆者が行った後，ベトナム語母語話者が確認した．

次節から実際の当事者の語りを研究課題に沿ってまとめる．まず研究課題(1)を明らかにするために，語りの中から在留資格選択に関わる部分を取り上げ，選択に影響を与えた要素について述べる．その後，研究課題(2)を明らかにするためにこれまでの過程や今後の人生の展望についての語りの中から日本語に関係する部分を取り上げる．

6.4 当事者の語り

6.4.1 選択の背景

まず技能実習を終えた後の進路を決断する背景に焦点を当てる．技能実習2号を修了した時点で，彼らの前にはベトナムに帰国する，技能実習3号に移行する，特定技能1号に移行するという主に三つの選択肢がある．技能実習3号であれば一般的には同企業で就労を継続することになる．特定技能1号に移行する場合には職場や職業を変えることもあるだろう．第1章で述べたように，特定技能1号への移行時には試験が免除されているなど，現行の技能実習制度であっても特定技能1号への移行はしやすい制度設計となっている．

表6-2で示した通り，特定技能になることを選択した（または希望している）人は，ハンさん，トゥンさん，ミーさん，ニーさん，トゥーさん，ヴァンさん，チンさん，選択しなかった（または選択するに至っていない）人はタイさん，リンさん，タインさん，ズンさん，ヒエップさんである．彼らがそれぞれの道を選ぶ背景には何があるのだろうか．本節では，インタビューの中で，進路選択，または在留資格（技能実習，特定技能など）について語られた部分を取り上げる．まず，特定技能1号に移行するメリットと考えられる点から見ていく．

(1) 特定技能 1 号移行のメリット

本調査の対象者の中で，特定技能 3 号を経験したのはハンさん，リンさん，タインさんの 3 人である．ハンさんが技能実習 2 号を修了した当時はコロナ禍で特定技能 1 号人材もまだ多くなかった．受け入れ企業に対しても不満はなかったため，先輩の技能実習生にならって技能実習 3 号に移行し，2 年間働いた後，特定技能 1 号に移行した．一方，リンさんとタインさんは少し事情が異なる．技能実習制度では労働者が従事できる仕事の内容を職種・作業によって定めているが，特定技能制度では分野という異なる区分が設定されている．工業包装では企業の分野が特定技能人材の受け入れ可能とされる特定産業分野 12 分野に該当しない場合があり，リンさんとタインさんのケースもそれにあたる．2 人は同じ企業で働き続けるには技能実習 3 号への移行しか選択肢がなかった．上記 3 人以外は技能実習 3 号に移行せず，技能実習 2 号を修了して特定技能 1 号に移行するルートを選択している．

技能実習 2 号から 3 号を経ずに特定技能 1 号への移行を選択する背景には，まず経済的な要因があると考えられる．トゥーさんは技能実習生として 3 年間，秋田県の弁当工場で働いたが，時給が低く，月に 10 万円ほどしか得られなかったという．第 1 章でも述べたように一般的にベトナム人技能実習生は渡航のための費用を借入して支払う場合が多いが，筆者の知る限りほとんどの人が就労開始後 1 年で返済を終える．しかしトゥーさんは返済に 2 年かかったそうである．さらに勤務時間は早朝 3 時からで，冬場は通勤に 40 分かかったという．雪が多い東北地方での早朝からの仕事は相当過酷なものだっただろう．

> その時は，あの，秋田の時給はとっても少なくなって．でも私たちは，その時は，あの，自分の考えのことは，日本に来て，お金を稼ぐために．給料は少なくなって，他の仕事をしたいと思っていました．〔トゥーさん〕

トゥーさんは特定技能 1 号に移行して職場を変えることを決意した．SNS を通じて登録支援機関[2] にコンタクトをとり，滋賀県にある大手製菓会社の面接を受け，採用された．この企業は特定技能 1 号人材に日本語能力試験 N3 以上の合格を求めている．N3 以上に合格していなければ面接を受けることができないのだという．既述の通りトゥーさんは日本語能力試験 N2 に合格しているので，面接を受けることができた．新しい会社に移り，月の収入は技能実習のころに比べ 2 倍になった．賞与も年 2 回支給されるとのことだった．トゥーさんは現在の会社の待遇に満足していると語った．

ニーさんも，経済的な理由で特定技能 1 号への移行を選択した．ニーさんは技能実習生として 3 年間，北海道で水産加工の仕事をしたが，残業もなく，休みも多かったこともあり，当時の収入は月 9 万円ほどだったという．ニーさんもトゥーさんと同じく渡航費用の借入金の返済に 2 年かかったそうだ．そのため同じ企業で技能実習 3 号に移行することはせず，特定技能 1 号に移行し，職場を変えることにした．特定技能 1 号の資格で長野県の弁当工場で 1 年働いた後，現在の兵庫県の職場（製麺工場）に移った．インタビュー時は兵庫県の工場で働き始めて 6 カ月が経っていた．ニーさんは北海道で周囲の日本人と良い関係を築くことができていたようで，正月に家に招かれたり，一緒にカラオケに行ったりしたのが良い思い出だと語った．彼らと頻繁に交流し，日本語でやり取りをしたために日本語の会話力が向上したという実感があるという．しかし当時のニーさんにとっては経済的な問題がより大きかった．そのため職場を変えることにした．

一方，職業自体を変えるため特定技能 1 号に移行する場合もある．トゥンさんは技能実習生として高知県で水産加工の仕事をしていたが，当時の仕事の大変さを次のように語った．

トゥンさん：向こうは，仕事が，ちょっと大変と思ったから．新しい仕事探しました．

筆者：仕事は，何が大変だったんですか？

トゥンさん：それは，朝から，早いで，仕事をやってます．朝から，外で．魚

2 特定技能制度において定められている特定技能 1 号人材に対する就労や生活面の支援を行う機関のこと．詳しくは第 1 章参照．

は，取って．それは，冷凍の魚．だから，手が冷たいから．魚は，全部，冷凍，冷凍に取ったばかりだから，硬い．それで，ほんとに冷たいから．魚を，ゆでるは，めっちゃ熱い．［トゥンさん］

第5章でも述べたように，トゥンさんにはいずれベトナムに帰国してベトナム料理店を開くという夢がある．本調査時もその夢は変わらず抱いていた．トゥンさんは将来のために日本の飲食店で経験を積んでおきたいと考え，特定技能1号の技能試験は外食分野を選んだのだという．技能試験に合格した後，SNSで仕事を探し，岡山県のラーメン店での就職が決まった．インタビュー時は働き始めてちょうど1年が経った頃だった．トゥンさんが働くラーメン店は岡山市内に店舗が四つあり，トゥンさんはそのうちの一店舗を任されているのだという．収入は技能実習生のころとあまり変わっていないが，やりたかった仕事に就くことができ，やりがいを感じながら働いている様子が伝わってきた．職場の同僚にも信頼され，長く働いてほしいと言われている，とトゥンさんは嬉しそうに語った．

ぼくは仕事できると思います．あの，ずっとあの，できるだけに，やってほしい言われました．〔トゥンさん〕

また，ヴァンさんも特定技能1号に移行することで仕事を変えようとしていた．ヴァンさんはインタビュー時，兵庫県のNPO法人が運営するシェルター[3]にいた（表6-2参照）．シェルターに来る前は技能実習2号として大分県でプラスチック成型の仕事をしていたが，働いていた企業では技能実習3号の受け入れをしていなかった．そのため，日本で働き続けるには特定技能1号人材として新しい職場を探す必要があると考えた．同じくプラスチック成型の分野であれば特定技能1号の技能試験は免除される．しかしヴァンさんは農業分野を選んだ．その理由を次のように語っている．

3　技能実習生などに対し一時的に生活の場を提供する民間の施設．受け入れ企業や監理団体との間で問題が生じ，安全に就労を継続できなくなった技能実習生などを受け入れている．

Đầu tiên là... em là... muốn đi đúc nhựa, nhưng mà nhiều tuổi ấy. Nhiều tuổi, ...xong rồi sợ công ty không tuyển người nhiều tuổi. Đúc nhựa thì là kiểu toàn tuyển trẻ tuổi ấy.（はじめは，私はプラスチックの仕事をしたかったですが，（自分は）年齢が．年齢が高いですから．会社は年齢の高い人間を雇わないのではないかと心配したんです．プラスチック成型はたいてい若い人を雇いますから.）〔ヴァンさん〕

プラスチック成型では仕事が見つからないかもしれないという心配と，ベトナムでも農業をしていて慣れているという理由から，ヴァンさんは特定技能1号の農業分野の技能試験を受けることにしたのだという．特定技能1号の農業分野の技能試験は日本語とベトナム語で出題されるのでヴァンさんにとって合格は難しいものではなかった．

インタビュー時，ヴァンさんは日本語をほとんど話さなかった．来日前に送り出し機関では6カ月間日本語を学んだが，来日してからは平日1日12時間働き，土曜日も出勤することが多かった．住居の周辺には商店などはなく，2週間に1回週末に遠出をして買い出しに行かなければならなかった．このような生活だったので，日本語学習を続ける時間の余裕はなかった．さらに同僚のベトナム人技能実習生は日本語が話せたので，ヴァンさん自身は日本語を使う機会がほとんどなかったという．

特定技能1号の技能試験には合格したものの，農業分野での新しい就労先を自分で探すことは難しかった．在留期限の直前になり，知人に教えてもらった兵庫県のNPO法人に支援を求めた．ヴァンさんは技能実習2号を修了し，かつ農業分野の技能試験にも合格しているので，一旦ベトナムに戻りベトナムから特定技能1号人材としての就職先を探すことも可能だったはずであるが，「ベトナムに一度帰ったら，日本に戻って来られなくなるかもしれないから」と言い[4]，何としても日本に留まったまま次の就職先を探そうとしていた．シェルターにやって来た時，ヴァンさんの在留期間は数日が残されたのみだった．NPO法人のスタッフが急遽ヴァンさんを連れて福岡出入国在留管理局へ行き[5]，事情を説明して3カ月の特定活動の在留資格が認められた．

ヴァンさんは夫と子ども 3 人の 5 人家族だ．夫はベトナムで農業をしている．3 人の子どもは上から 22 歳，8 歳，6 歳で，22 歳の息子も技能実習生として渡日し，大阪府で建設の仕事をしているという．ヴァンさんが日本に留まる目的は家族を経済的に支えることである．

> Em muốn ở đây. Em muốn làm ở đây... Em thích ở đây. ..Điều kiện gia đình ấy...nhiều cái... đi làm ở đây, làm... ở đây kiểu công việc thì nó làm nó... môi trường nó ấy... em muốn làm ở đây lâu dài...（私はここにいたいです．私はここで働きたいです…．ここが好きです．家族の事情がありますから…．いろいろと．ここで働いて，ここでは仕事は，するのは…，環境も…（良い），私はここで長く働きたいです．）［ヴァンさん］

ヴァンさんは家族の経済的な事情から日本に残ることを希望しており，ヴァンさんにとってそれを可能にするのが特定技能 1 号への移行による職業の変更であった．

上で見てきたように，在留資格選択の背景にはまず経済的な理由がある．彼らは経済的な利益をいかに得るかを考えて，選択をしている．特定技能制度では「特定技能雇用契約及び一号特定技能外国人材支援計画の基準等を定める省令」[6] の第一条に特定技能人材の報酬を日本人従業員と同等以上とすることが定められているので，特定技能 1 号になることで収入が増えるケースは多いと考えられる．トゥーさんも語っているように，そもそも彼らにとって「お金を稼ぐ」ことは大きな目的の一つである．よって経済的な利益を追求するのは自然なことだろう．

---

4 ヴァンさんのように一旦ベトナムに帰国してしまうと日本に戻ってこられなくなるかもしれないと考え，日本にいながら在留期間や在留資格の更新をしようとする人は他にもいた．来日時の在留資格申請が複雑で時間を要した経験から，再びそれをすることは困難だと考えたり，日本の在留許可が下りない可能性を心配したりするのだと思われる．

5 ヴァンさんはそれまで大分県に住んでおり，大分県で住民登録をしていたので，管轄の福岡出入国在留管理局で手続きをする必要があった．

6「特定技能雇用契約及び一号特定技能外国人材支援計画の基準等を定める省令」https://www.moj.go.jp/isa/content/930005307.pdf（2024 年 1 月 26 日最終閲覧）

一方で特定技能制度では条件を満たせば希望する他職種に移行することも可能であるので，その理由から特定技能1号を選択する場合もある．これは技能実習制度ではできないことであり，特定技能人材に移行しようとする理由の一つとなるだろう．さらに特定技能1号になれば個人の裁量で決められることが増えるという声もあった．仕事を選ぶことができるだけでなく，住居も自分で決められる．リンさんによれば「組合の人とか，管理の人とか，あまり観察しない」ので自由だという．

収入も増え，職業選択の自由もあり，生活面での自由も確保される．特定技能制度は技能実習制度に比べメリットの多い制度のように見える．では，特定技能制度には全く欠点はないのだろうか．次節では，特定技能制度を選択しない要因となる要素を取り上げる．

(2) 家族の存在

技能実習でも特定技能1号でも家族の帯同は認められていない．技能実習から特定技能1号へと日本滞在が長期化すれば，それに伴い家族と離れて暮らす期間も長くなる．しかし調査2（第5章）でも明らかになったように，ベトナムの人々にとって家族の存在は極めて大きい．

特定技能1号人材としてラーメン店で働くトゥンさんは，来日4年目である．既述のように将来の夢はベトナムに戻って料理店を開くことなので，あと数年日本で働いて，帰国をするつもりでいる．しかし母親はできるだけ早く帰ってきてほしいと言っているという．

> お父さんは大丈夫けど，お母さんはいつも「早く帰って」言われました．いつもみんなは，3年．友達とか，周りの家に，日本来る人もいますから．けど，みんなは3年間終わって，ベトナム帰って，それはお母さんも，「僕も，帰りたい（僕にも帰ってきてほしい）」．［トゥンさん］

トゥンさんはベトナム中部地方出身だが，海外出稼ぎが盛んな地域で日本へ行く人も多くいる．他の家の子ども達が技能実習2号（3年間）を修了して帰国しているのを見て，母親は自分の子どもにも早くベトナムに帰ってきてほしいと思っているという．

また，ミーさんも次のように語っている．ミーさんは調査 2（第 5 章）の時も，両親にいずれは帰国するように言われていると語っていたが，それは本調査時も変わっていなかった．

> ミーさん：日本で住んでいます，仕事がいいですと，生活いいです，でもお母さんお父さん今もうお兄さん今住んでいますが，私 1 人だけが日本に住みたいです．
> 筆者：ご両親はどう言っていますか？
> ミーさん：あかんです，でも私が自分で．［ミー］

自身が親である場合もある．チンさんは 2018 年に技能実習 2 号を修了してベトナムに帰国し，インタビュー時はベトナムに住んでいた．地元で生花店を営んでいたが，日本に戻って働くことを希望し，オンラインで面接を受け，採用され，特定技能 1 号の在留資格で 2024 年 2 月に再来日する予定になっていた．チンさんは 3 人家族で，夫と 2 歳になる息子がいる．特定技能 1 号では家族の帯同は認められていないので，一時的に夫と子どもをベトナムに残して 1 人渡日することになる．しかしチンさんは家族全員で日本に渡る計画を立てていた．計画は次のようなものだ．チンさんの夫はベトナムで大学を卒業しているので，技人国の在留資格申請が可能である．しかし日本へ行ったことはなく，日本語を学んだこともない．よってまずチンさんが特定技能 1 号の在留資格で日本に行き，数年間働いて生活の基盤を整える．その間夫はベトナムの送り出し機関で日本語を学び，技人国の在留資格が取得できれば渡日する．技人国は家族の帯同が認められているので，息子を呼び寄せることができる．そして家族 3 人，日本で暮らすのだという．

> Con cũng dự tính là nếu như mà con sang mà ổn định thì chồng con cũng sang theo diện kỹ sư. Chồng con có bằng kỹ sư ạ. Nếu mà được thì là mai mốt đón cả con,

chồng sang. Con xác định ở lâu dài ạ. Ở bên đấy luôn. ...nếu mà... nếu mà dự kiến thì chắc có lẽ phải 2 đến 3 năm. Tại vì... hiện tại bây giờ kinh tế con chưa có... nên con muốn đi làm để lấy tiền trang trải.（予定では，私が日本へ行って，生活が安定したら，夫も技人国の在留資格で日本へ行きます．夫は大学を卒業しています．できれば，いずれ夫と子供を呼び寄せます．私は（日本に）長く住むと決めています．そちら（日本）にずっと住みます．おそらくですが，たぶん 2 年から 3 年必要です．今私は経済力がまだありません．ですから，働いて，生活するためのお金を稼ぎたいです．）［チンさん］

チンさんが日本に行きたいのは，経済的な理由からだという．しかし日本経済の衰退，近年の円安傾向からすれば，現在の日本は魅力のある国とは言えないと思われる．それでもチンさんが日本に行こうとするのは，ベトナムコミュニティの存在が大きい．チンさんは技能実習生として岡山県に住んでいた時，ほぼ毎週末，chùa Đại Nam（大南寺，兵庫県姫路市）と chùa Hòa Lạc（和楽寺，兵庫県神戸市）という二つのベトナム寺に通っていたという．寺で培われる人々の紐帯は強固で，孤立する心配もなく，安心して子どもを育てられる．関西地域の就職先を探したのも寺に通える範囲だからだという．チンさんは家族全員での渡日を想定して自身の日本での再就職を決め，就職先を選ぶ際も育児環境を重視して決めている．このようにチンさんの選択は，家族を最優先にして行われている．

一方，ズンさんも技能実習 2 号を修了してベトナムに戻った．現在はベトナムに住んでおり，結婚して子どももいる．ズンさんの夫も元技能実習生なので，夫婦ともに特定技能 1 号の在留資格申請が可能である．しかし子どもを残して日本へ行くことはできないと語った．

Muốn quay lại Nhật, nếu em muốn quay lại Nhật thì em muốn cả gia đình em qua Nhật luôn ấy...Ước mơ của em là cả gia đình em qua Nhật. Nhưng mà nếu mà không được thì cứ ở bên Việt Nam thì làm việc cứ như thế này thôi.（日本に戻りたい，でももし日本に戻るなら，家族全員で行きたいですよ．私の夢は，家族みんなで日本へ行くことです．でも，それができないとしたら，ベトナムでこ

うして働き続けます.）［ズンさん］

ヒエップさんも2020年に帰国し，現在はベトナムに住んでいる．ヒエップさんは日本で良い経験ができたと考えており，日本に悪いイメージは全くないと語った．会社は技能実習生達に対して親切で，同僚とも関係がよく，仕事や生活面でストレスを感じることはあまりなかったという．当時働いていた愛知県の企業では技能実習3号の受け入れはしておらず，さらに当時特定技能制度についてもあまり情報がなかったので，技能実習2号を修了した後，一旦ベトナムに帰国することにした．

ヒエップさんはベトナムで短期大学を卒業している．そのため技人国の在留資格で再来日できると考えていた．日本の生活には良いイメージを持っていたので，日本に戻りたいとも思っていた．しかし技人国の在留資格申請には思わぬ障害があった．技能実習生として来日する前，ヒエップさんは送り出し機関に所属し，日本側の受け入れ企業の面接を6回受けたが不採用が続いた．一般的にベトナムの送り出し機関での来日前講習の期間は6カ月程度である．しかしヒエップさんの場合，講習期間，つまり渡日できないまま待機する期間は1年半に及んだ．ヒエップさんは送り出し機関の日本語センターに通いながら，短期大学にも在籍していた．早期に渡日ができていれば，短期大学は休学をするか，もしくは退学をするつもりだった．しかし渡日できないまま1年半が過ぎ，その間短期大学にも通い続けた．そして7回目の面接でようやく採用となり，渡日できることになった時期がちょうど短期大学の卒業の時期と重なった．ベトナムでは卒業してから卒業証書が発行されるまでに時間がかかる場合が多い．ヒエップさんの在留資格申請に短期大学の卒業証書は間に合わなかった．そのため技能実習生として在留資格を申請する際，最終学歴を短期大学ではなく高校にすることを送り出し機関に提案されたという．ヒエップさんは長い時間待ってようやく摑んだ渡日のチャンスを逃したくないと思い，その提案を受け入れた．

しかしこれによって技人国での再渡日が難しくなった．送り出し機関の説明によれば，技能実習の在留資格申請時に日本の当時の出入国在留管理局に最終学歴を高校として申告しているため，新たに技人国を申請する際に最終学歴を修正すれば前回の申請内容に虚偽があると見なされる可能性があるとのことだった．このような送り出し機関による技能実習生の履歴の「作成」は決してめずらしいことではない．送り出し機関では日本側の事情に合わせ，在留資格が交付されるように技能実習生の履歴を一部書き換えることがある（斉藤，2018b）．ヒエップさんは結局日本に戻ることをあきらめ，ベトナムの会社に就職した．会社で1年ほど働いた後独立し，現在は電気製品を扱う店を経営している．結婚して家族もできた．日本へ戻る気持ちは既に残っていないと語った．

> Trước đây ý định của em là có quay lại. Nhưng sau khi mà em đã ổn định tất cả mọi thứ, từ công việc làm ở công ty thấy nó không còn phù hợp với mình nữa, rồi sau đó rồi... ra làm riêng, thì dần dần mình bắt đầu ổn định, thì cái ý định quay lại của em nó hình như không còn nữa.（中略）TOKUTEI hiện tại, ...hồi trước em chỉ có tìm hiểu sơ sơ,... lúc mà mới nghe thông tin thôi, thì cái thời gian mà, bởi vì TOKUTEI là khi mà... qua bên đó một lần, qua bên đó thì cũng rất là lâu ấy. 5 năm. Thì những người trẻ thì không nói làm gì, nhưng mà những người nhưng mà em nói là em có gia đình, để em quay lại theo chế độ TOKUTEI đó, vào rồi, để mà giúp người thân, thì cái vấn đề mà giúp vợ con qua, thì cái khoảng thời gian 5 năm nó khá là lâu.（以前は戻りたいと思っていました．でもすべて落ち着いた今となっては．会社で働くことが自分に合っていないとわかって，独立して，だんだん生活も安定してきて，戻ろうという気持ちは私にはもう残っていないみたいです．（中略）現在の特定技能は…，以前私は少し調べましたが…，情報を聞いたばかりの時は，時間ですね，なぜなら特定技能では，日本に行ったら，時間がかなりかかりますよ．5年です．若い人はそうではないと思いますが，私のような，私は家族がいますから，私が特定技能制度で日本に行ったら，家族，妻と子を呼び寄せられるまで5年なんて，長すぎます．）［ヒエップさん］

ヒエップさんが「5年」と言っているのは，特定技能1号を経て家族の帯同が認められる2号に移行するのにかかる期間が「5年」ということである．

実際は特定技能1号での在留期間が最長5年と定められているのであって，その間に要件（各種試験の合格等）を満たして2号に移行することは可能なため，ヒエップさんの「5年」という認識は必ずしも正しいものではない．しかしヒエップさんの再渡日をしないという決断において，家族の存在が大きかったことは事実であろう．

第4章でも見たように，ベトナムでは高校を卒業し，出稼ぎに行く人が多い．3年もしくは5年技能実習生として働き，その後特定技能1号に移行して数年働くことを想定すれば，年齢にして20代から30代の時期を日本で過ごすことになる．この年代に結婚や出産，子育てを経験する人も多いだろう．そのような時期を迎える人達に対し，現行の制度では家族の帯同を認めていない．「育成就労」制度でも，その点は変わらない．

京都の食品工場で働くハンさんは，技能実習3号を経て特定技能1号に移行し，日本滞在は7年目を迎えていた．日本の生活にもすっかり慣れ，日本は住みやすいと感じているのでしばらく日本にいたいという．ハンさんは近々，技人国の在留資格を持つ人と結婚する予定だ．結婚してもしばらくは自身の在留資格（特定技能1号）を変更せず働き続けるつもりだが，いずれは子どもも授かるだろう．しかし日本で出産する場合，出産にはどのような手続きが必要なのか，自身の在留資格はどうなるのか，子どもの在留資格はどうなるのか，わからないことが多いと語った．

> ベトナム人のグループは，日本語がわかる人もいるなら，もし何かわかんないなら，みんなは聞いてみる．聞いてみて，教えてあげるけど，でも本当にはっきりまでは….例えばさっき先生[7]が言った，なんか出産のこととかは，あの，法律のことは，それは組合[8]の人以外は，ほんとに私達はあまりわかんないですよ．だってだれも教えてもらってないんですから．（情報は）いりますよ．例えば何がいるとか．何か，権利？自分の権利とかが，あれば．わかんないじゃないですか．誰かに教えてもらわないですから．〔ハンさん〕

7　ここの「先生」とは筆者のことを指すが，第5章でも述べたように，筆者がこれまでハンさんに何かを指導したということではない．
8　監理団体のこと．

ハンさんは監理団体からも登録支援機関や受け入れ企業からも，日本での出産について教えてもらってはいないという[9]．2020年に熊本県で，死産した双子の遺体を自宅に放置したとされ，ベトナム人技能実習生のリンさんが死体遺棄罪に問われた事件[10]が発生した．帰国させられることを恐れて周囲に妊娠を打ち明けられなかったという事情が明らかになり，出入国在留管理庁等では妊娠に関して不当な扱いをしないよう各事業者に注意を促している[11]．しかし安里（2023）によれば，国ごとに妊娠に関わる制度が異なることもあり，日本の産前産後休暇等の制度について知る外国人労働者は依然として少ないという（p. 56）．そもそも現行の制度でも新しい「育成就労」制度でも家族の帯同は認められず，技能労働者が日本に滞在する期間に家族を作ることはほぼ想定されていない．上述のような若い世代の人々を10年あまり日本に引き留めながら，一方では人としての生活を充実させる権利を認めず，ただただ労働することを要求するかのような現在の枠組みには問題があるだろう．今後も日本が海外からの労働者を必要とするならば，家族とともに移住ができ，日本に拠点を置いて安心して働き，生活をしてもらえる制度を整えるべきではないだろうか．

ここまでは研究課題（1）に沿って，在留資格選択の背景にある要因を見てきた．技能労働者の選択において経済的な理由は極めて大きい．収入が増える場合が多いことが特定技能1号への移行のメリットであり，選択を後押

9 出入国在留管理庁では「生活・就労ガイドブック 日本で生活する外国人の皆さんへ」を作成し，現在多言語版をウェブ上に公開している（日本語，英語，中国語，韓国語，スペイン語，ポルトガル語，ベトナム語，ネパール語，タイ語，インドネシア語，ミャンマー語，クメール語，フィリピノ語，モンゴル語，トルコ語，ウクライナ語に対応）．そこには妊娠，出産から育児までの過程で受けられる公的なサービスや必要な手続きなどの一般的な情報が書かれているので参考になると考えられるが，在留資格，在留期間や就労先との関係など状況が個人によって異なるため，一般的な情報を伝えるだけでなく個別の相談が必要である．出入国在留管理庁「生活・就労ガイドブック」
https://www.moj.go.jp/isa/guidebook_all.html（2024年2月24日最終閲覧）

10 リンさんは，2023年3月24日に最高裁判所で無罪判決を受けた．

11 出入国在留管理庁「技能実習生の妊娠・出産について」https://www.moj.go.jp/isa/applications/titp/10_00033.html（2024年3月5日最終閲覧）

しする要因となっていると考えられる．さらに特定技能制度では職業選択の自由もあり，生活の面での自由度も高い．これらもまた，特定技能 1 号のメリットと捉えられているだろう．反対に家族の帯同が認められていないことはベトナムの人々の目にはデメリットとして映ると考えられる．このように日本政府が整える長期就労の道は，それを利用する当事者にとってメリットもある反面，彼らの人生を充実させる時期に制限を課してしまう側面もあると言える．

6.4.2　日本語に対する意味付け

前節では彼らの在留資格選択の背景について述べた．続いて本節では研究課題（2）を明らかにするため，日本語に焦点を絞って見ていくこととする．調査 2（第 5 章）では実習修了後の未来における日本語の経済的な価値と日本での「いま・ここ」の生活のための日本語能力獲得を目指して日本語学習が行われていた．本章ではまずこの二つの視点から語りを分析する．そして最後に本調査で見られた新たな要素について述べる．

（1）証明書の価値

第 5 章では帰国後の未来を志向する場合に特に日本語能力試験の合格を目指す学習が行われていたが，本調査では調査 2 の対象者の語りにやや変化が見られた．まず，ハンさんの語りである．京都の食品工場で働いて 7 年目となるハンさんは，日本語能力試験 N2 に合格をしている．以前から様々なことに興味を持って学習を行っていた[12]が，本調査時にはそれに加えて地域でベトナム語を教える活動や，地域日本語教室で日本語を教えるボランティア活動を始めていた．ハンさんは以前のように日本語のオンラインレッスンを熱心に受講したり，テキストで学んだりすることは減ったと語ったが，地域

12　ハンさんは調査 2 のインタビューで，その当時取り組んでいた様々な日本語学習の方法について語った．日本語能力試験 N1 の合格を目指して試験勉強をするかたわら，オンラインでビジネス日本語のレッスンを受講したり，日本語の小説を読んだり，ニュースを見たりしていた．詳しくは第 5 章を参照．

での活動を通じて幅広い知識や経験が得られている様子だった．しかし，そんなハンさんであっても，日本語能力試験N1の合格証書は依然として欲しいのだという．

実は，ほんとの知識は，N1までだけじゃなくて，あの，N1を取っても，その，部分だけは，ちょっと，またいろいろな広い部分までは，あの，勉強しないといけない．でも，いちばん最低はN1を取らないと．N1を取ったら，どこの会社とか，もし日本語を教える先生に，前はなりたいと言ってたんじゃないですか．そこまでも，今は，ほとんどがN1が要るんですよ．だから最低でもN1を取らないといけないんです．これは今の時代ですよ．〔ハンさん〕

たとえ日本語能力試験N1に合格したとしても，それで十分というわけではないと認識しているが，それでも合格証書は自分のキャリアを次のステップに進めるために必要だという．ハンさんはベトナムで短期大学を卒業しているので，技人国（エンジニア）[13]の在留資格申請も可能である．そのためにもN1は必要だと考えている．

もっといいビザを変えたいんですね．例えば，エンジニアとか，に変えれば，ちょっと給料も高いし，いろいろな権利をもらえるんじゃないですか．もし私はね，特定技能を，エンジニアとかに変えたら，本当に資格が要りますよ．だからほんとに，N1を取って，いろいろな機会がある．〔ハンさん〕

また，その点はタイさんも同様である．タイさんも日本語能力試験N1の合格を目指しているが，その理由について以下のように語った．

一番価値があるから．だからそれを取って，いい仕事ができるかなと思います．〔タイさん〕

13 ベトナム出身者の間で技人国が「エンジニア」と呼ばれることについては，本書の「はじめに」を参照されたい．

タイさんはハンさんと同じ職場で働いている．ハンさんはタイさんより 4 年早く来日し，先述の通り技能実習 3 号を経験し，現在は特定技能 1 号に移行している．2 人は仲が良く，タイさんは日本での生活や日本語学習方法など，様々なことをハンさんから教えてもらっていた．そのため，筆者はタイさんがハンさんと同じように技能実習 3 号か特定技能 1 号に移行するだろうと考えていた．しかしタイさんは技能実習 3 号にも特定技能 1 号にも移行せず，一旦帰国して技人国の在留資格で再来日を目指すことにしたという．

第 5 章でも述べたが，タイさんはベトナムで大学を卒業している．ベトナムのメコンデルタ地方の国立大学で生物工学を学んだタイさんは，当初から技人国の在留資格で来日，就労することを希望していた．しかし送り出し機関に生物工学の分野の求人は限られていると言われ，技能実習生の道を選択したのだと以前のインタビューでは話していた．今回のインタビューでも，タイさんは変わらず技人国を希望していると語った．3 年間食品製造ラインで働いてきたが，自分が所属する製造課の業務とデスクワークを行う庶務課や品質管理課で行う業務は異なるものだとタイさんの目には映った．タイさんの言葉を借りれば「庶務，品管（品質管理）は頭を使う」が，製造課はそうではない．同じ企業で就労を継続するなら製造課で働き続けることになる．そう考え，帰国を決意したという．

> エンジニアは，特定技能実習生より，もっと会社の組織，深いかなと思います．私は，頭で仕事を，体力よりやりたいかな．そのほうがいいと思います．いろんなアイディア生かしたいです．…今私の仕事はほとんど体力です．アイディアを生かせる場合もありますけど，その，そういうチャンスは少ないと思います．〔タイさん〕

タイさんは，日本語能力試験 N1 の合格証書を手に入れることによって日本で「いい仕事」に就けると考えている．つまりタイさんの言う「価値がある」というのは，日本社会で認められている，そして希望する「いい仕事」つまり技人国での仕事を得るために利用できる価値ということだろう．

このように，ベトナム社会に限らず日本社会においても日本語能力試験の合格証書の価値[14]は存在する．例えばトゥーさんは技能実習生として秋田の弁当工場で働く間に日本語能力試験 N2 に合格し，特定技能 1 号に移行して転職を実現した．既述の通り新しい就職先は待遇が非常に良く，トゥーさんもそれに満足している．日本語能力試験 N3 以上の合格証書を持っていなければ面接すらしてもらえないというこの企業への就職に，日本語能力試験 N2 の合格証書は少なからず効果を発揮したことだろう．トゥーさんの例が示すように，日本国内で日本語能力試験の合格証書はより条件の良い仕事を見つけようとするときに利用できるものとなっている．そしてさらに言えば，ベトナム国内における日本語の価値は日本経済の状況に左右され，価値が失われる可能性もある．第 5 章で述べたように，近年の日本経済の衰退や円安傾向によりベトナム社会において既にその兆候は表れている．しかし一方で日本国内においては，日本国内のマジョリティー言語が日本語である限り日本語の価値は維持されるだろう．そしてその価値を利用するために必要なものが，日本国内においても日本語能力試験等の試験の合格証書となっているのである．

(2)「いま・ここ」のための日本語

続いて本節では，日本語学習のもう一つの目的である「いま・ここ」を志向する日本語学習について見ていく．第 5 章で日本語能力試験 N3 の合格を目指すのは帰国後の “dự phòng”（もしもの場合のための事前の備え）のためだと語ったトゥンさん[15]の日本語学習には変化が見られた．岡山県のラーメン店で働くトゥンさんは，調理の仕事も接客の仕事もこなす．店長や同僚からの

---

14 第 1 章で述べたように，現行の特定技能制度では JFT-Basic または日本語能力試験 N4 の合格が求められる場合がある．よって試験の合格は，キャリアアップの場合だけでなく在留資格申請を希望する場合にも価値あるものとなるだろう．さらに「育成就労」制度では日本語能力を証明する試験合格が求められることになる．詳しくは第 8 章に譲るが，このように試験の合格を在留資格申請の必要要件とすることにより，日本語学習の目的が試験合格となる傾向が強まることが予想される．

信頼も厚く，店にとって不可欠な人材となっているようだ．以下の語りからはトゥンさんが自己肯定感を持って働いていることが窺える．

ぼくは，お店で，発注ものとか，例えば，何でも，仕事で，日本語あまり話せないけど，日本人より下手．ぼく．でも，仕事はできるから．何でもできる．早いし，発注ものが，いいです．注文する，野菜とか，お肉とか．1 週間は，どのぐらい，数は，発注にちょうどのほうがいいから．いっぱい発注は，終わらないで，早くくさいになる．それはぼくできます．それは，ぼくは店長から教えてもらいましたから．今は，ぼく，店長じゃないけど，一つお店に，全部管理するから．今は，お店に店長ないから．〔トゥンさん〕

トゥンさんは現在，オンラインで日本語の授業を受講しているという．内容は日本語能力試験対策である．しかしその目的は以前とは違っていた．トゥンさんは次のように語っている．

N2 は受けないと思うけど，N2 も勉強しています．受けないけど，また勉強しています．ぼくは，漢字は，読解はあまりわからないから，N2 は難しいと思うから，文法とか，言葉とか，勉強するつもりです．それは，勉強したら，話せると思います．［トゥンさん］

さらにトゥンさんは第 5 章で，仕事の指示が理解できない場合に「日本語をわからないときは，やってみる．それから聞いている．やってみて，オッケーだったら，そのままで，駄目だったら，言われる」のだと語っていた．日本語の指示がわからなくてもまずやってみて，正しければそのまま何も言われないが間違っている場合は指摘されるので間違っていることがわかるということである．しかし現在の職場ではそうは考えていないという．

15 トゥンさんにはベトナムでベトナム料理のレストランを開く夢があるが，調査 2 では日本語能力試験 N3 の合格も目指していると語り，その理由はレストランがうまくいかなかったときに日本語能力試験 N3 の合格証書を持っていれば他の仕事が探せるからだということだった．詳しくは第 5 章を参照.

トゥンさん：日本人と話したいんです．日本語がわからなければ，大変だと思っていますから，日本語を勉強しています．

筆者：日本語がわからないと，いつ大変なんでしょう？

トゥンさん：例えば，なにかあって，店長とか教えて，とか．教えたことがわからない，違うやってます，それはほんとに大変です．

この語りからは，店長が教えてくれたことを正確に理解し，教えられたとおりにしたいとトゥンさんが考えていることが読み取れる．この変化の背景に何があるのだろうか．まず現在の仕事が自分の希望に合致し，将来的なキャリア発展に有益な経験を得ていると自身が実感していることがあるだろう．そして自分は「仕事ができる」という自信と，職場で獲得した自分に対する信頼を損ないたくないという思いがあるのではないだろうか．さらに，職場で良好な人間関係を築き，店長や同僚との間に相互尊重の意識を共有しているのではないかと考えられる．トゥンさんは職場の人達とはよく食事に行くのだと言っていた．新型コロナウィルスに感染した時は，職場の同僚が病院まで車で連れて行ってくれたという．さらに店長は 2024 年の旧正月にベトナムに 1 カ月帰ることを認めてくれた．

トゥンさん：僕は，2 月は 1 カ月ベトナム帰ります．けど，1 カ月だけですね．

筆者：それは，お店の人はオッケーと言いました？

トゥンさん：オッケー言いました．けど，あの，ほんとにあの，人がいません．あまりいませんから，早く戻ってください（笑）．行ってもいいけど，2 週間，3 週間のほうがいい（笑）．

筆者：そうですか（笑）．でも，ベトナム人は，Tết（旧正月）はとても大切でしょう．

トゥンさん：はい，そうです．

筆者：日本人はそれ知らないから，1 カ月も帰るの？ってびっくりするでしょう．

トゥンさん：はい，びっくりした．びっくりしたけど，僕は，理解，話しましたから．

筆者：トゥンさんが教えたんですね？ベトナムの文化をね．
トゥンさん：はい，そうです．けど，（笑）人がいませんから．ほんとに，2 週間ぐらい，帰ってください，それ（笑）．

ベトナムには旧暦の正月を盛大に祝う習慣がある．旧正月には普段は遠方に住んでいる家族も故郷に戻り，ともに新年を迎えるのが通例である．ベトナムではトゥンさんのように旧正月の休暇を長く取ることは珍しくない．しかし日本は旧暦の正月を祝う習慣は既になく，旧正月の期間に長期間の休暇を取って一時帰国をすることは難しい場合が多い．現在の職場ではトゥンさんが最初の外国人従業員だという．店長はトゥンさんの説明を聞くまでベトナムの旧正月の大切さを知らなかったかもしれない．しかし店長はトゥンさんの説明を聞き，ベトナムの文化を理解し，それを尊重してくれた．このような職場で働くからこそ，トゥンさんは「話したい」と思い，そのための日本語学習に取り組んでいるのだろう．上掲の「文法とか，言葉とか，勉強するつもりです．それは，勉強したら，話せると思います．」という語りにもあるように，学習内容が日本語能力試験に関するものであっても，トゥンさんは試験の合格をめざすのではなく，「話せる」ようになることをめざしていることがわかる．

一方，ミーさんは兵庫県で水産加工の仕事を 3 年間した後，飲食料品製造の分野で特定技能 1 号に移行し，職場を変えた．新しい職場は食肉加工工場で，SNS を通じて探したという．仕事は以前よりは楽になり，経営者も親切で，従業員同士の関係も良く，今の職場は「いい会社」だとミーさんは語った．調査 2（第 5 章）のインタビュー時，ミーさんは「自分の身を助ける資格がほしい」と語っており，日本語能力試験 N3 の合格を目指して勉強していた．本調査のインタビュー時にも，依然として日本語能力試験 N3 の合格を希望していた．しかしその理由は「資格が欲しい」ではなかった．

ミーさん：N3 今欲しいです．
筆者：どうして N3，ほしいですか？

ミーさん：私が，えー，…が一緒に話しますが，まだできないです．
筆者：え？だ，誰と話します？できません？
ミーさん：日本人．時々が，私ゆっていますが，わからないです．
筆者：ああ，じゃあ日本人と話したい？
ミーさん：はい．話したいです．

ミーさんは調査2のインタビューではベトナム語を使うことが多かった．しかし本調査では，ほぼ日本語でやり取りしようとした．ミーさんがこのように日本語を「話したい」と考える背景には，職場の人間関係があると考えられる．

筆者：前の仕事と今の仕事，どっちがいいですか？
ミーさん：今です．
筆者：どうしてですか？
ミーさん：仕事がやさしいですと，みんなが，毎日話しますがやさしいです．社長，やさしいよ．みんな問題ありますが，ゆっています．社長，一緒に話します，オッケーです．
筆者：ああ．でも，日本語は？どうしますか？
ミーさん：わかります．やさしい．
筆者：でもちょっと話が，phức tạp（複雑）でしょ？
ミーさん：わかる．
筆者：社長が言う日本語がわかる？
ミーさん：社長，私言ったが，わかる．
筆者：ミーさん言ったら社長わかりますね．社長しゃべるのは，ミーさんわかる？
ミーさん：大丈夫．全部大丈夫．でも，みんなが言ったが，わからないが，んー，どうかな．説明ができるです．
筆者：ああ，社長が言って，わからないと社長が説明．
ミーさん：はい．説明．みんなわかる．

問題が発生した時の話し合いは，話が複雑になって相互理解が難しくなることが多いと考えられる．しかしミーさんは，社長は自分の話をわかってくれるし，自分も社長が言うことはわかるのだと語った．社長とミーさん達は，お互いがわかるまで，様々な手段を使ってやり取りを繰り返すのだろう．それは相手を尊重し，その意見を大切にしようとする姿勢の表れであり，それはミーさんにも伝わっている．

ミーさんもトゥンさんと同じく 2024 年の旧正月に 1 カ月ベトナムに帰るつもりだという．ミーさんの働く会社にはベトナム人従業員が他にもいる．社長はそれぞれの希望に合わせて帰国を認めてくれた．

> 私が，聞きましたです．ベトナムのお正月帰ります，いいですか．それ，いいです．1 カ月，いいです．みんなが帰りたいが，1 週間もいいです，2 週間もいいです，1 カ月もいいです．社長，やさしいよ．〔ミーさん〕

調査 2 ではマジョリティーである日本人側が配慮し，技能実習生を手助けしようとすることによって，技能実習生は周囲と関係を築こうとし，「いま・ここ」を志向する日本語学習に向かっていた．しかし本調査の結果からはそれに加え，マジョリティー側による相手の文化への理解，尊重，そして一人の従業員として技能労働者に向き合い，その声を聴こうとする姿勢が，信頼に結びつき，相手を理解したいという思いを醸成することがわかる．

第 3 章でも取り上げた白崎（2022）は，技能実習制度においては監理団体の存在が大きく，生活，就労といったそれぞれの場面で技能実習生を内輪のコミュニティの中に囲い込み，そのため技能実習生が外の社会との関係構築の機会を失っていると述べる．一方，特定技能制度においては特定技能人材の労働者としての自立性が高まり，就労先における被雇用者としての立場がより際立つ．在留資格も雇用先があることが前提となって許可されるので，雇用先との関係がより直接的に，より密になるのではないかと考えられる．特定技能人材自身も長期的な就労を希望すれば就労先の人々とのかかわりをより重視し，積極的にコミュニケーションをとろうとするだろう．

一方で，石川県で工業包装の仕事をするリンさんは日本語学習の目的を失っていた．調査２（第５章）で見られた日本語学習に対する熱意は本調査時には残っていない様子だった．インタビュー時リンさんは，技能実習３号の修了を間近に控え，ベトナムに帰国するか転職して飲食料品製造の分野で特定技能１号として働くか悩んでいた．特定技能１号に移行するとしても，日本にはあと１年しか残るつもりはないと語った．特定技能１号への移行を考えるのは日本以外の国への留学資金を貯めたいからだという．日本語能力試験 N2 は何度か受けたが，合格はできなかった．調査２の時点では日本語学習に熱心に取り組む様子が窺えたが，本調査時点では日本語学習にはあまり取り組んでいない様子だった．

> 12 月ぐらい？前の結果．N2 の結果わかります時，不合格もらいました．だから私，えー日本語は，似合わないかなー，と思いました．〔リンさん〕

リンさんは，日本語に対する諦めのようなものを感じている様子だった．それは試験に合格ができないからだけでなく，職場のコミュニケーションで感じた挫折も影響していると考えられた．リンさんは職場での日本語のやり取りについて以下のように語った．

> 仕事は，ときどき問題が，あのー，あった，ありますから．だから，聞きたい．社員に説明したいし，理解したいし，でも言葉はわからないし，あの，こまって，怒ってる，自分の，怒ってる．えー，でも，日本語はわからない．なんで，なんでー（笑）．〔リンさん〕

リンさんは，職場で問題があった時に，説明をしたくてもうまく伝わらなかったり，誤解されたりすることがあるのだろう．そのたびに日本語力が不足している自分に対し苛立ちを感じるという．しかし上掲のミーさんの語りからもわかるように，このような相互不理解の原因をリンさんの日本語能力に全面的に帰することはできない．相互行為の場において，相互理解はすべての参与者の協働によって成り立つのであるから，リンさんだけに責任があるとは考えられない[16]．しかし結果としてリンさんは，以前は認めていた日本語の価値を感じなくなってしまっていた．このように，「いま・ここ」を志向する日本語学習は，技能労働者を取り巻く人々の存在がやはり大きく影響するのである．

(3) 自分を守るための日本語

最後に本節では，特定技能人材において特徴的だった点を見ていく．技能実習が「技能実習法」という国内で唯一外国人労働者の保護を謳った法律に基づく在留資格である（宮入，2022b）のに対し，特定技能では労働者としての独立性が高まる．特定技能 1 号では受け入れ企業もしくは登録支援機関による支援が受けられることにはなっているものの，当事者達は自立を求められると感じている．

技能実習 3 号から特定技能 1 号に移行したハンさんは，技能実習生の頃は生活の面でも監理団体がサポートをしてくれたが，特定技能になってからは何でも「自分でやって」と言われ，「自立してという感じ」を受けるという．岡山県で特定技能 1 号人材として働くトゥンさんもまた，特定技能は自由である反面，自立が必要だと語っている．

> トゥンさん：特定技能は，あの，例えば，悪い会社にあって，じゃあすぐは，新しいとこに，転職できます．けど，支援機関（登録支援機関）は，あまり関心しない．それは，短所でも，それも長所です．
> 筆者：それはどういうことですか？
> トゥンさん：それは，あまり手伝ってくれない．けど大丈夫と思っています．日本に 3 年住んでいますから，経験があると思っています．［トゥン］

トゥンさんは特定技能になればサポートは受けられなくなるが，技能実習

16 リンさんは調査 2（第 5 章）で，「先生」と呼ぶ日本人の先輩従業員を信頼し，仕事の相談もしていると語っていたが，本調査の時点で「先生」は会社を退職していた．時々連絡を取ることはあると言っていたが，職場で発生する問題の相談まではできなかったのではないだろうか．

の3年間の経験があれば乗り越えられると語っている．北海道で技能実習2号を修了した後，特定技能1号人材として長野県で1年働き，その後兵庫県に移って来たニーさんも以下のように語っている．

それは，自分でやらないと，いけないから．うん．でも実習生のときは，組合の方，全部やってもらいました．でも今は何でも自分でやりますから．それはしょうがないから．でも，自分でやっても，はじめするときは，難しいけど，2回目，3回目なら，大丈夫．もう経験も持っていますから．大丈夫．今いろいろわかっていますから．［ニーさん］

ニーさんは，在留期間更新の手続きを自分で行ったという．現在ニーさんが生活しているのは兵庫県の中部だが，手続きをするために出入国在留管理局に行くにはバスや電車を乗り継いで1時間以上かかる．土地勘のない場所で出入国在留管理局まで行き，自分で手続きをすることは大変なことだったと推察される[17]．ニーさんは，仕事でも特定技能人材はより高い水準を求められると感じている．

たぶんね，実習生なら，なんか仕事は，あんまり速くやらないと，大丈夫ですけど，特定技能なら，速くやらないといけないかな．技能実習3年やったでしょ．特定技能なったら，もっともっと速く仕事できるかな．ならないといけないかな．実習生なら，日本語もあまりわからないね．経験も，わからないかな．あまりないから．ベトナムから，来たばかりから．実習生ならみんな優しくしているかな．特定技能なら，みんな何でもわかっているからね．みんな速く教えているかな．と思っています．［ニーさん］

これは，北海道から長野県の工場に移ったばかりの時のことを語っている．

17 現在，出入国在留管理庁では在留期間更新許可申請をオンラインで受け付けているが，日本語と英語でしか対応していない（2024年2月現在）．利用者側のニーズを把握し，それに応える対応を進めることが今後望まれる．
出入国在留管理庁「在留申請のオンライン手続き」https://www.moj.go.jp/isa/applications/guide/onlineshinsei.html（2024年2月18日最終閲覧）

従業員として能力を認められて，即戦力として働くことを期待されていたと前向きに捉えることもできるかもしれないが，ニーさんにとっても転職先での仕事は新しいことの連続であったはずだ．わからないことも多かったのではないだろうか．しかし技能実習生に対するようなサポートは，特定技能人材は受けられなかったという．

> 寮から，アパートから会社までは自転車で40分ぐらいかかりましたよ．毎日40分かかって．それはね．秋と冬じゃなかったら大丈夫ですけど．冬は雪いっぱい降ってるけど，自転車で仕事するよ．迎えに全然来ないし．私も何回も転びました．道路で．でも会社と支援（登録支援機関）のほう，全然気にしてない，そのこと．実習生なら，みんな，会社のバスで，迎えに行きますから．〔ニーさん〕

長野県の冬は相当な寒さだっただろう．雪の中自転車で40分もかけて通勤することは危険なことでもある．ニーさんはこの長野県の弁当工場を1年で辞め，兵庫県の製麺工場に移った．製麺工場での仕事は「楽しい，ではない，でも大丈夫」だが，冷凍うどんを作る仕事は寒くて体に負担がかかるといい，ニーさんは次の仕事をまた探し始めている．

> でも今回は，なんか，探して，なんか，たぶん会って，その会社まで来て，インタビューする，やりたいかな．ネットでも，信じていないからね．会って，インタビューしたいと思います．なんか，2回も，変更したから，もう（笑）．〔ニーさん〕

特定技能制度では転籍の自由が認められている．これが技能実習制度とは大きく異なる点である．技能実習制度では受け入れ企業に問題があったとしても職場を変えることが難しいのに対し，特定技能制度では労働者自らの意思によって職場を変えることで困難な状況から脱することができる．現にニーさんは，より良い職場を求めて自ら行動を起こしている．ニーさんのように日本語能力もあり，経験もある場合，次の職場を見つけることは難しくはないだろう．

しかし，ニーさんのような日本語能力を持たない場合はどうなるのだろうか．大分県で技能実習生として3年働き，農業分野で特定技能1号として受け入れてくれる企業を探そうとしていたヴァンさんは，結局仕事を見つけることはできなかった．SNSを使って，ベトナム人コミュニティ内で共有される求人情報をあたってはいたが，採用されるには至らなかった．インタビュー時は兵庫県のNPO法人のスタッフがヴァンさんの次の就職先を探していたが，ベトナム語がわからないNPO法人のスタッフとのやり取りには常に通訳が必要だった．この状態では，たとえ今回は就職先が決まったとしても，次の職場で問題が発生した時，再び苦境に立たされることになってしまうのではないだろうか．

しかし十分な日本語能力を身につけていないことを労働者個人の責任とすることはできない．彼らは制度で定められた日本語の基準を満たしている．さらに彼らにとって就労しながら日本語学習を継続することは義務ではない．仕事が忙しく，時間的な余裕がないとなれば，学習に取り組むことはできないだろう．現行の制度においては技能実習2号を修了した人が特定技能1号に移行する際，他業種に移る場合であっても日本語能力の証明は不要とされている．それは技能実習2号を修了していれば特定技能1号人材として就労するために必要な日本語能力を習得しているはずだという仮説に基づいているからであるが，その根拠は不透明である．このような制度の下で，保護されず，困難な状況に直面する人々が存在することは看過できない問題である．

ただし，筆者は現行制度が特定技能に移行する際に日本語能力試験などの合格を求めていないことを批判しているのではない．そうではなく，日本語学習の場を公的には保障しないまま，日本語習得の責任を労働者個人に転嫁し，日本語習得ができないのは労働者個人の努力が足りないからであり，努力をしない人が不利益を被るのは当然だとでもいうような現行の制度の枠組みには重大な欠陥があると考えている．これまでも技能実習生が様々なトラブルに巻き込まれるたび，原因の一つとして彼らの日本語能力の低さが指摘されることは決して珍しいことではなかった（斉藤，2018a；四方，2019）．しかし彼らが問題に巻き込まれることの原因を彼らの日本語能力に帰結させてしまうと，公的には十分な日本語教育が提供されない中で，彼ら自身が自己防衛のために自主的に日本語能力を獲得しなければならないという矛盾が隠されてしまう．今後技能実習制度が「育成就労」制度となることで特定技能制度も「適正化」される．この変更により特定技能 1 号への移行には「日本語能力 A2 相当以上の試験（日本語能力試験 N4 等）」の合格が求められることになる．日本語能力の基準を定めることを評価する声もある．しかし日本語能力の基準を設けるだけで，教育の機会を十分に保障しないのであれば，現行制度とほとんど変わりがないのではないだろうか．さらに上述のハイさん，ニーさんのケースように，各種行政手続きや職場での問題解決，求職活動などは，「日本語能力 A2 相当以上の試験（日本語能力試験 N4 等）」に合格できるレベルなら遂行することが可能なのだろうか．一方で，複雑な交渉が求められる場面において十分な多言語対応を日本政府が用意できるかについては疑問符が付く．特定技能人材は技能実習生よりも労働者としての権利がより強調され，自由も増す．しかしそれに伴い個人の責任も増大する．現在の日本社会において日本語能力を持たないまま労働市場に放り出されれば，脆弱な状態に置かれやすくなることは容易に想像できる．特定技能人材においては，このように日本語能力の不足による不利益がより顕著に表れる可能性が高い．労働者としての権利を保障することはもちろん重要なことである．よって，転籍や転職の自由を保障することは当然必要なことである．しかしそれとともに労働者の言語の権利を保障することもまた，重視されて然るべきであろう．この点に関しては，第 8 章で改めて論じる．

6.5　第 6 章まとめ

本章では，以下の【研究課題 3】を明らかにするために，技能実習を修了した／修了しようとしている人に対するインタビュー調査と，その語りの分析を行った．

【研究課題 3】技能実習以後の展開と日本語

(1) 技能実習生が特定技能 1 号への移行を選択する背景に何があるのか

(2) 日本で就労を継続しようとする人とって日本語はどのような意味を持つのか

まず，研究課題（1）について述べる．技能実習（1 ～ 3 号）と特定技能 1 号の違いとして，次の 2 点が大きいと思われる．一つ目は，特定技能人材になれば技能実習生よりも経済的な条件が良くなるケースが多いことである．特定技能制度では，特定技能人材の収入は日本人従業員と同等以上とすることが法により定められているため，給与が最低賃金に設定されることの多い技能実習生より収入が増える場合が多いと考えられる．実際に本調査の対象者の多くが特定技能 1 号に移行することで収入が増加している．この経済的な要素は出稼ぎ者である技能労働者の選択に大きく影響を及ぼすだろう．次に，特定技能制度では技能実習制度よりも多くの自由が認められているという点がある．職場選択の自由が認められるだけでなく，生活面に関しても本人の意向に沿ってある程度自由に決められるようになる．これらの特定技能制度の特徴が，メリットだと感じられる人も多いことだろう．

しかし一方で，技能実習生も特定技能 1 号人材も家族の帯同は認められていない．それは新しい「育成就労」制度でも同様である．この家族不帯同という条件が日本での就労を断念するという選択の要因の一つとなっている．日本政府は若い世代の人々を長期間日本で働かせながら，家族を作ることは想定していないのだろうか．生活の充実を望むことは人として当然認められるべき権利である．日本が海外からの労働者をこれからも必要とするならば，家族とともに日本で生活の基盤を作り，安心して働き生活をしてもらえる制度を整える必要があるだろう．

次に研究課題（2）について述べる．まず，彼らは日本語に自分のキャリアアップに利用できるものとしての価値を認めている．その価値は日本語能力試験の合格証書を得ることで利用可能となる．よって日本で働き続ける選択をした人が日本でさらなるキャリアアップを望む場合は，日本語能力試験の合格証書を求める傾向がある．調査 2（第 5 章）でも日本語能力試験の合格証書の経済的な価値は意識されていたが，それはベトナム社会における日本語の価値であった．しかし日本社会で働き続けることを望む場合も，日本語能力試験の合格証書は場合によっては必要になる．今後，技能実習（「育成就労」）から特定技能へと日本で就労する期間が長期化する人も増えることが予想される．彼らが日本でより好条件の仕事を得ることを望む場合，日本社会における日本語の価値は強く意識されるようになるだろう．

また，労働者としての自立性が高まり，雇用先との関係がより直接的になる特定技能人材においては，現在の就労先に長く勤めることを希望する場合，そこの人々との関係を重視し，積極的に関わろうとする傾向が強まることが考えられる．さらに，自らの文化への理解，尊重を得たと感じたり，共に組織を支える構成員の一人として認められていると実感したりできれば，相手に対する信頼が構築される．それによってさらに周囲とより深くかかわろうとし，日本語学習の「いま・ここ」に向かう姿勢がさらに強まることもある．

一方で，労働者としての自由度が増すに比例し，個人の責任も重くなり，労働者本人が日本語能力を持たない場合に不利益を被る可能性が高まる．現行制度においては公的に十分な日本語教育は提供せず，日本語の習得を労働者個人の責任としている．この状況は「育成就労」制度でもあまり変わらないと考えられる．ただ日本語能力の基準を設けるだけで日本語教育にアクセスする機会を保障しなければ，日本語習得の責任を労働者本人に帰す傾向はより強まるのではないだろうか．技能労働者が言語による不利益を被る状況を放置することは彼らの言語権の侵害であり，それは基本的人権の侵害となる．労働者としての権利を保障することの中に，彼らの言語の権利を保障することも含まれなければならない．

第 7 章

就労場面におけることばの実践

7.1 調査目的

第 4 章から第 6 章までは，移動する労働者その人に焦点を当てた．本章では視点を変え，就労場面におけるやり取りに着目する．第 5 章において技能実習生はなぜ日本語学習を行う（行わない）のかについて質的な分析を行ったが，その結果日本語使用が限定的でありながらも就労や生活ができている状況があることが明らかとなった．では技能実習生の就労場面における限定的な日本語使用とは実際にどのようなものなのだろうか．本章では工場内の作業現場における就労場面の音声データを分析し，それを明らかにする．本調査の結果をもとに考察する研究課題は研究課題 4 である．

【研究課題 4】ことばの実践

(1) 就労場面ではどのようなやり取りを行っているのか

(2) やり取りを成立させているものは何か

就労場面の言語使用を録音し分析した調査としてはまず，浜松国際交流協会（2009）と第 3 章でも述べた菊岡・神吉（2010）がある．浜松国際交流協会（2009）は，企業内で開講される日本語教室で使用するカリキュラムの開発を目的とした調査であり，調査者が企業で参与観察を行うと同時にやり取りの録音を行った．菊岡・神吉（2010）も同様に職場の音声データの収集を行った．

菊岡・神吉（2010）は，実際に行う作業においては限られた言語リソース（「一次的ことば」）[1]で遂行が可能であることを指摘しつつも，就労場面に十全的に参加するには，その段階からさらに進んで，相手が理解できるように日本語で自らの考えを述べる力（「二次的ことば」）が必要であるとする．さらに技能実習生の就労場面における日本語使用の実態を調査した研究には飯田（2021），張（2021，2022）がある．飯田（2021）は，現場で求められるコミュニケーション力を日本語教育に反映させることが必要だと述べる[2]．張（2021，2022）は，日本語母語話者側の発話に着目し，既存の日本語教材の内容との異なりを指摘する．これらの日本語教育の分野で行われた言語使用実態の調査は，学習者側の能力をいかに向上させるかという点に焦点が当てられている．

一方で，私達が実際に行っているやり取りは決して言葉[3]のみで行われるものではない．尾辻（2016a，2016b，2000，2021）は，言語資源を包括する多様なレパートリー全体を「ことば」とし，言語だけに頼るのではない，その現場にある多様な資源を利用して行われる私たちのコミュニケーションのリアリズムを明らかにした．本章においても着目するのは，「言葉」だけではなくそれを包括的に捉えた「ことば」によるやり取りである．言語の表面上の形式ではなく，就労場面において行われている「ことば」のやり取りに着目し，そこでのやり取りを可能にしているものについて明らかにすることが本章の目的である．

1 菊岡・神吉（2010）の「一次的ことば」「二次的ことば」については第3章を参照されたい．

2 第3章でも述べたが，飯田（2021）では，リーダーとしてグループをまとめ，サポートする能力を広く「コミュニケーション」能力とし，それが企業に評価される点だと指摘する．そしてその点を踏まえ，技能実習生の日本語教育にグループワークを積極的に取り入れることの有効性を主張する（p. 45）．

3 本書で使用する「言葉」「ことば」の用語の定義については「はじめに」を参照．

7.2 ビジネス日本語との比較

第 3 章でも述べたが，これまで日本語教育において働く外国人が必要とする「ビジネス日本語」は，留学生の延長である「高度外国人材」を対象として研究が蓄積されてきた（李，2002；堀井，2007；葦原・塩谷ほか，2020）．ここで改めて，「ビジネス日本語」と技能実習生の日本語との比較を行いたい．日本語教育学会が作成した「BJT ビジネス日本語能力テストに関する Can-do statements 調査研究事業報告書」（日本語教育学会，2020，p. 2）には「ビジネス日本語 Can-do statements」として 24 項目が挙げられている．その中で特にやり取り（「聴く」「話す」「聴いて話す」）に関わる項目を表 7‒1 に示す．

表 7‒1 の Cds 内容を見ると，「ビジネス日本語」の使用場面として想定されているのは企業のオフィスであり，場面は会議，商談，電話応対であり，やり取りの相手には社内の上司や同僚だけでなく社外の取引相手や顧客も想定されていることがわかる．

一方，国際研修協力機構（現在の国際人材協力機構，以下 JITCO とする）[4] が作成した「講習の日本語指導ガイド」の「参考資料 技能実習生が身につけたい日本語の力」（以下「日本語の力」とする）には，日本語使用場面として「人と関係を結ぶ」,「技能などを修得する」,「病気・事故・災害などに対処する」,「経済活動をする」,「目的の場所に行く」,「情報を収集する」,「地域社会の一員として行動する」の七つの大分類が示されており，それぞれにさらに小分類が明示され，具体的な言語行動が挙げられている．大分類の中で就労場面に相当するのが「技能等を修得する」であるが，その中から「聞く」「話す」技能に関わるとされている項目を抜粋し，表 7‒2 に示す．＊がついている項目は「講習中に学習するのが難しい場合は，技能実習に入ってからの目標にもできるもの」である．また，それぞれの項目が「聞く」もしくは「話す」のどの技能に該当するかが●によって示されている．

4 外国人技能実習機構が設立される以前に技能実習制度を統括していた機関．

表 7-1　ビジネス日本語 Can-do statements（日本語教育学会（2020）より筆者抜粋）

項目 No.	技能分類	Cds 内容
1	聴く	上司から出された自分の担当業務に関する指示が理解できる
2	聴く	社内で同僚同士が話している会話を近くで聴いて，どんな話題について話しているかわかる
3	聴く	会議や打合せで報告を聴き，何が重要なポイントなのかが理解できる
4	聴く	会議のときに，議論の内容を聴きながら，賛成や反対など主張の違いがわかる
9	話す	社内と社外で話している相手との関係を考慮して，場合に応じた適切な話し方を選ぶことができる
10	話す	敬語に注意しながら上司や先輩に依頼ができる
11	話す	ある商品や企画について，そのセールスポイントや特徴を調べてリストにし，それを使って，スライド等を用いてプレゼンテーションできる
13	聴いて話す	営業などの業務で社外の会社を訪問したときや社外の会議で集めた情報をまとめて，社内の人に報告することができる
14	聴いて話す	会議や打合せで議論の内容を理解して，自分の意見や疑問点を言うことができる
15	聴いて話す	上司の話に疑問点や問題点を感じたときに，上司に自分の思っていることを直接的な表現 ではなく，敬語を使って遠回しに伝えることができる
16	聴いて話す	電話で話した内容の要点をまとめ，相手に確認することができる
17	聴いて話す	取引先の人と話しているときに，よく理解できないことがあれば，相手に失礼にならないように丁寧に聞き返すことができる
18	聴いて話す	社外からの依頼や苦情の内容を理解して，相手の気持ちを考えながら，きちんと対応できる

表 7-2 を見ると，技能実習生の就労場面として想定されているのは主に生産現場であることがわかる．生産工程を滞りなく進めるために必要な情報交換を行う行動に焦点が当てられており，さらにやり取りの相手は社内の人しか想定されていない．このように「高度外国人材」とは異なる言語行動が想定される技能実習生であるが，現在日本で就労する外国人労働者の大部分を占める存在であるにも関わらず，彼らを対象とした就労場面のやり取りの研

表 7-2　技能実習生が身につけたい日本語の力（「講習の日本語指導ガイド」より筆者抜粋）

日本語使用の場面・目的	技能実習生が身につけたい日本語の力	聞く	話す
安全を確保する	「気をつけろ」「あぶない！」「だめ！」などの注意を促す言葉や危険な状況を知らせる言葉を聞いて理解する	●	
作業道具や機械の専門の言葉を理解する	作業道具や機械の名前を聞いて理解する，また自らも言える*	●	●
作業の指示や注意を理解する	「それを机の上において」「10 本，入れて」など，簡単な指示や注意を聞いて理解する	●	
	「原料を流して 1 分ぐらいたったら溶剤を入れて．ゆっくり入れること」など，少し詳しい指示や注意を聞いて理解する*	●	
	指示や説明を受けて，「わかりました」「わかりません」など，理解できたか否かを伝える		●
	指示や説明を受けて，わからない点について聞き返したり，繰り返しを求めたりする		●
	わからないことや知らないことについて質問する		●
連絡，報告をする	「おわりました」「まだです」など，作業の進捗状況や終了を報告する		●
作業の状況を説明する	機械の不具合や作業上の問題点などについて，「機械が動きません」「数を間違えました」など，簡単に説明する		●
	機械の不具合や作業上の問題点などについて，「最初は動きました．でも途中から止まりました」など，少し詳しく説明する*		●
作業について話し合う	反省会やミーティングで一緒に話し合ったり，作業のやり方などについて意見交換したりする*	●	●
朝礼などの話を聞いて理解する	朝礼など，全員に向けて話される話の中で，技能実習生に向けてわかりやすく話されたものなら大まかに理解する*	●	
勤務管理をする	「きょう休みたいです」「早く帰ってもいいですか」など，休み・早退・遅刻などを口頭で申し出る，電話で連絡する	●	●

究は十分に行われていない．技能労働者に対する日本語教育は，2021 年に「『日本語教育の参照枠』報告」（文化庁，2021）[5] が策定され，その中で学習者が行う活動として「留学」「生活」「就労」の三分野が示されたことにより日本語教育の対象としてようやく明確化されることとなったが，それまではあまり注目されてこなかった．しかしそれ以前から JITCO では技能実習生に対する日本語教育の実務従事者向けに情報発信を行ってきた．その一つが上掲の「日本語の力」である．しかし「日本語の力」は，技能実習生の就労場面が「高度外国人材」とは異なるということを示してはいるものの，あくまで指標であるため実際の就労現場ではどのような実践が行われるのかは明らかではない．よって本章では就労場面におけるやり取りの音声データを収集し，分析を行う．次節以降でまず調査方法を，次に調査結果を，最後に考察を述べる．調査結果は，得られた全体のデータの詳細をまず示した上で個々のデータを詳しく見ていく．次節以降で述べるが，データは JITCO の「日本語の力」で示された言語活動に沿って分類した．

7.3 調査方法

調査は大阪にある金属加工メーカーN社の協力を得て行った．N社は金属材料を様々な形状に加工し，機械部品等を製造する事業を行っている．同社の従業員数は調査時点で 26 人，うち外国人従業員が 7 人[6] であり，7 人のうち技能実習生は 6 人で全員がベトナム出身者であった．外国人従業員の割合は約 27%で比較的高いと言える．さらに技能実習生の受け入れは調査時点で 6 年目を迎えていた．N社の代表者によると，これまでの実習生受け入れで問題は起こっておらず今後も受け入れは継続する方針だという．さらに国内で従業員を募集しても日本人の若い人材が集まらないので，技能実習生が

5 文化庁審議会国語分科会日本語教育小委員会，「『日本語教育の参照枠』報告」https://www.bunka.go.jp/seisaku/bunkashingikai/kokugo/hokoku/pdf/93476801_01.pdf（2024 年 3 月 28 日最終閲覧）

6 7 人のうち 1 人は技人国の在留資格で就労している中国出身者とのことだった．

来てくれることは会社にとって大きな助けになっているとのことだった．N社のように技能実習生が会社にとって必要な存在として認識されている職場においては，技能実習生と日本人従業員との間に何らかのやり取りが行われていることが予想された．さらに6年間の受け入れ経験があることから，技能実習生が職場で仕事を遂行するために必要な日本語の実態を収集するフィールドとしてN社が適しているのではないかと考えた．2020年8月上旬に同社を訪問し，調査内容の説明を行ったところ調査への参加に同意を得ることができた．

データ収集にあたっては，就労場面で技能実習生もしくは日本人従業員がICレコーダーを携帯し，双方間のやり取りを任意で録音するように依頼した．ICレコーダー（Olympus Voice-Treck V-873）は2台用意した．N社の日々の業務の妨げになることを避けるため，さらに企業内の機密情報保護のため，筆者は現場には立ち会わず，映像撮影も行わず，当事者の任意による録音という方法を選択した．またICレコーダーを所持する人も筆者からは指定しなかった．ICレコーダーはN社の判断により日本人従業員が所持することになった．接触場面研究においては近年，音声だけでなく映像データなどマルチモーダルデータを収集，分析することの重要性が指摘されており，筆者もそれには同意する．音声のみのデータでは，参与者のふるまい，場に存在する多様な資源の利用実態を視覚的に確認することはできない．しかし調査を行うにあたっては協力者が日々の作業をいつも通り遂行できるように配慮することが最重要視されるべきである．そのため今回は録画を行わず，上記のように録音を協力者に任せ，音声のみを収集する方法を選択した．結果的にはそれらの配慮によって参与者が筆者の存在を意識することなく自然にやり取りを行う様子が収集できたのではないかと考えている．データ収集の期間は2020年8月から約1カ月を依頼した．データ収集期間終了後，ICレコーダーを返送してもらった．

7.4 調査結果

7.4.1 収集されたデータの詳細

返送されたICレコーダーには，2020年8月19日から9月29日にかけて，約1カ月半の社内におけるやり取りが録音されていた．収集された音声は全48切片，71分12秒であった．そのうち工場内の騒音により音が聞き取れないもの，就労場面以外のやり取りを除いた全41切片，68分02秒のデータを抽出した．音声データを全て文字化した後に音声と文字化したデータを調査対象者に示し，内容を確認してもらった[7]．

音声が録音されていた人の情報（分析対象者）を以下に示す．表7-3はベトナム人技能実習生，表7-4は日本人従業員である．技能実習生の年齢は20代から30代，実習期間はフンさんとフイさんが調査時点で3年2カ月[8]，他3人が2年8カ月，日本語学習歴は全員が来日前に送り出し機関での6カ月，入国後講習での1カ月の計7カ月であった[9]．一方の日本人従業員は3人とも勤務年数は比較的長い．全員が社内では中堅以上と考えてよいと思われる．技能実習生の指導経験は3人とも5年以上である．

収集された41切片をJITCO作成の「日本語の力」に提示されている言語行動場面と照らし合わせた（表7-5）．照会にあたっては「日本語の力」の小分類「作業の指示や注意を理解する」において「簡単な指示を理解する」と「少し詳しい指示や注意を聞いて理解する」を一つにまとめた．指示が簡単かどうかの判断は参与者以外が行うことは難いので，「簡単」と「少し詳し

7 しかし，データ収集の直後ではないため，当事者も何と言ったのか覚えておらず，文字化できない箇所もあった．また本研究で分析するデータは視覚的な情報がないため，確認ができない点があることは事実である．それは本調査における限界である．

8 フンさんとフイさんは実習期間3年の予定だったが，新型コロナウィルス感染症の影響で帰国できない状態が続いていた．

9 ここで言う学習期間はあくまで機関に所属して受けた日本語教育の期間であり，自主学習の詳細は確認できなかった．

表 7-3　技能実習生の属性

仮名（敬称略）	年齢（調査時）	ベトナムの出身地域	性別	来日時期	日本語学習歴
タイ	20 代	中部	男性	2018 年 12 月	来日前講習（送り出し機関）：6 カ月 入国後講習（監理団体）：1 カ月
ビン	20 代	南部	男性	2018 年 12 月	
ナム	30 代	南部	男性	2018 年 12 月	
フン	20 代	南部	男性	2017 年 6 月	
フイ	30 代	中部	男性	2017 年 6 月	

表 7-4　日本人従業員の属性

仮名（敬称略）	年齢（調査時）	性別	勤務年数	技能実習生指導年数
鈴木	50 代	男性	16 年	5 年
森	40 代	男性	9 年	5 年
本間	30 代	男性	10 年	5～6 年

い」の間の線引きは困難であると判断したからである．「指示や説明を受けて，わからない点について聞き返したり繰り返しを求めたりする」と「わからないことや知らないことについて質問する」は，受けた説明についての不理解を解決しようとする行動の場合は前者，自分が今抱えている疑問を自ら解決しようとする行動の場合は後者とした．続いて小分類「作業の状況を説明する」においても「簡単に説明する」と「少し詳しく説明する」の間の線をどこで引くのかの判断は参与者以外には難しいので，区別をしないこととした．小分類「作業の状況を説明する」と「作業について話し合う」は，作業の状況を報告して指示を仰いだり質問をしたりしている場合は前者，作業のやり方について意見を交換している場合は後者とした[10]．

このようにして各切片を各言語行動と照会した結果，ほとんどの小分類において該当する切片があることがわかった．該当しない小分類は「安全を確保する」と「朝礼などの話を聞いて理解する」と「勤務管理をする」であるが，「安全を確保する」の項目にあるような危険な状況において録音を実施

表 7-5　音声 データ（41 切片）と「技能実習生が身につけたい日本語の力」の対応

日本語使用の場面・目的	技能実習生が身につけたい日本語の力	聞く	話す	1	2	3	4	5	6	7	8	9	10	11	12	13	14	15	16	17	18	19	20	21	22	23	24	25	26	27	28	29	30	31	32	33	34	35	36	37	38	39	40	41
安全を確保する	「気をつけろ」「あぶない！」「だめ！」などの注意を促す言葉や危険な状況を知らせる言葉を聞いて理解する	●																																										
作業道具や機械の専門の言葉を理解する	作業道具や機械の名前を聞いて理解する，また自らも言える	●	●		○	○	○	○		○	○	○	○	○	○	○	○	○	○	○	○	○	○	○	○	○		○	○	○	○	○	○	○	○	○	○	○	○	○		○	○	○
作業の指示や注意を理解する	「それを机の上において」「10 本，入れて」など，簡単な指示や注意を聞いて理解する	●		○	○		○	○																			○	○	○					○		○							○	
	「原料を流して 1 分ぐらいたったら溶剤を入れて，ゆっくり入れること」など，少し詳しい指示や注意を聞いて理解する	●																																										
	指示や説明を受けて，「わかりました」「わかりません」など，理解できたか否かを伝える		●	○	○		○	○																			○	○	○					○		○							○	
	指示や説明を受けて，わからない点について聞き返したり，繰り返しを求めたりする		●																								○	○						○		○							○	
	わからないことや知らないことについて質問する		●				○	○				○	○	○	○	○		○																									○	
連絡，報告をする	「おわりました」「まだです」など，作業の進捗状況や終了を報告する		●			○			○		○									○																								
作業の状況を説明する	機械の不具合や作業上の問題点などについて，「機械が動きません」「数を間違えました」など，簡単に説明する		●			○			○								○		○		○	○			○	○				○	○				○	○		○	○	○	○	○		○
	機械の不具合や作業上の問題点などについて，「最初は動きました．でも途中から止まりました」など，少し詳しく説明する		●																																									
作業について話し合う	反省会やミーティングで一緒に話し合ったり，作業のやり方などについて意見交換したりする	●	●							○														○	○									○	○					○						
朝礼などの話を聞いて理解する	朝礼など，全員に向けて話される話の中で，技能実習生に向けてわかりやすく話されたものなら大まかに理解する	●																																										
勤務管理をする	「きょう休みたいです」「早く帰ってもいいですか」など，休み・早退・遅刻などを口頭で申し出る，電話で連絡する	●	●																																									

することは不可能であろうし，社内の「朝礼」などにおいては一方的な情報伝達が行われることが多いと思われるので，そこにやり取りが存在するかどうかはわからない.「勤務管理をする」の項目にあるような体調不良等による突然の勤務変更の許可を申請することも日常的ではないと思われる．それを考慮に入れると，収集された 41 切片は，JITCO が想定する技能実習生が日本語で行う言語活動をほぼ網羅できていると考えられる.

7.4.2　分析

就労場面でのやり取りの構造パターンを明らかにするため，データ分析には会話分析の方法を援用する．音声データの文字化は，G. ジェファソンによって開発されたシステムを西阪・串田・熊谷（2008）が日本語向けにまとめたものに従って行った．文字化の方法を以下に示す.

【トランスクリプトに用いた記号の一覧】

[	複数の参与者の発する音声の重なり合いが開始するところ
=	二つの発話の密着
(文字)	聞き取りが確定できない箇所
(　)	聞き取りができない箇所
(.)	0.2 秒以下の短い間合い
(数字)	沈黙の秒数
文字：	直前の音の引き延ばし（：の数は相対的な長さを表す）
h	呼気音（h の数は音の相対的な長さ）
¥文字¥	笑いながらの発話
◦文字◦	小さい音
文字	大きい音

10「日本語の力」におけるこれらの言語行動は，「話す」のみ，「聞く」のみまたは「話す」「聞く」どちらにも該当するという三つの区分がなされている．確かに焦点となる技能実習生の言語行動のみに着目すれば「話す」のみ，「聞く」のみという区分もあり得るだろうが，やり取り全体を見れば「話す」または「聞く」だけという一方的な言語行動というものはあり得ず，情報の交換を行ったり，情報の確認を行ったりなどの双方向のやり取りが行われるのが自然である．収集された切片も，「話す」だけ，または「聞く」だけというものはなかった.

文字.　　　発話の区切り
文字,　　　継続を示す抑揚での発話
文字？　　語尾の音調が上がっている
↑文字　　直後の音が上昇
↓文字　　直後の音が下降
＜文字＞　遅いスピードの発話
＞文字＜　速いスピードの発話

本章では技能実習生と日本人従業員の就労場面における自然会話の分析を行い，就労場面において行われる情報伝達や理解，問題解決といった行為が相互行為の中でどのように進むのかを明らかにする．そのためどちらか一方だけに着目するのではなく，双方の行為を包括的に分析することとする．次節より，収集された41切片をJITCOが作成した「技能実習生が身につけたい日本語力」の小分類に従って詳しく見ていく．なお，収集された切片の中で本間さんが参与しているのは切片6のみであったので，ICレコーダーを主に所持していたのは本間さんではなく，鈴木さんと森さんであったと思われる．よって以下に挙げる切片に参与する日本人従業員は，主に鈴木さんと森さんとなっている．

(1) 小分類「作業道具や機械の専門の言葉を理解する」

全41切片のうち，当該小分類に該当しない切片は4切片のみであり，ほとんどすべての切片の中に作業道具や機械，作業工程などの専門用語が出現した．例として切片4と切片21を挙げる．切片4は森さんとタイさんとのやり取りである．表7-2と表7-5にあるように小分類「作業道具や機械の専門の言葉を理解する」において示されている「日本語の力」は「作業道具や機械の名前を聞いて理解する，また自ら言える」であるので，まず「聞いて理解する」の例として切片4を示す．

切片4　(2020年8月31日)

0401　森　　これ，終わり？（3.0）つぎ，これ（4.0）これいって：
0402　　　　どれでもいいよこれ.
0403　タイ　[あ：はい.
0404　森　　[＜どれから：いきますか＞？（3.0）＞これから＜いこっか.
0405　　　　これこれ（2.0）この順番で（4.0）＞これは＜
0406　　　　シール，＞はが＜はがれる？
0407　タイ　↑あ↓：：これ：はがれ，これは，はがれなかった.
0408　森　　このままシールカットして：
0409　　　　＞はがれそ＜だったらはがそっかな.
0410　タイ→あ：[はい.
0411　森　　　　[うん（2.0）簡単やで.
0412　タイ　え，これ，なに，書いてある？
0413　森　　(.) ひずみ.
0414　タイ　ひずみ↑あ↓：：
0415　　　　(8.0)
0416　森　　これ全部おわったら：(.) アルミ.
0417　タイ→あ：はい.
0418　森　　でアルミ，裏にセン塗って，表クロ塗るわ.
0419　タイ→あ：はい.
0420　森　　(.) んで＜終わって＞，アルミまでおわったら次＞これな＜
0421　　　　3 ミリと：アルミの 3 ミリ.
0422　タイ→あ：はい.
0423　森　　で，(.) 22 ミリいって：
0424　タイ→はい.
0425　森　　じゅ，12 ミリいこかな.
0426　タイ→あ：：はい. =
0427　森　　= うん.

01 行目でまず森さんがタイさんに作業の進捗状況の確認のための質問を行っている．タイさんはそれに対し応答していないが，森さんはタイさんの応答がなくとも作業が終わったことを確認できたようで，次の作業の指示を出している．森さんは作業の順番は「どれでもいいよ」（02 行目）と述べ，さらに「どれからいきますか」(04 行目) と選択権を一旦はタイさんに与えたものの，その直後に「これからいこっか」(04 行目) と作業指示に入っている.

05 行目から始まる作業の指示において作業道具もしくは作業工程の名称 (下線部) が多用されていることがわかる. 06 行目の森さんの発話にある「シール」とは「保護シール」のことで，加工の際にはそれが必要ないのではがすように指示をしている. その後の作業指示は 16 行目の「アルミ」であるが，そこでも森さんは「セン」や「クロ」(18 行目)[11] をそれぞれ表と裏に塗ると言っている. 後日確認したところ，「セン」と「クロ」は薬品の名前であり，N 社内のみで使用されている通称だという.

「セン」と「クロ」を塗る作業の後は「アルミの 3 ミリ」(21 行目)，「22 ミリ」(23 行目)，「12 ミリ」(25 行目) という指示がなされている[12]. 09 行目，16 行目，18 行目，20 行目，21 行目，23 行目，25 行目の森さんの発話を作業指示であると理解したタイさんは，それぞれの森さんの発話に対して「(あ：) はい」という応答を繰り返している (10 行目，17 行目，19 行目，22 行目，24 行目，26 行目). この応答を繰り返すことにより，タイさんは森さんの作業指示を理解したものと表明している.

このようにタイさんは森さんの全ての指示に対して理解を示しているわけであるが，21 行目以降の森さんの指示は，「アルミ何ミリ」と「いく」という言葉でしか情報が与えられていない. しかしそれでもタイさんはそれらの言葉を聞いて，作業指示を理解していると思われる. 調査 2 (第 5 章) のインタビューで語られたように技能実習生は就労実践を通じて職場で使用される専門的な言葉を実際の作業とともに知る. そして「道具や資材などの名詞を聞けば，その物を使って何をするのかがわかっているので，作業ができる」(5.3.2(5) 節参照) ようになるのではないかと考えられる.

続いて切片 21 は鈴木さんとフンさんとのやり取りである. 作業道具や機

11「セン」は，数字の 1000 のことで，薬品の番号.「クロ」は「黒」のこと.

12 森さんは 18 行目において「塗るわ」，25 行目で「いこかな」という表現を使用しており，森さんはタイさんが一人で作業をするように指示をしているのではなく，(自分も含めて) 複数人で共同作業を行う流れを説明しているのではないかと考えられる.

械の名前を聞いて理解し,「また自らも言える」の例である.

切片 21　(2020 年 9 月 8 日)

2101　フン　これは：危ないな：

2102　鈴木　(.) へ？

2103　フン→なんか：はく[13]：だから：(.) なんか，これ，はくでしょ？

2104　　　　→はくは，こ：(.)（こむ）ときは：，ちょっと：，

2105　　　　→ヴィー台とバンチ[14]は：，危ないし：かな：

2106　鈴木　え？なんで？

2107　フン　え＞なん＜か：長いほうがいいんじゃない？

2108　鈴木　(2.0) ◦ん？◦

2109　フン→なんか，バンチ：[(　　　　　)

2110　鈴木　　　　　　　　　[いややや だってちび曲げ一緒じゃん.

2111　　　　(.) ちび曲げ 415[15] ね？

2112　フン　＞そうそうそうそう＜

2113　鈴木　で，100 ぐらいの曲げるから：

2114　フン　でも，あれ：のほうが危ないやな.

2115　鈴木　いやでも.

2116　フン　[hhh

2117　鈴木　[ま，ま，曲がらないからね.

2118　フン　そう．ち，小さいのほうが危ないで？なんか (.) けっこう力は.

2119　鈴木　あ：そこに集中するからね？＝

2120　フン　＝そうそうそう.

2121　鈴木　まあでも＞ちょっと＜やってみないと何とも言えないね.

2022　　　　あ：＞だから＜その危ないっていうか：，その：(.)

2023　　　　パンチとか：＞ブイ＜台に負担がかかりすぎる　＞のね＜,

2024　　　　集中するトン数[16]が．うん.

2125　フン　そうそうそうそう.

13「100」のこと.

14「パンチ」のこと.

15「よんひゃくじゅうご」と言っている.

16「とんすう」と言っている.

フンさんはまず冒頭で鈴木さんに作業の状況を説明しようとしている（03～05行目）．その説明においてフンさんは「はく（100）」，「ヴィー台」[17]，「バンチ」という用語（下線部）を用いて，作業上心配されることを鈴木さんに伝えている．

06行目の鈴木さんの「なんで？」は，フンさんの状況説明を鈴木さんが理解していないわけではなく，理解した上でフンさんの心配は無用であると考えて発せられていることが10行目を見るとわかる．10行目では鈴木さんが「ちび曲げ」という用語を使い，フンさんの心配を払しょくするための説明を開始する．「ちび曲げでも100ぐらいのものを曲げるから，これも曲げることは可能である」というのが鈴木さんの主張である．その鈴木さんの主張に対し，フンさんは14行目から反論を開始する．反論できるということは鈴木さんの主張を理解していると考えられる．N社に確認したところ，「ブイ台」は機械の部位の名称，「ちび曲げ」は金属を曲げる工程の名称であるが，どちらもN社内でのみ使用されている通称であるという．

このように，収集された41切片のほとんど全てにおいて，作業道具や機械，作業工程の名前が登場する．さらに切片4，切片21からもわかるように，正式な名称だけではなくその会社内でのみ使用されているジャーゴンのような現場用語も使われている．こういった言葉は就労場面におけるやり取りにおいて重要な役割を果たしていると考えられる．

(2) 小分類「作業の指示や注意を理解する」

この小分類の日本語の力として示されているのは「①指示や注意を聞いて理解する」「②理解できたか否かを伝える」「③わからない点を聞き返したり繰り返しを求めたりする」「④わからないことや知らないことについて質問する」であるが，①，②，③を含む切片と④の例となる切片をそれぞれ見ていくこととする．

まず①，②，③である．森さんと鈴木さんがそれぞれタイさんとフンさん

17「V台」のこと．フンさんは「ヴィー台」と呼んでいるが，鈴木さんは「ブイ台」と呼んでいる．

とやり取りをしている切片を例として挙げる．まず切片５は，タイさんと森さんとのやり取りである．このやり取りの直前に森さんは他の日本人従業員に話しかけられるのだが，タイさんに対して作業の注意をしているところだからと相手の話を一旦止め，タイさんに対して説明を始める．

切片５　(2020年8月31日)

0501　森　　これ：いい？これで：
0502　タイ→これ？（7.0）な＞◦ん◦＜でこれ？＝
0503　森　　＝なんかな，これ（.）こっち↑ちゃ↓うんこう（2.0）こうかな.
0504　　　　(9.0)＞なんか＜まだやり方が上手じゃ◦ない◦.
0505　タイ→なん↓でっ↑か？
0506　森　　セッティングの仕方があんまりよくない.
0507　　　　(6.0)◦よ◦くない.
0508　タイ→（.）え：Ｔさ◦ん◦ですか？
0509　森　　￥そんなに￥いっぱいちゃうよ.
0510　タイ→これは（　　　）くない？
0511　森　　え：？＝
0512　タイ→＝あ：向こうのレーザーは：[速い◦から◦.
0513　森　　　　　　　　　　　　　　　[速い,
0514　　　　そう，そんなに，（2.0）これ，ゆったら：
0515　　　　なんでその，いっぱいかっていったら：
0516　　　　(.)この板厚◦さ◦うすいけど：
0517　　　　これのほうが厚いから：じ，加工スピードが遅くなるやん.
0518　タイ→あ：：

まず全体を見ると「これ」「この」「こっち」などの直示表現が非常に多く使用されている（下線部）．就労場面においてはその場に存在する物質的なリソースがやり取りに有効に用いられることがわかる．言語化して説明をするよりも，実物を見せるほうが正確に，かつスムーズに情報伝達が達成できる場合もあるのだろう．

01行目で森さんはタイさんの成果物を示し，「これでいいか」と質問を開始する．しかしこれは純粋な質問ではなく，森さんは「これではよくない」と思っており，この森さんの質問は問題点の指摘を意図として発せられていると考えられる．それに対する 02 行目タイさんの応答は森さんの質問に対する応答にはなっていない．タイさんは 01 行目の森さんの質問の意図が理解できなかったようだ．タイさんの不理解の表明に対し，森さんは 03 行目で「これこっちちゃうん[18]，こう，こうかな」と発話し，さらに問題点についてのタイさんの気づきを促そうとするが，タイさんはそれに対してすぐに応答をしない．タイさんの不理解が解消されないことを察したのか，9 秒の沈黙の後，森さんは発話の修正を行い，「(タイさんの) やり方が上手じゃない」とはっきり述べ (04 行目)，問題点を明示する．しかし 04 行目の「上手じゃない」は「ない」が小さく発話されており，聞き取れなかったのか 05 行目でタイさんはさらに「なんでっか」と繰り返し質問で応じている．それに対し森さんはさらに「セッティングの仕方がよくない」と問題点を明確に示す (06 行目)．しかしそれでもタイさんはすぐに応答しない．6 秒の沈黙の後，森さんは再度「よくない」と反復する (07 行目) が，これは最初の「よ」が小さく遠慮がちに発話されている．しかしその後 08 行目でタイさんは「T さん (仮名) ですか」という質問を始める．それに対して森さんは「そんなにいっぱいちゃうよ」と笑いながら応じている．筆者にはこれまでのやり取りとこの「T さん」がどのように関わるのかわからないが，ここで森さんは特に修復を行わず応じていることから，この作業に関わることで，タイさんと森さんの間で「T さん」の情報が共有されていると思われる．

続いて 10 行目でタイさんは「これは (　　) くない？」と自分の理解の確認と思われる質問を行い，11 行目で森さんは「え：」と応じる．しかしこの「え：」は上昇調で発せられているので，タイさんは自分の発話のミスを察する．そして間を開けず 12 行目で「あ：向こうのレーザーは速いから」と発話する．「あ：」はタイさんの気づきを表していると思われる．12 行目のタイさんの気づきと思われる発話に重ねて森さんは「速い」と発話し，タイ

18 関西弁で「これこっちちゃうん」は，「これ (は) こっちではないのか」の意味．

さんの気づきが正しいことが確認された上で，森さんはさらに詳細な説明を開始する．森さんの説明に対し，タイさんは 18 行目でも「あ：：」と応じ，気づきと理解を示しているようである．

切片 5 においては，言語のみではなく，現場にある物質的リソースも使用され，情報交換が行われる様子が確認できた．続いて切片 31 は，フンさんと鈴木さんとのやり取りである．鈴木さんはフンさんに作業の説明をしているが，ここでも直示表現が多用されている．

切片 31　(2020 年 9 月 17 日)

3101　鈴木　今：(.) 今見えてるのは：(.) ね？ (2.0) これわかる？
3102　　　　(2.0) ここ，長いでしょ？＞これ＜ここでしょ？
3103　　　　で，ここ短いね？今こう見えてます．ね？で，この矢印 A，
3104　フン　あ：：
3105　鈴木　こっちから見てますよっていうのが：
3106　　　　この絵，詳細図に書［かれてます．(.) ね？
3107　フン　　　　　　　　　　［あ：：
3108　鈴木　＞だから＜ね，曲がっているのはこっちのほうなのね？
3109　　　　わかる？
3110　フン→ (11.0) え，＞わかんない＜
3111　鈴木　え？
3112　フン→わかんない hhh ◦（　　　）◦な，(.) え，これはこうでしょ？
3113　　　　［こうこうはわかるけど：
3114　鈴木　［そうそう
3115　フン→こうは，こうなってるときはどうなるやな？
3116　鈴木　＞これ＜はね，上から見るから難し＞いこ＜っちから
3117　　　　見てるのね？ (3.0) わかる？ (2.0) これは：
3118　　　　これがこうなるから：この上から見てるでしょ，これ．
3119　フン　はいはいはい．
3120　鈴木　ね？だから，ここを見てるから：上から，
3121　　　　だからここに 2 本線があるね中，この線と：この線．
3122　フン→あ：：

鈴木さんは「詳細図」を見せながら現場にある実物を示し，図の見方を説明しているようである（01 行目～08 行目）．その説明はほとんど「これ」「ここ」「この」「こっち」という言葉によってなされている（下線部）．鈴木さんの説明に対しフンさんは 04 行目と 07 行目で「あ：：」と応じており，それを鈴木さんはフンさんの理解表明と捉えている．

09 行目で鈴木さんは説明を終了し，「わかる？」と質問を行う．それに対しフンさんは 11 秒も沈黙した後，「わかんない」（10 行目）と応じる（下線部）．それまで鈴木さんの説明に対しフンさんは「あ：：」と応じていたので（04 行目，07 行目），鈴木さんはフンさんが理解していると思っていたようである．フンさんの「わかんない」に対して森さんは 11 行目で「え？」と意外さを表す．その後，12 行目でフンさんは「わかんない」と再度発話した後に少し笑い，自分の不理解について詳細に説明を開始する．フンさんは鈴木さんの説明を理解できていないわけではなく，納得できない点があったために「わかんない」と発話したことが 12 行目以降のフンさんの説明を見るとわかる．

ここでもフンさんは直示表現を用いて説明を行っていく．15 行目のフンさんの質問を受けて，鈴木さんは 16 行目以降でフンさんの疑問を解決するための説明を開始するが，フンさんがどの点に疑問を感じているのかを鈴木さんは把握していることがわかる．鈴木さんは「こうは，こうなってるときはどうなるやな？」（15 行目）というフンさんの発話からフンさんの疑問を汲み取っているということになるが，ここでもおそらく物が理解を助けているのだと考えられる．このように切片 31 でも，物質的リソースが介在することによってやり取りの中で全てを言語化せずとも相互理解が可能になっている様子が確認できる．

さらに切片 31 の 10 行目でフンさんが「わかんない」と発話していることにも注目されたい．技能実習生はなかなか「わからない」と言えず，なんでも「はい」と答えてしまうことがよくあるという（中谷 2021）．自分を評価する相手（上司）に対して不理解表明をすることは，自分の評価を下げることにもつながりかねない．また，いくら日本語で説明を受けても理解できないと思っていれば，技能実習生もわざわざ「わからない」ことを表明しようとはしないだろう[19]．よって，技能実習生がなかなか「わからない」と言わないことは理解しがたいことではない．しかしN社では，技能実習生が「わからない」と言うことを憚る様子はない．前掲の切片5（7.4.2(2)節）でもタイさんは気軽に質問をし，森さんはそれに応じている．つまり，技能実習生が質問しやすい環境がN社にあるということである．

次に切片33はタイさんと鈴木さんとのやり取りである．鈴木さんがタイさんの作業の様子を確認しに来ている．金属加工の際に発生する不要な突起部である「バリ」（やり取りの中では「バリバリ」と呼ばれている）の発生について，鈴木さんがタイさんに尋ねている場面である．

切片33　（2020年9月18日）

3301　鈴木　タイさん．
3302　タイ　はい．
3303　鈴木　バリバリでた？
3304　タイ　はいちょっと：
3305　鈴木　ちょっと出た？
3306　タイ　はいちょっとだけ，はい．
3307　鈴木　↑え，これ両研[20]？
3308　タイ　両研です．
3309　鈴木　両研のときは：ちょっとガス圧上げたり：

19 調査2（第5章）においても，マイさんは次のように語っている．Khi mà tụi em nói là “tui không hiểu” thì người Nhật lại nói lại cái câu đó, lặp lại. Cái câu lúc đầu họ hỏi thì mình vẫn không hiểu, tại vì mình đã không hiểu rồi, đã không hiểu ngay từ lúc đầu rồi thì khi lặp lại mười lần như vậy thì cũng không bao giờ hiểu. Họ không ⋯ . kiểu như là, có nhiều người thì người ta tốt thì người ta sẽ dùng hành động hoặc cái gì đó, này nọ khác để người ta diễn đạt như thế, có nhiều người thì họ khó chịu ra mặt luôn. Họ có nói nhiều câu hơi bị xúc phạm ⋯ mày bị ngốc hay bị gì à ⋯ . Cho nên tụi em hạn chế, nên lúc nào cũng HAI.（私達がわからないと言ったら，日本人は繰り返して同じ文を言います．はじめに，彼らの質問がわからない，初めからわからないので，10回繰り返されても絶対わかりませんよ．例えば，いい人いますよ．その人は，ジェスチャーなどを色々使って，伝えてくれます．でも，我慢ならないと嫌な顔をする人もいます．何度も言われたら，私達だって傷付きますよ．お前は馬鹿か，どうかしたのか（と思われているみたいです）⋯．だから，私達は（言う事は）限られているんです．いつでも「はい」なんです．）

3310		ガス圧あげたり焦点変えて，やったほうがいいよ,
3311		バリバリでたら削れないから：両研のときって.
3312	タイ	はい＞だから＜：え：と.
3313	鈴木	あ，ちょちょちょっと強めにはしてるの？
3314	タイ	はい.
3315	鈴木	あ：えらいな：
3316	タイ	hhh
3317	鈴木	やるな：タイ さん [hhh
3318	タイ	[hhh いや：
3319	鈴木	そうそう (3.0) 316[21] エルとかね [：
3320	タイ	[はい.
3321	鈴木	ああゆうやつもそうだね.
3322	タイ	はい.
3323	鈴木	バリバリ出やすいからね.
3324	タイ	はい.
3325	鈴木	うん.
3326	タイ	よくになった.
3327	鈴木	うんうんうん＞だから＜もうさいしょっから：
3328		ちょっと強めにして,
3329		まだつぶつぶが出るほうが：つぶつぶわかる？◦つぶつぶ◦.
3330	タイ→	つぶつぶ.
3331	鈴木	バリバリ固いね.
3332	タイ	あ：はい.
3333	鈴木	でもつぶつぶだと：まだ取りやすいね.
3334	タイ→	あ：はい，じゃらじゃら[22].
3335	鈴木	ちっちゃいの. =
3336	タイ	= あ：はい
3337	鈴木	＞だから＜バリバリの固いのがでたら：もう削らないと取れないから：

20「りょうけん」と言っている.「両側研磨」のこと.

21「さんいちろく」と言っている.

22 タイさんは「ざらざら」と言うつもりだったと思われるが，音声データでは「じゃらじゃら」と聞こえる．母語であるベトナム語の干渉だと思われる.

3338　タイ　はい.

09 行目から 11 行目のところで，鈴木さんは両研という工程の際には機械の設定を調整したほうがよいという説明をしている．ここでも「バリバリ」や「両研」，「ガス圧」などの専門的な言葉が用いられている（下線部）．その後 12 行目でタイさんは「はい」と一旦はその説明に理解を示したうえで，直後に「だから」「え：と」と新たな発話を開始しようとしている．このタイさんの言い淀みに対し，13 行目で鈴木さんは「あ，ちょちょちょっと強めにはしてるの」と発話し，タイさんが既にガス圧を上げていると気づいた様子である．13 行目の鈴木さんの気づきの発話は質問の形式で発せられている．そのため 14 行目でタイさんは「はい」とそれに応答している．しかし鈴木さんはそこでやり取りを終えず，15 行目で「あ：えらいな：」，さらに 17 行目では「やるな：タイさん」と連続してタイさんを評価している．これは単にタイさんを褒めているのではなく，タイさんが「強めにしている」と鈴木さん自身が理解したことが正しいかどうかを確認する作業ともとれる．タイさんは 15 行目で鈴木さんに褒められたのに対し，16 行目で「hhh」と照れたように笑い，さらに 17 行目の鈴木さんからの褒めに対しても「hhh いや」（18 行目）と応対する．

19 行目から鈴木さんは作業についての補足説明を行い，タイさんはそれに「はい」と応じる（22 行目，24 行目）．その後鈴木さんの話は「バリバリが出るよりもつぶつぶが出るほうが（まし）」という内容に移っていく（29 行目）．「つぶつぶ」も職場で用いられる専門的な言葉であろう．29 行目の発話に「つぶつぶ」という言葉が登場したあと，鈴木さんはすぐに「つぶつぶわかる？つぶつぶ」と「つぶつぶ」の意味を知っているかどうかの確認を行っている（下線部）．本データには視覚的な情報がないため断言はできないが，鈴木さんはタイさんの表情などを見てタイさんの不理解を察した可能性がある．それに対しタイさんは，「つぶつぶ」とただ反復するだけである（30 行目）．ここは「つぶつぶわかる？」という鈴木さんの質問に対し，「質問」—「応答」の連鎖が当然予想されるところであるが，タイさんはその規則性を逸脱することによって不理解の表明をしている．鈴木さんは「つぶつぶ」が理解されていないことに対し，修復を開始する．その際「つぶつぶ」を説明するために「つぶつぶ」そのものを説明しようとするのではなく，既にタイさんが知っていることが把握されている「バリバリ」との比較によって「つぶつぶ」を説明しようとしている（31 行目で固いのが「バリバリ」であり，33 行目でそれに比べて「つぶつぶ」は取れやすいものだと説明している）．これにより，タイさんは 34 行目で「あ：はい，じゃらじゃら」と自分の言葉に置き換えて理解を示している．29 行目の質問に対する応答はここでようやく産出される．しかしここで連鎖は完結せず，鈴木さんはさらにタイさんが言うところの「じゃらじゃら」が「つぶつぶ」と同義であるかどうかを確認するため，35 行目において「ちっちゃいの」と追加の発話をする．それに対してタイさんが「あ：はい」と応答したところで「つぶつぶ」の意味確認のための連鎖は終了している．

柳田（2013）は，接触場面の経験が多い母語話者は，母語話者から非母語話者へ情報を提供する場面で「躊躇なく非母語話者の理解確認を行う」「自発的に発話修正を行う」という方略をより多く用いるとする．29 行目以降の情報を提供する場面（「つぶつぶ」の説明）で，鈴木さんが理解確認と，相手の理解に合わせた発話修正を何度も行っていることがわかる．

続いて「④わからないことや知らないことについて質問する」の例を挙げる．①〜③と異なる点は，作業指示を受けたことに対する質問ではなく技能実習生から開始される質問であるという点である．ビンさんと鈴木さんとのやり取りである．

切片 10 （2020 年 8 月 27 日）

1001 ビン→はい，え：と，まえは，あ：ノゼさんの，まるぼ，よんばいは，
1002 　　　→　長いもの，くちょうしりますか？
1003 鈴木　段ボールに入ったなが：いの？＝
1004 ビン　＝そうそうそうそう，細いものなが：い一本だけ．
1005 鈴木　あ：：

1006　ビン　でも，ノゼさんは聞いてみて，
1007　　　　え：となかった，言ってますから．(3.0) 覚えてないから，
1008　　　　1 かげちゅ前に

まず 01，02 行目のビンさんの質問であるが，はじめにこのビンさんの発話を聞いた時，筆者はビンさんの意図が理解できなかった．そこで本間さんと森さんにビンさんの音声を聞いてもらった．すると，本間さんと森さんには「ノゼという会社（=「ノゼさん」）向けの製品で，4 π（=「よんぱい」）の丸棒（=「まるぼ」）がどこにあるか工場長（=「くちょう」）は知っているか」と聞き取れていた．実際の会話に参加していない本間さんと森さんにもビンさんのこの発話の意図が理解できるということに注目されたい．実際の会話において鈴木さんはビンさんの発話の意図を理解できており，01，02 行目のビンさんの発話に対する修復は起こっていない．03 行目での「段ボールに入ったなが：いの？」という鈴木さんの発話は 01 行目と 02 行目の発話からビンさんの意図を理解した上で行われている．ビンさんが探求しているものを鈴木さんが理解した上で，さらにそのものを特定する目的で発せられている．それに対して 04 行目でビンさんは「そうそうそうそう」と鈴木さんの発話を肯定する．その後 05 行目で鈴木さんは「あ：：」と発話しているが，01 行目のビンさんの質問に対する応答とは見なされず，ビンさんは説明を続ける．続いて，切片 10 に続く切片 11 である．

切片 11　(2020 年 8 月 27 日)

1101　ビン　はい．
1102　鈴木　はいはいはい，あれ：：箱二つあったでしょ．
1103　ビン　箱じゃないあ，一本だけ．
1104　鈴木　ん？おっきななが：い箱じゃなくて？
1105　ビン　じゃなくて．
1106　鈴木　あ，段ボールの箱じゃなくて？=
1107　ビン　=そうそうそう．
1108　鈴木　え，4 πの丸棒？=

1109　ビン　=そう，木は：入れて：上に：置いて：
1110　　　　[やっとみてから.
1111　鈴木　[あ：，ひとつだけ？=
1112　ビン　=そうそうそう.
1113　鈴木　あれはもうみてないな：[あれどうし [たん.
1114　ビン　　　　　　　　　　　　[だ　　　　[だだれか：
1115　鈴木　(3) あれはみてないな，わからんなあれ [hhh
1116　ビン　　　　　　　　　　　　　　　　　　　[え：はいはいはい.

切片 11 は切片 10 のやり取りの続きである．切片 10 で探していたものを，ビンさんはまだ見つけることができておらず，鈴木さんからさらに情報を得ようとしている．切片 10 の 03 行目で，鈴木さんは「段ボールに入ったながいの」という発話によってビンさんの探求物を特定しようとした．それに対し 04 行目でビンさんは鈴木さんの発話の直後に繋げるように「そうそうそうそう」と発話し，鈴木さんの指摘を強く肯定した．このことから鈴木さんはビンさんの探求物が「段ボールの中に入った長い丸棒」だと断定し，そして切片 11 の会話に入っている．

切片 11 ではまず 02 行目で鈴木さんが箱（段ボール箱）に言及する．するとビンさんからは「箱じゃないあ」(03 行目）と否定される．予想外の反応に，鈴木さんは 04 行目で「おっきなながい箱じゃなくて？」とまず情報修正のために質問を開始し，ビンさんはそれに対し 05 行目で「じゃなくて」と応答している．しかしそれだけに留まらず鈴木さんはさらに 06 行目で「あ，段ボールの箱じゃなくて？」と 2 回目の質問を開始する．ここでも鈴木さんは繰り返し情報の確認を行っている．

そしてその後に，08 行目において今度は鈴木さんによる新たな探求物の特定が試みられている．切片 10 で鈴木さんが特定したと思っていた探求物（段ボールに入った丸棒）は実はビンさんが意図していたものとは異なっていたことがわかったため，鈴木さんは改めてビンさんが探しているものは何かを特定しなければならない状況に置かれ，08 行目の「え，4 π の丸棒？」という発話になる．この発話は，ビンさんが探しているのは一体どの 4 πの丸棒なのか，と鈴木さんが思案している発話である．それに対しビンさんが 09，10 行目において「そう，木は，入れて，上に，置いて，やっとみてから」と発話する（下線部）．これは切片 10 の 01，02 行目と同様，筆者には意図が理解できない発話である．しかし鈴木さんはそれに対して修復を開始している様子はない．それどころかビンさんのこの発話に対し 11 行目で「あ：」というあいづちによって理解を示している．会話の流れからすると 09，10 行目のビンさんの発話は，ビンさんがどの 4 πの丸棒を探しているのか特定できずにいる鈴木さんに対して特定のための情報を提供していると考えられる．そしてそのビンさんの情報提供によって鈴木さんは探求物の特定に成功し，11 行目の「あ，ひとつだけ？」という発話によってさらなる確認のための質問を行い，ビンさんの 12 行目の「そうそうそう」という応答によりビンさんの探求物が何であるかを特定する連鎖が完了している．最終的には鈴木さんもビンさんの探求物がどこにあるのかわからないことが明らかとなり，ビンさんは求めていた情報を得ることはできなかったのだが，このやり取りの間，コミュニケーションは滞ることなく進んでいることがわかる．

以上，小分類「作業の指示や注意を理解する」の切片を見てきた．この小分類でのやり取りで見られた特徴をまとめる．まず，作業の指示や注意においては言語リソースだけではなく，非言語リソースも活用されていた．また，日本人従業員は技能実習生の不理解を察し，何度も理解確認を行っていた．さらに，客観的に見ると言語形式上は不十分な技能実習生の発話であっても，日本人従業員は理解ができており，コミュニケーションの阻害要因とはなっていないことが確認された．

(3) 小分類「連絡，報告をする」

小分類「連絡，報告をする」の日本語の力は「「おわりました」「まだです」など，作業の進捗状況や終了を報告する」となっている．では，それに該当する切片 8 と 17 を見ていく．切片 8 は，フイさんと鈴木さんとのやり取りである．

切片8　(2020 年 8 月 26 日)

0801　鈴木　フイさん.
0802　フイ　はい.
0803　鈴木　フイさんこれ：これ：これかな？
0804　フイ　はい.
0805　鈴木　これと：
0806　フイ　(3.0) これ.　=
0807　鈴木　=これはこれ？=
0808　フイ　=はい.
0809　鈴木　え：これはまだやってない［かな？
0810　フイ→　　　　　　　　　　　　［まだ，まだ.
0811　鈴木　これはまだね，［はい.
0812　フイ　　　　　　　　［はい.
0813　鈴木　これはまだかな？
0814　フイ→これ↑は：あ↓の：>終わったく.
0815　鈴木　終わった？ (2.0) °終わってる？°
0816　フイ→あ>まだまだまだまだまだ<
0817　鈴木　まだね？
0818　フイ→はい，ステン[23] まだ，ステンまだ.
0819　鈴木　ステンまだね？
0820　フイ　はいはいはい.
0821　鈴木　でこの今この 2 枚だけね？
0822　フイ　>はいはい<，ちょっと：加工：ある：から.
0823　鈴木　あ：
0824　フイ　［加工まだ.
0825　鈴木　［了解了解.
0826　フイ　はい.

ここでも前節で見られたのと同様に直示表現を多用したやり取りが行われている（下線部）．鈴木さんは 03 行目で「フイさんこれ：これ：これかな？」

23 ステンレスの加工のこと．

とおそらく物を一つずつ指して（もしくは持って）フイさんに確認を行っていると思われる．鈴木さんの「これ」を用いた確認は05行目，07行目も続けられ，09行目で作業の進捗状況の確認が行われるが，その際も「これはまだやってないかな？」と「これ」を用いた発話となっている．

11行目は09行目の再確認のための発話である．10行目でフイさんは「まだ，まだ」と応答しているが，09行目の自身の発話と重なって聞き取れなかったのか，または繰り返しの確認をして確実に情報を把握するためか，鈴木さんは11行目で上昇調ではない「これまだね」という発話を行っている．13行目も同様に「これ」「まだ」という言葉を使った確認が行われている．この確認に対しては，フイさんは「終わった」（14行目）と応答する．しかし鈴木さんは終わっているとは思えなかったために15行目で「終わった？」と質問をする．そして小さな声で再度「終わってる？」と問う．それを受け，フイさんはステンレス加工がまだ終わっていないことに気づき，16行目で「あ，まだまだまだまだ」と言う．この「まだ」は4回も繰り返し発話されており，さらに大きく発せられているので，フイさんが14行目の自身の「終わった」という発話を強く打ち消そうとしていることがわかる．それに対して鈴木さんは17行目で「まだね？」と再度確認するための質問をし，18行目でフイさんは「ステンまだ，ステンまだ」と何の作業がまだ終わっていないのかを伝える．それにさらに重ねて鈴木さんは19行目で「ステンまだね？」と確認のための質問をし，その上さらに21行目で「今はこの2枚だけね？」と質問をしている．

切片8において，進捗状況の確認のやり取りで使用された言葉は主に「これ」「ステン」「まだ」「終わった」であった．さらに，鈴木さんは何度も繰り返し質問を開始し，確認を行っている．前節で挙げた切片11や切片33においても同様に，鈴木さんが何度も繰り返して確認を行っている様子が見られた．続いて切片17は，森さんとタイさんとのやり取りである．森さんがタイさんに，作業がいつまでに終わるかを確認している．

切片 17 （2020 年 9 月 8 日）

1701　森　→どれぐらいで終わる：？

1702　タイ→う：ん（.）昼まで＝

1703　森　　＝>うそやん<，>アルミ<とかもあんで？

1704　タイ　あ：

1705　森　　>片研[24]<とか（.）>いける？<だいじょぶ？

1706　タイ　だいじょぶ＝

1707　森　　＝昼からこれ切ったらいいやん，昼までにこれ終わらして：

1708　タイ　あ：たぶんじぇった°い°に終わる.

1709　森　　うん（2.0）これも？

1710　タイ→これ：ほん 2 時ぐらい.

1711　森　　え？

1712　タイ→2 時ぐらい.

1713　森　→2 時？

1714　タイ→が：昼から 1 時間ぐらい.

1715　森　　あ：

1716　タイ　よゆう.

1717　森　　オーケー.

01 行目で森さんはタイさんに作業があとどのくらいで終わるのかを質問する．タイさんは「う：ん」と考えた後「昼まで（に終わる）」と答えた（02 行目）が，森さんは「うそやん」とそれを否定する（03 行目）．森さんが「昼までに終わる」と言ったタイさんの発言を否定したのは，「アルミ」の作業（03 行目）も「片研」（05 行目）の作業もあるからである．タイさんは，「アルミ」もある（03 行目）と言った森さんの意見に 04 行目で「あ：」とあいづちを打ち，同意を示したかのように見えたが，05 行目の森さんの「いける？だいじょぶ？」という質問に対して 06 行目で「だいじょぶ」と応じている．しかし，森さんは昼までにすべての作業を終えるのは無理だと判断しているようである．タイさんの 06 行目の「だいじょぶ」という発話に対し，次に続く

24「かたけん」と言っている．「片側研磨」のこと．

07行目の森さんの発話はほとんど間を置かず開始されている．07行目の森さんの助言は，昼までに終わらせるのではなく，「昼からこれを切ったらいい」という助言になっている．その助言に対し，08行目でタイさんは「あ：」とあいづちを打ち，理解を示した後「たぶんじぇったいに終わる（たぶん絶対に終わる）」と応じる．森さんはタイさんのその発話に対し，09行目で「うん」と納得している．

続けて森さんは「これも？」と質問し，タイさんは10行目で「これ」の作業終了予定時刻を伝えたが，この10行目の「これ，ほん2時くらい」の発話に対して，森さんは「え？」と不理解を示した（11行目）．タイさんは修復するために，12行目で「2時ぐらい」と反復する．しかし，13行目で森さんはさらに「2時？」と上昇調で発話している．森さんは「2時」と発話しているので，12行目のタイさんの発話が聞き取れなかったのではないと思われるが，ここではまだ修復は完了していない．よって14行目でタイさんは言い換えを行い，「2時」ではなく「昼から1時間ぐらい」と発話する．それにより，森さんは理解を示す（15行目）．タイさんの「昼から1時間ぐらい」（14行目）は，おそらく昼の休憩が終わり，午後の作業開始時から1時間ぐらい（つまり2時）ということであろう．「2時」だけでは森さんの理解が得られなかったタイさんは，言い換えを行うことによって森さんの理解を促したと考えられる．

以上，小分類「連絡，報告をする」（作業の進捗状況や終了の報告）の切片を見た．ここでも直示法を用いたやり取りと，日本人従業員による繰り返しの確認が行われていた．さらに，限られた言葉の使用と具体的な時間の提示によって進捗状況の情報提供と確認が行われていた．

(4) 小分類「作業の状況を説明する」

小分類「作業の状況を説明する」の「日本語の力」は，「機械の不具合や作業場の問題点などについて」の説明を，「「機械が動きません」「数を間違えました」など，簡単に説明する」または「「最初は動きました．でも途中から止まりました」など，少し詳しく説明する」となっている．その例として切片

18 と切片 32 を挙げる.

まず切片 18 は，鈴木さんとフンさんとのやり取りである．フンさんが作業における問題点を鈴木さんに説明しようとしている.

切片 18 （2020 年 9 月 20 日）

1801　鈴木　ん？で，どこがどう無理ですか.
1802　フン→なんか：
1803　鈴木　7[25]？
1804　フン→そう，さいしょ.
1805　鈴木　うん，そこが 7 で：
1806　フン→7，7[26] やけど：これ 2 ミリだから：22，22[27] は,
1807　鈴木　極[28] がブイ 8[29] ね？
1808　フン　そう.
1809　鈴木　うん.
1810　フン→はち：てんご[30].
1811　鈴木　(.) 12 がね？
1812　フン　そう.
1813　鈴木　8 で，ブイ 8 で？
1814　フン→これ 2 マ，2 ミリや.
1815　鈴木　うん.
1816　フン→ブイ 8 は，トン数[31] 無理じゃない？
1817　鈴木　トン数が無理か，ブイ 10[32] で 7 か.
1818　フン　そうそう.

まず 01 行目で，鈴木さんはフンさんに問題点を話すよう促している．そ

25「なな」と言っている.
26「なな，なな」と言っている.
27「にじゅうに，にじゅうに」と言っている.
28「きょく」と言っている．曲げの機械に取り付ける部品.
29「ブイはち」と言っている.
30「8.5」という意味だと思われる.
31「とんすう」と言っている.
32「ブイじゅう」と言っている.

れによってフンさんが 02 行目で「なんか：」と話し始める．すると，フンさんがまだ内容を話し始めていないにもかかわらず鈴木さんは状況を察したようで，「7（なな）？」(03 行目) と発話をする．フンさんが次のターン (04 行目) で「そう」と応じていることから，鈴木さんの察しは正しかったようである．05 行目で鈴木さんは「そこ」と言っているので，03 行目の鈴木さんのこの察しは，その場にある物質的なリソースから行われたものかもしれない．

05 行目で鈴木さんは「うん，そこが 7 で：」と最後まで言い切らず「で」を長く発話しており，フンさんに話を続けるように促していると考えられる．フンさんはそれを受けて 06 行目から説明を続ける．フンさんの説明は，「7，7 やけど，これ 2 ミリだから：22，22 は」(06 行目)，「はち：てんご（8.5）」(10 行目) と続く．その間に鈴木さんは「極がブイ 8 ね？」(07 行目)，「12 がね？」(11 行目) と補足の状況確認を入れながら，フンさんの説明についていこうとする．13 行目で鈴木さんは 07 行目で確認した「(極が) ブイ 8」であるという状況を再度確認するかのように繰り返しているが，この発話は上昇調で発話されている．鈴木さんのこの発話は，鈴木さんがここまでのフンさんの説明を理解したことを伝え，フンさんに結論部分を話すことを促しているようである．それに対しフンさんは 14 行目で「これ，2 マ，2 ミリや」と 06 行目で既に伝えた状況を再び述べた上で，16 行目で「ブイ 8 は，トン数無理じゃない？」と発話している．おそらくこの 16 行目こそがフンさんが伝えたかった問題点であり，14 行目までのフンさんの発話はこの問題点を鈴木さんに伝えるため，鈴木さんに把握してもらわねばならない状況の説明のために行われた発話だったと考えられる．14 行目までのフンさんの状況説明は，上述の通りほとんど数字でなされている (「7（なな)」，「2 ミリ」，「22」，「8.5（はち：てんご)」)．そして，その間の鈴木さんによる補足の確認も専門用語と数字でなされている (「極」，「ブイ 8」，「12」)（下線部)．ここで二人は文の形を成す発話をほとんどしておらず，相互理解は上記のような語彙を提示し合うことによって進んでいる．

上記のようなやり取りが可能なのはおそらく，物質的なリソースが目の前にあることで情報が補完され，限られた言葉によって状況把握ができることが一つの要因であろうが，それだけではなくフンさんと鈴木さんによる作業に関する情報（知識）の共有も背景にあると考えられる．ある数字（専門用語やジャーゴンである場合もあるだろう）がそれに関わって起こるある状況に包括され，その状況ごと知識としてフンさんと鈴木さんに共有されているために，表面上は数字だけのやり取りであっても実質的にはかなり充実した情報の交換が行われていると考えられる．

続いて切片 32 はナムさんと鈴木さんのやり取りである．ナムさんが作業の問題を鈴木さんに報告している．

切片 32 （2020 年 9 月 19 日）

3201　ナム→リーダー[33] きると，切るとき：
3202　鈴木　うん．
3203　ナム→穴，した穴おっきい，いま：やる．
3204　鈴木　はいはいはいはい．
3205　ナム→やって，くろ，くろ．
3206　鈴木　（2.0）あ：：
3207　ナム→[なくなってない，なくなってない．
3208　鈴木　[なくなってないんだなあ．
3209　ナム　＞はいはいはい＜
3210　鈴木　[あ：：
3211　ナム→[切れない，だいじょうぶでっか？
3212　鈴木　それ：でも，エッジ 7 交差[34] ？（3.0）エッジ 7 交差でしょ？
3213　ナム　あ：はい．
3214　鈴木　これはだいじょうぶなのかな？
3215　ナム　[だいじょぶ？
3216　鈴木　[けん，検査のは，ない？
3217　ナム　あ：や，やっとった．
3218　鈴木　あやった？
3219　ナム　（3.0）チェックしました．

33「レーザー」のこと．
34「エッジななこうさ」と言っている．

3220　鈴木　しました？
3221　ナム　＞はいはいはい＜
3222　鈴木　あ：ちょっときになるな：（プロカ）がのこってると：
3223　　　　穴はおっきくない？
3224　ナム　これ，お，おっきい．
3225　鈴木　もともとおおきいのね．
3226　ナム　あ，はい．今のとき：ちょっと小さい9.5[35] ぐらい．
3227　鈴木　あ：だいぶおっきいねじゃあ，0.3[36] もおっきんじゃね．
3228　ナム　＞はいはい＜
3229　鈴木　いけるのかな？
3230　ナム　（5.0）今あと，切れない．
3231　鈴木　あ：（3.0）ちょっとTさんに相談したほうが
3232　　　　いいかもしれないね．
3233　ナム　はいはい．
3234　鈴木　相談してみましょう．
3235　ナム　はい．

ナムさんの01行目，03行目，05行目，07行目の発話は一つの内容を伝えるものであると思われる．01行目は「レーザーで切るとき」という意味であろうと理解できる．しかし03行目の「穴，した穴おっきい，いま：やる」や05行目の「やって，くろ，くろ」は何を指すのか筆者にはわからない（下線部）．しかし鈴木さんは04行目で03行目のナムさんの発話に対し「はいはいはいはい」と理解を示している．06行目の鈴木さんの「あ：：」という発話は約2秒の間隔を置いて発せられており，実際に周囲の状況を見た上で理解を示しているとも考えられる．そして07行目と08行目はほぼ発話が重なっており，「なくなっていない」という結論を，両者がそれまでのやり取りにおいて共有できていることがわかる．つまりナムさんが伝えたかった意図は鈴木さんに伝わっている．

35「きゅうてんご」と言っている．
36「れいてんさん」と言っている．

ナムさんが報告した状況を理解した鈴木さんは，それを踏まえて10行目でどうすべきか思案し，12行目でナムさんに追加の確認を行っている．16行目から21行目は「検査の」の作業が終わっているかどうかの確認であるが，16行目で鈴木さんが「検査のはないか」と質問し，ナムさんが17行目で「やっとった」と応じる．18行目で鈴木さんは17行目のナムさんの発話を繰り返す形で「やった？」と質問し，それに対してナムさんは「チェックしました」と答える（19行目）．それに対し鈴木さんはさらに「しました？」と質問し，ナムさんは「はいはいはい」と答える（21行目）．鈴木さんはここでも確認のための質問を3回繰り返している．

鈴木さんは報告を受けた問題の解決方法を考えるためにナムさんからさらに情報を得ようとする．23行目で「穴は大きくないか」と聞き，ナムさんはそれに対し「大きい」と答える．そしてナムさんは26行目で「今のとき，ちょっと小さい9.5ぐらい」と発話する．この発話も，言語形式上は理解が難しい発話である（下線部）．しかし鈴木さんは27行目で「だいぶおっきいね」「じゃあ0.3もおっきんじゃね」と応答しており，ここでもナムさんの意図は鈴木さんに伝わっている．

以上，「作業の状況を説明する」の切片を見た．ここで見られた特徴をまとめる．まず，ここでも相互理解という場において専門的な言葉，現場にある物質的なリソースが用いられていることが確認された．また，表面的には単なる言葉の交換であっても，その言葉に付随した作業知識が包括的に共有されているため，実質的には情報量の豊富なやり取りが行われていると考えられた．さらに，客観的に見ると言語形式上不十分な技能実習生の発話であっても日本人従業員の理解に支障はなく，やり取りが滞ることはない様子が確認された．

(5) 小分類「作業について話し合う」

小分類「作業について話し合う」では，「反省会やミーティングで一緒に話し合ったり，作業のやり方などについて意見交換したりする」という言語行動が示されている．N社で収集したデータには反省会やミーティングといった場面は録音されていなかったが，作業現場において作業についての意見が交わされている切片 29 を見ていく．切片 29 の参与者は 3 人，鈴木さん，フンさんともう一人の日本人従業員（名前が確定できなかったため，ここでは J さんとする）である．フンさんと J さんが行っていた作業の状況を，指導する立場である鈴木さんが確認しに来ている場面である．フンさんと J さんが行っていた作業に問題があり，それをどのようにすれば解決できるか 3 人で意見を出し合っている．

切片 29　(2020 年 9 月 16 日)

2901　鈴木　このへんと：
2902　J　はいはいはい.
2903　鈴木　この上のほうとでまっすぐになるんかな：？［だから：
2904　J　［あ：：
2905　鈴木　だからそれを見て：(.) 測らなあかんから：
2906　→フンちゃんやったらどうやって測る？
2907　フン　hhh
2908　J　え：こうこうやってこうやって測らな>。あかんねん。<.
2909　フン　(2.0)［そうそう
2910　J　［(　　)あかん.
2911　鈴木　それを：=
2912　フン　=それしか［ないな.
2913　鈴木　［そうそう，それを正確に測っとかないと：(.) うん.
2914　［次（　　）ないから
2915　J　［次曲げる時に,
2916　鈴木　そうそうそうそうそう.
2917　(2.0) うん，だから一人で測りゅなら測りにくいから,
2918　J　はいはいはい.
2919　鈴木　ちょっと［フンちゃん片方持ってもらって,
2920　J　［片方持ってもらって,
2921　鈴木　あけて：はか［って
2922　フン→　［でも：これ測って：これ測って：やろ？

2923　　　　これも測って：

2924　鈴木　うん.

2925　フン→で全部は：たって：

2926　鈴木　足して,

2927　フン　[そうそうそう，[ご，ご，5引いて

2928　鈴木　[そっから,　　　[(　　　) 寸法を：引く.

2929　J　　　　　　　　　　[ひいて：で割る2.

2930　鈴木　そうそうそう.

2931　フン　わり2，合ってるやな？これ2回曲げたから.

2932　鈴木　[お？

2933　J　　[あ：

2934　鈴木　でも割る2：やけど角度違うやん.

2935　J　　ちがう (3.0) 99と [107[37] やから.

2936　鈴木　　　　　　　　　　[やだから,

2937　　　　[いやいや割る2で [出せない.

2938　フン　[(　　　)　　　　[いやいやいや出せない [な.

2939　J　　　　　　　　　　　　　　　　　　　　　[あ：

2940　フン　角度違うからな.

2941　鈴木　そう，そうhh，伸び出せない，これじゃ.

2942　フン　出せない.

2943　鈴木　(2.0) やから：

2944　J　　あ：

2945　鈴木　実際もう1回切ってもらわないといけない普通の板で.

2946　　　　[1個ずつの伸び出すなら.

2947　J　　[あ：

2948　鈴木　[同じ角度なら出せるけど：

2949　J　　[はいはいはい．あ：：

2950　フン　無理やな.

2951　鈴木　hhh このままじゃ出せない.

まず01行目から鈴木さんによる作業条件の説明が始まっている．05行目

37「きゅうじゅうきゅうとひゃくなな」と言っている.

まで説明した作業条件を踏まえた上で，どのように測るべきかについて，鈴木さんはフンさんに質問をしている（06 行目）[38]．上述の通り鈴木さんは指導する立場であり，13 行目では「そうそう」と発話していることから，鈴木さん自身はどのように作業すべきかを知っており，フンさんに対するこの質問は彼がそれを知っているかどうかの確認だとも考えられる．06 行目で鈴木さんが質問をしたのはフンさんに対してであるが，返答をしたのは J さんである．J さんは 08 行目で「こうこうやってこうやって測らなあかんねん」と，フンさんの代わりに，まるで鈴木さんと同じ立場からフンさんに教えるかのように発話している．それに対しフンさんは「そうそう」（09 行目），「それしかないな」（12 行目）と同意する．

測り方について 3 人の意見がまとまったので鈴木さんは 11 行目から測るときの注意を述べていく．鈴木さんの一連の発話は 11 行目から始まっているが，J さんの 08 行目の発話に対するフンさんの同意が 12 行目まで続いているので，11 行目で鈴木さんは「それを」と発話した後に 12 行目のフンさんの「それしかないな」を受け，13 行目の冒頭で一旦「そうそう」と発話した後で「それを正確に測っておかないと」，今後の作業に影響する，と続ける．13 行目から 21 行目は鈴木さんと J さんによる作業方法の注意点のやり取りが続く．その間フンさんは沈黙している．

しかし，22 行目の「でも」からフンさんはこれまで同意されていた方法に異を唱え始める．フンさんのこの反論が，32 行目の鈴木さんの「お？」と 34 行目の「でも割る 2 やけど角度違うやん」という気づきにつながる．35 行目で J さんは「ちがう，99 と 107 やから」と述べるが，36，37 行目で鈴木さんは「やだから，いやいや割る 2 で出せない」と発話し，J さんの 35 行目の発

38　N 社の代表者によると，N 社では「さん」「君（くん）」「ちゃん」という名前の呼び方の選択は名前と合わせた時に発音しやすい組み合わせで決まるという．例えばフンさんは本名の最後が「ク」であり，「○○ク君（くん）」とは言いにくいので「ちゃん」と呼ばれているとのことだった．しかし，それでは「さん」ではないのはなぜか，ビンさんとフイさんも二人とも本名の最後が「ン」であるにもかかわらずフイさんは「さん」，ビンさんは「君（くん）」と呼ばれているのはなぜか疑問が残る．これは推測であるが，おそらく呼びやすさに加えて技能実習生それぞれの年齢や社内での相対的な立場などから呼び方が選択されているのだろう．

話が指摘する点とは異なるところに問題があるのだと言っている．鈴木さんの気づいた間違いにはフンさんも気づいており，38 行目で「いやいや出せないな」と鈴木さんに同調する．37 行目の鈴木さんの発話と 38 行目のフンさんの発話は重なっており，2 人の間では理解が共有されているようである．40 行目のフンさんの「角度違うからな」という発話に対して，今度は鈴木さんが 41 行目で「そう，そう」と同調する．続いて鈴木さんが「伸びだせない，これじゃ」と発話すると（41 行目），フンさんは「出せない」と鈴木さんの発話を反復し，同意を示す（42 行目）．その間，J さんは「あ：」とあいづちを打つのみで（39 行目，44 行目，47 行目），鈴木さんとフンさんが共有している理解を J さんも共有できているのかはわからない．

この切片 29 で特に注目したいのは，25 行目のフンさんの日本語の誤用「たって」を，26 行目で鈴木さんが「足して」と修正しているところである（下線部）．N 社で収集された全てのデータの中で，日本語の誤用に対する修正が行われたのはこの箇所のみだった．これまで見てきた他の切片において，鈴木さんは技能実習生の発話に言語形式上誤用があっても，戸惑うことなくそれを理解し，コミュニケーションが滞ることはなかった．しかし，ここではフンさんの日本語の誤用を修正している．なぜ鈴木さんは，ここでフンさんの誤用を修正したのだろうか．

西阪（1997）は聴衆の存在がある中で母語話者と非母語話者が会話を行うケース[39]を分析し，非母語話者の発話において言語表現上の動揺（誤用）が見られた場合に母語話者が即座に行う修復は，母語話者が非母語話者の用いた表現を理解しているということを示し，コミュニケーションの中断を回避することを志向して行われると述べる（p. 100）．切片 29 が上で見てきた他の切片と異なるのは，日本人従業員 J さんも参与しているという点である．フンさんは 25 行目において意見を述べている途中であった．その途中で発生した誤用に対し，鈴木さんは理解可能であることを示し，フンさんが最後ま

39 西阪（1997）が分析対象としたのは NHK のラジオ生放送番組「がんばれ留学生」というアナウンサー（日本語母語話者）が留学生（日本語非母語話者）に対してインタビューをする番組である．

で意見を述べることができるように促したのかもしれない．また単純に，フンさんの日本語の誤用がＪさんの理解の妨げにならないように，Ｊさんの理解を促すための修正であった可能性もある．いずれにせよ鈴木さんは，フンさんの発話をＪさんに聞かせようとしているのではないかと考えられる．このやり取りからは，鈴木さんがフンさんを技術者として認めていること，フンさんの意見を尊重すべきだと考えていることが窺える．

7.5　考察

前節まで，Ｎ社で収集した日本人従業員と技能実習生間の就労場面におけるやり取りの個々の音声データを分析した．まとめると，やり取りには以下のような特徴が見られた．

①　業種特有の専門用語及びＮ社のみで通用するジャーゴンが多く用いられている．
②　上記の言葉は，言葉単体としてだけではなくそれに付随する作業などの情報と共に参与者によって共有されている．
③　言葉だけではなく，現場にある物質的リソースも用いたやり取りが行われている．
④　日本人従業員は確認を何度も繰り返し行う．
⑤　技能実習生の日本語の言語形式上の不完全さは，必ずしも相互理解の妨げになるとは限らない．

就労場面では，定められた時間に定められた量と質の成果物を生産することが求められる．そこに参与する者は，その共通の目的のために同一の方向を志向する共同体となる．その中では例えば現場において使用される道具や資材の呼び名だけではなく，工程，取引先，納期，作業の内容などといった情報も含め，共有される（①，②）．また，技能実習生が働く就労現場は成果物を生産する現場であるため，物質的なリソースに溢れている．就労場面においてはそれらを有効活用したコミュニケーションが行われている（③）.

就労場面において重要なことは業務を支障なく遂行することであり，情報の伝達，把握，理解はその目的の達成のために行われる．参与者は最終的な成果物を生産するために共同作業を行うので，必然的に参与者間のやり取りが必要になる．ただし就労場面では，やり取りにおいて不理解が発生した場合にそれを解消しないままにすることはできない．それでは成果物の完成が果たせない恐れがあるからである．よって，就労場面においては「わからない」ことをそのままにすることができない．「わかる」までやり取りは行われなければならない[40]．そこでは目的が達成されることこそが重視され，形式は特に問われない．そのために，③，④のようなストラテジーを駆使しながら，就労場面でのやり取りは達成されていると考えられる．そして，多様なストラテジーが用いられ，参与者同士が「わかり合う」ことを志向した結果，参与者間で社会的文脈の共有がなされ，⑤が実現されるのではないだろうか．

では，何が上記のようなＮ社でのやり取りを成立させているのだろうか．上述のように，Ｎ社のやり取り成立の背景には「わかり合う」ことを志向した結果実現された就労場面における参与者間の社会的文脈の共有があった．では，Ｎ社において「わかり合う」ことへの志向を人々に促したものは何だろうか．

レイヴ＆ウェンガー（1993）の「正統的周辺参加」理論では，実践共同体に参入する新参者が十全的参加へと移行していくには，その共同体への参加の始まりにおいて「周辺性」が必要であるとする．「周辺性」というのは「中心」から疎外された位置にあるものというような消極的な概念ではなく，十全的参加を可能にする参入開始の位置を指しており，それに対立する概念は「無関係性」や「非関与性」である（レイヴ＆ウェンガー，1993，p. 12）[41]．正統

40 ただし，業種や就労の現場によってはやり取りがなくとも業務が滞りなく進む場合や，Ｎ社よりもさらに複雑なやり取りが必要とされる現場もあると推測される．本調査ではＮ社の事例のみを扱っており，それ以外の場所については今回の調査からは断言はできない．それも本調査の限界の一つである．

41「周辺性」は，中心から外れた位置であるとする「周縁性」とは異なる．

的周辺参加を認められた新参者は，まず周辺から参加を始めるのだが，その実践共同体における知識や技術といったリソースへのアクセスが許されているので，それらを身に付けて行くことによって十全的参加者となっていく．つまり，実践共同体であるN社では，新参者である技能実習生の正統的周辺参加が可能となっている．そのことが，「わかり合う」ことへの志向性を生み出し，それが共同体の中での社会的文脈の共有につながったのではないかと考えられる．

第3章でも触れたが，菊岡・神吉（2010）は外国人労働者の日本語習得は「一次的ことば」から「二次的ことば」（ヴィゴツキー，2001）へという方向で進むとし，外国人労働者は「二次的ことば」を話すことによって実践共同体（就労する企業）での位置をより高めていくことができると述べる．しかし本調査で得られたデータからは，「一次的」や「二次的」といった参入する側（技能実習生）の言語のレベルが，彼らの実践共同体への正統的参加を可能にする条件ではないことがわかる．N社におけるやり取りからは，日本人従業員が同じ職場で働く同僚として彼らの技術を認め，彼らの意見を傾聴し，尊重していることが窺える．ここで実践されているのは，技能実習生を一人の全人的存在として，自分達の実践共同体のメンバーとして受け入れる心的態度だと考えられる．

Firth & Wagner（1997）は，コミュニケーションとは参与者の協働の中で生み出される現象であるため，コミュニケーション上の問題は相互作用により生じる問題であり，偶発的で間主観的なものとしてとらえるべきで，個人の本質的な問題に還元すべきではないとする．さらに第二言語習得研究が学習者のコミュニケーションを欠陥のあるものとみなして研究の対象としてきたことに対し，実際には限られた言語資源であっても人は第二言語を用いたやり取りを成功させており，コミュニケーションの「失敗」に着目するよりも「成功」に着目することが第二言語習得研究に新たな生産的洞察を与えると主張する．調査2（第5章）のインタビューにおいて語られた職場における限定的な日本語使用というのは，確かに言葉の面では限定的であるのかもしれない．しかし本章で見た実際の事例では，言葉だけでなく多様なリソースを取り込んだことばの実践が行われていた．そしてこのことばの実践は，実践共同体である就労現場の人々が技能実習生を一人の同僚として，共同体を作る一員として見ることによってさらに豊かになると考えられる．

このような就労場面におけるやり取りは，コミュニケーションの先にある目的が共有され，高密度なコンテクストにおいて実現されているものなので，かなり限定的かつ条件付きのものだという見方はあるだろう．しかし，逆に高密度で限定的な場であるからこそ，そこには真の言語活動実践の姿が現れるとも言える．N社のやり取りで用いられているのは，静的で汎用性の高い，ラベルとしての規範的な「言葉」ではない．人と人とがお互いに相手を尊重し，わかり合おうと志向した結果，そのお互いのベクトルが交わる地点において生み出される動的で創造的な生きた「ことば」である．N社の言語実践に参与している当事者達は，彼ら自身が行っているやり取りに不満を表明することはなかった．反対に，共に構築した相互理解の場では豊かな情報の交換が行われ，そのやり取りにお互いが充足すら感じているようであった．だからこそ，彼らの「ことば」は「生きたことば」なのである．言語実践を行う当事者が満足していることこそが，「生きたことば」であることの条件である．コミュニケーションがそこに参与する人々によって構築される言語実践の場である以上，それは当然そこに参与する当事者に帰属するものであって，言語実践を行う当事者達がそれをどう感じるか，それこそが重要なのではないだろうか．

そして，「ことば」が生きたものとなることに寄与するのは，相手を尊重し，相手のことを知ろうとする姿勢，わかり合おうとする姿勢である．N社において実践されているのは，人と人とのコミュニケーションが単なる表面的な言葉のやり取りとしてではなく，真の意味でのコミュニケーションとして成立するために必要な心的態度である．N社の技能実習生達が使用する日本語は，確かに言語形式上は正確ではないかもしれない．使用できる日本語の語彙も限定的である．しかし，彼らは日々安全に働くことができ，任された仕事をやり遂げることができている．少なくともN社の技能実習生達にとって日本語は働く上でのハンディキャップとはなっていない．当事者である彼ら自身が，自らの使う「ことば」に満足している場合，そこに日本語教育ができることは果たしてあるのだろうか．繰り返しになるが実際の言語実践における「ことば」は，使用する当事者達に帰属すべきものであり，それが良いか悪いかを外部の人間は評価することができない．言語実践の当事者達が自らの「ことば」に満足しているのなら，外部の人間がそれ以上，彼らに対する日本語教育の必要性を語ることはできないだろう．

Ｎ社の実践からは，移民政策および言語政策について議論するにあたっての重要な示唆が得られるように筆者には思われる．これらの政策が不在である現状においては，まず枠組みを作る必要がある．しかし同時に，その枠組みの中で実際に動く人がどのようにそれに臨むのかもまた，重要であろう．Ｎ社が実践する心的態度は，ホスト社会の人々に実践が望まれる心的態度である．私達がそこから学ぶことは多いと考えられる．

7.6 第７章まとめ

本章では，下記の研究課題４を明らかにするために就労場面におけるやり取りの分析を行った．

【研究課題４】ことばの実践
　(1) 就労場面ではどのようなやり取りを行っているのか
　(2) やり取りを成立させているものは何か

就労場面のやり取りにおいては，職場において使用される専門用語やジャーゴン，それに付随する作業知識の共有がなされ，さらに現場の物質的リソースを活用することによってやり取りが成立しており，かつ技能実習生の言語形式上不完全な発話はコミュニケーションを阻害する要因にはなっていないことが明らかとなった．さらに参与者達が「わかり合う」ことを志向した結果，社会的文脈の共有がなされ，就労場面におけるやり取りが可能になっていることが明らかとなった．そしてこの「わかり合う」ことへの志向性は，技能実習生の実践共同体への正統的周辺参加が実現されることにより生み出されるのではないかと考えられる.

第4章から本章まで，四つの調査の結果について述べてきた．続いて第8章では，これまで明らかになった技能労働者の現実を日本の技能労働者受け入れ制度と日本語教育施策に照らし，政策がそれらを反映できているのかを検討し，技能労働者に対するウェルフェア・リングイスティクスとしての日本語教育のあり方について論じる.

第 8 章

総合考察
――技能労働者受け入れと日本語教育の展望

本章は本書全体のまとめとして，これまで述べてきた四つの調査の結果を踏まえた上で現行の日本の技能労働者受け入れ制度と日本語教育施策について検討する．はじめに四つの調査で明らかになったことをまとめる．

調査1から3では来日前，実習中，技能実習修了後の段階に着目した．ベトナム人技能実習生の中には自己発展に対する強い希望を持って来日する人が多くいるが，来日前に抱いている多様な学びへの期待を日本での経験を通じて失う人がいる可能性がある．そしてその背景には，日本での生活の中で周囲の人との関係構築が進まないこと，トラブルに巻き込まれ，困難な状況に置かれてしまうことなどがあると考えられる．さらにこのような状況の中で技能実習生は日本語学習を行っているが，「還流型」人材である彼らは技能実習修了後の未来（ベトナム社会）の存在を強く意識し，日本にいながらにして未来志向の孤立・自立した日本語学習を行っている．この傾向は特定技能人材になるとやや変化を見せる．特定技能人材は自分が所属する組織（企業）との関係がより直接的になるため，そこで信頼関係が構築されれば周囲と積極的に関わろうとし，それが日本語能力を高めようとする動機になる．一方で労働者としての自由度が増すとともに個人の責任も重くなり，日本語能力を持たない場合に労働者個人が被る不利益がより大きくなるという状況が生じている．

続く調査4では就労場面のやり取りに着目した．就労場面では，言語使用の面では確かに限定的であっても言語以外の多様なリソースによる「ことば」が用いられている．さらに参与者間の相互理解において重要な社会的文脈の共有は，参与者同士がお互いをわかり合おうとすることにより実現され，このわかり合うことへの志向性は実践共同体側において「正統的周辺参加」が実現されることによって生み出される．

以上が四つの調査によって明らかとなったことである．以上の結果を踏まえ，次節ではまず日本の技能労働者受け入れ制度の問題点について改めて確認する．その後，移民受け入れ先進国である他国の事例を概観し，それらを参考に日本の技能労働者受け入れ制度と日本語教育の位置づけを論じ，現行の日本語教育施策について検討する．そして最後に，本書の全体のまとめとしてウェルフェア・リングイスティクスとしての日本語教育のあり方について述べる．

8.1 技能労働者受け入れ制度

8.1.1 移民政策と言語政策の不在

第1章で述べたように，日本の技能労働者受け入れ制度にとって大きな転換点となったのは，「1990年体制」と呼ばれる入管法改正であった．その後2016年の技能実習法の成立により技能実習生の就労期間は最長5年となった．2019年には特定技能制度が開始され，2024年には技能実習制度が「育成就労」制度となることが決まった．「育成就労」制度により非熟練労働者を受け入れ，人材育成をし，特定技能制度に移行させる構想である．このように日本の技能労働者受け入れは，近年の在留資格の増設もあり，規模としてはかなり進んでいると考えられる．しかしながら日本政府は依然として移民政策を否定し続けている．よって日本には移民政策と，それに付随する言語政策が未だ存在しない．経済界の要請に応えて国内に大量の労働力を供給するが，彼らを移民としては受け入れないという実態と建前との間にある歪みが，問題の根底にはある．技能労働者は日本経済を支える存在であるにもかかわらず，移民ではないとされているため，移民受け入れ先進国である欧米諸国のような社会統合のプロセスは現在の日本に存在しない．2024年現在でも日本には移民はいないものとされている．しかし，実態として「移民国家」になりつつある現状を無視することはできない．外国からやってくる人々と共にどのような社会を創造するのかについて方向性を決めることは喫緊の課題であるはずだ．

移民政策を考えるにあたって，ことばの問題もまた極めて重要である．細川（2012）は，「ことばの市民」という視点から，私達一人ひとりがこの社会において「共に生きる」個人であるための「ことば」の重要性を主張する．「ことば」が重要なのは，私達が個人として他者と共に生きる公共空間を作るために，自らを表現し，他者との対話によって協働のコミュニティを形成し，そのコミュニティを含む社会そのものに働きかけていくことが必要であり，そこで用いられるのが「ことば」だからである（細川，2012，p. 260）．私達は他者と共に社会で生きているのであり，他者とのかかわりを持たずに生きることはできない．他者とのかかわりにおいてことばが重要な役割を果たすことは言を俟たない．

現行の受け入れ制度における日本語教育の位置づけについては第 1 章で述べた通りであるが，問題点を今一度確認しておきたい．まず最も大きな問題は，日本語教育の機会を十分に保障していないにもかかわらず，日本語能力の不足が労働者個人の不利益に直結する構造になっていることだ．それにより，日本語が習得できないことは個人の責任と見なされ，それによって不利益を受けるのは本人の問題であるとされてしまう．2024 年からの法改正によって在留資格申請または変更時の日本語能力の基準が設定されたが，基準を設定するだけで何もしないのでは，基準をクリアできないことが個人の責任とされ，自己責任論はさらに強まる可能性がある．さらに，この法改正によって設定される日本語能力の基準が日本社会で様々な行為を遂行することを可能にするかについては大いに疑問がある[1]．何に基づいて設定した基準なのかは明らかではないし，その基準を満たせば技能労働者が生活や就労に必要な日本語能力を持っていると言える根拠はない．このように，日本の技

1　法改正により新たに設定される基準については，第 1 章を参照されたい．

能労働者受け入れ制度において日本語教育はほとんど重視されていない．

上記のような日本の問題を踏まえた上で，ここで一旦日本以外の国に視線を移し，同じく労働者の受け入れを進める他国ではどのような政策を行っているのかを見ていきたい．日本における受け入れ制度と日本語教育のあり方を考える参考として，ドイツと韓国の事例を取り上げる．これらの国々は，海外からの労働者の受け入れを進める一環として言語教育を重視した取り組みを行ってきた．ドイツでは労働市場への参入促進を目的とした外国人労働者に対するドイツ語教育プログラムや施策が実施されている．韓国も外国人労働者の受け入れを促進するために韓国語教育プログラムを提供しており，外国人労働者が韓国社会に適応しやすい環境を整える取り組みが行われている．これらの事例から，日本の技能労働者受け入れのあり方を考える上で有益な示唆が得られるだろう．

8.1.2 他国の事例から学ぶこと

(1) ドイツの移民受け入れとドイツ語教育

ドイツは1950年代からトルコやイタリア等からガストアルバイターと呼ばれる移民労働者を多く受け入れるとともに，第二次世界大戦の反省から難民の積極的受け入れを行ってきた（公益財団法人日本国際交流センター，2017；松岡，2018ほか）．さらに旧ソビエト連邦や東欧に渡ったドイツ系移民の帰還者（アウスジードラー）も受け入れ，戦後の経済復興期に多くの労働力を確保したと言われる（足立，2009，p. 100）．当初ドイツは移民国ではないことを主張していたが，1999年に国籍法を改正し，それまでの完全な血統主義から徐々に出生地主義への移行が始まった．そして2005年には移民法を制定し，ドイツが移民国であることを公式に認め，明文化した（西嶋，2006）．

この政策転換の背景には，いずれ本国に帰国することを想定して受け入れていたガストアルバイターと呼ばれる人々が家族を呼び寄せ，ドイツに定住するようになったことや，アウスジードラーや難民がドイツ社会に溶け込むためにドイツ語習得およびドイツ文化の理解の必要性が高まったことがあると言われる（松岡，2018）．西嶋（2006）によるとドイツ語運用能力の乏しさのために外国人が社会生活を営む上でさまざまな困難に遭遇し，それが多方面に影響を及ぼしていることが無視できなくなったためにドイツ語能力がドイツ社会への多様なアクセスを可能にする手段となるという共通認識ができあがったという（p. 130）.

移民法の制定によって，ドイツ語を学ぶ語学コースとドイツの法秩序，歴史，文化を学ぶオリエンテーションコースを合わせた「統合コース」が設置され，移民に対する提供が開始された．吉満（2019，2020）によると統合コースは「ドイツ社会は支援をするが，移民側もドイツ語を習得し，統合されるための努力が要求される」という原則に基づき（吉満，2019，p. 32），単なる「同化」ではなく受け入れ側と移民がお互いの文化を尊重して共生するための「統合」を目指すとされている（吉満，2019，p. 31；2020，p. 99）．統合コースを開講する機関は市民大学，民間の語学学校，専門学校，カルチャーセンターなど様々である．統合コースの開講には連邦移民・難民庁（BAMF）の認可が必要で，認可を受けるためには実施機関の信頼性，コースの実施能力，講座の質を証明する必要があり，さらに認可を受けた後も数年ごとの更新が必要となっている（前田，2012，pp. 166–167）．受講対象者は就労を目的とした滞在許可，家族呼び寄せのための滞在許可，人道的理由による滞在許可を有する外国人及び定住許可を有する外国人であるが，その中でもドイツ語で容易に意思疎通ができない場合，受講が義務化されている（足立，2009；前田，2012）.

コースの時間数は何度か変更されているが，2005 年当初からドイツ語学習は 600 時間と設定されており，これは変わっていない．オリエンテーションコースの時間が 2005 年は 100 時間だったものが 2007 年には 45 時間，2012 年には 60 時間と変更されている．2017 年の変更ではドイツ語の学習が 600 時間，オリエンテーションコースが 100 時間となっている（吉満，2019，p. 37）．受講者はドイツ語学習の 600 時間を修了した後，100 時間のオリエンテーションコースを受けることになる（吉満，2020，p. 96）．統合コースの修了時には修了テストを受けることになっており，合格者には証明書が交付される．通常のコース以外にも家庭の事情や文化的事情によって通常のコースに参加できない人や特別な支援が必要な人向けのコース，さらに読み書きができない人向け，習得の速い人向けのコースなど多様なコースが用意されている．

新型コロナウィルス感染症のパンデミックが起こった2020年，それまでの対面形式による授業の実施が難しくなった．しかし，ドイツ社会が完全にロックダウンされる中で同年の6月にはBAMFにより複数の授業モデルと開講の基準が提示され，コースは継続された（吉満，2022）．コロナ禍という特殊な状況下におけるこれらの対応からも，ドイツが移民の学びの機会とその質の保証をいかに重視しているかがわかる．

通常の語学コースにおいては300時間でCEFRのA2レベルに，そして残りの300時間でCEFRのB1レベルに達することを目標とするが，コースで学ぶ内容は学習者を社会的存在として捉えるというCEFRの言語教育観が反映されたものとなっている．1.2.2節で述べた「『日本語教育の参照枠』手引き」（文化庁，2022）の16ページには，ドイツの統合コースで行われる授業の例が以下のように紹介されている．

> たとえば，A1のやり取りの活動に，「家での出来事や渡航について話すことを拒否することができる」という項目があり，「自分の意思に反して情報を提供する必要はないことを知っている」というドイツ事情が付されています．A2レベルでは，「会社や雇用主との間で問題が生じた場合，ドイツ語がわからない，またはドイツ滞在期間が短いため規則を知らないと伝えることができる」という項目があります．B1レベルでは「異文化間の誤解に対処し，解決に貢献できる」という項目があり，その一例として特定の食べ物を拒否する場合などの行動をあげて，移民がドイツ社会で自己のアイデンティティを保持しながら行動する方法を提示しています．

このように語学コースでは単にドイツ語を学ぶだけではなく，ドイツ社会の事情や個人に認められる権利など移民がドイツ社会で生活していく上で基本となる知識をドイツ語の学習を通して学ぶことができる．一方のオリエンテーションコースでは，ドイツの国家制度と市民の権利と義務に関する理解を深めることを目的として民主主義における政治の在り方，ドイツの歴史，異文化間の共生や宗教の多様性などについて学ぶ（前田，2012，p. 161）．移民は完全にドイツ流に合わせるというのではなく，自身の文化的なアイデンティティを保持しながら，ドイツ社会で認められている権利に基づいて行動する方法を知ることができる．例えば Müller et al.（2017）はトルコ系住民の事例を取り上げ，彼らが自らの文化を守りながらドイツで生活できていることを示し，ドイツが進める「統合」は移民の多様性の保持と矛盾するものではないと述べる．

上記のコースを修了した後ドイツで就労し，キャリアアップを目指す移民に対しては，さらに専門的で高度なドイツ語の学習機会を提供する職業のためのドイツ語コースも開設されている（真嶋，2022；平高，2024）．このコースは上記の統合コースの課程を修了した人を対象としているので，ドイツ語レベルは B1 からと設定されており，B1 から B2 または C1 を目指す一般語学コース（ただし事情により A2 でも受講可能なコースもある），それぞれの職業分野ごと専門的な内容を学ぶコースなどがある[2]．このようにドイツでは，ドイツ社会において労働市場に参入し，キャリアを形成していくためにはドイツ語レベル B2 以上が必要であると認識されている．日本が特定技能 1 号の在留資格の取得要件として日本語 A2 を定めているのとは大きく異なる．

「統合」のためのこれらのコースは，移民がドイツで生活し，就労する上でのドイツ語の重要性を認め，ドイツ語によって社会統合を実現するという方針をもとに運営されている．それは，1950 年代からトルコ系移民をはじめとしたガストアルバイター等を一時的な労働力として受け入れ，ドイツ社会の一員としての権利を十分に保障しないままにした結果社会の不安定化を招いたという反省があるからである．現在の日本の状況とこのドイツの 1950 年代からの状況との間には類似点が多くあるのではないだろうか．ドイツは

2 ドイツ連邦移民・難民庁（BAMF）「職業のためのドイツ語（German for professional purposes）」
https://www.bamf.de/EN/Themen/Integration/ZugewanderteTeilnehmende/DeutschBeruf/deutsch-beruf.htm（2022 年 11 月 17 日最終閲覧）

外国人労働者を長期的な滞在者として社会に統合する方向を選択し[3]，そのためにドイツ語教育は必要であるという認識の下で移民のドイツ語学習の機会を保障している．確かに統合コースで設定されている時間数がB1レベルに達するには十分ではないという指摘や，教員の待遇，教員数の不足など問題もある（小林，2009；吉満，2019；平高，2024）．また地政学的に日本とドイツは異なる点もあり，単純に比較することは難しい．しかしドイツが外国人労働者を移民であると正式に認め，長期的な受け入れへと方針転換し，そして彼らと共生社会を構築するために言語が重要であると位置づけ，彼らに対するドイツ語教育の機会を保障したのは1950年代以降の外国人労働者受け入れの反省からだという点に，日本は学ぶことがあるのではないだろうか．

(2) 韓国の外国人労働者受け入れと韓国語教育

韓国は2004年以前「産業研修制度」という日本の技能実習制度を模した制度（3年間を超えない範囲での「研修」を行うとする，「労働者」とは認めない受け入れ（岩城，2021））によって外国人労働者の受け入れを行っていた．しかし日本の技能実習制度と同様に，労働者が送り出し機関に高額な費用を支払う事例や職場における人権侵害などが発生した（佐野，2017；岩城，2021）．問題解決のため2004年に開始されたのが「雇用許可制」である．「産業研修制度」は移行期間を経て2007年に完全に廃止された．韓国のこの雇用許可制は「先進的な移住管理システム」として国際労働機関（ILO）や国連からの評価が高い．国際社会で評価の低い日本の外国人技能実習制度とは対照的である．

佐野（2017）は，韓国の雇用許可制は日本が単純労働者を受け入れる際の最も参考になるモデルだと述べる．その理由は，韓国社会と日本社会には類

3　ドイツでは2013年以前は期限付きの「季節労働者」を多く受け入れていたが，2013年以降はEU域内労働者に市場を開放したことにより置き換えが進み，現在は限られたケースのみとなっている．（独立行政法人労働政策研究・研修機構「諸外国における外国人材受け入れ制度―非高度人材の位置づけ―ドイツ」https://www.jil.go.jp/foreign/labor_system/2019/01/germany.html（2022年10月1日最終閲覧））

似点が多いことである．両国とも少子高齢化が進み，労働人口が減少傾向にあり，外国人労働者に依存しなければならない状況にある．しかし全人口に占める外国人の比率が欧米諸国に比べるとまだ少ない．このように人口バランスが類似していることに加え，さらに韓国も日本も「単一民族」的な情緒があるという点で文化的にも類似している点が多いという（佐野，2017, p. 77）．

「雇用許可制」は，労働者を韓国国内で確保できない企業が韓国政府から雇用許可を取得し，海外の労働者を直接雇用するものであり，韓国人労働者と同等に権利も保障され，各種労働法も適用される．「雇用許可制」には，労働者送り出し国との間に二国間協定を結んで外国人労働者を雇用する「一般雇用許可制」と中国や旧ソ連地域から韓国ルーツの外国人を雇用する「特例雇用許可制」がある．2023 年時点で一般雇用許可制は製造，農畜産業，漁業，建設業，サービス業（廃棄物処理業，冷蔵・冷凍倉庫業など限られた業種）の 5 業種において外国人労働者の受け入れを行っている．特例雇用許可制においては一般雇用許可制より幅広い分野での受け入れが可能となっている．さらに一般雇用許可制の業種は 2023 年から 2024 年にかけて拡大が進められる見込みだ（三菱 UFJ リサーチ & コンサルティング，2024）．

ここからは受け入れる外国人労働者の背景が日本の技能実習制度や特定技能制度と類似している一般雇用許可制に焦点を当てて見ていくこととする．一般雇用許可制は，韓国と送り出し国の公的機関が労働者の選抜，導入，管理，帰国支援に直接関わることが特徴である．労働者が負担する非公式な費用の発生を防ぐため，ブローカー等を排除し，受け入れプロセスの透明化を図っている．実際にはブローカー等を完全には排除できておらず，規定外の費用が発生しているケースはいまだ見られるものの，介入自体は減少したという（Abella, M., & Martin, P., 2014; 佐野，2015）．

韓国政府も日本と同様に，現時点ではこの雇用許可制による外国人労働者の受け入れを移民政策ではないとしている（春木，2022）．しかし，一般雇用許可制の雇用期間は当初 3 年間であったがその後何度か制度改正が行われ，現在では 4 年 10 カ月となっている．そして一旦帰国した後再入国してさらに4年10カ月就労することが許可されているので，現在は合計9年8カ月の滞在が原則可能となっている．さらに2023年末からは，現在の雇用許可制に「準熟練人材」という段階を追加し，現行の「非専門就業」人材から「準熟練人材」までのルートで10年以上の就業を可能にする枠組みについて検討が開始された（三菱UFJ&コンサルティング，2024）．このように韓国は労働者の長期滞在を認める方向に進んでいる．

続いて韓国語教育であるが，まず来韓前の韓国語教育は次のようになっている．労働者はまず送り出し国において韓国語能力試験（EPS-TOPIK）を受験し，合格する必要がある．EPS-TOPIK[4]に合格すると候補者リストに登録される．候補者リストに労働者の名前が掲載されると韓国において受け入れ企業探しが行われ，受け入れ企業が決まると企業から労働条件の提示があり，候補者が同意して労働契約が結ばれれば出国前講習が開始される．講習は両国政府が認定した機関によって1週間から2週間半程度実施され，講習では韓国語と韓国文化理解についての教育が行われる．韓国に入国した後は「就業教育」（韓国語教育，韓国文化，関係法令など）を受講する必要がある．「就業教育」の期間は数日間であるという．渡航前，渡航後の講習の時間は日本の技能実習制度における講習と比較するとかなり短いと言える．講習費用は，出国前講習は労働者本人が，入国後の「就業教育」は雇用主が負担することとなっている（佐野，2017）．

以上が制度上義務付けられた韓国語学習である．日本の技能実習制度と同様に，就労が開始された後の韓国語学習はあくまで労働者本人の意志に任されている（春木，2022，p. 5）．ただし韓国滞在中に韓国語教育にアクセスする場は公的に提供される．例えば韓国政府が設置する支援センター（外国人労働者の相談窓口として設置）では，韓国語教室が開講されている．また，韓国の法務部が実施する「社会統合プログラム」では，入門レベルから中級まで

4 EPS-TOPIKの試験内容については吹原・松崎ほか（2016, 2018）に詳しい．吹原・松崎ほか（2016, 2018）はESP-TOPIKの問題に難易度が極端に低いものが含まれていることや，合格ラインの設定が低いことなどを指摘している．さらに春木（2022）はこのEPS-TOPIKへの合格が渡韓に必須であることから，送り出し国における韓国語教育が試験対策に偏りがちだと述べる．

の韓国語を体系的に学ぶことができる学習プログラムと韓国社会や文化について学ぶプログラムが設置されている．これはドイツの「社会統合コース」と同様の構成である．これらの韓国語教育へのアクセスの機会は，もともと結婚移民者[5]を対象に設けられたものだが，現在は結婚移民者だけでなく雇用許可制で就労する外国人労働者も多く受講しているという（春木，2022, p. 6）．学習機会を提供するだけでなく，韓国政府は外国人労働者が自主的に韓国語学習に取り組むインセンティブを制度的に創出し，それが実際に外国人労働者の韓国語学習を促す結果になっている（春木，2022，p. 9）．例えば，再入国希望者に対して「特別韓国語試験」[6]と呼ばれる試験の合格を求める場合がある．また，新たに創設された在留資格は一般雇用許可制で就労した後に移行可能で，さらに更新回数に制限がなく，永住につながる在留資格となっている（これは日本における特定技能 2 号と同様である）が，この在留資格を申請する際に TOPIK[7]の一定レベル以上の合格や上述の「社会統合プログラム」の履修を証明することが有利に働く仕組みとなっている（春木，2022, p. 9）．

韓国の雇用許可制は短期間の人材ローテーション受け入れシステムを原則としてきたが，それは徐々に変わりつつある．さらに韓国語能力を就労期間の延長や在留資格の安定化に関連させ，韓国語学習の動機付けにつなげている．このように，韓国では受け入れの枠組みを労働者の韓国への定住化を促進する方向に転換している．それとともに労働者に対する韓国語教育を国が主体となって進めている．

5「結婚移民者」とは韓国人と結婚し渡韓した外国人のことである．韓国の国際結婚は妻が外国人であるケースが多く，特に農林漁業従事者においてその割合が高いという（岩城，2021）．
6 春木（2022）によると「特別韓国語試験」は ESP-TOPIK よりは難易度が高く設定されている．
7「TOPIK」とは韓国語能力試験（Test of Proficiency in Korean）のことで，韓国教育課程評価院が主催している．

(3) 小括 ―日本の労働者受け入れ制度と日本語教育への示唆

前節までドイツと韓国の事例について述べた．では，両国の事例から日本が参考にできることは何だろうか．まず受け入れ制度に関しては，短期型の受け入れから長期滞在を認めるという方針転換が両国で見られた．長期滞在を認めるということは，滞在期間の判断を労働者本人が行うことができる，つまり選択権を労働者本人に委ねるということになる．確かに出入国在留管理という制度がある以上，外国からの入国及び滞在の可否を決める権限は受け入れ国にある．しかし外国からやってくる人たちをどう迎え，どう遇するのかは，その国が彼らをどのような存在として見ているのかを表している．

現在日本で行われているのは，国内の経済界の要請に応えて労働者を呼び入れながら使い捨て人材としていずれ出身国に帰らせるという受け入れ国側の都合のみを優先させた受け入れ方法である[8]．現行の日本の技能労働者受け入れ制度における労働者の「還流」性は，様々な問題を誘発すると考えられる．まず，いずれ去る存在であることにより労働者ではなく労働力としての側面が強調されてしまう．労働者を人として見ていないかのような，人権を軽視しているとしか考えられない事件が多発している背景には，彼らが「還流型」人材であるが故に単なる労働力として見られてしまっていることがあると筆者は考える．確かに現在日本政府は「育成就労」制度から特定技能制度へと滞在の長期化の道を整えようとしてはいる．しかしその道を選択するかどうかは労働者自身が判断するのだということを，日本政府は認識しているだろうか．現在日本政府が用意しているスキームでは，はじめの数年間（多くの場合，20 代から 30 代の年齢）は相変わらず制限の多い生活を強いられ，それを耐え抜いた人にだけこの社会で自由に生きる権利が与えられる．このような条件のもとで，日本に長く留まりたいと思えるだろうか．いくら制度を整えても労働者自身が日本に留まることを選択しなければ，彼らの「還流性」は維持されることになる．さらに言えばベトナム人技能実習生の

8 特定技能 2 号に移行すれば在留期間更新の制限がなく永住につながると言われるが，難関試験の合格が必要であり，現時点では狭き門となっている．詳しくは第 1 章参照．

場合，出稼ぎ先に日本を選択する背景には学びに対する期待があることが本研究の調査 1（第 4 章）により明らかとなっている．このように学ぶ意欲を持った人材が日本に生活の拠点を置き，安心して生活を送ることができる体制を整えるべきである．彼らが安心して生活を送れるようにするためには，現行制度（および新制度）にあるような制限の多い状況下で長期間耐えなければならない段階を作らず，日本で生活を始めるその時点から自由かつ安全に生活する権利を保障しなければならない．そのためには家族の帯同を認めることも必要であろう．家族を帯同するとなれば子どもを含めた家族全員の権利も保障する必要がある．そのため，日本は正面から移民政策に取り組むことが求められるのである．第 1 章でも述べた通り，ベトナムでは昨今受け入れ各国の労働者獲得競争が激しくなっている．ただ待っていればベトナムから労働者が次々に来てくれるという状況では既にない．他国と比較したときに日本へ行くメリットがなければ，日本は選択されなくなる．日本がこれからも海外からの労働者を受け入れていく必要があるならば，数ある行き先国の中から日本を選び，来てくれる人々が日本社会とのかかわりの中で人生の長期的なプランを描けるような受け入れのあり方を実現する必要がある[9]．

そして言語政策の面では，ドイツの場合ドイツ語教育が公的に受けられる環境を整え，ドイツ語によって社会統合を行うという姿勢を明確にしている．韓国でも同様に国が主体となって韓国語学習の機会の提供を行っている．どちらの国でもマジョリティー言語の普及により移民の社会統合を進める取り組みを，国の政策として行っている．では日本における技能労働者への日本語教育はどのようなあり方が考えられるだろうか．

まず前提として押さえておかなければならないのは，言語「政策」とは枠組み（制度）を策定することであるため，その中にいる人々の行動にマクロなレベルから影響を与えるという側面があることだ．よって，個人が持つ権利への配慮を欠かすことはできない．人が社会において言語を用いて自分を表現し，他者と関わる権利について言及したのが第 3 章でも述べた「言語権」（Linguistic Rights）である．言語権は，もともとは少数言語の話者集団が多くの場合国家語となっている大言語話者の集団の中で社会生活においてコミュニケーションをとる権利が概念化されたものである（かどや，2012，p. 108；2017，p. 182）．さらにタニ（1999），ましこ（2012）は言語権の概念が19世紀後半には既にエスペラントの考案者ザメンホフ[10]によって認識されていたと述べる（タニ，1999，p. 51；ましこ，2012，p. 65）．また木村（2011）によれば，「言語権」は「ある言語の話者に対して不平等・不都合がある場合に問題になりうる」（p. 14）．つまり「言語権」とは，言語的弱者が存在する社会において弱者側が主張する権利ということになる．言語に関する権利について論じるスクトナブ＝カンガスは，「言語差別」（linguicism）という概念を提唱し，その定義を「言語に基づいて定義された集団の間に存在する物質的，または非物質的な権力や資源の不平等な分配を正当化し，再生産するイデオロギーと構造」とする（Skutnabb-Kangas, 1988, p. 13）．「言語権」はそれらのイデオロギーや構造に対し，差別を許さず，不利益を被る人を生み出さないという姿勢を示すものである．

杉本（2023）によれば，国際法の領域では国際連合憲章や世界人権宣言の平等原則の中で言語による差別が禁じられており，これまで国際人権規約や児童の権利条約など九つの条約と四つの宣言が言語権に言及している

9 それだけではなく，送り出し国における労働者の費用負担の問題も解決する必要がある．出国前に支払う費用が高額であるために，借金を背負って来日するベトナム人技能実習生が多いことは既に述べたが，現在ベトナム政府は問題に対処するための法整備を進めている（第1章参照）．しかし，送り出し事業の問題については，ベトナム政府だけの問題ではなく，日本政府も協力して取り組む必要があるだろう．例えば韓国は，雇用許可制に移行することによってこの問題に対処しようとした．佐野（2015）によれば，雇用許可制の下でもこの問題は完全に解決されているわけではないが，減少しつつあるという．さらにドイツでは，2022年よりベトナムからの熟練労働者雇用プログラム（情報技術，電子工学，食品加工，レストラン運営，ホテルなどの分野で2年以上の就労経験のある短期大学卒業以上の学歴を有する人材を対象とする）を開始した．このプログラムはドイツ政府から資金援助を受けており，労働者は費用負担がないという．（VIETJOウェブニュース2022年11月16日掲載　https://www.viet-jo.com/news/economy/221115123739.html（2022年12月4日最終閲覧））このように，労働者自身に経済的な負担を強いる受け入れのあり方を見直す動きが各国で進んでいる．

10 ザメンホフは，言語的少数者が自らの自己表現を妨げられることなく，差別されることなく暮らせる文化空間を生み出すために媒介言語としてエスペラントを考案した（ましこ，2012，p. 65）．

(p. 111). 1996 年に採択された「世界言語権宣言」[11] は, 言語権が指す権利を「自集団の言語と自己同一化し, これを学校において習得し, また公共機関で使用する権利」, そして「当該地域の公用語を学習する権利」とする (言語権研究会, 1999). 言語権が指す権利のうち, 一般的に移民に対する日本語教育は後者の「公用語を学習する権利」に該当すると考えられている. 後者の権利について, 昨今日本語教育専門家が日本語教育を言語政策として正当化することを目的に権利に言及することを批判する杉本 (2020) の主張については第 3 章で述べた (3.2.2 節参照). ここでもう一度繰り返すが, 公用語を学ぶ「権利」を正しく「権利」として理解するならば, 公用語を学ばないという選択もまた, 尊重されなければならない. 日本語教育は労働者本人が日本語を学ぶことを希望する場合に限り, 提供されるということになる.

以上のような言語権の考え方に従えば, 言語学習が目的ではなく働くことを目的にやってくる労働者を受け入れるにあたって, ホスト社会は彼らのそれぞれの言語に対し多言語対応をすることが必要となるだろう. 特に現在のような「還流」性の高い受け入れにおいては尚更そうである. 日本での滞在を限定的なものだとした場合, 日本語学習に膨大なコスト (時間, 労力, 費用など) をつぎ込むことは大きな負担となるだろうから, 限られた滞在期間, 自分たちが最も使いやすい言語を使って働き, 生活をすることが合理的だ. しかしかどや (2017) によれば, 言語権が「権利」である以上,「権利概念が要求する権利保障の普遍性という性質」から全ての言語に等しく対応しなければならない (p. 184). 人々が使用する多様な言語全てに対応することは, おそらく実現不可能である. よって, 多言語対応という選択肢において言語権の権利概念を実現できないための代替案の一つとして, 日本語教育という選択肢があるということになるのではないだろうか. ただし, 現状において最も実現可能性の高い措置として, である[12]. 現在の技能労働者に対する日

11　この宣言は 1996 年 6 月に国際ペンクラブの翻訳・言語権委員会およびカタルーニャの CIEMEN（スペインのカタルーニャにある少数民族の調査・研究・支援を行う非政府組織）の呼びかけに答えて NGO66 団体, 41 のペンセンターなど 90 カ国 220 人がバルセロナに集まり, 世界言語権会議が開催された中で採択されたものだが, 現段階ではまだ非政府レベルの宣言である（言語権研究会, 1999, p. 161).

本語教育はこのような位置付けになると考えられる．

確かに外国から来る人々にホスト社会のマジョリティー言語の学習を強制することに対する批判（小林，2009）もある．一方でホスト社会において何らかの言語選択は必要で，国家が言語選択に介入することは不可避である（公共サービスを提供する言語，学校や裁判所で使用する言語は選択しなければならない）という意見もある（Patten & Kymlicka, 2003）．筆者は，日本に住むのであれば日本語を学ぶべきだという単純な主張にはもちろん同意できない．そうではなく，人はいかなる社会においても言語によって差別されない，不利益を被らない権利を持つという言語権の観点から，その権利を守るために（多言語対応が完全にはできないのでその代替案として），現在の日本においては，現時点で実現可能な措置として，日本語教育が必要なのではないかと考えるのである[13]．

ではこの日本語教育の立場から現在の日本語教育施策を見た時，どのような課題が見えてくるだろうか．次節以降は，技能労働者に関する日本語教育分野の施策を検討する．

8.2 技能労働者に対する日本語教育

8.2.1 日本語教育施策における技能労働者の位置づけ

第1章でも述べたように，2019年には日本語教育推進法[14]が公布，施行され，それを受けて「日本語教育の参照枠」が策定された．この後で詳述するが，「日本語教育の参照枠」は単なる日本語能力レベルの基準を示す指標ではなく，日本語教育が目指す社会のあり方と，そのためのこれからの日本語教育の方向性を示すものと位置づけられる．「日本語教育の参照枠」はCEFR

12 当然，それによって学習する側に負担が発生するという矛盾が生じることになる．それについては後述する．

13 筆者は，完全な多言語対応ができないから多言語対応を放棄すると言いたいのではなく，当然多言語対応の努力は続けていくべきだと考える．多言語対応と日本語教育の両面から外国人労働者の言語権の保障をする必要がある．

(Council of Europe, 2001) を参考に制作されたものだが，文化庁文化審議会国語分科会日本語教育小委員会の「日本語教育の参照枠」補遺版の検討に関するワーキンググループにおいて CEFR-CV (Council of Europe, 2020) を参照した見直しが進められ，2024 年 2 月には「『日本語教育の参照枠』の見直しのために検討すべき課題について：ヨーロッパ言語共通参照枠補遺版を踏まえて」が公開された[15].

さらに 2024 年 4 月の「日本語教育の適正かつ確実な実施を図るための日本語教育機関の認定等に関する法律」の施行に伴い，これまで法務省の告示校という位置付けだった日本語教育機関は文部科学省の認定を受けることとなり，そこで日本語指導を行う教員には登録日本語教員という国家資格が必要となった．法務省告示校はこれまで主に留学生を対象としてきたが，認定日本語教育機関になると「生活」や「就労」分野の課程も設置できるようになり，今後は多様な学習者を受け入れることになるだろう．文化庁内における日本語教育の管轄部署も 2024 年 4 月から変更となり，これまでの文化審議会国語分科会から文部科学省の総合教育政策局日本語教育課に移管された.

ここからは，技能労働者に焦点を絞って見ていきたい．これまでの日本語教育施策の中で技能労働者はどのように位置付けられてきたのか，少し時代を遡って見ていく．まず，第 1 章でも述べた通り，日本語教育において「留学生」とは異なる学習者のカテゴリーとして「生活者」が注目されるようになったのは「1990 年体制」以後のことである (伊東，2019)．この「生活者としての外国人」に対する日本語教育関連の施策の策定は 2007 年頃から文化

14 日本語教育推進法は日本語教育の場として日本国内 (幼児・児童・生徒等，留学生，被用者等，難民等に対する日本語教育) と，海外 (外国人等，海外在留邦人，移住者の子などに対する日本語教育) を包括した法律であるが，本研究では日本国内において被用者，つまり労働者を対象とした日本語教育に関わる部分を対象とする．

15 文化庁　文化審議会国語分科会日本語教育小委員会 (第 124 回 2024 年 2 月 22 日開催) 配布資料「『日本語教育の参照枠』の見直しのために検討すべき課題について：ヨーロッパ言語共通参照枠補遺版を踏まえて」https://www.bunka.go.jp/seisaku/bunkashingikai/kokugo/nihongo/nihongo_124/94009301.html (2024 年 4 月 27 日最終閲覧)

庁において進められ，2010 年には「『生活者としての外国人』に対する日本語教育の標準的なカリキュラム案」が公開された．しかし，当初「生活者としての外国人」像として主に描かれたのは南米出身の人々などの定住者だったと考えられる[16]．この後で改めて述べるが，技能実習生（当時は特定技能制度はまだない）は当時既に地域の日本語教室などで学習者として大きな存在となっていた[17]が，彼らは「生活者としての外国人」であると上記資料には明文化されなかった．長期滞在が見込まれる定住者であれば日本語教育の必要性は認識されやすいが，技能実習生は日本に短期間しか滞在せず，いずれ出身国へ戻ることが決められている．さらに技能実習生は日本の技術を学ぶために来ており，正式な労働者ではないとする技能実習制度の制度理念（建前）がある．それらが，実際には学習者として存在していた彼らを当時の日本語教育施策の中で見えない存在にしていたのではないかと考えられる．

このように曖昧な存在とされてきた技能実習生が注目されるようになったのは「日本語教育の参照枠」が策定されたころからである．「日本語教育の参照枠 報告」（文化庁，2021）が 2021 年 10 月に公開されたが，その冒頭には「日本で就労する外国人も令和 2 年 10 月末時点で約 172 万人と過去最高となるなど，今後も更なる在留外国人の増加が見込まれています」と書かれている．この数字は厚生労働省が毎年公表する「『外国人雇用状況』の届け出状況まとめ」に基づいたもので，ここには技能実習生が約 40 万人含まれてい

16 第 110 回文化審議会国語分科会日本語教育小委員会において「生活者としての外国人」という表現が使われ出したのは 2006 年であり，その時期は南米出身の日系人への行政サービスでの対応が集住都市などで政策課題となっていた時期と重なるという指摘が大木義徳委員からなされている．

17「生活者としての外国人」には技能実習生は確かに含まれている．「標準的なカリキュラム案」の運用の参考とするために作成された「『生活者としての外国人』に対する日本語教育の標準的なカリキュラム案について〈活用のためのガイドブック〉」（文化庁，2011）には，地域日本語教室で学ぶ学習者の例として技能実習生Cさんが挙げられており，Cさんの学習ニーズのうち最も必要性が高いことは「実習現場の人と日本語で話す」であると書かれている（pp. 30–35）．確かに地域日本語教室は「就労」に特化した日本語教育は提供していないかもしれないが，技能実習生は「生活者としての外国人」という広い枠組みに包摂されながら，地域日本語教育における学習者として存在し続けていた．

る[18]．そして 2022 年 11 月末，「日本語教育の参照枠」に基づき「『地域における日本語教育の在り方について』報告」が取りまとめられたが，その中にようやく「技能実習生」の記述が見られる[19]．これらの変化の背景には技能実習生の増加，特定技能制度の開始などの社会の動きがあったと考えられる．

技能労働者は，日本国内の日本語教育分野において「生活者」と「就労者」の両面を持つ存在となる．よって次節からはこの二つに焦点を当てることとする．「生活者」に関わるのは「生活者としての外国人」に対する日本語教育と地域日本語教室の関連施策である．「就労者」に関しては「日本語教育の参照枠」に基づく「就労」分野の関連施策がある．次節ではそれらを順に見ていくが，「生活」分野と「就労」分野は重なる部分もあり，明確に区分できない面もあることを先に断っておく．

8.2.2　文化庁の日本語教育施策

(1)　生活分野

2010 年から 2013 年までの間に整備されていった「生活者としての外国人」に対する日本語教育の施策は，それまでの主要な学習者カテゴリーであった「留学生」とは異なる「生活者」という学習者カテゴリーの存在を明確に示した．「『生活者としての外国人』に対する日本語教育の標準的なカリキュラム案」（文化庁，2010）では「生活者としての外国人」が日本語で行う生活上の行為をアンケート調査に基づいて抽出し，リスト化している．

リスト化されている生活上の行為は大きく 8 分類（「健康・安全に暮らす」，「住居を確保・維持する」，「消費活動を行う」，「目的地に移動する」，「人とかかわる」，「社会の一員となる」，「自身を豊かにする」，「情報を収集・発信する」）ある．リストには詳細かつ多様な行為が挙げられており[20]，『生活者としての外国人』が日本語で行う必要がある生活上の行為が具体的にわかるようになっている．さ

18　厚生労働省「『外国人雇用状況』の届け出状況まとめ（令和 2 年 10 月末現在）」https://www.mhlw.go.jp/stf/newpage_16279.html（2022 年 10 月 19 日最終閲覧）
19　文化庁「『地域における日本語教育の在り方について』報告」https://www.bunka.go.jp/seisaku/bunkashingikai/kokugo/hokoku/pdf/93798801_01.pdf（2022 年 12 月 14 日最終閲覧）

らにそれに即した教材例なども提示されており，教育実践にもすぐに役立てられる内容となっている．これらの施策は，それまで「生活者としての外国人」に対する日本語教育の内容がそれぞれの地域日本語教室に委ねられていたため，学習者のニーズに十分に応えられていなかったり，教える側に過度な負担がかかっていたりしていた状況を改善し，国として日本語教育の実践のための指針を示したという点でも意義があるとされる（「『生活者としての外国人』に対する日本語教育の標準的なカリキュラム案」p. 1 参照）．

では，「生活者」とはそもそもだれを指したのだろうか．「『生活者としての外国人』に対する日本語教育の標準的なカリキュラム案」（文化庁，2010）には「生活者としての外国人」の定義として次のような説明がある（p. 2）．

> 「生活者としての外国人」とは，だれもが持っている「生活」という側面に着目して，我が国において日常的な生活を営むすべての外国人を指すものである．

「我が国において日常的な生活を営むすべての外国人」という定義に従えば，技能労働者も「生活者としての外国人」ということになる．しかし「『生活者としての外国人』に対する日本語教育の標準的なカリキュラム案」（文化庁，2010）には，就労に関わる行為が含まれていない．現に「働く」は開発過程では項目として挙げられていたが，「教育・子育てを行う」と共に最終的には除外された．その理由は「子供の有無や仕事の有無により必要性が異なるため」と書かれている（「『生活者としての外国人』に対する日本語教育の標準的なカリキュラム案」p. 3 参照）[21]．

このように「生活者」という語はあまりに広範囲を含むため，個々人の異なる背景や事情が均質化され，見えにくくなってしまっていた．当時の「生

20 それに関するヤン（2011）の批判については第 1 章で述べた．
21 上でも述べた「『地域における日本語教育の在り方について』報告」では「子育て」，「働く」が追加されている．詳しくはこの後で述べる．
https://www.bunka.go.jp/seisaku/bunkashingikai/kokugo/hokoku/pdf/93798801_01.pdf（2022 年 12 月 14 日最終閲覧）

活者としての外国人」は，それまでの日本語教育に留学生以外の新たな対象を明示することはできたが，当事者である学習者の個々の事情，特に当時の技能実習生の事情に関しては反映できない点もあったことは否定できないだろう．上述の通り 2022 年 11 末に文化庁で策定された「『地域における日本語教育の在り方について』報告」（文化庁，2022）において「働く」が追加され，「『日本語教育の参照枠』に基づく『生活 Can do』（案）一覧」（文化庁，2022）[22] も作成，公開されている．これは，「生活者としての外国人」として日本で働く人々の存在が大きくなったことを示している．

では，「生活者」はどのような存在とされているのだろうか．「『生活者としての外国人』に対する日本語教育の標準的なカリキュラム案」（文化庁，2010）には「目的」という項目があり，そこには「言語・文化の相互尊重を前提としながら，『生活者としての外国人』が日本語で意思疎通を図り生活できるようになる」と書かれている（p. 2）．さらに「『地域における日本語教育の在り方について』報告」（文化庁，2022）には，上記の記述に「自立した言語使用者」という言葉が追加され，「言語・文化の相互尊重を前提としながら，『生活者としての外国人』が自立した言語使用者として日本語で意思疎通を図り生活できるようになる」と書かれている（p. 58）．この「自立した言語使用者」という言葉を追加した理由は次のように説明されている（p. 58）．

> 当時は，生活者としての外国人は，最低限の生活日本語を習得することが優先されていた．しかし，現在地域に暮らす定住外国人は滞在が長期化する傾向にあり，諸外国同様に「自立した言語使用者」として地域社会で日本語を用いて生活できるよう，学習環境を整備していく必要がある（後略）．（下線は筆者）

ここには「生活者としての外国人」が地域社会において日本語を用いて生活をする存在であり，そのため彼らに対して日本語学習環境を用意する必要

22 文化庁「『日本語教育の参照枠』に基づく生活 Can do（案）一覧」https://www.bunka.go.jp/seisaku/bunkashingikai/kokugo/nihongo/nihongo_116/pdf/93793601_03.pdf（2022 年 11 月 24 日最終閲覧）

があると書かれている．文化庁（文科省）ではこの日本語学習環境の整備のため，地域日本語教室の拡充に取り組んでいる．地域における日本語教育の体制作りとして新たに日本語教室を設置しようとする地域に対し開講のサポートを行ったり，既存の教室に対して教育実践の共有などを行ったりしている．実際に文化庁による日本語教育の実態調査 2022 年度版「令和 4 年度日本語教育実態調査報告書 国内の日本語教育の概要」[23] によると，2022 年現在日本国内における日本語教室空白地域は 836 箇所であり，前年よりも 40 箇所ほど減少している．第 3 章で述べたように地域日本語教室は日本語学習の場の提供だけではなく，外国人住民が地域社会と交流する機会を提供する，居場所を提供するといった役割も担う（村田，2020；樋口，2021 ほか）．そのため地域日本語教室は外国人住民が地域と関わる重要な要の一つとなるだろうし，その存在を必要とする人も多いであろう．

そして文化庁（文科省）のもう一つの取り組みが ICT を活用した日本語学習コンテンツの開発と提供である．これは日本語学習サイト「つながるひろがる日本でのくらし」[24] として現在公開され，利用可能となっている．当サイトでは生活場面だけでなく職場でも使える表現が学習できるようになっており，多言語対応[25] もしている．日本語教室の空白地域に住む人にとっても，調査 2（第 5 章）の対象者のように学習にあてられる時間が固定できない人にとっても，このようなオンラインの学習ツールがあれば移動の負担もなく，自分の時間に合わせた学習ができ，利用しやすいと考えられる．

このように，文化庁（文科省）の取り組みは実際に学習を行う教室を提供する[26]，教室がない地域の人にも日本語教育の機会を保障する，という両輪

23 文化庁「令和 4 年度日本語教育実態調査報告書 国内の日本語教育の概要」https://www.bunka.go.jp/tokei_hakusho_shuppan/tokeichosa/nihongokyoiku_jittai/r04/pdf/93991501_01.pdf（2024 年 2 月 23 日最終閲覧）

24「つながるひろがる日本でのくらし」https://tsunagarujp.bunka.go.jp/（2022 年 9 月 27 日最終閲覧）

25 中国語（簡体字）・中国語（繁体字）・英語・フィリピノ語・フランス語・インドネシア語・クメール（カンボジア）語・韓国語・モンゴル語・ミャンマー語・ネパール語・ポルトガル語・ロシア語・スペイン語・タイ語・ウクライナ語・ベトナム語・日本語（2024 年 2 月現在）

で進められている．本書でこれまで何度も述べたように，技能労働者に対しては公的な日本語教育はほぼ提供されておらず，日本語教育の機会も保障されていない．この現状を考えれば，日本語を学びたい人が学習機会を得られるようこれらの取り組みは進めていく必要があるだろう．しかし，地域社会で生活する間に地域住民とかかわり，日本語を学んだり，仕事だけではない多様な経験をしたりすることは人間的な成長の面で有意義なことも多いと考えられるが，それは本人が望んだ場合であり，本人が望まない場合はそれを強制できないことは念頭においておかなければならない．日本語を用いて地域社会に参加するという考えは，ともすれば地域社会に参加するなら日本語を学ぶことが義務であるという価値観に結びつきかねない．日本語学習の「権利」と「義務」を混同してはならないということは何度も強調されて良いだろう[27]．

一方で，本研究の調査 2 や調査 3 の結果からも明らかなように，社会的地位を獲得するために行われる（「投資」としての）日本語学習がある．この日本語学習は「いま・ここ」ではなく未来を見つめながら行われる資格取得を目的とした孤立・自立した学習であるが，この彼らの現実は「生活者としての外国人」に対する日本語教育施策には反映されているだろうか．このように「日本語を用いて日本社会とかかわる生活者」という視点からは，日本で生活する人々の多様な日本語学習のあり様，日本語学習目的，日本語への価値づけを捉えきれない．では，日本社会とのかかわりを求めて日本語を学ぶ人

26 学習者が教室までやってくるのではなく，教室が学習者の住む地域に移動する取り組みを行っている地方自治体もある．例えば第 3 章でも述べた島根県のしまね国際センターでは，仕事の都合や地理的な理由で教室に行くことが難しい学習者に対して，日本語教師が学習者の住む地域まで行って指導を行う訪問日本語教育の提供も行っている．https://www.sic-info.org/support/learn-japanese/visit-course/local/（2024 年 3 月 5 日最終閲覧）

27 「『地域における日本語教育の在り方について』報告」（文化庁，2022）は，日本社会側における意識の醸成が必要であることについても言及している．具体的には，「日本語教育の参照枠」の理念等に基づき，学習者の「できることに注目し，社会の中でその能力をより生かしていけるように努めること」や，「共に社会を作る地域の共同体の構成員であることを理解し，日本社会において当該学習者が本来持っている力を発揮できるよう支援すること」などが挙げられている（p. 59）．

以外は「生活者」の範囲外となり，施策の対象外だということになるのだろうか．春原（2009）は「生活者」について以下のように述べている（春原，2009，p. 21）．

> 「生活者」というのは不思議な表現である．およそ生活者でない人はいない．とすると，この用語が排除している意味領域はどこにあるのか．（中略）この用語を編みだした人たちも受けとめる人たちもおそらく，一時・短期滞在者～中・長期滞在者～移民～定住・永住者と折り重なる地層の中で，ともに社会を制作していく成員として外国籍住民のことをとらえる必要を感じつつも，「移民」の受け入れという現実の手前で戸惑い佇んでいる．

春原は「生活者」という言葉の曖昧さ，全てを包括するようでいて実際には排除される領域があることを指摘した上で，「生活者としての外国人」に対する日本語教育について考える前に日本の外国人受け入れについて議論する必要があるのではないかという問題提起をしている．

地域日本語教室の存在を通じてホスト社会側も否応なしに社会の現実を知るという主張もある．松岡洋子・足立裕子編『アジア・欧州の移民をめぐる言語政策：ことばができればすべては解決するか？』に収録されている座談会（第13章「外国人政策と日本語教育―過去・現在・未来」）において，山田泉は地域日本語教室が多くのボランティアによって運営されているという問題点を認識した上で（おそらく皮肉も込めて）そこからの発想の転換を提案している．山田は，ボランティアであるからこそ誰でも気軽に参加できるのであるから，より多くの日本人がボランティアに参加すればよいと述べる．多くの日本人が日本語ボランティアに参加することによって外国人住民を取り巻く問題に気づくようになり，その問題を当事者として考えるようになり，そのような人が増えれば社会全体として問題に取り組んでいけるというのである（p. 315）．この山田の提案の実現可能性については8.4節において改めて述べる．

(2) 就労分野

2021 年に策定された「日本語教育の参照枠」は国内外における多様な日本語学習者，日本語教育関係者が参照し[28]，学習者の生活，就労，留学などの活動場面に応じた日本語教育の基準や目標の共有を可能にするための指標である．2021 年 10 月に「『日本語教育の参照枠』報告」（文化庁，2021），2022 年 2 月に「『日本語教育の参照枠』の活用のための手引き」（文化庁，2022），2024 年 2 月に「『日本語教育の参照枠』の見直しのために検討すべき課題について：ヨーロッパ言語共通参照枠補遺版を踏まえて」（文化庁，2024）が公開されている（以下，「補遺版」とする）．最新の報告である「補遺版」は，CEFR（Council of Europe, 2001）を参照して策定された「日本語教育の参照枠」を，CEFR-CV（Council of Europe, 2020）の内容を踏まえて見直し，検討すべき方向性を示したものである．2001 年の公開から現在に至るまで内容の検証と見直しが続けられている CEFR と同様に「日本語教育の参照枠」も移り行く社会情勢に合わせて内容の検証と改善を継続していくこととしており，その結果の一つがこの「補遺版」である．

この「補遺版」が文化庁によって策定された「日本語教育の参照枠」に関する最新の資料ではあるが，「補遺版」自体は「『日本語教育の参照枠』報告」に基づいたものとなっているので，以下では「『日本語教育の参照枠』報告」の内容について見ていくこととする．

既述の通り「日本語教育の参照枠」は CEFR（Council of Europe, 2001）を参考に制作されており，日本語の力を六つのレベル（A1～ C2），五つの言語活動（「聞く」，「読む」，「話す（やり取り）」，「話す（発表）」，「書く」），四つの能力（「一般的能力」，「コミュニケーション言語能力」，「コミュニケーション言語活動」，「コミュニケーション言語方略」）に分けて示している．さらに日本語能力評価については「生涯にわたる自律的な学習の促進」と「学習の目的に応じた多様な評

28「参照枠」は日本語教育に関わる人々だけではなく，一般の日本人に向けても指標を提供するとしている．「参照枠」の 5 ページには「参照枠」が目指すものとして次のように書かれている．「多文化共生社会に向けて，外国人と接する一般の日本人にも「日本語教育の参照枠」の内容を分かりやすく示し，外国人の日本語能力について理解を深めることも重要である．」

価方法の提示と活用推進」のために行われるとし，その評価手法については「評価基準と評価手法の透明性の確保」が重要であるとする．さらに試験によらない多様な評価方法も推奨している．自己評価やピア評価なども紹介し，教師主体の評価以外にも評価の視点があることを示している．

「『日本語教育の参照枠』報告」は言語教育観の柱として次の三つを挙げている（p. 6）．

1. 日本語学習者を社会的存在として捉える
2. 言語をつかって「できること」に注目する
3. 多様な日本語使用を尊重する[29]

「日本語学習者を社会的存在として捉える」とは，学習者を社会の一員として日本語を使って様々な課題を解決しようとする存在と捉えることを指す．この考えに基づき，学習者が置かれている様々な背景や社会的な状況に応じて必要な技能を優先的に伸ばす日本語教育が重要であると書かれている（p. 6）．「『できること』に注目する」とは，学習者の部分的な能力を否定しないことを指す．学習者それぞれが社会生活において求められる日本語能力はその人の仕事や生活の状況によって異なり，誰でも同じということはない．日本語で書くことは少なく，聞いたり話したりすることが多い人の場合，書くこととやり取りの間にレベルの差があることは当然考えられる．このように学習者の多様な部分的能力を肯定的に捉えるのが「日本語教育の参照枠」の立場である．そして「多様な日本語使用を尊重する」ということは，学習者全員が必ずしも母語話者のようになることを目指す必要はなく，学習者の多様性を尊重するということになる．「『日本語教育の参照枠』報告」では，この三つの言語教育観の下で日本語を通した学びの場を人々が出会う社会そのものとすることによって，共生社会の実現を目指すとしている（p. 6）．こ

29　多様な日本語使用には，地域の多様な言語使用も含み，必ずしも共通語を規範とするものではなく，方言も想定した日本語の使用をも意味する（「日本語教育の参照枠 報告」p. 6，脚注 2 より）．

の記述から「参照枠」が単なる日本語能力レベルの基準を示す指標ではなく，日本語教育が目指す社会のあり方とそのための方向性を示すものとして位置付けられていることがわかる．

「日本語教育の参照枠」では，前節で述べた「『生活者としての外国人』に対する日本語教育の標準的なカリキュラム案」（文化庁，2010）が生活場面を中心としている点を課題とし（p. 3），「就労」という活動のカテゴリーを明示している．この背景には技能実習生の増加や特定技能の創設などの社会的な動きもあったと考えられる．第 1 章でも述べたが，「就労」分野では「日本語教育の参照枠」に先立ち 2021 年に厚生労働省が「就労場面に必要な日本語能力の目標設定ツール」（以下，「目標設定ツール」とする）を策定している．「目標設定ツール」は厚生労働省のウェブページ[30]で「就労場面で必要な日本語能力の目標設定ツール　―円滑なコミュニケーションのために―　使い方の手引き」（以下，「目標設定ツール手引き」とする）とともに公開されている[31]．この「目標設定ツール」は外国人従業員が就労場面で必要な日本語能力を育成するために目標を設定したり，外国人従業員と企業等がそれを共有したり，現在のレベルと目標との差をお互いに確認したり，評価したりするのに活用できるものだとされている（「目標設定ツール手引き」p. 7 参照）．「目標設定ツール」で示されている「参照表」（p. 11）には「話すこと（やり取り）」の B2.2 と A2.1 にこのような記述がある．

(B.2.2)
社内外の人と：担当領域から一般的なものまで幅広い話題について，流暢に，正確に，そして効果的に言葉を用いて，言いたいことを概ね表現できる．その場にふさわしい丁寧さで，自然なコミュニケーションをとることができる．

30 厚生労働省「就労場面で必要な日本語能力の目標設定ツールを開発しました」https://www.mhlw.go.jp/stf/newpage_18220.html（2022 年 11 月 27 日最終閲覧）
31 厚生労働省「就労場面で必要な日本語能力の目標設定ツール 円滑なコミュニケーションのために 使い方の手引き」
https://www.mhlw.go.jp/content/11800000/000773360.pdf（2022 年 11 月 27 日最終閲覧）

(A.2.1)
職場内で：仕事上の簡単な情報交換で済む日常の話題ならば；コミュニケーションをとることができる.（非常に短い社交的なやりとりには対応できるが，自分から率先して会話を進められるほどの力はない.）

また，「オンライン」には下記のような記述がある.

(B1.2)
プロジェクトチームのオンライン会議で：参加し，簡単な指示に従い，わからないことは聞いて，担当業務を遂行することができる.

(A2.1)
翻訳機能に頼ることがあるが，ビジネスチャット等で：日常のやりとりであれば；簡単なやりとりを行うことができる（例：連絡事項を確認して返信する）.

「話すこと（やり取り）」でも「オンライン」でも上記二つの言語行動が一つの尺度の上に並べられているが，これらはレベルの違いではなくその職場で必要とされている言語行動の違いのように思われる．さらに言えば，技能労働者が就労場面で必要とされると思われる言語行動は概ねAレベルとなっている．同ツールについて筆者が問題だと考える点については第1章で述べたのでここでは繰り返さないが，就労場面の多様性が一つの尺度に並べられてしまうことによって，そこに優劣があるという（例えばチャット機能を使うことが多い職業に就く人は社会的階層が下，オンライン会議を行うことが多い職業に就く人は上というような）誤解が生じる危険性があることは留意する必要があるだろう.

また就労場面での日本語使用に関しては，本研究の調査2（第5章）と調査4（第7章）の結果から日本語そのものの使用は限定的である場合があること，調査4（第7章）の実際のデータからは就労場面で使用される専門的な言葉やジャーゴンがそれに関わる作業知識と共に共有され，コミュニケーションにおいて多く用いられていること（7.4.2（1）節参照），そして多様な非言語リソースが利用されていること（7.4.2（2）～（4）節参照）が明らかとなっている．表面的な日本語使用のみに着目すれば「話す（やり取り）」行為がA2.1 の記述文に近い場合でも，実際には日本語だけでなく多様なリソースを利用した有機的なやり取りが行われ，その就労場面において必要な情報交換は十分になされ，やり取りは成立しており，職務を全うしていることがある．「目標設定ツール」はあくまで日本語能力のめやすであり，日本語の熟達度を記述したものであるので，人と人とのやり取りの姿全体を捉えることは目的ではないのかもしれない．しかしながら，調査 4（第 7 章）のような就労場面におけるやり取りの実態をこの「参照表」で評価することは難しいのではないだろうか．

このように，就労場面のやり取りの実態を考えれば（これは技能労働者に限ったことではないかもしれないが），言葉だけを取り上げることはできない．現場において実際に物質的な物の助けや作業を伴いながらでなければ相互理解が難しい場合もある．さらに語の意味も現場によって構築され，共有され，更新される．よってこのような就労場面におけるやり取りの姿と現場から離れたところ（教室など）で教材などを使用して教授する行為，学ぶ行為との間には親和性が少ないように筆者には思われる．

就労分野における日本語教育に関しては，「日本語教育の参照枠」以後，一般財団法人日本国際協力センター（JICE）が「『日本語教育の参照枠』を活用した教育モデル開発・普及事業」に取り組んでいる．「令和 5 年度『日本語教育の参照枠』を活用した教育モデル開発事業【就労類型】教育モデル開発・教師研修 報告」[32] によると，職場共通の内容（つまり業種や職種によらず求められる言語行動）と業種や職種による内容に分けたカリキュラムが提案されている．確かに前者の内容については教室で指導できる項目もあると考えられる．しかし後者の内容については，おそらく現場から離れたところで学ぶ

32 文化庁「『日本語教育の参照枠』を活用した教育モデル開発・普及事業」https://www.bunka.go.jp/seisaku/kokugo_nihongo/kyoiku/kyoikumodelkaihatsu/index.html（2024 年 2 月 24 日最終閲覧）

ことは難しいだろう．調査4（第7章）で見たような現場の言語使用は，現場を知らない日本語教師が指導することは困難であるし，また危険でもある．よって日本語教育で扱える範囲には限界があり，現場でなければ学ぶことが難しい内容に関しては受け入れ企業の協力を得ることは必須ということになる．JICEの同資料でも企業との相談や連携が必要だとされている．

このように就労分野の日本語教育においては労働者が参入する就労の現場（受け入れる企業）の存在が大きい．日本語教育が独立して教育実践を行うのではなく，企業と連携しながら職場で何が必要とされているのかを把握し，日本語教育ができることとできないことを見極める必要がある．しかし，ただ企業側の要望を受け入れ，企業側の求める人材を育成することだけに主眼を置くのでは，日本語教育はその役割を果たしたことにはならない．もし企業において「日本語教育の参照枠」の理念（日本語学習者を社会的存在として捉え，彼らの部分的能力を評価し，多様な日本語使用を尊重する意識）が共有されていないとすれば，その意識を醸成するために働きかけることが必要である．その点にこそ，日本語教育が果たすべき役割があると筆者は考える．

就労分野の日本語教育は，より社会と密接に，そして直に関わる分野である．現在進められている技能実習制度改革と特定技能制度の適正化においても，認定日本語教育機関が就労者への日本語教育を担うことが予想され，今後一層日本語教育は深く社会とかかわることになる．だからこそ，学習者の「文脈」，彼らを取り巻く社会状況，教室の外で起こっている事象に目を向けず日本語を教えることだけに注力するということはできないのである．就労分野の日本語教育に携わる場合には，日本語教育という狭い枠内だけを見つめるのではなく，学習者を取り巻く広い社会全体を見つめる視座が求められる．

8.3 結論　―ウェルフェア・リングイスティクスとしての日本語教育

前節まで現行の日本語教育施策について生活分野と就労分野に分けて検討したが，これらの日本語教育施策と技能労働者の現実は，かみ合っていない部分があるように筆者には思われる．日本語教育施策を策定する側は，日本語教育を広めることが技能労働者のためになると考えているだろう．しかし現実にはその施策が必ずしも技能労働者の望むものと合致しているわけではない．このような両者の間の齟齬は，日本語教育が「還流型」人材である技能労働者にとっての日本語とは何かを，彼らを取り巻く社会的な「文脈」全体から考えてこなかったために生じているのではないだろうか．

では彼らの「文脈」とは何だろうか．「還流型」の労働力である技能労働者にとって，日本社会の一員として日本社会でキャリアを構築していく将来を思い描くことは難しい．よって決められた期間日本で就労し，資金を貯め，家族を支え，出身国に帰ってからの自らの人生をより発展させようとする．日本語教育の機会も現在は保障されていないので，彼らが日本語を学ばないことを非難することはできない．現行の受け入れ制度に従えば，彼らは日本語が話せなくとも労働者としての安全と権利が保障されなければならず，日本語が話せなくとも市民として安定した生活を送れるよう，社会の体制が整備されなければならないはずである．ところが現実には，公的に十分な日本語教育が提供されない中で，彼ら自身が自己防衛のために自主的に日本語能力を獲得しなければならないという状況が生じている．彼らを正面から人として受け入れ，彼らの安全を確保し，権利を保障することや，彼らが安心して生活を送れる社会をつくることよりも，人手不足を補うために外国人を労働力として受け入れることを優先してきたことの結果が，技能労働者を取り巻く人権侵害や労働法規違反などの問題の多発である．

既に述べたことであるが，このような問題が山積する状況の根本には，まず移民政策の不在がある．政策の不在とはつまり我々がどのような社会を創っていくのかという理念の不在である．日本はこれまで理念のないところで場当たり的な対症療法で外国人労働者を受け入れてきたのである．そして日本語教育もまた，それに異を唱えることもなく（田尻，2017b），ただ追随してきたのである．

政治的，経済的な要請によって現行の技能労働者受け入れ制度が構築されたことは第 1 章で述べた．そして言語教育が政治や経済等の社会の下部構造の上に成立しているということに言語教育関係者自身が気づかず，言語教育を文化や心理，コミュニケーションや人間関係の問題に局限してしまっているとする春原（2009）の批判についても既に述べた（1.4節参照）．その下部構造の上で，その下部構造には言及しないままに，彼らに対する日本語教育が語られていないだろうか．これまで日本語教育は，日本の現行の外国人労働者受け入れ制度の枠内で議論を行ってきた．現行の受け入れ制度によって日本へやってくる外国人労働者に対し，どうやって日本語教育を提供すべきか，何を，どのように教えるべきかを考えてきた．しかし，それでは現行の日本の労働者受け入れのあり方を無批判に認めていることになるのではないだろうか．

繰り返しになるが，日本のような「還流」性の高い受け入れを続ける限り，労働者の使用言語に合わせて多言語対応をすることが日本語学習のコストや負担を考えると合理的だ．彼らは働くために日本へ来るのであるから，日本語学習は彼らの本務ではない．よって受け入れ国としては彼らの言語に合わせて多言語対応をすることが求められる．しかしすべての人，すべての言語に対して対応することは難しい．一方で，労働者の長期滞在を認める場合であっても，多言語社会化を進めるのか，日本語中心の社会とするのかという言語政策の議論は必要となる（ソジエ，2008）．ここでもやはり同様に多言語対応には限界があるということになるだろう．よって，ここにおいてもまた，多言語対応ができない代わりに実現可能性の高い日本語教育の必要性が，完全には多言語対応ができないための代替案の一つとして生じてくるのである．

このような考えに立てば日本語教育は技能労働者の権利保障のために行われるものであると言える．ここで言う権利保障とは，日本語を学ぶ権利（日本語学習権）の保障ではなく，人権を保障するための日本語教育という位置付けである．そのような視座に立った時の彼らに対する日本語教育のあり方とはどのようなものだろうか．権利保障としての日本語教育においては，単に日本語を教えることが目的となるのではなく彼らの権利を守ることが目的となる．個々の人間としてこの社会に参加する中で，言語による差別を受けることなく，平等に権利を享受し，安全な生活を送ることの保障をまず前提とし，その実現のためにいくつかある方策のうちの一つとしての日本語教育があるという考え方である．

この考えのもとで日本語教育に携わる者は，日本語教育を自明視することはない．そこでは日本語の規範や言語的な正しさが追及されるのではなく，学習者が必要な行為を達成することこそが重視される．このような学習者のエンパワーメントを目指した日本語教育においては，ただ目の前にいる学習者に日本語教育を提供すればよいということには決してならない．技能労働者を取り巻く社会状況や，政策，経済の動きを無視することはできないからである．教える側も常に自分達が住む社会を省察することが求められる．

そして権利保障としての日本語教育においては，日本語教育自身も自らの内省を求められるだろう．権利保障としての日本語教育という立場に立てば，日本に住むなら日本語を学ぶべきだという考えから日本語教育を推進することには同意できない．また単純に共生のためには日本語教育が必要だという考えにも同意できない．日本語教育に関わる者は，日本社会において学習者の権利を守るために，彼ら自身に日本語学習という負担を強いなければならない[33]という矛盾に常に向き合うことになる．

さらに，日本語教育関係者は日本語教育を推進することによって非対称性を促進する可能性があるということに意識を向けることが求められる．日本語教育をはじめ言語教育には，常に潜在的な権力格差が存在する（かどや，2017）．言語教育というものがその言語の熟達を目指すものであるかぎり，その言語に堪能な者（多くの場合その言語を自身の第一言語とする者）が，そうではない者よりも必然的に上に立つことになるからである．この言語教育の持つ面を完全に否定することができないのであれば，言語による差別を容認しない立場に立つ以上，言語教育にこのような力の不均衡が存在し日本語教育関係者自身もそこに大きく関わっているのだということを忘れてはならない．

33　日本語学習を必ずしも負担とは考えない人もいるだろう．日本語学習に積極的に取り組む技能労働者がいることは第 5 章，第 6 章でも見てきたとおりである．しかし，学習のためには時間や労力を費やす必要があり，学習者側が全く何も費やさずに学習を行うことはできない．ここでいう負担とはそのことを指している．

よって日本語教育に携わる者は自らの中にある規範に気づき，それを批判的に内省しなければならない．そうしなければ，いくらボランティアによって多くの日本人が日本語教育に関わる機会を得たとしても，山田泉が述べたようなホスト社会側の人間の意識の変容は期待できないだろう（8.2.2（1）節参照）．

そして権利保障としての日本語教育の最終的な目的は，全ての人が差別されたり抑圧されたりしない平等な社会を創ることである．よって社会の問題を教室とは別の世界で起こっていることだとは考えず，社会の問題を自分事として捉え，日本語教育からその問題にどうアプローチするのかを考える．権利というものは他者とのかかわりの中で発生するものであり，学習者の権利保障の達成は学習者の努力だけで成されるものではなく，社会の変革も必要である．よって権利保障としての日本語教育に携わる者は，目の前にある社会の構造を所与のものとは考えずそれに疑問を持つことが求められる．学習者側のエンパワーメントとともにホスト社会側の変革も求めていくのが権利保障としての日本語教育であり，それが「人々の幸せにつながる」「社会の役に立つ」「社会の福利に資する」ためのウェルフェア・リングイスティクス（Welfare Linguistics）（徳川，1999）としての日本語教育である．

この権利保障としての日本語教育という視点は，現在の日本社会の状況における技能労働者に対する日本語教育の一つのあり方として提案したいものであり，筆者はそれを恒久的なものだとは考えていない．権利保障としての日本語教育はホスト社会の変革を求めるのだから，権利保障としての日本語教育を進めた先に社会は変わるはずだからである．よって社会が変化した後に権利保障としての日本語教育のあり方は再考が必要になるだろう．しかし日本語教育を教室内の活動に矮小化するのではなく，社会の中に位置づけ，社会とのかかわりの中で捉え，日本語教育は社会に対して何ができるかという視点を持つことは普遍的に求められるものだ．これからも日本語教育関係者に必要なことは，日本語教育と社会を切り離さず，常に社会の中で日本語教育を捉える姿勢を持ち続けることである．

参考文献

〈日本語〉
明石純一（2010）『入国管理政策—「1990年体制」の成立と展開—』ナカニシヤ出版
安里和晃（2023）「多様な福祉レジームと海外人材（60）外国人労働者の妊娠と出産：特定技能の事例から」『文化連情報』（542）日本文化厚生農業協同組合連合会 pp. 52-56
浅野慎一編著（2007）『日本で学ぶアジア系外国人—研修生・技能実習生・留学生・就学生の生活と文化変容—』大学教育出版
葦原恭子・塩谷由美子・島田めぐみ（2020）「高度外国人材に求められる「仲介」スキルとは：CEFR2018補遺版におけるmediationの分析を通して」『琉球大学国際教育センター紀要』第4号 琉球大学グローバル教育支援機構国際協力センター pp. 11-35
足立祐子（2009）「ドイツの現在と新潟」春原憲一郎編『移動労働者とその家族のための言語政策—生活者のための日本語教育—』ひつじ書房 pp. 93-120
荒島和子・吉川夏渚子（2019）「外国人技能実習制度における監理団体での日本語教育の役割—ある監理団体へのインタビューをもとに」『日本語・日本文化研究』第29号 大阪大学大学院言語文化研究科日本語日本文化専攻 pp. 139-156
——（2021）「第8章 監理団体での入国後講習の役割」真嶋潤子編著『技能実習生と日本語教育』大阪大学出版会 pp. 197-227
アンダーソン，B.（2007）（白石隆・白石さや訳）『定本 想像の共同体—ナショナリズムの起源と流行』書籍工房早山
飯嶋美和子・五十嵐啓子（2023）「特定技能1号での外食業への就業を希望する外国人のための教材開発の試み」『東アジア日本学研究』第9号 東アジア日本学研究学会 pp. 61-69
飯田朋子（2021）「技能実習生と日本語母語話者の協働現場及び日本語コミュニケーションの実態分析—農業現場の実態に沿う技能実習生の日本語教育のために—」『日本語教育』180号 日本語教育学会 pp. 33-48
庵功雄（2013）「『やさしい日本語』とは何か」庵功雄・イ ヨンスク・森篤嗣編『「やさしい日本語」は何を目指すか』ココ出版
池上摩希子（2011）「地域日本語教育の在り方から考える日本語能力」『早稲田日本語教育学』第9号 早稲田大学大学院日本語教育研究科 pp. 85-91
池田聖子（2016）「インドネシア人看護師候補者の抱える困難— EPA応募動機，属性との関連から—」『お茶の水女子大学人文科学研究』No12 お茶の水女子大学 pp. 191-202
石塚二葉（2012）「ベトナムにおける国際労働移動—政策，制度と課題—」山田美和編

『「東アジアにおける人の移動の法制度」調査研究報告書』アジア経済研究所 pp. 1-19
――（2018）「ベトナムの労働輸出―技能実習生の失踪問題への対応―」『アジア太平洋研究』43 成蹊大学アジア太平洋研究センター pp. 99-115
李志暎（2002）「ビジネス日本語教育を考える」『言語文化と日本語教育』2002 年増刊特集号 お茶の水女子大学日本言語文化学研究会 pp. 245-260
井出康博（2016）『ルポニッポン絶望工場』講談社
伊東祐郎（2019）「日本語と日本社会をめぐる言語政策・言語計画―言語政策から日本語教育を問う―」『社会言語科学』第 22 巻　第 1 号 社会言語科学会 pp. 4-16
井上徹（2019）「日本語教育の危機とその構造―「1990 年体制」の枠組みのなかで―」一橋大学博士論文
井上徹・倉田良樹（2020）「移民政策なき外国人労働者政策を擁護する知識人たち（1）―多文化共生社会論―」『一橋社会科学』第 12 巻 一橋大学大学院社会学研究科 pp. 27 ― 36
――（2020）「移民政策なき外国人労働者政策を擁護する知識人たち（2）―多文化共生社会論―」『一橋社会科学』第 12 巻 一橋大学大学院社会学研究科 pp. 37-68
岩城あすか（2021）「第 12 章 韓国における外国人施策と韓国語教育」真嶋潤子編著『技能実習生と日本語教育』大阪大学出版会 pp. 297-330
岩下康子（2018）「技能実習生の帰国後キャリアの考察―ベトナム人帰国技能実習生の聞き取り調査を通して―」『広島文教女子大学紀要』53 号 広島文京女子大学 pp. 33-43
――（2021）『広島発「技能実習生事件簿」『スクラムユニオン・ひろしま』の闘い』文芸社
――（2022）「人材育成に基づく技能実習制度の在り方―帰国後ベトナム人技能実習生の調査を通して―」『移民政策研究』第 14 号 移民政策学会 pp. 126-141
岩田夏穂（2005）「日本語学習者と母語話者の会話参加における変化―非対称的参加から対称的参加へ―」『世界の日本語教育』15 国際交流基金 pp. 135-151
ヴィゴツキー，L.（柴田義松訳）（2001）『思考と言語 新訳版』新読書社
王瀅鴿（2023）「2018 年の入管法改正の成立をめぐる国会答弁の批判的談話研究」『社会言語学』ＸＸⅢ「社会言語学」刊行会 pp. 25-44
大久保孝治（2008）『ライフストーリー分析―質的調査入門―』学分社
大重史郎（2016）「外国人技能実習制度の現状と法的課題―人権を尊重する多文化社会構築に向けた一考察―」『中央学院大学法学論叢』29（2）中央学院大学法学部 pp. 281-299
大関由貴・奥村匡子・神吉宇一（2014）「外国人介護人材に関する日本語教育研究の現状と課題―経済連携協定による来日者を対象とした研究を中心に―」『国際経営フォーラム』vol. 25「国際経営フォーラム」編集委員会 pp. 239-279
太田裕子（2019）『はじめて「質的研究」を「書く」あなたへ―研究計画から論文作成

まで―』東京図書
大谷尚（2019）『質的研究の考え方―研究方法論からSCATによる分析まで―』名古屋大学出版会
岡崎敏雄（1994）「コミュニティにおける言語的共生化の一環としての日本語の国際化―日本人と外国人の日本語―」『日本語学』vol. 13 明治書院 pp. 60-73
岡崎眸（2002）「内容重視の日本語教育」細川英雄編『日本語教師のための知識本シリーズ②ことばと文化を結ぶ日本語教育』凡人社 pp. 49-66
緒賀郷志（2019）『Rによる心理・調査データ解析 第2版』東京図書
岡本夏木（1985）『ことばと発達』岩波書店
奥村三奈子・櫻井直子・鈴木裕子編（2016）『日本語教師のためのCEFR』くろしお出版
御舘久里恵（2007）『外国人研修生の日本語習得と，受け入れ企業や地域との関わり 平成17年度～平成18年度科学研究費補助金〔若手研究（B)〕研究成果報告書』鳥取大学国際交流センター
落合美佐子（2010）「外国人研修生・技能実習生の生活実態と意識―語りの中から見えてくるもの」『群馬大学国際教育・研究センター論集』第9号 群馬大学 pp. 51-68
尾辻恵美（2016a）「メトロリンガリズムとアイデンティティ 複数同時活動と場のレパートリーの視点から」『ことばと社会』18号 三元社 pp. 11-34
――（2016b）「第9章 生態的なことばの市民形成とスペシャル・レパートリー」細川英雄・尾辻恵美・マリオッティ，M. 編『市民性形成とことばの教育 母語・第二言語・外国語を超えて』くろしお出版 pp. 209-230
――（2020）「第4章 多文化共生と「多」言語共生時代 メトロリンガリズムの視点からの社会統合の内実」福永由佳編『顕在化する多言語社会日本 多言語状況の的確な把握と理解のために』三元社 pp. 81-112
――（2021）「4章 第二の言語イデオロギーの転回におけるメトロリンガリズムの強み」尾辻恵美・熊谷由理・佐藤慎司編『ともに生きるために ウェルフェア・リングイスティクスと生態学の視点から見ることばの教育』春風社 pp105-134
Cao Le Dung Chi（2017）「ベトナムの外国語教育政策と日本語教育の展望」大阪大学大学院言語文化研究科日本語・日本文化専攻博士論文
嘉数勝美（2011）『日本語教育学の新潮流2 グローバリゼーションと日本語教育政策 アイデンティティとユニバーサリティの相克から公共性への収斂』ココ出版
景山佳代子（2017）「外国人実習生に対する地域の日本語教育実践についての研究ノート」『神戸女学院大学論集』第64巻 第1号 神戸女学院大学研究所 pp. 11-18
加藤丈太郎（2019）「ベトナム人非正規滞在者・留学生・技能実習生へのケーススタディ―ベトナム人を「合法」と「不法」に分かつのは何か―」『アジア太平洋研究科論集』第38号 早稲田大学大学院アジア太平洋研究科 pp. 35-53
――（2022）『日本の非正規移民―「不法性」はいかにつくられ，維持されるか』明石書店

かどや・ひでのり（2012）「第 5 章　言語権から計画言語へ」ましこ・ひでのり編著『ことば／権力・差別　言語権から見た情報弱者の解放』三元社　pp. 107–130
――（2017）「第 7 章「言語権的価値」からみたエスペラントとエスペラント運動」かどや・ひでのり／ましこ・ひでのり編著『ことば／権力／差別Ⅱ　行動する社会言語学』三元社　pp. 181–203
神山英子（2022）「介護福祉施設に就労する技能実習生についての一考察―接触場面の視点から―」『三重大学国際交流センター紀要』第 17 号　三重大学国際交流センター　pp. 1–14
上林千恵子（2009）「一時的外国人労働者受け入れ制度の定着過程―外国人技能実習制度を中心に―」『社会志林』第 56 巻　第 1 号　法政大学社会学部学会　pp. 39–63
――（2018）「外国人技能実習制度の第 2 の転換点― 2016 年の技能実習法を中心に」『連合総研レポート：資料・情報・意見』No. 337　公益財団法人連合総合生活開発研究所　pp. 10–14
――（2020）「特定技能制度の性格とその社会的影響―外国人労働者受け入れ制度の比較を手がかりとして」『日本労働研究雑誌』62（715 特別号）労働政策究・研修機構　pp. 20–28
姜美香（2016）「ベトナムにおける介護分野の技能実習生確保への取り組み」『四天王寺大学大学院研究論集』第 11 号　四天王寺大学大学院　pp. 93–113
菊岡由夏・神吉宇一（2010）「就労現場の言語活動を通した第二言語習得過程の研究―「一次的ことばと二次的ことば」の観点による言語発達の限界と可能性―」『日本語教育』146 号　日本語教育学会　pp. 129–143
木下康仁（2003）『グラウンデッド・セオリー・アプローチの実践』弘文堂
――（2005）『分野別実践編グラウンデッド・セオリー・アプローチ』弘文堂
――（2007）『ライブ講義 M-GTA 実践的質的研究法　修正版グラウンデッド・セオリー・アプローチのすべて』弘文堂
――（2020）『定本 M-GTA 実践の理論化をめざす質的研究方法論』医学書院
木村護郎クリストフ（2011）「第 1 章「共生」への視点としての言語権―多言語的公共圏に向けて」植田晃次・山下仁編著『「共生」の内実―批判的社会言語学からの問いかけ』三元社　pp. 11–27
熊野七絵・戸田淑子・安達祥子（2021）「「国際交流基金日本語基礎テスト」の開発―生活場面でのコミュニケーションに必要な言語能力（A2 レベル）を判定する CBT ―」『国際交流基金日本語教育紀要』17　国際交流基金　pp. 48–63
グェン・ティ・ホアン・サー（2013）「日本の外国人研修制度・技能実習制度とベトナム人研修生」『仏教大学大学院紀要　社会学研究科篇』41　佛教大学　pp. 19–34
クレアシタ（2010）「インドネシア人の看護師・介護福祉士候補者の来日動機に関する予備調査：西日本の病院・介護施設での聞き取りから」『九州大学アジア総合政策センター紀要』5　九州大学アジア総合政策センター　pp. 193–198
クレスウェル，J. W. & プラノクラーク，V. L.（大谷順子訳）（2010）『人間科学のため

の混合研究法　質的・量的アプローチをつなぐ研究デザイン』北大路書房
クレスウェル，J.W.（抱井尚子訳）（2017）『早わかり混合研究法』ナカニシヤ出版
樽松佐一（2019）「外国人技能実習生の生活と人権」『人権と部落問題』71（6）第924号 部落問題研究所 pp. 22-31
黒田由彦（2009）「地域産業を支える外国人労働者―外国人研修生・技能実習生というもうひとつのDEKASEGI―」『名古屋大学社会学論集』第30号 名古屋大学 pp. 53-70
言語権研究会編（1999）『ことばへの権利 言語権とはなにか』三元社
見崎要（2019）「外国人労働者の日本語能力が技能習得に与える影響―建設産業を事例として―」政策研究大学院大学まちづくりプログラム修士論文
公益財団法人日本国際交流センター（JCIE）（2017）『ドイツの移民・難民政策の新たな挑戦―2016ドイツ現地調査報告』公益財団法人日本国際交流センター
黄海洪（2021）「JSP（Japanese for Specific Purposes）の一考察：「職業目的の日本語（JOP）」の下位分類の整理を通して」『BJジャーナル』4号　ビジネス日本語研究会 pp. 58-70
小林薫（2009）「ドイツの移民政策における「統合の失敗」」『ヨーロッパ研究』8 東京大学大学院総合文化研究科・教養学部ドイツ・ヨーロッパ研究センター pp. 119-139
小林ミナ（2017）「成熟した「ことばの使い手」になる」川上郁雄編『公共日本語教育学　社会をつくる日本語教育』くろしお出版 pp. 202-207
駒井洋（1999）『日本の外国人移民』明石書店
小松麻美（2009）「中国人研修生・技能実習生の日本語習得に関する事例研究」『日本教育工学会研究報告集』9（5）日本教育工学会 pp. 181-187
是川夕（2019）『移民受け入れと社会的統合のリアリティ 現代日本における移民の階層的地位と社会学的課題』勁草書房
近藤敏夫（2005）「日系ブラジル人の就労と生活」『佛教大学社会学部論集』第40号 佛教大学社会学部 pp. 1-18
サーサス，G.（北澤裕・小松栄一訳）（1998）『会話分析の手法』マルジュ社
斉藤善久（2015）「ベトナムにおける「労働力輸出」産業の実体と問題点」『季刊労働法』248号（2015年春季）労働開発研究会 pp. 208-220
――（2018a）「日本で働くベトナム人労働者―問題状況とその背景―」『連合総研レポート：資料・情報・意見』No. 337　公益財団法人連合総合生活開発研究所 pp. 15-19
――（2018b）「ベトナムから見た技能実習制度」招待発表「北海道における在留ベトナム人の現状と課題―技能実習生の実態から―」北海道ベトナム研究会
――（2019）「特定技能制度における「転職の自由」」『人権と部落問題』71（6）第924号 部落問題研究所 pp. 14-21
崔博憲（2012）「外国人労働者問題の根源を考えるためのノート 東南アジア出身の外

国人研修生・技能実習生を中心に」池田光穂編『コンフリクトと移民 新しい研究の射程』大阪大学出版会 pp. 211-237
坂本勝信・谷誠司・山下浩一・内山夕輝・染葉麻愛美（2023）「浜松市と常葉大学の連携による地域日本語教育：2 年目の実践報告」『常葉大学外国語学部紀要』39 号 常葉大学外国語学部 pp. 47-70
佐々木良造・比留間洋一（2022）「ベトナム人介護留学生による介護福祉士国家試験問題の読解過程における漢越音利用のケーススタディ」『静岡大学国際連携推進機構紀要』静岡大学国際連携推進機構 第 4 号 pp. 1-15
佐藤郁哉（2008）『質的データ分析法 原理・方法・実践』新曜社
——（2015a）『社会調査の考え方 上』東京大学出版会
——（2015b）『社会調査の考え方 下』東京大学出版会
佐藤慎司（2017）「序章 ことばとは？ことばの教育とは？」佐藤慎司・佐伯胖編『かかわることば 参加し対話する教育・研究へのいざない』東京大学出版会 pp. 1-19
佐藤慎司・村田晶子（2018）「第 1 章 言語・コミュニケーション教育における人類学・社会学アプローチの意義」佐藤慎司・村田晶子編著『人類学・社会学的視点からみた過去，現在，未来のことばの教育 言語と言語教育イデオロギー』三元社 pp. 3-24
佐野孝治（2015）「韓国における「雇用許可制」の社会的・経済的影響—日本の外国人労働者受け入れ政策に対する示唆点（2）—」『福島大学地域創造』第 26 巻 第 2 号 福島大学地域創造支援センター pp. 3-22
——（2017）「韓国の「雇用許可制」にみる日本へのインプリケーション」『日本政策金融公庫論集』第 36 号 日本政策金融公庫総合研究所 pp. 77-90
四方久寛（2019）「裁判から見えてきた外国人労働者の職場と人権」『人権と部落問題』71（6）第 924 号 部落問題研究所 pp. 32-38
重田美咲（2020）「農業で求められる日本語：ベトナム人技能実習生に着目して」『専門日本語教育』22 号 専門日本語教育学会 pp. 41-48
渋谷謙次郎（2012）「第 2 章 言語権と人権・平等」ましこ・ひでのり編著『ことば／権力／差別—言語権からみた情報弱者の解放』三元社 pp. 43-64
島田めぐみ・野口裕之（2017）『日本語教育のためのはじめての統計分析』ひつじ書房
——（2021）『統計で転ばぬ先の杖』ひつじ書房
嶋津拓（2011）「言語政策研究と日本語教育」『日本語教育』150 号 日本語教育学会 pp. 56-70
白崎弘泰（2022）「技能実習生の日本における生活の実態とその特徴—コミュニティの形成状況からの考察」北海道大学博士論文
神宮英夫・土田昌司（2008）『わかる・使える多変量解析』ナカニシヤ出版
新庄あいみ（2006）「多言語・多文化社会における地域のボランティア日本語教室をめざして—接触場面にみるインターアクションの観点から—」『多文化社会と留学生交流：大阪大学留学生センター研究論集』第 10 号 大阪大学留学生センター

pp. 43–50
巣内尚子（2019）「「失踪」と呼ぶな 技能実習生のレジスタンス」『現代思想』47（5）青土社 pp. 18–33
——（2021）「コロナ以前／以降の重層的困難と連帯の可能性—ベトナム人技能実習生への調査から」鈴木江里子編著『アンダーコロナの移民たち—日本社会の脆弱性があらわれた場所』明石書店 pp. 52–73
——（2023）「報告 5 「搾取のインフラ」は特定技能で解体されるのか：ベトナム人移住労働者の事例から」『グローバル・コンサーン』第 5 号 上智大学グローバル・コンサーン研究所 pp. 38–48
杉原由美（2010）『日本語学習のエスノメソドロジー 言語的共生化の過程分析』勁草書房
杉本篤史（2020）「「日本語教育推進法案」の法的意義と課題—その制定過程の分析と施行後の状況から」『社会言語学』別冊Ⅲ「社会言語学」刊行会 pp. 93–118
——（2023）「言語権の視点からことばの教育を再考する」稲垣みどり・細川英雄・金泰明・杉本篤史編著『共生社会のためのことばの教育：自由・幸福・対話・市民性』明石書店 pp. 110–140
スピヴァク，G.C.（上村忠男訳）（1998）『サバルタンは語ることができるか』みすずライブラリー
セルトー，M. de.（山田登世子訳）（2021）『日常的実践のポイエティーク』ちくま学芸文庫
仙田武司・小菅扶温（2020）「外国人材受入れの課題と地域日本語教室の役割—持続可能な地域づくりの観点から—」『日本語教育』176 号 日本語教育学会 pp. 1–15
宋弘揚（2017）「中国人技能実習生とホスト社会との接点—石川県白山市と加賀市を事例に—」『地理科学』72（1）地理科学学会 pp. 19–33
——（2021）「第 3 章 中国の労務輸出政策と送り出し機関の日本語教育」真嶋潤子編著『技能実習生と日本語教育』大阪大学出版会 pp. 83–103
ソジエ内田恵美（2008）「日本の言語政策における統一性と多様性」『教養諸學研究』125 早稲田大学政治経済学部教養諸学研究会 pp. 47–73
ゾルタン・ドルニェイ（八島智子・竹内理監訳）（2006）『外国語教育学のための質問紙調査入門』松柏社
高木智世・細田由利・森田笑（2016）『会話分析の基礎』ひつじ書房
竹内理・水本篤（2014）『外国語教育研究ハンドブック研究手法のより良い理解のために改訂版』松柏社
田尻英三（2010）「日本語教育政策・機関の事業仕分け」田尻英三・大津由紀雄編『言語政策を問う！』ひつじ書房 pp. 51–102
——（2017a）「外国人労働者受け入れ施策と日本語教育」田尻英三編『外国人労働者受け入れと日本語教育』ひつじ書房 pp. 19–75
——（2017b）「外国人労働者の受け入れと 2016 年度の日本語教育施策」『龍谷大学グ

ローバル教育推進センター研究年報』26 号 龍谷大学グローバル教育推進センター pp. 3–19
田尻英三編（2009）『日本語教育政策ウォッチ 2008』ひつじ書房
田中信之・濱田美和・副島健治（2021）「富山県における外国人労働者を対象とした日本語教育の調査」『富山大学国際機構紀要』第 3 号 富山大学国際機構 pp. 1–10
田中宏（2004）「第 2 章 在日外国人の概況とその教育―日本語教育の周辺」田尻英三・田中宏・吉野正・山西優二・山田泉『外国人の定住と日本語教育』ひつじ書房 pp. 35–72
――（2013）『在日外国人―法の壁，心の溝』岩波書店
田中真寿美・風晴彩雅（2021）「特定業種の技能実習生向け日本語教育シラバス開発のためのニーズ調査報告」『青森中央学院大学研究紀要』34 青森中央学院大学 pp. 171–182
タニヒロユキ（1999）「エスペラントと言語権―二つの接点―」言語権研究会編『ことばへの権利 言語権とはなにか』三元社 pp. 49–60
丹野清人（2011）「産業からみる多文化共生：請負業と外国人労働者」米勢治子・ハヤシザキカズヒコ・松岡真理恵編『公開講座多文化共生論』ひつじ書房 pp. 13–31
張学盼（2021）「技能実習生に向けられた日本語母語話者の文末表現の特徴―鉄骨工場における作業現場のデータと講習用教材との比較から」『東アジア研究』19 山口大学大学院東アジア研究科 pp. 47–66
――（2023）「日本語のスピーチレベルシフトの生起条件と機能：鉄骨工場で働く技能実習生に向けられた日本人同僚の発話の分析から」『東アジア研究』21 号 pp. 51–74
坪田珠理（2017）「社会主義国家ベトナムの日本語教育政策の変遷とその目的（1945 年～1991 年）―外国語教育政策の史的展開に位置づけて―」『日本語教育』168 号 日本語教育学会 pp. 40–54
――（2018）「ベトナム人外国語教育政策における日本語教育の位置づけ 政府の「主観的現実」の観点から」『海外日本語教育研究』第 7 号 海外日本語教育学会 pp. 21–37
――（2019）「ベトナム人帰国技能実習生の職業生活に関わる一考察―『転ばぬ先の杖』としての日本語の役割―」『国際言語文化学会日本学研究』第 4 号 京都外国語大学日本語・日本語教育研究会 京都外国語大学カルチュラルスタディーズ研究会 pp25–44
鄭安君（2019）「台湾の介護分野における外国人労働者受け入れに関する問題―労働者の労働・生活・行動・失踪問題の視点を軸に―」宇都宮大学国際学研究科博士論文
寺沢拓敬（2019）「ポリティクスの研究で考慮すべきこと：複合的合理性・実態調査・有効性研究」牲川波都季編著『日本語教育はどこへ向かうのか：移民時代の政策を動かすために』くろしお出版 pp. 109–130

トゥ トゥ ヌエ エー (2021)「第5章 ミャンマーにおける技能実習生の現状」真嶋潤子編著『技能実習生と日本語教育』大阪大学出版会 pp. 123-148
徳川宗賢 (1999)「ウェルフェア・リングイスティクスの出発」『社会言語科学』第2巻第1号 社会言語科学会 pp. 89-100
冨田健次 (2000)『ヴェトナム語の世界―ヴェトナム語基本文典』大学書林
鳥井一平 (2020)『国家と移民 外国人労働者と日本の未来』集英社
中川かず子・神谷順子 (2017)「道内外国人技能実習生の日本語学習環境をめぐる課題―受け入れ推進地域を事例として―」『開発論集』第99号 北海学園大学開発研究所 pp. 15-32
―― (2018)「北海道におけるベトナム人技能実習生の日本語学習意識と学習環境―多文化共生の視点から考察―」『開発論集』第102号 北海学園大学開発研究所 pp. 79-98
中川康弘 (2021)「日本語教育の諸政策にある「共生」に関する一考察」『Journal CAJLE』Vol. 22 カナダ日本語教育振興会 pp. 1-23
中谷真也 (2021)「第7章 受け入れ企業の実態と支援体制の整備」真嶋潤子編著『技能実習生と日本語教育』大阪大学出版会 pp. 169-196
長友文子 (2021)「「ビジネス日本語」と「ビジネス場面」―ベトナム日本関連企業における日本語使用の実態調査研究―」『和歌山大学クロスカル教育機構研究紀要』2 和歌山大学クロスカル教育機構 pp. 45-64
中東靖恵 (2021)「岡山県総社市におけるオンライン地域日本語教室の試み：地域日本語教育における新たな可能性の模索」『文化共生学研究』20号 pp. 1-19
永吉希久子 (2020)『移民と日本社会』中央公論新社
鍋島有希 (2023)「技能実習生の日本語学習動機づけの研究動向と展望」『人文学研究』3号 pp. 271-280
新美達也 (2015)「ベトナム人の海外就労―送出地域の現状と日本への看護師・介護福祉士派遣の展望―」『アジア研究』60 (2) 一般財団法人アジア政経学会 pp. 69-90
西川直孝 (2017)「来日ベトナム人の在留資格選択に関する分析―留学生と技能実習生に対するアンケート調査による―」『国際公共経済研究』第28号 国際公共経済学会 pp. 6-15
西口光一 (2013)『第二言語教育におけるバフチン的視点―第二言語教育学の基盤として』くろしお出版
―― (2015)『対話原理と第二言語の習得と教育 第二言語教育におけるバフチン的アプローチ』くろしお出版
西阪仰 (1997)『総合行為分析という視点―文化と心の社会学的記述』金子書房
西阪仰・串田秀也・熊谷智子 (2008)「特集「相互行為における言語使用：会話データを用いた研究」について」『社会言語科学』第10巻 第2号 pp. 13-15
西嶋義憲 (2006)「EUの言語政策とドイツの言語政策」野村真理・弁納才一編『地域統合と人的移動：ヨーロッパと東アジアの歴史・現状・展望』御茶の水書房

pp. 113–141
西原鈴子（2010）「日本の言語政策の転換」田尻英三・大津由紀雄編『言語政策を問う！』ひつじ書房 pp. 33–49
布尾勝一郎（2016）『迷走する外国人看護・介護人材の受け入れ』ひつじ書房
――（2020）「在留資格「特定技能」創設をめぐる国会での議論」『社会言語学』別冊Ⅲ 社会言語学刊行会 pp. 55–64
ネウストプニー，J. V.（1981）「外国人場面の研究と日本語教育」『日本語教育』45 号 日本語教育学会 pp. 30–40
――（1995）『新しい日本語教育のために』大修館書店
根本浩行（2012）「第二言語習得研究における社会文化的アプローチ」『言語文化論叢』16 金沢大学外国語教育研究センター pp. 19–38
ハインリッヒ，パトリック（2021）「1 章 ウェルフェア・リングイスティクスとは」尾辻恵美・熊谷由理・佐藤慎司編『ともに生きるために ウェルフェア・リングイスティクスと生態学の視点からみることばの教育』春風社 pp11–35
パウロ・フレイレ（2018）（三砂ちづる訳）『被抑圧者の教育学 50 周年記念版』亜紀書房
バフチン，M.（新谷敬三郎訳）（1988）「人文科学方法論ノート」新谷敬三郎・伊藤一郎・佐々木寛編訳『ミハイル・バフチン著作集⑧ことば対話テキスト』新時代社 pp. 321–347
濱野恵（2015）「ベトナムの海外労働者送出政策及びシンガポールの外国人労働者受入政策」『レファレンス』771 国立国会図書館 pp. 43–68
浜松国際交流協会（2009）『企業内日本語教室カリキュラム開発 報告書』（平成 20 年度文化庁委嘱事業「生活者としての外国人」のための日本語教育事業）
春木育美（2022）「韓国の非熟練外国人労働者の韓国語教育とその課題」『韓国経済研究』19 九州大学韓国経済研究会 pp. 1–16
春原憲一郎編（2009）『移動労働者とその家族のための言語政策 生活者のための日本語教育』ひつじ書房
樋口尊子（2021）「第 10 章 地域日本語教室と技能実習生」真嶋潤子編著『技能実習生と日本語教育』大阪大学出版会 pp. 249–267
樋口直人（2002a）「国際移民におけるメゾレベルの位置づけ―マクロ―ミクロモデルをこえて―」『社会学評論』52（4）日本社会学会 pp. 558–572
――（2002b）「国際移民の組織的基盤―移住システム論の意義と課題―」『ソシオロジ』47（2）社会学研究会 pp. 55–71
――（2010）「経済危機と在日ブラジル人―何が大量失業・帰国をもたらしたのか―」『大原社会問題研究所雑誌』第 622 巻 法政大学大原社会問題研究所 pp. 50–66
――（2022）「報告 3 移民政策をめぐる連立方程式―特定技能に至る経路から考える―」『グローバル・コンサーン』第 5 号 上智大学グローバル・コンサーン研究所 pp. 22–32

一二三朋子（2002）『接触場面における共生学習の可能性―意識面と発話内容からの考察―』風間書房
平田未希（2023）「国際交流団体による地域日本語教室の開設―ハレの国際交流から日常の学習支援へ―」『日本語・国際教育研究紀要』26 号 pp. 42–65
馮偉強（2012）「出稼ぎ労働者の中国と日本における社会的ネットワークの形成―中国人研修生・技能実習生の事例にもとづいて」『日中社会学研究』第 19 号 日中社会学会 pp. 123–141
――（2013）「中国人研修生・技能実習生の日本語習得とニッポン」『愛知大学国際問題研究所紀要』142 愛知大学国際問題研究所 pp. 153–181
平井明代・岡秀亮・草薙邦広（2022）『教育・心理系研究のための R によるデータ分析―論文作成への理論と実践集』東京図書
平高史也（2013）「ウエルフェア・リングイスティクスから見た言語教育」『社会言語科学』第 16 巻　第 1 号 社会言語科学会 pp. 6–21
――（2024）「統合コースから職業のためのドイツ語コースへ―移民のためのドイツ語教育―」『言語政策』第 20 号　pp. 23–32
平高史也・山田泉（2010）「言葉にかかわる権利を考える 言語学習権（日本語・母語）」日本語教育政策マスタープラン研究会著『日本語教育でつくる社会 私たちの見取り図』ココ出版 pp. 81–95
平野裕子・小川玲子・大野俊（2010）「2 国間経済連携協定に基づいて来日するインドネシア人およびフィリピン人看護師候補者に対する比較調査：社会経済的属性と来日動機に関する配付票調査結果を中心に」『九州大学アジア総合政策センター紀要』5 九州大学アジア総合政策センター pp. 153–162
Phan Xuan Duong（2020）「在日外国人労働者に対する日本語指導研修の改善―ベトナム人技能実習生の日本語習得の現状を事例として―」日越大学修士論文
深江新太郎（2018）「「生活者としての外国人」に対する日本語教育の目的の再提案―「標準的なカリキュラム案」の批判的な考察―」『日本語教育』170 号 日本語教育学会 pp. 122–129
――（2023）「地域住民のつくりたい日本語教室はどのような場所か」『2023 年度日本語教育学会春季大会予稿集』日本語教育学会 pp. 168–172
吹原豊（2021）『移住労働者の日本語教育は進むのか 茨城県大洗町のインドネシア人コミュニティにおける調査から』ひつじ書房
――（2023）「生活者としての外国人のキャリア形成：インドネシア人移住労働者コミュニティの事例」『日本語教育』184 号 pp. 49–64
吹原豊・助川泰彦（2015）「移住労働者の言語習得を促進する要因についての一考察―日韓におけるインドネシア人コミュニティの比較から」『国際社会研究 福岡女子大学国際文理学部紀要』第 4 号　福岡女子大学国際社会研究編集委員会 pp. 21–36
吹原豊・松﨑真日・助川泰彦（2016）「韓国の雇用許可制語学試験（EPS-TOPIK）からみた就業前の言語習得について―試験方法と難易度からの接近」『国際社会研究

福岡女子大学国際文理学部紀要』第 5 号 福岡女子大学国際社会研究編集委員会 pp. 121-140
――（2018）「韓国の EPS-TOPIK についての総合的考察―日本の大学生を対象とした模擬受験結果との比較を踏まえて―」『国際社会研究 福岡女子大学国際文理学部紀要』福岡女子大学国際社会研究編集委員会 pp. 41-59
福永由佳（2020a）『成人教育（adult education）としての日本語教育 在日パキスタン人コミュニティの言語使用・言語学習のリアリティから考える』ココ出版
――（2020b）「第 2 章 多言語化する日本人に関する一考察 在日パキスタン人コミュニティの日本人家族成員のデータ分析をもとに」福永由佳編『顕在化する多言語社会日本 多言語状況の的確な把握と理解のために』三元社 pp. 135-155
プラサド，P.（箕浦康子監訳）（2018）『質的研究のための理論入門　ポスト実証主義の諸系譜』ナカニシヤ出版
ブルデュー，P.（稲賀繁美訳）（1993）『話すということ 言語交換のエコノミー』藤原書店
――（石井洋二郎訳）（2020a）『ディスタンクシオン 社会的判断力批判 普及版Ⅰ』藤原書店
――（石井洋二郎訳）（2020b）『ディスタンクシオン 社会的判断力批判 普及版Ⅱ』藤原書店
細川英雄（2012）『日本語教育学研究 3「ことばの市民」になる：言語文化教育学の思想と実践』ココ出版
――（2017）「言語・文化・アイデンティティの壁を越えて―ともに生きる社会のための対話環境づくりへ―」佐藤慎司・佐伯胖編『かかわることば 参加し対話する教育・研究へのいざない』東京大学出版会 pp. 191-211
――（2019）『対話をデザインする―伝わるとはどういうことか』筑摩書房
細川英雄・尾辻恵美・マリオッティ，M.（2016）『市民性形成とことばの教育　母語・第二言語・外国語を越えて』くろしお出版
細田由利（2003）「非母語話者と母語話者の日常コミュニケーションにおける言語学習の成立」『社会言語科学』第 6 巻 第 1 号 社会言語科学会 pp. 89-98
堀井惠子（2007）「留学生に対するビジネス日本語教育の現状と課題―産学連携の実現にむけて」『武蔵野大学文学部紀要』第 8 号 武蔵野大学文学部紀要編集委員会 pp. 156-143
前田直子（2012）「移民向け統合コースに関する一考察―オリエンテーションコースに参加して―」『獨協大学ドイツ学研究』65 獨協大学外国語学部ドイツ語学科 pp. 153-186
ましこ・ひでのり（2012）「第 3 章 言語権の社会学的意義」ましこ・ひでのり編著『ことば／権力／差別 言語権からみた情報弱者の解放』三元社 pp. 65 ― 78
――（2020）「障害学的観点からみた言語権概念の再検討と射程」『社会言語学』別冊Ⅲ「社会言語学」刊行会 pp1-13

真嶋潤子（2021）「第 1 章 技能実習生への日本語教育」真嶋潤子編著『技能実習生と日本語教育』大阪大学出版会 pp. 3–27

――（2022）「ドイツの移民政策と「統合コース」における CEFR および CEFR-CV の文脈化」ヒアリング「「日本語教育の参照枠」補遺版の検討に関するワーキンググループ（第 4 回）」文化庁文化審議会国語分科会日本語教育小委員会

真嶋潤子・道上史絵（2021）「特別補論 第 13 章 技能実習生の日本語口頭能力アセスメント試論」真嶋潤子編著『技能実習生と日本語教育』大阪大学出版会 pp. 331–389

増井展子（2005）「接触経験によって日本語母語話者の修復的調整に生じる変化―共生言語学習の視点から―」『筑波大学地域研究』25 筑波大学大学院地域研究研究科 pp. 1–17

松岡洋子（2018）「ドイツの移民の社会統合―ドイツ語教育への期待と現実」『アジア・欧州の移民をめぐる言語政策：ことばができればすべては解決するか？』ココ出版 pp. 164–177

――（2022）「移住者と受入れ社会との言語行為再考―生活のための「自立した」日本語能力とは―」『2022 年度日本語教育学会秋季大会予稿集』日本語教育学会 pp. 402–407

松岡洋子・足立祐子編（2018）『アジア・欧州の移民をめぐる言語政策：ことばができればすべては解決するか？』ココ出版

丸山敬介（2020）「「日本語教育推進法」について」『同志社女子大学大学院文学研究科紀要』第 20 号 同志社女子大学大学院文学研究科 pp. 1–17

水谷修（2009）「言語政策研究の重要性について―日本語教育の観点から―」『社会言語科学』第 12 巻 第 1 号 社会言語科学会 pp. 1–11

水谷修・林祐一・江尻健二・八木巌・大田知恵子・川瀬生朗・高田誠（1982）『初心者用日本語教材の開発に関する実際的研究』（昭和 56 年度文化庁日本語教育研究委嘱）

水本篤（2009）「複数の項目やテストにおける検定の多重性―モンテカルロ・シュミレーションによる検証」『外国語教育メディア学会機関誌』46 巻 外国語教育メディア学会 pp. 1–19

見舘好隆・河合晋・竹内治彦（2022）「技能実習生のキャリア形成モデルの提案―阻害要因の解決を視座にした M-GTA 分析を通して―」『ビジネス実務論集』40 巻 日本ビジネス実務学会 pp. 11–22

道上史絵（2020a）「ベトナム人技能実習生にとっての日本語」『日本言語政策学会第 22 回研究大会予稿集』日本言語政策学会

――（2020b）「ベトナム人技能実習生の日本選択の背景にあるものと日本語に対する意識―現地送り出し機関におけるアンケート調査から見えるもの―」『日本語・日本文化研究』第 30 号 大阪大学大学院言語文化研究科日本語日本文化専攻 pp. 121–132

――（2021a）「第 4 章 ベトナム人と外国人技能実習制度」真嶋潤子編著『技能実習制度と日本語教育』大阪大学出版会 pp. 105–121
――（2021b）「技能実習生と日本人指導員間の就労現場でのやり取りにおける「許容性」「寛容性」の実践」『日本語・日本文化研究』第 31 号 大阪大学大学院言語文化研究科日本語・日本文化専攻 pp. 51–65
――（2021c）「在留資格技人国で来日したベトナム人エンジニアにとっての日本語」発表資料「第 27 回情報保障研究会」情報保障研究会
――（2022）「日本における外国人労働者への日本語教育のあり方に関する研究―ベトナム人技能実習生に着目して」大阪大学博士論文
宮入隆（2022a）「労働力不足を埋める」「お隣は外国人」編集委員会編『お隣は外国人 北海道で働く，暮らす』北海道新聞社 pp. 14–23
――（2022b）「農業懇話会 農業分野における外国人労働者の受け入れ動向と課題」『農業』（1694）大日本農会 pp. 9–24
宮崎里司（2009）「第二言語習得研究のパラダイムシフト―「共生言語」および「同化」に関する概念の再考察―」『日本言語文化研究会論集』5 号 日本言語文化研究会 pp. 17–30
――（2011）「市民リテラシーと日本語能力」『早稲田日本語教育学』9 号 早稲田大学大学院日本語教育研究科 早稲田日本語教育センター pp. 93–98
宮島喬・鈴木江理子（2019）『新版 外国人受け入れを問う』岩波書店
宮谷敦美（2020）「ベトナム人技能実習生の帰国後のキャリア意識―元技能実習生日本語教師へのアンケート調査を基に―」『愛知県立大学外国語学部紀要 言語・文学編』52 号 愛知県立大学外国語学部 pp. 275–291
宮原彬（2004）「日仏共同支配期のベトナムでの日本語教育―ベトナム日本語教育史のためのノート」『長崎大学留学生センター紀要』12 長崎大学 pp. 41–57
牟田和男（2021）「第 2 章 外国人労働者受け入れの経緯と概要」真嶋潤子編著『技能実習生と日本語教育』大阪大学出版会 pp. 29–80
村田和代・森本郁代・野山広（2013）「特集 ウエルフェア・リングイスティクスにつながる実践的言語・コミュニケーション研究」『社会言語科学』第 16 巻 第 1 号社会言語科学会 pp. 1–5
村田竜樹（2020）「技能実習生の境界意識の変容と地域の日本語教室に参加することの意味ある中国人技能実習生の語りから」『言語文化教育研究』第 18 巻 言語文化教育研究学会 pp. 142–160
毛利貴美・中嶋佳貴（2021）「農業分野における外国人技能実習生に対する日本語教育の現状と課題―教材開発に向けた予備調査の結果から―」『岡山大学全学教育・学生支援機構教育研究紀要』第 6 号 岡山大学全学教育・学生支援機構 pp. 191–205
望月優大（2019）『ふたつの日本「移民国家」の建前と現実』講談社
守谷智美（2020）『外国人研修生の日本語学習動機と研修環境　文化接触を生かした日本語習得支援に向けて』明石書店

守屋貴司・傅迎瑩（2010）「日本における外国人研修制度・技能実習制度に関する研究―滋賀県を中心として―」『立命館経営学』第 48 巻 第 5 号 立命館大学経営学会 pp. 155–176
安田浩一・安田菜津紀（2022）『外国人差別の現場』朝日新聞出版
柳田直美（2013）「接触場面における母語話者のコミュニケーション方略研究―情報やりとり方略の学習に着目して―」筑波大学博士論文
山田泉（2003）「第 1 章 日本語教育の文脈を考える」岡崎洋三・西口光一・山田泉編著『人間主義の日本語教育』凡人社 pp. 9–43
梁起豪（2010）「転換期に立つ韓国の移民政策―外国人の社会統合を中心に―」『GEMC journal』第 3 号 東北大学グローバル COE「グローバル時代の男女共同参画と多文化共生」GEMC journal 編集委員会 pp. 72–81
山本冴里（2014）『戦後の国家と日本語教育』くろしお出版
ヤン・ジョンヨン（2011）「地域日本語教室における学習内容をめぐって―「標準的なカリキュラム案」の可能性と課題―」『地域政策研究』第 14 巻 第 1 号 高崎経済大学地域政策学会 pp. 49–67
吉満たか子（2019）「ドイツの移民・難民を対象とする統合コースの基本理念と現実」『広島外国語教育研究』（22）広島大学外国語教育研究センター pp. 29–43
――（2020）「ドイツの移民・難民対象のオリエンテーションコースのカリキュラムと教科書に関する一考察」『広島外国語教育研究』（23）広島大学外国語教育研究センター pp. 95–110
――（2022）「コロナ禍におけるドイツの移民・難民のための統合コース」『広島外国語教育研究』（25）広島大学外国語教育研究センター pp. 199–210
米勢治子（2006）「外国人住民の受け入れと言語保障：地域日本語教育の課題」『人間文化研究』4 号 名古屋市立大学大学院人間文化研究科 pp. 93–106
――（2010）「地域日本語教育における人材育成」『日本語教育』144 号 日本語教育学会 pp. 61–72
李洙任（2010）「日本企業における『ダイバーシティ・マネージメント』の可能性と今後の課題―『外国人材』活用の現状と問題点を通して」『龍谷大学経営学論集』49（4）龍谷大学経営学会 pp. 68–82
――（2011）「日本の外国人労働者を取り巻く雇用システムの光と闇―社会統合・労働統合からみた異文化経営における課題」『龍谷大学経営学論集』50（4）龍谷大学経営学会 pp. 64–81
レイヴ，J. & ウェンガー，E.（佐伯胖訳）（1993）『状況に埋め込まれた学習―正統的周辺参加』産業図書
労働新聞社（2016）『まる分かり平成 28 年改正外国人技能実習制度 速報版』労働新聞社
栄苗苗（2019）「中国人技能実習生の日本語学習アプローチ―日本語能力試験の N1，N2 に合格していない人に焦点を当てる」『阪大日本語研究』31 大阪大学大学院文

学研究科日本語学講座 pp. 49-72
綿貫隆（2019）「「特定技能」資格の創設で懸念されること—国会論戦から—」『議会と自治』254 日本共産党中央委員会 pp. 76-83

〈英語〉

Abella, M., & Martin, P. (2014). *Migration Costs of Low-skilled labor migrants : Key Findings from Pilot Surveys in Korea, Kuwait and Spain*. The World Bank's Global Knowledge Partnership on Migration and Development.

Arango, J. (2000). Explaining migration: a critical view. *International Social Science Journal*, 52 (165), pp. 283-296.

Chiswick, B. R., & Miller, P. W. (1990). *Language in The Labor Market: The Immigrant Experience in Canada and United States*. Economic Department, Queen's University.

—— (1995). The endogeneity between language and earnings: International analyses. *Journal of Labor Economics*, 13 (2), pp. 246-288.

—— (1998). Language skill definition: A study of legalized aliens. *International Migration Review*, 32 (4), pp. 877-900.

—— (2001). A model of destination - Language acquisition: Application to male immigrants in Canada. *Demography*, 38 (3), pp. 391-409.

Darvin, R., & Norton, B. (2015). Identity and a model of investment in applied linguistics. *Annual Review of Applied Linguistics*, 35, pp. 36-56.

Dörnyei, Z., Csizér, K., & Németh, N. (2006). *Motivation, language attitudes and globalisation: A Hungarian perspective*. Clevedon: Multilingual Matters.

Dörnyei, Z., & Ushioda, E. (2011). *Teaching and researching motivation (2nd ed.)*. Harlow Person Education.

Dörnyei, Z., Muir, C., & Ibrahim, Z. (2014). Directed motivation currents: Energising language learning through creating intense motivational pathways. *Motivation and Foreign Language Learning, from Theory to Practice* (pp. 9-29). John Benjamins Publishing company.

Dustmann, C., & Fabbri, F. (2003). Language proficiency and labor market performance of immigrants in the UK. *The Economic Journal*, 113, pp. 695-717.

Fen Hou., & Beiser, M. (2006). Leaning the language of a new country: Acquisition by Southeast Asian refugees in Canada. *International Migration* (pp. 135-165). Blackwell Publishing.

Firth, A., & Wagner, J. (1997). On Discourse, communication, and (some) fundamental concepts in SLA research. *The Modern Language Journal*, 81 (3), pp. 285-300.

Hiruma, Y., Amano, Y., & Hirano, Y. O. (2022). Return migration of Vietnamese nursing graduates: trajectories of the first batch of EPA care workers in Japan. *Agents of Care Technology Transfer: Trends and Challenges of Migration Care Workers Across Borders*.

ERIA Research Project Report FY2022, 6, pp. 36-45.

Ishizuka, F. (2013). International labor migration in Vietnam and the Impact of Receiving Countries' Policies. *IDE Discussion Paper*, 414. Institute of Developing Economies, JETRO.

LaBelle, J. (2007). Vietnamese American experiences of English language learning: Ethnic acceptance and prejudice. *Journal of Southeast Asian American Education and Advancement*, 2, pp. 1-21.

Lai, A. E., Collins, F.L., & Ai, B. Y. S (Eds.). (2012). *Migration and Diversity in Asian Contexts*. Institute of Southeast Asian Studies.

Lian, K, Rahman, M., & Alas, Y. (2016). Making sense of inter and intraregional mobility in Southeast Asia. In Lian, K., Rahman, M., & Alas, Y (Eds.), *International Migration in Southeast Asia Continuities and Discontinuities* (pp. 1-12). Institute of Asian Studies.

Liu Yang. (2016). To stay or leave? Migration decisions of foreign students in Japan. *RIETI Discussion Paper Series*, 16-E-097, pp. 1-18.

Massey, D., Arango, J., Hugo, G., Kouaouci, A., Pellegrino, A., & J. Edward Taylor. (1998). *Worlds in Motion*. Oxford.

Norton, B. (2000). *Identity and Language Learning: Gender, Ethnicity and Educational Change*. Harlow: Pearson Education.

—— (2013). *Identity and Language Learning: Extending the conversation (2nd ed.)*. Multilingual Matters.

Oishi, Nana. (2021). Skilled or unskilled?: The reconfiguration of migration policies in Japan. *Journal of Ethnic and Migration Studies*, 47:10, pp. 2252-2269

Okumura, K. (2022). Friendship, rivalry or indifference? : Understanding the attitudes of Japanese workres toward technical intern trainees. *Migration Policy Review*, 14, pp. 158-176.

Patten, A., & Kymlicka, W. (2003). Language rights and political theory: context, issues, and approaches. *Language Rights and Political Theory* (pp. 1-51). Oxford: Oxford University Press.

Sarker, M. (2017). Constrained Labour as Instituted Process: Transnational Contract Work and Circular Migration in Late Capitalism. *European Journal of Sociology*, 58, pp. 171-204

Sassen, S. (1988). *The Mobility of Labor and Capital: A Study in International Onvestment and Labor Flow*. Cambridge University Press.

Shields, M. A., & Price, S.W. (2002). The English language fluency and occupational success of ethnic minority immigrant men living English metropolitan areas. *Journal of Population Economics*, 15, pp. 137-160.

Skutnabb-Kangas, T. (1988). Multilingualism and the education of minority children. In Skutnabb-Kangas, T., & Cummins, J (Eds.), *Minority Education: From Shame to*

Struggle (pp. 9-44). Clevedon: Multilingual Matters.

Stockemer, D., Niemann, A., Unger, D., & Speyer, J. (2019). The 'refugee crisis', immigration attitudes, and Euroscepticism. *International Migration Review* (pp. 1-30). Center for Migration Studies.

Süssmuth, Rita. (2009). *The Future of Migration and Integration Policy in Germany*. Migration Policy Institute.

Tran, N. A. (2016). Weaving life across borders: The Cham Muslim migrants traversing Vietnam and Malaysia. In Lian, K., Rahman, M., & Alas, Y (Eds.), *International Migration in Southeast Asia Continuities and Discontinuities* (pp. 13-37). Institute of Asian Studies.

Tuyen, T., & Nguyen, N. (2016). Determinants affecting Vietnamese laborers' decision to work inenterprises in Taiwan. *Journal of Stock & Forex Trading*, 5 (2), pp. 1-9.

Xiang, B., & Lindquist, J. (2014). Migration infrastructure. *International Migration Review*, 48, s1, pp. 122-148.

〈ベトナム語〉

Cao Lê Dung Chi. (2017). Dạy và học tiếng Nhật trong thời đại toàn cầu (グローバル化時代における日本語の指導と学習). *Khoa Học*, 14 (4), pp. 58-69.

Đoàn Thị Yến, Nguyễn Thị Minh Hiền. (2014). Giải pháp quản lý hoạt động xuất khẩu lao động của các doanh nghiệp xuất khẩu lao động ở Hà Nội (ハノイの送り出し機関における労働輸出業務の管理に関する改善方法). *Khoa Học và Phát Triển*, 12 (1), pp. 116-123.

Lê Đăng Bảo Châu, Lê Duy Mai Phương, Nguyễn Hữu An. (2019). Di cư lao động - một chiến lược sinh kế của hộ gia đình nông thôn vùng ven biển hai tỉnh Qurng Trị và Thừa Thiện Huế (労働移住ークアンチ，フエの2省の海沿い農村地帯における家庭経済の一戦力). *Phát Triển Bền Vững Vùng*, 9 (3), pp. 99-109.

Nguyễn Hoàng Cầm, Vũ Anh Tuấn. (2015). *Hệ Thống Văn Bản về Người Lao Động Việt Nam Đi Làm Việc ở Nước Ngoài Theo Hợp Đồng* (派遣契約に基づき海外に派遣されるベトナム人労働者に関する文書集). Nhà xuất bản lao động - xã hội.

Trần Thị Như Trang, Mai Thị Thanh Thu. (2018). Khảo sát nhu cầu làm việc ở nước ngoài của sinh viên Đại Học điều dưỡng Nam Định (ナムディン省介護大学学生の海外就労需要に関するアンケート調査). *Khoa Học Điều Dưỡng*, 1 (2), pp. 90-96.

Trịnh Vũ Hoàng. (2019). *Phát Triển Thị Trường Lao Động Ngoài Nước Đối Với Các Nghề Chất Lượng Cao* (高度な職業分野の海外出稼ぎ人材市場の発展). Luận văn thạc sĩ quản trị nhân lực, Trường Đại Học Lao Động - Hà Nội.

Võ Minh Vũ. (2010). Hoạt động giáo dục tiếng Nhật tại Việt Nam thời kỳ Nhật - Pháp cộng trị (日仏共同統治時代のベトナムにおける日本語教育活動). *Bài Giảng Chuyên Đề Nghiên Cứu Nhật Bản: Lịch Sử Văn Hóa - Xã Hội* (日本研究講義 歴史，文化，社

会）.（pp. 131-146）. Nhà xuất bản Thế giới Hà Nội.

〈ドイツ語〉

Müller, O., & Pollack, D.（2017）. Angekommen und auch wertgeschätzt? Integration von Türkeistämmigen in Deutschland. *Aus Politik und Zeitgeschichte H*, 27-29/2017, pp. 41-46.

公文書

〈日本語〉

「外国人の技能実習の適正な実施及び技能実習生の保護に関する法律」
https://www.mhlw.go.jp/content/000661731.pdf （2022 年 12 月 5 日最終閲覧）

「外国人の技能実習の適正な実施及び技能実習生の保護に関する法律施行規則」（平成 28 年法務省・厚生労働省令第 3 号）
https://www.mhlw.go.jp/content/000661755.pdf （2022 年 9 月 18 日最終閲覧）

「特定技能の在留資格に係る制度の運用に関する基本方針について」（2018 年 12 月 25 日閣議決定）
https://www.kantei.go.jp/jp/kakugikettei/2018/index.html （2022 年 5 月 22 日最終閲覧）

「特定技能雇用契約及び一号特定技能外国人材支援計画の基準等を定める省令」
https://www.moj.go.jp/isa/content/930005307.pdf （2024 年 1 月 26 日最終閲覧）

「日本語教育の推進に関する施策を総合的かつ効果的に推進するための基本的な方針」（2020 年 6 月 23 日閣議決定）
https://www.bunka.go.jp/seisaku/bunka_gyosei/shokan_horei/other/suishin_houritsu/pdf/92327601_02.pdf （2022 年 9 月 24 日最終閲覧）

「日本語教育の推進に関する法律」
https://www.bunka.go.jp/seisaku/bunka_gyosei/shokan_horei/other/suishin_houritsu/pdf/r1418257_02.pdf （2022 年 9 月 19 日最終閲覧）

「日本国法務省，外務省及び厚生労働省とベトナム労働・傷病兵・社会問題省との間の技能実習制度に関する協力覚書」https://www.mhlw.go.jp/stf/seisakunitsuite/bunya/0000180849.html （2022 年 9 月 19 日最終閲覧）

〈ベトナム語〉

Luật người lao động Việt Nam đi làm việc ở nước ngoài theo hợp đồng（Luật số 72/2006/QH11）「派遣契約に基づくベトナム人労働者海外派遣法」（番号 72/2006/QH11）

Luật Người lao động Việt Nam đi làm việc ở nước ngoài theo hợp đồng（Luật số 69/2020/QH 14）「派遣契約に基づくベトナム人労働者海外派遣法」（番号 69/2020/QH14）

Nghị định Quy định chi tiết một số điều và biện pháp thi hành Luật Người lao động Việt Nam đi làm việc ở nước ngoài theo hợp đồng（Số 112/2021/NĐ-CP）「派遣契約に基づくベトナム人労働者海外派遣法の細則及び施行措置を規定する政令」（番号 112/2021/NĐ-CP）
Thông tư Quy định chi tiết một số điều của Luật Người lao động Việt Nam đi làm việc ở nước ngoài theo hợp đồng（Số 21/2021/TT-BLĐTBXH）（「派遣契約に基づくベトナム人労働者海外派遣法の細則を規定する通達」（番号 21/2021/TT-BLĐTBXH））
Thông tư Sửa đổi, bổ sung một số điều của Thông tư số 21/2021/TT- BLĐTBXH ngày 15 tháng 12 năm 2021 của Bộ trưởng Bộ Lao động - Thương binh và Xã hội quy định chi tiết một số điều của Luật Người lao động Việt Nam đi làm việc ở nước ngoài theo hợp đồng（02/2024/TT-BLĐTBXH）
（2021 年 12 月 15 日労働・傷病兵・社会問題省長官発出による 21/2021/TT- BLĐTBXH 派遣契約に基づくベトナム人労働者海外派遣法の細則を規定する通達の修正，補足通達（番号 02/2024/TT-BLĐTBXH））
V/v Chấn chỉnh hoạt động đưa thực tập sinh Việt Nam sang Nhật Bản（Số 4732/LĐTBXH-QLLĐNN）（「日本へのベトナム人技能実習生送り出し業務の運営是正について」（番号 4732/LĐTBXH-QLLĐNN））

新聞記事

朝日新聞「失踪実習生調査に「誤り」政府，項目名も数値も修正 野党反発，入管法審議 見送り」（2018 年 11 月 17 日）
https://xsearch.asahi.com/kiji/detail/?1711588050496 （2024 年 3 月 28 日最終閲覧）
しんぶん赤旗「日本で働く外国人技能実習生 2 年間で 98 人が死亡 藤野氏問い合わせ 法務省が明らかに」（2020 年 12 月 31 日付）
https://www.jcp.or.jp/akahata/aik20/2020-12-31/2020123101_04_1.html （2022 年 9 月 19 日最終閲覧）
日本経済新聞「外国人労働者政策の針路（下）転職・転籍の制限，一切やめよ」（2023 年 11 月 22 日付）

参考ウェブサイト

〈日本語〉

外国人技能実習機構「移行対象職種情報」
https://www.otit.go.jp/ikoutaishou/ （2022 年 9 月 19 日最終閲覧）
――「外国政府認定送出機関一覧」
https://www.otit.go.jp/soushutsu_kikan_list/ （2022 年 11 月 23 日最終閲覧）

――「技能実習について」
https://www.otit.go.jp/info_seido/ （2022 年 9 月 18 日）
――「調査」
https://www.otit.go.jp/research_chousa/ （2022 年 7 月 4 日最終閲覧）
――「統計」
https://www.otit.go.jp/research_toukei/（2022 年 12 月 11 日最終閲覧）
――「日本語教育教材・日本語教育アプリ」
https://www.otit.go.jp/kyozai/ （2022 年 4 月 13 日最終閲覧）
――「令和元年度業務統計」
https://www.otit.go.jp/gyoumutoukei_r1/ （2022 年 11 月 19 日最終閲覧）
――「令和 2 年度帰国後技能実習生フォローアップ調査」
https://www.otit.go.jp/files/user/211001-000910.pdf （2022 年 8 月 21 日最終閲覧）
――「令和 2 年度業務統計」
https://www.otit.go.jp/gyoumutoukei_r2/ （2022 年 11 月 19 日最終閲覧）
――「令和 3 年度業務統計」
https://www.otit.go.jp/gyoumutoukei_r3/（2022 年 12 月 15 日最終閲覧）
――「令和 4 年度業務統計」
https://www.otit.go.jp/gyoumutoukei_r4/ （2024 年 1 月 4 日最終閲覧）
――「令和 4 年度調査」
https://www.otit.go.jp/research_chousa_r4/ （2023 年 10 月 11 日最終閲覧）
公益社団法人東亜総研「アジア・マーケットレヴュー アジアの未来図 10 武部勤のアジア未来図 ベトナムからの実習生受け入れ加速を！」（2014 年 6 月 15 日）
https://www.toasoken.asia/wp/wpcontent/uploads/2013/11/e3191d9ca95e7fb7cd79fe082b9de883.pdf（2024 年 2 月 2 日閲覧）
厚生労働省「「外国人雇用状況」の届け出状況まとめ（令和 2 年 10 月末現在）」
https://www.mhlw.go.jp/stf/newpage_16279.html （2022 年 10 月 19 日最終閲覧）
――「「外国人雇用状況」の届け出状況まとめ（令和 4 年 10 月末現在）」
https://www.mhlw.go.jp/stf/newpage_30367.html（2024 年 1 月 5 日最終閲覧）
――「技能実習制度運用要領」
https://www.mhlw.go.jp/stf/seisakunitsuite/bunya/koyou_roudou/jinzaikaihatsu/global_cooperation/01.html （2022 年 7 月 3 日最終閲覧）
――「就労場面で必要な日本語能力の目標設定ツール 円滑なコミュニケーションのために 使い方の手引き」
https://www.mhlw.go.jp/content/11800000/000773360.pdf （2022 年 11 月 27 日最終閲覧）
――「就労場面で必要な日本語能力の目標設定ツールを開発しました」
https://www.mhlw.go.jp/stf/newpage_18220.html （2022 年 11 月 27 日最終閲覧）
――「職業分類」

https://www.hellowork.mhlw.go.jp/doc/r4_syokugyoubunrui.pdf （2022 年 8 月 20 日最終閲覧）
――「日系人帰国支援事業の実施結果」
https://www.mhlw.go.jp/bunya/koyou/gaikokujin15/kikoku_shien.html （2022 年 9 月 24 日最終閲覧）
国際交流基金「日本語基礎テスト」
https://www.jpf.go.jp/jft-basic/ （2024 年 1 月 26 日最終閲覧）
「JF 生活日本語 Can-do」
https://www.jpf.go.jp/j/urawa/j_rsorcs/seikatsu.html （2022 年 5 月 22 日最終閲覧）
――「2018 年度海外の日本語教育の現状」
https://www.jpf.go.jp/j/project/japanese/survey/result/dl/survey2018/all.pdf （2022 年 9 月 17 日最終閲覧）
――「2021 年度海外の日本語教育の現状」
https://www.jpf.go.jp/j/project/japanese/survey/result/dl/survey2021/all.pdf （2024 年 1 月 22 日最終閲覧）
国際人材協力機構（国際研修協力機構）「講習の日本語指導ガイド」
https://www.jitco.or.jp/download/data/nihongo_shido.pdf （2022 年 6 月 18 日最終閲覧）
――「在留資格『研修』」
https://www.jitco.or.jp/ja/regulation/staying.html （2022 年 5 月 8 日最終閲覧）
―― 「日本語教材ひろば」
https://hiroba.jitco.or.jp/ （2022 年 4 月 13 日最終閲覧）
国際連合広報センター「移民と難民の定義」
https://www.unic.or.jp/news_press/features_backgrounders/22174/ （2022 年 5 月 3 日最終閲覧）
在ベトナム日本国大使館「技能実習生送出機関（ティンロン社）の視察」
https://www.vn.embjapan.go.jp/itpr_ja/Thinhlongjinojisshuseiokurikikannoshisatsu.html（2024 年 2 月 2 日閲覧）
しまね国際センター
https://www.sic-info.org/support/learn-japanese/visit-course/local/ （2024 年 3 月 5 日最終閲覧）
首相官邸「技能実習制度及び特定技能の在り方に関する有識者会議最終報告書を踏まえた政府の対応について」（令和 6 年 2 月 9 日外国人材の受入れ・共生に関する関係閣僚会議決定）
https://www.kantei.go.jp/jp/singi/gaikokujinzai/kaigi/pdf/taiosaku_r060209kaitei_honbun.pdf（2024 年 3 月 11 日最終閲覧）
――「特定技能の在留資格に係る制度の運用に関する基本方針」（平成 30 年 12 月 25 日閣議決定）

https://www.kantei.go.jp/jp/singi/gaikokujinzai/kaigi/dai3/siryou1-2.pdf（2024 年 1 月 17 日最終閲覧）

出入国在留管理庁「技能実習制度及び特定技能制度の在り方に関する有識者会議（第 1 回）」

https://www.moj.go.jp/isa/policies/policies/03_00034.html?fbclid=IwAR29ddujxKncuwexJ3JJtDOg6bW_F4mABDLvrXe_Bipr2c2mzqurJ-Clc0o （2022 年 12 月 15 日最終閲覧）

「技能実習制度及び特定技能制度の在り方に関する有識者会議『最終報告書』」

https://www.moj.go.jp/isa/content/001407013.pdf（2024 年 1 月 8 日最終閲覧）

――「技能実習生の妊娠・出産について」

https://www.moj.go.jp/isa/applications/titp/10_00033.html（2024 年 3 月 5 日最終閲覧）

――「高度人材ポイント制とは？」

https://www.moj.go.jp/isa/publications/materials/newimmiact_ 3 _system_index.html（2022 年 5 月 1 日最終閲覧）

――「在留外国人統計（旧登録外国人統計）統計表」

https://www.moj.go.jp/isa/policies/statistics/toukei_ichiran_touroku.html （2022 年 9 月 17 日最終閲覧）

――「在留外国人に関する基礎調査」

https://www.moj.go.jp/isa/policies/coexistence/04_00017.html （2024 年 1 月 4 日最終閲覧）

――「在留外国人に対する基礎調査報告書（令和 2 年度）」

https://www.moj.go.jp/isa/content/001341984.pdf （2022 年 8 月 12 日最終閲覧）

――「在留外国人に対する基礎調査報告書（令和 3 年度）」

https://www.moj.go.jp/isa/policies/coexistence/04_00017.html （2022 年 12 月 5 日最終閲覧）

――「在留申請のオンライン手続き」https://www.moj.go.jp/isa/applications/guide/onlineshinsei.html（2024 年 2 月 18 日最終閲覧）

――「出入国管理及び難民認定法及び法務省設置法の一部を改正する法律」

https://www.moj.go.jp/isa/laws/nyuukokukanri05_00017.html （2022 年 4 月 27 日最終閲覧）

――「特定技能外国人受入れに関する運用要領」

https://www.moj.go.jp/isa/content/930004944.pdf （2022 年 9 月 18 日最終閲覧）

――「特定技能ガイドブック～特定技能外国人の雇用を考えている事業者の方へ～」

https://www.moj.go.jp/content/001326468.pdf （2022 年 8 月 11 日最終閲覧）

――「特定技能在留外国人数の公表等」

https://www.moj.go.jp/isa/policies/ssw/nyuukokukanri07_00215.html （2024 年 4 月 9 日最終閲覧）

「特定技能の受入れ見込数の再設定及び対象分野等の追加について（令和6年3月29日閣議決定）」https://www.moj.go.jp/isa/applications/ssw/2024.03.29.kakugikettei.html （2024年4月9日最終閲覧）
――「『特定技能』に係る試験の方針について（令和2年1月30日）」
https://www.moj.go.jp/isa/content/930004747.pdf（2024年2月8日閲覧）
――「本邦における不法残留者数について（令和4年1月1日現在）」https://www.moj.go.jp/isa/content/001344904.pdf （2022年9月19日最終閲覧）
――「本邦における不法残留者数について（令和5年1月1日現在）」
https://www.moj.go.jp/isa/publications/press/13_00032.html （2024年1月26日最終閲覧）
――「令和元年末における在留外国人数について」
https://www.moj.go.jp/isa/publications/press/nyuukokukanri04_00003.html （2022年9月24日最終閲覧）
――「令和4年6月末末現在における在留外国人数について」
https://www.moj.go.jp/isa/publications/press/13_00028.html （2022年10月21日最終閲覧）
――「令和5年6月末現在における在留外国人数について」
https://www.moj.go.jp/isa/publications/press/13_00036.html （2024年1月5日最終閲覧）
――「令和5年末現在における在留外国人数について」
https://www.moj.go.jp/isa/publications/press/13_00040.html （2024年4月9日最終閲覧）
出入国在留管理庁・厚生労働省編「技能実習制度運用要領―関係者の皆さまへ―」
https://www.otit.go.jp/jissyu_unyou/ （2022年9月18日最終閲覧）
「生活者としての外国人」のための日本語学習サイト つながるひろがるにほんでのくらし https://tsunagarujp.bunka.go.jp/ （2022年9月27日最終閲覧）
田尻英三「ひつじ書房ウェブマガジン未草第28回日本語教育の存在意義が問われている」（2022年2月3日付）
https://www.hituzi.co.jp/hituzigusa/2022/02/03/ukeire-28/ （2022年5月22日最終閲覧）
――「ひつじ書房ウェブマガジン未草第40回日本語教育を文化庁から文部科学省に移管することなどに係る法律の国会審議が始まる」（2023年5月9日付）
https://www.hituzi.co.jp/hituzigusa/2023/05/09/ukeire-40/（2-24年1月20日最終閲覧）
――「ひつじ書房ウェブマガジン未草第46回新しい日本語教育の形が決まります」（2023年11月20日付）
https://www.hituzi.co.jp/hituzigusa/2023/11/20/ukeire-46/（2024年1月20日最終閲覧）

独立行政法人労働政策研究・研修機構「諸外国における外国人材受け入れ制度―非高度人材の位置づけ―ドイツ」
https://www.jil.go.jp/foreign/labor_system/2019/01/germany.html （2022 年 10 月 1 日最終閲覧）
内閣官房「外国人労働者問題関係省庁連絡会議」
https://www.cas.go.jp/jp/seisaku/gaikokujin/index.html （2022 年 10 月 31 日最終閲覧）
日本語教育学会（2020）「BJT ビジネス日本語能力テストに関する Can-do statements 調査研究事業報告書」
https://www.kanken.or.jp/bjt/survey_reports/data/survey_reports_2019.pdf （2022 年 6 月 18 日最終閲覧）
日本弁護士会（2013）「外国人技能実習制度の早急な廃止を求める意見書」
https://www.nichibenren.or.jp/library/ja/opinion/report/data/2013/opinion_130620_4.pdf（2019 年 12 月 1 日最終閲覧）
――（2020）「技能実習制度の廃止と特定技能制度の改革に関する意見書」
https://www.nichibenren.or.jp/document/opinion/year/2022/220415.html （2022 年 9 月 19 日最終閲覧）
ビジネス日本語研究会（Society for Business Japanese Research; SBJR）ウェブページ
http://business-japanese.net/ （2022 年 5 月 22 日最終閲覧）
文化庁「生活者としての外国人」に対する日本語教育の内容・方法の充実（カリキュラム案，ガイドブック，教材例集，日本語能力評価，指導評価，ハンドブック）
https://www.bunka.go.jp/seisaku/kokugo_nihongo/kyoiku/nihongo_curriculum/
（2022 年 5 月 22 日最終閲覧）
――「『生活者としての外国人』のための日本語教室空白地域解消推進事業」
https://www.bunka.go.jp/seisaku/kokugo_nihongo/kyoiku/seikatsusha_kuhakuchiiki_jigyo/pdf/93872801_01.pdf （2024 年 2 月 23 日最終閲覧）
――「地域における日本語教育の在り方について 報告」
https://www.bunka.go.jp/seisaku/bunkashingikai/kokugo/hokoku/pdf/93798801_01.pdf（2022 年 12 月 14 日最終閲覧）
――「中国からの帰国者のための生活日本語（昭和 58 年作成）」
https://www.bunka.go.jp/seisaku/kokugo_nihongo/kyoiku/china_kikokusha/seikatsu.html
（2022 年 8 月 27 日最終閲覧）
――「日本語学習・生活ハンドブック」
https://www.bunka.go.jp/seisaku/kokugo_nihongo/kyoiku/handbook/ （2022 年 5 月 22 日最終閲覧）
――「日本語教育」https://www.bunka.go.jp/seisaku/kokugo_nihongo/kyoiku/（2022 年 10 月 18 日最終閲覧）

——「『日本語教育の参照枠』活用のための手引き」
https://www.bunka.go.jp/seisaku/bunkashingikai/kokugo/hokoku/pdf/93705001_01.pdf （2022 年 5 月 22 日最終閲覧）
——「『日本語教育の参照枠』に基づく生活 Can do（案）一覧」
https://www.bunka.go.jp/seisaku/bunkashingikai/kokugo/nihongo/nihongo_116/pdf/93793601_03.pdf （2022 年 11 月 24 日最終閲覧）
——「日本語教育の参照枠 報告」
https://www.bunka.go.jp/seisaku/bunkashingikai/kokugo/hokoku/pdf/93476801_01.pdf （2024 年 3 月 28 日最終閲覧）
——「『日本語教育の参照枠』を活用した教育モデル開発・普及事業」
https://www.bunka.go.jp/seisaku/kokugo_nihongo/kyoiku/kyoikumodelkaihatsu/index.html（2024 年 2 月 24 日最終閲覧）
——「文化審議会国語分科会日本語教育小委員会（第 110 回）議事録」
https://www.bunka.go.jp/seisaku/bunkashingikai/kokugo/nihongo/nihongo_110/pdf/93756401_02.pdf （2022 年 10 月 20 日最終閲覧）
——「文化審議会国語分科会日本語教育小員会（第 114 回）」
https://www.bunka.go.jp/seisaku/bunkashingikai/kokugo/nihongo/nihongo_114/93769701.html （2022 年 10 月 19 日最終閲覧）
——「文化審議会国語分科会日本語教育小委員会（第 124 回 2024 年 2 月 22 日開催）配布資料『日本語教育の参照枠』の見直しのために検討すべき課題について：ヨーロッパ言語共通参照枠補遺版を踏まえて」https://www.bunka.go.jp/seisaku/bunkashingikai/kokugo/nihongo/nihongo_124/94009301.html （2024 年 4 月 27 日最終閲覧）
——「令和 3 年度日本語教育実態調査報告書 国内の日本語教育の概要」
https://www.bunka.go.jp/tokei_hakusho_shuppan/tokeichosa/nihongokyoiku_jittai/r03/93753802.html （2022 年 10 月 31 日最終閲覧）
——「令和 4 年度日本語教育実態調査報告書 国内の日本語教育の概要」
https://www.bunka.go.jp/tokei_hakusho_shuppan/tokeichosa/nihongokyoiku_jittai/r04/pdf/93991501_01.pdf （2024 年 2 月 23 日最終閲覧）
法務省 技能実習制度の運用に関するプロジェクトチーム「調査・検討結果報告書」
https://www.moj.go.jp/isa/content/930004167.pdf （2022 年 9 月 19 日最終閲覧）
三菱 UFJ リサーチ＆コンサルティング（2024）「韓国，台湾における 低・中熟練外国人労働者受入れ拡大の潮流」（2024 年 1 月 17 日）
https://www.murc.jp/wp-content/uploads/2024/01/seiken_240117_01.pdf（2024 年 3 月 14 日最終閲覧）
吉富志津代（2020）「日系南米人受け入れから 30 年—外国人支援政策から多文化共生政策へ—」ウェブマガジン『留学交流』vol. 117 独立行政法人日本学生支援機構 pp. 153-21

https://www.jasso.go.jp/ryugaku/related/kouryu/2020/__icsFiles/afieldfile/2021/02/17/202012yoshitomishizuyo_1.pdf（2022 年 12 月 2 日最終閲覧）
NHK Newsweb（2022 年 4 月 13 日付）「「特定技能 2 号」の在留資格中国人の男性が初めて取得」
https://www3.nhk.or.jp/news/html/20220413/k10013581201000.html （2022 年 12 月 5 日最終閲覧）
VIETJO ウェブニュース（2022 年 11 月 16 日付）
https://www.viet-jo.com/news/economy/221115123739.html （2022 年 12 月 4 日最終閲覧）

〈英語〉
Council of Europe（2001）. Common European Framework of Reference for Languages.
https://rm.coe.int/1680459f97 （2022 年 5 月 7 日最終閲覧）
――（2018）. Common European Framework of Reference for Languages: Companion Volume with New Descriptors.
https://rm.coe.int/cefr-companion-volume-with-new-descriptors-2018/1680787989（2022 年 8 月 14 日最終閲覧）
――（2020）. Common European Framework of Reference for Languages: Companion Volume.
https://rm.coe.int/common-european-framework-of-reference-for-languages-learning-teaching/16809ea0d4 （2022 年 5 月 7 日最終閲覧）
Federal Office for Migration and Refugees（BAMF）.German for professional purposes.
https://www.bamf.de/EN/Themen/Integration/ZugewanderteTeilnehmende/DeutschBeruf/deutsch-beruf.html （2022 年 11 月 17 日最終閲覧）
International Labour Organization. Triangle in Asean Quartely Briefing Note.
https://www.ilo.org/wcmsp5/groups/public/---asia/---robangkok/documents/genericdocument/wcms_735109.pdf（2022 年 9 月 19 日最終閲覧）
United States Department of State.（2022）. Trafficking in Persons Report: Japan.
https://www.state.gov/wp-content/uploads/2022/08/22-00757-TIP-REPORT_072822-inaccessible.pdf （2022 年 9 月 18 日最終閲覧）

〈ベトナム語〉
Bộ Lao Động- Thương Binh và Xã Hội（ベトナム労働・傷病兵・社会問題省）.（2019）. Nâng cao chất lượng xuất khẩu（労働輸出の質の向上）.
http://www.molisa.gov.vn/Pages/tintuc/chitiet.aspx?tintucID=219367 （2022 年 5 月 23 日最終閲覧）
Bộ Lao Động- Thương Binh và Xã Hội, Trung Tâm Lao Động Ngoài Nước（Center of Overseas Labour）（ベトナム労働・傷病兵・社会問題省海外労働センター）. Quyền

lợi, Nghĩa vụ của người lao động, quyền lợi và nghĩa vụ của người lao động khi tham gia chương trình EPS（労働者の権利，義務 雇用許可制に参加する労働者の権利と義務）」
http://colab.gov.vn/tin-tuc/643/Quyen-loi-va-nghia-vu-cua-nguoi-lao-dong-khi-tham-gia-chuong-trinh-EPS.aspx （2024 年 3 月 14 日最終閲覧）

Dương Thị Hồng Vân.（2020）. Thực trạng và giải pháp tăng cường hiệu quả công tác xuất khẩu lao động tại Nghệ An（ゲアン省における労働輸出の現状と問題の効果的な解法）, *Tạp Chí Công Thương*（雑誌工商）, Cơ quan thông tin lý luận của bộ Công Thương.
https://tapchicongthuong.vn/bai-viet/thuc-trang-va-giai-phap-tang-cuong-hieu-qua-cong-tac-xuat-khau-lao-dong-tai-nghe-an-71234.htm （2022 年 12 月 2 日最終閲覧）

Tạp chí con số và sự kiện（雑誌「数字と出来事」）.（2021）. Xuất khẩu lao động trong bối cảnh đại dịch Covid-19（Covid-19 パンデミック下における労働輸出）.
http://consosukien.vn/xua-t-kha-u-lao-do-ng-trong-bo-i-ca-nh-dai-dich-covid-19.htm （2022 年 2 月 13 日最終閲覧）

Trần Văn Thiện. & Nguyễn Sinh Công.（2011）. "Giải pháp ngăn chặn tình trạng lao động xuất khẩu bỏ trốn"（海外で就労するベトナム人労働者の逃亡を防ぐ方法の提案）.
http://www.molisa.gov.vn/vi/Pages/chituettin.aspx?IDNews=10918（2018 年 5 月 21 日最終閲覧）

あとがき

本書では，ベトナム出身の技能労働者に焦点を当て，彼らが何を希望しているのか，なぜ彼らは日本語を学ぶのか（学ばないのか），彼らにとっての日本語とは何かについて，当事者の声を聴き，その実態の一部を明らかにした．彼らをただ日本語学習者としてのみ捉えるのではなく，この社会の中で生きる社会的行為者として包括的に捉えることにより，これまでの日本語教育分野の先行研究では得られなかった量的，質的両面からのエビデンスを提示できたのではないかと考える．そして，技能労働者に対する日本語教育を文化や心理，コミュニケーションや人間関係の問題という限られた側面のみで捉えるのではなく，それを取り巻く社会の構造という包括的な視点から論じた．

技能労働者に対する日本語教育というテーマにおいて，日本語教育実践よりもまず社会的文脈に注目すべきだと筆者が考えるのには，筆者自身がベトナム語学習者であるということが大きく影響している．筆者は決してプロの通訳者ではないが，それでもベトナム語通訳の依頼が急に増えた時期があった．2016年ごろからである．ちょうど日本国内でベトナム出身の技能実習生の数が急激に増加した時期にあたる．通訳依頼のほとんどが技能実習生のトラブルに関わる案件だった．違法な労働環境，賃金の不払い，パワーハラスメントなど，日本社会の暗部を数多く見聞きした．技能実習生が不法残留者となるケースも，その人の背景を聴くと仕方のない選択だったのではないかとさえ思えた．しかし，このような厳しい現実に実際に触れながらも筆者は，自分にできることは言葉の仕事だけだと，自分に与えられた職務をただこなしていただけだった．

それが間違いだと気づかせてくれたのは真嶋潤子先生だった．自分が住む社会で起こっている問題は自分にも責任がある．そこに職業や専門性は関係がない．どんな仕事でも，研究でも，何のためにするのか，だれのためにするのか，この社会をどう変えたいのかを常に考えなければならないという先生の言葉を聞き，自分にもできることがあるかもしれない，そう考えてこの研究に取り組むことにした．本書は日本語教育の実践について述べたものではない．しかし日本語教育という言語教育の一分野から社会の問題にアプローチする一つの姿勢を示すことはできたのではないかと考える．

最後に本研究に残された課題について述べる．まず本研究の対象はベトナム出身の技能労働者に限られている．出身地域によって事情が異なることも考えられるので，今後対象を広げた調査が必要である．一方で現在日本にとって最大の労働者送り出し国であるベトナムの情勢も常に変化しているため，ベトナム出身者に対する調査も継続していかねばならない．また現在日本の技能労働者受け入れ政策は大きく動いている．制度がどのように変わるのかを注視しつつ，これからも日本語教育の立場から声を上げていくことが必要である．それらを今後の課題としたい．

謝辞

本書を執筆するにあたっては，本当に多くの方々にご協力をいただきました．はじめに，調査に協力してくださったベトナム送り出し機関の皆様，候補生，実習生（元実習生）の皆様，特定技能人材の皆様，N株式会社の皆様に心より感謝を申し上げます．そして，調査協力者探しに奔走してくださったゴックさん（Giáp Thị Bích Ngọc さん），イェンさん（Nguyễn Ngọc Yến さん），2018年，2019年の予備的調査に参加してくださった皆様にもこの場を借りてお礼申し上げます．ベトナム語の面では，原田ヤーンさん，イェンさん（Phạm Phi Hải Yến さん），大阪大学のファン・ティ・ミー・ロアン先生のサポートをいただきました．そして調査に不可欠であったベトナム語を教えてくださった大阪大学（大阪外国語大学）ベトナム語科の先生方，冨田健次先生，清水政明先生に心から感謝申し上げます．統計分析においては名古屋大学名誉教授の野口裕之先生にご指導いただきました．先生の専門知識，豊富なご経験からの丁寧かつ熱心なアドバイスは，本研究にとって大変貴重なものでした．津山工業高等専門学校のかどや・ひでのり先生には社会言語学の視点から言語権についての貴重なご意見をいただきました．関西大学の村上智里さんにも数多くの助言をいただきました．立命館大学の藤原智栄美先生には本書の構成や記述について大切な指摘を多くいただきました．大阪大学の筒井佐代先生，櫻井千穂先生にも温かいご指導を賜りました．先生方からいただいた的確な助言や示唆により，研究を着実に進めることができました．そして大阪大学名誉教授の真嶋潤子先生には，研究者としてだけでなく一人の人間としてこの社会でどう生きるのかを示していただきました．先生に励まされながら何とか本書を書き上げることができました．本当にありがとうございました．最後に，本書刊行の機会を与えてくださった大阪大学出版会の川上展代氏にも感謝申し上げます．また，いつもサポートしてくれた家族にも感謝を伝えたいです．本当に多くの力をお借りして，本書を書き上げることができました．ありがとうございました．

本書は，2023 年度岸本忠三出版助成を受けて出版された．

2024 年 4 月
道上史絵

索　　引

＊多数登場する語は，特に重要な頁のみを採録した．

著者略歴

道上史絵（みちがみ　ふみえ）
立命館大学理工学部准教授．大阪大学大学院言語文化研究科日本語・日本文化専攻博士後期課程修了．博士（日本語・日本文化）．日本語教育機関（法務省告示校）等での日本語教育に約 15 年携わったのち，津山工業高等専門学校総合理工学科特命助教を経て現職．著書に『技能実習生と日本語教育』（大阪大学出版会，2021 年，真嶋潤子編著）などがある．

技能実習生と日本語のリアル
——これからの外国人労働者受け入れ制度と日本語教育のために——

2024 年 12 月 25 日　初版第 1 刷発行　［検印廃止］

著　者　道上史絵

発行所　大阪大学出版会
代表者　三成　賢次

〒 565-0871　大阪府吹田市山田丘 2-7
大阪大学ウエストフロント
TEL 06-6877-1614
FAX 06-6877-1617
URL：http://www.osaka-up.or.jp

装　　丁　中村衣江

印刷・製本　創栄図書印刷株式会社

ISBN 978-4-87259-809-4　C3037